KB214841

『시인의 영성 1·2·3』은 오랜 세월 학자로 살아온 저자의 농축된 지식과 지혜가 담긴 탁월한 작품이다. 저자가 나누는 지식과 지혜는 근본적으로 하나님으로부터 온 것이며, 오랫동안 피와 땀을 흘려가며 연구한 저자의 노고로 쌓인 것이다. 또한 이 책은 저자가 제자들과 함께 시편 이해를 위해 씨름하는 중에 그들로부터 겸허히 배운 통찰이 담긴 고귀한 책이다.

성경의 시는 기독교 인문학의 정수다. 성경의 시는 인생이란 무엇이고, 인간이란 누구이며, 역사란 무엇이고, 하나님이 어떤 분인가를 보여주는 시 문학의 정수이기도 하다. 성경의 시는 우리와 다른 시대, 문화, 세계관, 역사 속에서 기록되었고, 그 시기와 현재 사이에는 3천 년 이상의 간격이 있기 때문에 성령의 감동을 받은 구약학자의 도움이 있어야 시의 내용을 올바로 이해할 수 있다. 그런 점에서 차준희 교수가 저술한 『시인의 영성 1·2·3』은 보배와 같은 책이다.

성경의 시는 우리에게 하나님의 심리학을 가르쳐준다. 하나님은 인간의 고뇌, 고통, 탄식, 울분, 낙담, 우울, 상처, 배신, 절망, 절규를 아신다. 그리고 시를 통해 우리의 상처를 치료하신다. 저자는 목자의 심정으로, 나이가 지긋한 아버지의 마음으로, 성경에 능숙한 에스라 같은 학자의 안목으로 시편을 찬찬히 읽고 해석해준다. 보석보다 귀한 지혜가 담긴 이 책을 시편을 사랑하는 모든 분에게, 시편을 성도들에게 잘 정리하여 설교하기를 원하는 설교자들에게, 시를 통해 내면의 상처를 치유받기 원하는 모든 분에게 추천하고 싶다.

강준민 | L.A. 새생명비전교회 담임목사

치밀하고 섬세한 다층적 사고를 요구하는 텍스트 앞에 설 때마다 정글도를 들고 잡목이 울창한 숲에 길을 내는 이들을 떠올린다. 사유의 길을 열어주는 이들이 바로 스승이다. 시편의 세계는 시간 속에서 바장이는 인간이 직면해야 하는 온갖 삶의 경험이 켜켜이 쌓인 중층적 세계다. 차준희 교수는 찬양, 탄식, 감사로 갈무리되는 신앙의 진경 속으로 우리를 데려간다. 그 길을 따라 걷노라면 문득 인생을 통찰하는 눈이 밝아지고, 세상의 속도에 맞춰 사느라 가빠진 호흡이 가지런해지며, 영문도 모를 욕망을 따라 사느라 좁아졌던 마음이 넓어진다. 시편이라는 큰 세계와 만날 때 우리는 조붓한 자아의 애옥살이에서 벗어나 더 큰 사람이 될 수 있다. 눈 밝은 사람 차준희 교수가 우리 곁에 있어 참 좋다.

김기석 | 청파감리교회 담임목사

시편은 성도의 영원한 노래요 영혼의 해부학이다. 그저 눈과 머리로 휙 훑어볼 것이 아니라 오래오래 머물면서 온몸과 마음으로 불러야 할 노래다. 보통 많은 주석과 해설들은 눈으로 머리로 시편을 읽게 한다. 그저 고개를 끄덕이게 한다. 지식의 증가로 만족하게 한다. 그런데 『시인의 영성 3』을 천천히 따라 읽어가다 보면 내 마음 저 밑바닥에서 무언가 올라온다. 나도 몰래 중얼중얼, 흥얼흥얼한다. 박자와 리듬에 맞춰 노래가 나오고 몸이 절로 움직이며 춤추게 만드는 이 책은 시편을 노래하면서 제 영혼을 들여다보고 영성이 깊어지기를 원하는 벗들이 오래 간직하며 읽을 책이 될 것이다.

김기현 | 로고스교회 담임목사, 로고스서원 대표

2013년도 독일 뮌헨 대학교에서 세계구약학회(IOSOT)가 개최되었다. 그곳에서 유학 시절 구약학 선생님이셨던 독일 본(Bonn) 대학교 슈미트(W. H. Schmidt) 교수를 만났다. 은퇴하시고 쉴 만도 하신데 세계 유수한 학자들의 연구 논문 발표를 듣고자 그 자리에 오신 것이다. 당시 78세였던 슈미트 교수는 해맑게 웃으시면서 독일에서 가장 권위 있는 주석학 시리즈(ATD)로 본인이 저술하신 『예레미야』가 곧 출판될 거라고 말씀하셨다. 슈미트는 차준희 교수의 선생님(Doktorvater)이다. 선생님의 이런 성정을 닮아서인지 저술작업에 대한 차 교수의 열정은 깊고 끝이 없어 보인다. 그의 시편 대장정을 마무리하는 『시인의 영성 3』에는 목회자들을 위한 고뇌가 담겨 있다. 각 시편마다 "양식", "구조", "내용"을 해설의 기본 틀로 삼고 간결하면서도 명확하게 시편의 핵심을 짚은 다음, 마지막 "메시지"에서는 설교의 방향을 잡아준다. 의심의 여지 없이 이 책은 목회자들의 설교 강단을 풍성하게 만들어 줄 것이다.

소형근 | 서울신학대학교 신학부 구약학 교수, 한국구약학회 부회장

『시인의 영성 1·2·3』은 차준희 교수의 4년 반에 걸친 땀과 눈물의 역작이다. 이 시리즈에서 저자는 시편 원문에 대한 탄탄한 주해를 기반으로, 하나님 나라를 향한 구속사적 흐름을 줄기차게 고집하면서, 인생살이에서 마주하는 구질구질한 삶의 문제를 집요하게 파고들어 그 메시지를 오늘에 적용하고 있다. 본서는 무엇보다 학문적인 시각을 견지하면서도 쉽게 접근할 수 있도록 진액을 녹여냈다는 점에서

설교를 준비하는 목회자들에게는 "일침"과 같은 해석의 벗이 되는 책이다.

송태근 | 삼일교회 담임목사, 사단법인 미셔널신학연구소 이사장

그리스도인으로 살면서 "주의 말씀의 맛이 내게 어찌 그리 단지요 내 입에 꿀보다 더 다니이다"(시 119:103)라는 말씀을 진정으로 "맛본" 사람들이 얼마나 될까? 차준희 교수의 『시인의 영성 3』에 들어 있는 시편 101-150편의 해설과 묵상은 그 시편의 영성을 그대로 전해주기에 충분하다. 신학자요 교육자이자 복음선포자로서 이제 정년을 앞둔 하나님의 종이 쌓은 무르익은 신학적 연구와 영성적 묵상의 결정체가 너무도 단순하고 명쾌한 방식으로 우리 손에 놓였다. 어떻게 그 복잡하고 다양한 시편의 양식과 구조와 내용들을 이토록 한 편, 한 편, 정선된 제목과 심오한 요절로 정리를 할 수 있었을까? 그 날카로운 학문적인 주석에 감동하는 순간 명료한 메시지가 오늘을 사는 신앙인들에게 "놀라운 경외"로의 삶을 촉구한다. 시편이 "영혼의 해부도"라면 본 해설집은 "영혼의 로드맵"으로 부족함이 없다.

안근조 | 호서대학교 기독교학과 교수

구약의 시편은 성도들이나 목회자들 모두에게 사랑을 받는 책이다. 익숙한 시들, 즐겨 인용하는 구절들이 시편에 가득하다. 우리에게 알려진 친숙한 시들이 많지만, 막상 시편에 좀 더 가까이 다가가보면 생각보다 쉽지 않은 내용임을 깨닫게 된다. 시편을 깊이 있게 제대로 이해하는 것은 목회자들에게도 만만치 않은 일이다. 차준희 교수는 이미 『시인의 영성 1·2』를 통해 교수의 신학적, 학문적인 성실함에 목회자적 영성이 덧붙여진 역작을 선보인 바 있다. 우리말로 저술된 수준 높은 시편 주해를 찾기가 쉽지 않았는데, 『시인의 영성 3』이 완성됨으로써 이 시리즈가 성도들은 물론 설교자들에게 여름 가뭄에 주어진 생수와 같은 역할을 할 것으로 기대된다.

이규현 | 수영로교회 담임목사

폴 리쾨르(Paul Ricoeur)는 "본문의 해석은 삶의 지평에서 완성된다"고 했다. 나는 이 말을 붙들고 지난 30여년 동안 하나님의 말씀인 구약으로부터 신학의 체화(體化)를 고민해왔다. 그러나 학문의 인식론으로부터 삶의 현존까지의 과정은 아직도 큰 도전으로 남아 있다. 그런데 시편 본문 전체 강해의 마지막 작업인 차준희 교수의 『시인의 영성 3』은 내가 알고 있는 학자들의 모든 시도를 넘어 시편 본문의 양식, 구조, 내용, 메시지를 4차원적으로 구성하고 머리에서 가슴으로 가슴에서 발로 구현시켰다. 이 귀한 책이 말씀으로 살아가기를 소망하는 한국교회 성도들과 목회자들에게 소중한 도움의 통로가 될 것을 확신한다.

이한영 | 아신대학교 부총장

이 책은 정년을 얼마 남겨놓지 않은 학자가 자신의 경험과 연구를 바탕으로 시편을 이해하기 쉽게 설명하는 "시편 안내도"다. 안내도에는 다양한 건물의 위치와 모양, 크기가 표시되어 있고, 우리는 건물 명칭을 통해 용도까지 짐작할 수 있다. 이 책에는 각 시편에 대한 필수적인 정보와 해당 본문을 통해 들어야 할 메시지가 소개되어 있다. 음식으로 비유하면 맛과 영양을 고루 갖추고 있으면서도 간편하게 먹을 수 있는 브런치 식사 메뉴와 같다. 이 책에는 학자, 신앙인, 기도자로서 저자가 가지고 있는 학문적 역량과 영성이 잘 녹아 있다. 이 안내도를 참고하여 시편을 직접 경험하는 것은 독자들의 몫이다. 이 책이 독자들에게 영양 좋고 맛 좋은 식사 메뉴로 널리 알려지는 시편 "맛집"이 되길 기대한다.

하경택 | 장로회신학대학교 구약학 교수

시인의 영성 3: 시편 101-150편 해설과 묵상

시인의 영성 3

차준희 지음

시편 101-150편

해설과 묵상

새물결플러스

차례

2020학년도 1학기 "시편 1-50편 연구" 수강생 40명

강승현, 고순원, 김명연, 김민경, 김봉남,

김선미, 김성권, 김수신, 김윤찬, 김현웅,

남명훈, 노성은, 류다영, 문기현, 박수빈,

박영선, 서효민, 신기인, 신원석, 오인경,

윤슬비, 이만유, 이이삭, 이장균, 이재영,

이종성, 이효은, 장혜원, 전누리, 전보라,

정준희, 조덕환, 진종원, 차요한, 최우철,

최은정, 한상미, 허슬기, 홍원표, 홍태민

2020학년도 2학기 "시편 51-100편 연구" 수강생 39명

고순원, 김명연, 김민경, 김봉남, 김샤론,

김성권, 김요한, 김종우, 김치헌, 김태현,

김형우, 노성은, 류다영, 문기현, 박영선,

박차진, 박채완, 손민석, 손요한, 송대현,

신승관, 오인경, 오준형, 왕심경, 윤슬비,

이대원, 이만유, 이장균, 이재영, 이호준,

이효은, 장혜원, 정윤호, 진상훈, 차요한,

최명은, 최은정, 허슬기, 홍태민

2021학년도 2학기 "시편 101-150편 연구" 수강생 39명

고순원, 김다혜, 김민경, 김민희, 김성권,

김순동, 김영은, 김종우, 김치현, 김태현,

류다영, 박선아, 박수진, 박차진, 박채완,

손요한, 송대현, 안예은, 염샤론, 오현명,

우종민, 원민영, 윤슬비, 이대원, 이동원,

이선복, 이송희, 이승찬, 이재준, 이형인,

임지현, 장혜원, 진상훈, 진원재, 최우철,

최재성, 허광, 허슬기, 홍태민

한세대학교 신학대학원 및 대학원 원우들 덕분에
시편 연구가 재미있고 흥미 넘치고 보람을 느끼는 작업이 될 수 있었다.
이들과 함께한 즐겁고 황홀한 시간을 오래 간직하기를 바라며
우리 학생들 모두에게 마음을 담아 이 책을 헌정하고 싶다.
이들은 내 교수 생활의 열매이자 비타민이다.

서문

드디어 끝났다!

　2017년 10월 31일부터 연재를 시작해서 2022년 1월 23일에 마칠 때까지 장장 4년 3개월 동안 매주 한 땀 한 땀 원고를 작성하느라 사는 게 사는 게 아니었다. "이번 주는 시편 몇 편이다." 이 말을 4년 이상 입에 달고 살았다. 가족들과 제자들도 "이번 주는 몇 편이지요?"라는 질문을 인사처럼 하곤 했다. 이제 시편과 한동안 작별을 해야 할 것 같다. 개인적으로는 이 책의 출간으로 인생 숙제를 끝낸 것 같아 홀가분하고 스스로 대견하다는 생각도 들지만, 독자의 판단에 다시금 긴장하게 된다.

　이 책은 기독교 주간지 『위클리 굿뉴스』에 매주 투고한 원고에서 출발한다(2020년 4월 5일 105호-2022년 1월 23일 180호). 원고를 집필하는 동안 시인의 가르침에 홀려서 정신없이 일주일을 보냈다. 매주 한 편의 시편을 묵상하고 관련 자료를 찾아 세밀하게 살펴본 후 여러 해석을 비교 분석해서 정리하고 탈고하는 일이 일상이 되었다. 매주 독서하고 연구하면서 새롭게 배운 많은 내용을 제한된 지면에 다 담을 수 없어서 아쉬웠다. 탈고하는 순간의 뿌듯함과 황홀함은 글쓰기가 주는 선물이다. 그러나 이를 충분히 즐기고 만끽하기도 전에 늘 다음 주 시편이 순서를 기다리고 있다. 이전 시편을 뒤로한 채 쉬지도 못하고 다음 시편의 문을 두드린다. 또 어떤 메시지를 만나게 될까? 설레는 마음으로 다음 시편을 만난다. 새로운 시편이 보여주는 신기한 세계를 접하다 보면 이전의 감동은 어느새 사라진다. 과거의 감흥이 사라져야 신선한 감흥을 담게 되는 모양이다.

급하게 작성한 원고를 틈틈이 다시 다듬고 지면의 제약으로 인해 덜어낸 부분을 덧붙이는 갈무리 과정을 통해 그럴듯한 책이 만들어졌다. 이후 이 책을 교재로 삼아 한세대학교 신대원의 2021년 2학기 수업에서 학생들과 자세히 독서할 수 있는 기회를 가졌고, 그 과정을 통해 본문을 음독하면서 비판적으로 내용을 검토할 수 있었다. 토론 중 학생들의 탁월한 제안이 툭툭 쏟아져 나왔다. 이 책에는 성실한 제자들의 목소리가 적지 않게 담겨 있다. 이 과목을 흔쾌히 수강해준 한세대학교 신대원 학생들에게 고마움을 표현하고 싶다. 또한 연재의 기회를 주고 매주 마감 시간을 기다려준 『위클리 굿뉴스』의 김신규 부장님께도 감사를 드린다.

이와 더불어 헌신적으로 도와준 이들이 있다. 서울신학대학교 대학원에서 구약학 박사과정을 마치고 논문을 작성하고 있는 강수정 전도사, 이화여자대학교 대학원 석사과정을 졸업한 장영옥 목사, 한세대학교 신대원의 구약학 박사과정에 있는 손주환 목사와 김호경 전도사, 구약학 석사인 조덕환 전도사와 구약학 석사를 마치고 현재 미국 보스턴 칼리지(Boston College)에 유학 중인 정준희 전도사의 "에제르"(도움)가 없었다면 이 책은 세상에 태어나지 못했을 것이다.

이 책을 통해 시인의 영성이 널리 알려지기를 간절히 소망한다. 2021년에 출간된 『시인의 영성 1: 시편 1-50편 해설과 묵상』(2021년 세종도서 학술부문 선정)과 2022년에 나온 『시인의 영성 2: 시편 51-100편

해설과 묵상』과 더불어 이번에 소개되는『시인의 영성 3: 시편 101-
150편 해설과 묵상』도 지속적으로 독자들의 사랑을 받았으면 좋겠다.
독자들의 뜨거운 응원을 기대하며 기도한다. 무엇보다도 이 책이 시편
을 설교하는 현장 목회자들에게 필수적인 참고서가 되었으면 소원이 없
겠다. 기존의 시편 관련 도서 가운데 참조할 만한 전문적이고 학술적인
연구서를 모두 취합하여 분석하고 정리한 이 책은 설교 준비에 쫓기는
목회자들의 부담을 많이 덜어줄 것이다. 설교자들이 이 시대를 향한 시
인의 영성을 묵상하고 선포하는 데 조금이라도 도움이 된다면 구약 전
도사인 나에게 이보다 더한 보람은 없을 것이다.

정년을 코앞에 두고 있어서 그런지 학자로서 지나온 삶이 주마등같
이 스쳐 지나간다. 한세대학교에 둥지를 튼 지 만 29년을 지나고 있다.
30대 교수 시절에는 군대 교관처럼 학생들을 무섭게 몰아쳤다. 공부를
게을리하는 학생들이 미워보이기도 했다. 내 연구실에 먼저 문을 두드
리는 학생은 많지 않았다. 40대 교수 시절에는 학생들의 개별 사정들이
눈에 들어왔다. 특히 학문에 열정을 가진 학생들이 다가오기 시작했다.
주로 공부를 열심히 하는 학생들이 내 연구실에 모여들었다. 50대 교수
시절에는 큰딸이 대학생이 되어서 그런지, 학생들이 딸과 아들처럼 보
이기 시작했다. 모든 학생이 자식같이 느껴졌다. 공부가 인생의 전부는
아니라는 사실이 마음으로 수용되었다. 자식 같은 학생들이 연구실에
매일 모여들어 커피를 마시면서 수다를 떨고 갔다. 60대 교수 시절에는
주례를 서준 제자들이 가끔 자녀를 데려와 교수 할아버지라고 인사를
시켜주곤 한다. 어느새 할아버지가 되어버린 것이다. 처음에는 어색했
지만 현실을 받아들이려고 노력하는 중이다. 이제는 내 연구실에 들어

와주는 학생들이 무척 고맙고 사랑스럽다. 드디어 내가 연구실을 떠날 차례가 다가온 것이다.

이번 책은 "시편 1-50편 연구"(2020년 1학기), "시편 51-100편 연구"(2020년 2학기), "시편 101-150편 연구"(2021년 2학기) 수업에 들어와서 이 책의 초고를 치열하게 정독하고, 열띠게 토론하면서 신랄하게 비판하고, 진심을 담아 수정을 제안해준 한세대학교 신대원 제자들 모두에게 헌정하고 싶다. 이들이 내 교수 생활의 비타민이었다. 고맙다. 제자들!

부족한 원고를 늘 멋진 책으로 만들어주는 새물결플러스의 김요한 대표님과 직원 여러분들에게도 감사의 마음을 표현하고 싶다. 한국교회를 일으켜 세우고 건강한 토대를 다지고자 하는 사명을 품고 최전선에서 신학 선교를 당당하게 감당하고 있는 새물결플러스가 함께 있다는 것만으로도 정말 큰 힘이 된다.

2023년 2월 27일
한세대학교 신학관 연구실에서
구약 전도사 차준희

1) 시편의 표제는 처음부터 본문과 함께 기록된 것이 아니라 후대에 덧붙여진 것으로서 본문에 대한 최초의 해석이라고 할 수 있다. 표제는 "해석의 기초"가 아닌 "해석의 영향"을 받은 결과물이며 최초의 해석이자 적용이기 때문에, 여기서는 시편 본래의 의미에 주목하기 위해 해석의 범위를 표제를 제외한 시편 본문의 내용에 한정하고자 한다.

2) 학술적인 논쟁을 피하고, 일반인의 시편 묵상과 설교자의 시편 설교를 돕는 해설에 집중한다. 따라서 몇 가지 경우를 제외하고는 일일이 각주를 달지 않았다. 주로 참조한 국내 학자는 김정우(2005, 2010), 김이곤(대한기독교서회 창립 100주년 기념 성서주석, 2007), 이환진(대한기독교서회 창립 100주년 기념 성서주석, 2010), 김태경(대한기독교서회 창립 100주년 기념 성서주석, 2011), 전봉순(2015, 2016, 2022), 송병현(엑스포지멘터리, 2018, 2019)이다. 국외 학자는 H.-J. 크라우스(Biblischer Kommentar Altes Testament, 1989), A. 바이저(국제성서주석, 1992), A. 다이슬러(1993), F.-J. 호스펠트/E. 쳉어(Die Neue Echter Bibel, 1993, 2002), K. 자이볼트(Handbuch zum Alten Testament, 1993), R. 데이빗슨(1998), J. 림버그(Westminster Bible Companion, 2000), 피터 크레이기(WBC 성경주석, 2000), 마빈 E. 테이트(WBC 성경주석, 2002), M. 웨밍(Neuer Stuttgarter Kommentar

Altes Testament, 2000), M. 웨밍/J. 베테(Neuer Stuttgarter Kommentar Altes Testament, 2010, 2016), B. 베버(2001, 2003), 제임스 L. 메이스(현대성서주석, 2002), R. J. 클리포드(Abingdon Old Testament Commentaries, 2002), S. 테리엔(The Eerdmans Critical Commentary, 2003), W. 브루그만/W. H. 벨링저(New Cambridge Bible Commentary, 2014), 앨런 로스(2015, 2016, 2018), 낸시 드클레세-왈포드/롤프 제이콥슨/베스 라닐 태너(NICOT, 2019), D. J. 에스테스(The New American Commentary, 2019), 존 골딩게이(Baker Commentary on the Old Testament Wisdom and Psalms, 2006, 2007, 2008) 등이다.

3) 각 시편은 양식, 구조, 본문의 풀이, 메시지라는 틀에 맞추어 정리한다. 시편은 특정 양식을 갖추고 있으므로, 내용을 이해하기 위해서는 필수적으로 각 시편의 양식을 규정할 필요가 있다. 하지만 양식 규정과 관련하여 학자들마다 주장하는 내용이 다르기 때문에, 이 책에서는 다양한 논의를 검토한 후 그 결과만 간단히 정리하였다. 더불어 시편 전체를 조감할 수 있도록 시편 101-150편의 양식표를 첨부하였다.

4) 각 시편의 메시지는 시편 저자의 의도에 근거를 두고 도출하였다. 또한 하나의 시편에는 단일한 목소리(single voice)보다 다양한 목소리(multi voice)가 담겨 있는 경우가 많으므로, 객관적인 주석에 근거하여 본문 본연의 메시지에 접근하려고 노력하였다. 모든 주석의 과정은 메시지를 향하고 있으며 그 메시지를 통해 시인의 영성이 드러난다.

5) 이 책은 늘 분주한 설교자들이 짧은 시간에 시편의 내용과 메시지를 파악하는 데 도움을 주는 참고자료로 사용되면 좋겠다. 시편을 공부하는 신학도는 물론 시편을 묵상하는 일반 독자들에게도 좋은 안내서가 되길 바란다.

"오늘날의 교회가 시편을 잘 사용하지 않게 되면서 비할 바 없는 보물들이 시편과 함께 교회에서 사라졌습니다. 그러나 시편 기도가 다시 회복되면 상상할 수 없는 힘이 교회 안으로 들어올 것입니다."[1] 독일의 신학자 디트리히 본회퍼(1906-1945)는 신앙 공동체 안에서 시편을 재발견하는 일이 얼마나 절실한지를 이렇게 표현하였다.

　구약성경은 크게 오경, 역사서, 시가서, 예언서로 구분된다. 오경과 역사서는 하나님이 이스라엘에서 행하신 구원의 "행동"(God's acts)을 보여주며 예언서는 하나님이 예언자를 통해 주신 "말씀"(God's words)을 기록한다. 반면 시가서는 하나님의 구원 행동과 말씀에 대한 "인간의 응답"(human response)을 담아낸다.

　오경, 역사서, 예언서가 위에서 아래로 향하는 "하나님의 계시"(God's revelation)를 담고 있다면, 시가서는 하나님의 계시를 듣고 아래에서 위로 보내는 "인간의 응답"(human response)이라고 할 수 있다. 시가서(욥기, 시편, 잠언, 전도서, 아가) 가운데 가장 대표적인 책은 시편이다. 시편은 모두 다섯 권으로 구성되어 있다. 시편이 다섯 권으로 분류되어 있는 이유는 오경과 관련된 것으로 보인다. 유대 랍비의 가르침에

1　디트리히 본회퍼, 『본회퍼의 시편 이해: 기도의 책』, 최진경 역(서울: 홍성사, 2019), 48.

따르면, 모세는 이스라엘 백성에게 토라(율법) 다섯 권을 주었고, 다윗은 이스라엘 백성에게 시편집(詩篇集) 다섯 권을 주었다. 위로부터 주어진 다섯 권의 토라와 아래로부터 반응한 다섯 권의 시편이 "5 대 5"로 적절히 상응한다.

시편의 시인들은 하나님이 자신의 삶 속에 찾아오셔서 역사하시고 말씀하실 때는 찬양시(psalm of praise)로 응답했고, 하나님의 부재와 침묵을 경험할 때는 탄원시(psalm of lament)로 반응했다. 찬양시는 기뻐하며 부르는 노래이고 탄원시는 슬픔 가운데 절규하는 기도다. 따라서 시편은 노래(찬양)와 기도(탄원)의 책이라고 할 수 있다. 노래와 기도는 인간이 하나님과 소통할 수 있는 유일한 통로다. 하나님은 찬양 중에 임재하시기 때문이다.

이스라엘의 찬양 중에 계시는 주여,
주는 거룩하시니이다(시 22:3).

우리는 찬양을 통해 하나님의 임재 안으로 들어간다. 그 속에 머무를 때 비로소 하나님과 대화하는 기도를 할 수 있다. 하나님과 소통하는 일에는 매뉴얼이 필요한데, 이런 측면에서 시편은 인간이 하나님과 어떻게 소통해야 하는지를 자세히 가르쳐주는 교과서 같은 역할을 한다. 따라서 시편을 제대로 알면 하나님과 올바르게 소통(노래와 기도)할 수 있다.

시편은 찬양의 책으로서, 우리에게 찬양의 정도(正道)를 가르쳐준다. 아우구스티누스의 말처럼 우리는 찬양을 통해 찬양하는 대상을 닮아간다. 우리는 하나님을 찬양하면서 그분의 형상을 닮아간다. 예배를 드리며 거룩하신 하나님을 찬양하면 할수록 우리도 더욱 거룩해진다. 기독교 예배는 이 같은 방식으로 하나님을 영화롭게 할 뿐만 아니라 신자들을 성화의 길로 이끈다.[2]

또한 시편은 기도의 책으로서, 우리에게 기도의 정도(正道)를 보여준다. 칼뱅의 표현에 따르면 시편은 "영혼의 해부도"(anatomy of all parts of the soul)와 같다. 시편의 기도는 인간의 삶에서 일어나는 모든 고통과 기쁨, 불행과 행복, 질병과 죽음, 불의와 배신, 회개와 용서, 하나님을 향한 감사와 고백 등을 총망라한다. 시편에 담긴 한 시인의 심정이 바로 우리의 심정과 정확히 일치한다. 우리의 인생 선배인 시편의 시인들은 희로애락(喜怒哀樂)이 공존하는 일상에서 어떻게 기도를 했을까? 시편은 그 본을 보여줌으로써 우리가 드리는 기도의 방향을 잡아준다.

시편에서 대표적인 장르는 찬양시, 탄원시, 감사시다. 첫째, 찬양시는 "방향 설정의 시"(psalms of orientation)로서 하나님의 창조질서가 자연 세계와 인간사회에서도 오차 없이 작동되는 상태를 전제한다. 둘째, 탄원시는 "방향 상실의 시"(psalms of disorientation)로서 하나님의 창조질서가 인간사회와 역사에서 잘 작동되지 않는 상황을 전제한다. 즉 하나님의 현존이 가려진 "하나님의 일식"(eclipse of God)의 순간을 전제로 한다(M. Buber). 셋째, 감사시는 "방향 재설정의 시"(Psalms of Reorientation)로서 길을 잃고 암초에 부딪혀서 헤매던 시인이 다시 길을 찾아 제자리

---

2 스탠리 하우어워스/윌리엄 윌리몬, 『주여, 기도를 가르쳐 주소서』, 이종태 역(서울: 복있는사람, 2006), 72-73.

로 돌아온 이후 부른 시다.[3] 현재 150편으로 구성된 시편은 각기 특정 장르로 구분될 수 있다. 장르 구분이 모호한 시편도 적지 않지만, 시편의 시를 이해하기 위해서는 장르 구분이 필수적이다. 장르를 파악해야 시편의 의도를 알 수 있기 때문이다.

이제 시인의 영성을 찾아가는 여정을 시작해보려 한다. 독자들과 함께 시편의 세계로 떠나는 여행이라면 힘이 날 것 같다.

---

3 W. Brueggemann, "Psalms and the Life of Faith: A Suggested Typology of Function," *JSOT* 17(1980), 3-32, 특히 6.

시편 101-150편 양식

101편	102편	103편	104편	105편
제왕시	탄원시	찬양시	창조 찬양시/ 생태학적 시	역사시/찬양시
106편	107편	108편	109편	110편
역사시	공동체 감사시	공동체 탄원시	개인 탄원시/ 저주시	제왕시/ 메시아적 시
111편	112편	113편	114편	115편
찬양시	지혜시/교훈시	찬양시	찬양시	공동체 찬양시
116편	117편	118편	119편	120편
개인 감사시	찬양시	감사시	토라시	개인 탄원시
121편	122편	123편	124편	125편
신뢰시	시온시	공동체 탄원시	공동체 감사시	공동체 탄원시
126편	127편	128편	129편	130편
공동체 탄원시	지혜시	지혜시	감사와 간구의 복합시	개인 탄원시/ 참회시
131편	132편	133편	134편	135편
개인 신뢰시	제왕시	지혜시	찬양시	찬양시
136편	137편	138편	139편	140편
찬양시/역사시	공동체 탄원시/ 저주시	개인 감사시	개인 신뢰시	개인 탄원시/ 저주시
141편	142편	143편	144편	145편
개인 탄원시	개인 탄원시	개인 탄원시/ 참회시	제왕시	찬양시
146편	147편	148편	149편	150편
개인 찬양시	공동체 찬양시	찬양시	찬양시	찬양시

101편

통치자의 거울:

"내가 완전한 길을 주목하오리니"

1. 양식

시편 101편은 "제왕시"(royal psalm)로 분류된다. 이 시는 자신과 집안(왕궁), 야웨의 성(예루살렘)과 영토(이스라엘)를 책임져야 하는 왕이 직접 부른 노래다. 또한 이 시는 이상적인 왕이 되겠다고 스스로 다짐하는 "왕의 충성 맹세"(Loyalitätsgelübde des Königs)이기도 하다. 마르틴 루터는 이 시편을 가리켜 "통치자의 거울"(a mirror of the king)이라고 불렀다.

2. 구조

1) 1절: 왕의 통치 기준에 대한 찬양 맹세
2) 2-4절: 왕의 내적 특성에 대한 맹세
3) 5-8절: 왕의 외적 통치에 대한 맹세

3. 내용

1) 왕의 통치 기준에 대한 찬양 맹세(1절)

1 내가 인자와 정의를 노래하겠나이다.
여호와여, 내가 주께 찬양하리이다.

1절은 찬양을 통해 왕의 통치 기준을 맹세하는 내용이다. 왕의 통치 철학은 "인자"(חֶסֶד, 헤세드)와 "정의"(מִשְׁפָּט, 미쉬파트)로 요약된다. 여기서 "인자"는 분에 넘치는 "자비와 긍휼"을, "정의"는 "공정한 판결"을 의미한다. 인자와 정의는 본래 하나님의 근본적인 속성이다.

> 의와 **공의**(מִשְׁפָּט, 미쉬파트)가 주의 보좌의 기초라.
> **인자함**(חֶסֶד, 헤세드)과 진실함이 주 앞에 있나이다(시 89:14).

하나님은 이런 특성(인자와 정의)을 왕뿐만 아니라 모든 사람에게 요구하신다.

> 그런즉 너의 하나님께로 돌아와서
> **인애**(חֶסֶד, 헤세드)와 **정의**(מִשְׁפָּט, 미쉬파트)를 지키며
> 항상 너의 하나님을 바랄지니라(호 12:6; 참조. 미 6:8; 마 23:23).

특히 왕의 통치는 부르신 자의 성품과 일치해야 한다. 그래서 시인은 왕으로서 자신의 통치 철학인 인자와 정의를 노래하며 야웨 하나님을 찬양한다. 찬양은 하나님과 찬양하는 자를 하나로 묶는 힘을 가지고 있다.

2) 왕의 내적 특성에 대한 맹세(2-4절)

> **2** 내가 완전한 길을 주목하오리니
> 주께서 어느 때나 내게 임하시겠나이까?
> 내가 완전한 마음으로 내 집 안에서 행하리이다.
> **3** 나는 비천한 것을 내 눈앞에 두지 아니할 것이요

배교자들의 행위를 내가 미워하오리니

나는 그 어느 것도 붙들지 아니하리이다.

4 사악한 마음이 내게서 떠날 것이니

악한 일을 내가 알지 아니하리로다.

2-4절은 왕이 갖춰야 할 내적 특성에 대해 맹세하는 내용이다. 우선 시인은 완전한 길을 주목한다(2a절). 여기서 말하는 "완전한 길"(דֶּרֶךְ תָּמִים, 데레크 타밈)은 하나님의 인자와 정의를 따르는 삶의 길을 상징한다. "주목하다"(שָׂכַל, 사칼)는 "이해하다", "간파하다", "주의하다"라는 뜻으로, 여기서는 "깊이 생각하고 지혜롭게 행동하는 것"을 의미한다. 이는 특히 왕에게 필수적인 태도다.

그런즉 **군왕들아**,

너희는 **지혜를 얻으며**(사칼)

세상의 재판관들아,

너희는 교훈을 받을지어다(시 2:10; 참조. 시 14:2).

따라서 왕은 하나님의 통치 방식에 따라 백성을 다스리고 주님이 인정하시는 삶의 방식을 배워 지혜롭게 실천하며 살아가겠다고 다짐한다.

곧바로 이어지는 "주께서 어느 때나 내게 임하시겠나이까?"(2a절)라는 갑작스러운 탄원은 이해하기가 쉽지 않다. 이 탄원에는 왕의 고뇌와 고통이 전제되어 있다. 왕을 괴롭히는 악의 무리는 늘 존재하기 마련이다. 이는 "언제 내가 그것을 습득할 수 있습니까?"라는 질문으로 보인다. 여기서 왕은 하나님의 마음에 합한 선한 왕이 되기를 원하며, 그렇게 되기 위해 필요한 인자와 정의를 따르는 완전한 길을 알려달라고 하나님께 간절히 간구하고 있다.

왕은 우선 "자신의 집" 안에서부터 "완전한 마음"으로 살아가겠다고 다짐한다(2b절). 구약에서 "마음"(לֵב/לֵבָב, 레브/레바브)은 감정의 자리라기보다는 의지와 분별의 자리다. 그래서 "완전한 마음"이란 인격이나 인성 그 자체, 즉 행위를 일으키는 "마음의 방향성"을 부각시킨다. 행위는 인성(인품)에서 나오고, 인성은 궁극적인 헌신에서 형성된다. 공적인 능력은 경건의 핵심을 반영하는 개인적인 특성(인성과 인품)을 기반으로 생성된다. 개인적인 인성은 가정에서부터 길러지고 동시에 그곳에서부터 발현되어야 한다.

3-4절은 2절의 왕의 긍정적인 실행과는 다르게 부정적인 실행을 언급한다. 왕은 객관적이고 도덕적인 원칙을 가지고 통치한다. 그래서 왕은 "비천한 것"과 "배교자들의 행위"를 멀리하겠다고 다짐한다(3절). "비천한 것"(דְּבַר־בְּלִיָּעַל, 데바르-벨리야알)은 사악하고 혐오스러운 행위를 뜻한다.

> 삼가 너는 마음에 **악한**(בְּלִיַּעַל, 벨리야알) 생각을 품지 말라. 곧 이르기를 "일곱째 해 면제년이 가까이 왔다" 하고 네 궁핍한 형제를 악한 눈으로 바라보며 아무것도 주지 아니하면 그가 너를 여호와께 호소하리니 그것이 네게 죄가 되리라(신 15:9).

"나는 그 어느 것도 붙들지 아니하리이다"라는 표현은 "사악하고 혐오스러운 것이 내게 달라붙지 못할 것이다"라는 뜻이다. 일반적으로 흠모하는 것이 자신에게 달라붙는다. 왕은 악을 관용하거나 타협하지 않고 단호히 거절하겠다고 맹세하면서, "사악한 마음"과 "악한 일"도 스스로 멀리하려고 한다(4절). 특히 "사악한 마음"(לֵבָב עִקֵּשׁ, 레바브-이케쉬)은 육안으로 간파될 수 없는 은밀한 내적 태도다.

> **마음이 굽은 자**(עִקְּשֵׁי־לֵב, 이크쉐-레브)는 여호와께 미움을 받아도
> 행위가 온전한 자는 그의 기뻐하심을 받느니라(잠 11:20).

> **마음이 굽은 자**(עִקֵּשׁ־לֵב, 이크쉐-레브)는 복을 얻지 못하고
> 혀가 패역한 자는 재앙에 빠지느니라(잠 17:20).

왕은 자신의 내면에서 은밀하게 꿈틀대는 사악한 마음과 악한 생각까지도 멀리하겠다고 굳게 다짐한다. 하나님 앞에 바로 서려는 사람은 우선 내면이 정결하고 정직해야 하기 때문이다.

3) 왕의 외적 통치에 대한 맹세(5-8절)

> 5 자기의 이웃을 은근히 헐뜯는 자를
> 내가 멸할 것이요
> 눈이 높고 마음이 교만한 자를
> 내가 용납하지 아니하리로다.
> 6 내 눈이 이 땅의 충성된 자를 살펴

나와 함께 살게 하리니

완전한 길에 행하는 자가 나를 따르리로다.

7 거짓을 행하는 자는 내 집 안에 거주하지 못하며

거짓말하는 자는 내 목전에 서지 못하리로다.

8 아침마다 내가 이 땅의 모든 악인을 멸하리니

악을 행하는 (모든: 개역개정에는 생략됨) 자는 여호와의 성에서 다 끊어지리로다.

5-8절은 왕의 외적 통치에 대한 맹세다. 이 단락부터는 맹세가 왕 자신에서 이웃들과의 관계로 확장된다. 왕은 "자기의 이웃을 은근히 헐뜯는 자"와 "눈이 높고 마음이 교만한 자"를 멸하겠다고 선언한다(5절). "헐뜯는 자"는 중상하거나 비방하는 사람이다.

너는 종을 그의 상전에게 **비방하지 말라.**

그가 너를 저주하겠고 너는 죄책을 당할까 두려우니라(잠 30:10).

"눈이 높고 마음이 교만한 것"은 일반적으로 왕족이 지닌 흔한 속성이다.

주께서 곤고한 백성은 구원하시고

교만한 눈은 낮추시리이다(시 18:27).

이런 자만과 교만은 왕의 정의로운 통치를 방해한다. 반면 정의는 가난한 자들을 존중하고 돌보려는 마음을 근본으로 한다.

그가 주의 백성을 공의로 재판하며
주의 가난한 자를 정의로 재판하리니(시 72:2).

왕의 주변에는 간신만 있는 것이 아니라 충신도 있다. 따라서 왕은 "이 땅의 충성된 자"와 "완전한 길로 행하는 자"를 등용하여 가까이에 두어야 한다(6절). "이 땅의 충성된 자"는 시편 35:20의 "평안히 땅에 사는 자"를 생각나게 한다.

무릇 그들은 화평을 말하지 아니하고
오히려 **평안히 땅에 사는 자들**을 거짓말로 모략하며(시 35:20).

이는 "경험이 풍부하고 신뢰할 만한 선한 사람"을 가리킨다.

충성된 사람들의 말을 물리치시며
늙은 자들의 판단을 빼앗으시며(욥 12:20).

또한 "완전한 길에 행하는 자"는 2절에 언급되어 있듯이, 기도자인 왕도 개인적으로 간구하는 그 길을 이미 걸어가고 있는 사람이다. 왕은 자신보다 더 훌륭한 인재를 시기하지 않고 가까이 두겠다고 한다. "따르리로다"(שרת, 샤라트)는 "섬기다"라는 의미다. 이런 의인들은 왕을 가까운 곳에서 섬기는 특권을 누리게 될 것이다.

그러나 "거짓을 행하는 자"와 "거짓말하는 자"는 왕궁에서 추방될 것이다(7절). 이 구절에 나오는 "집"(בית, 바이트)은 "왕궁"(조정[朝庭])을 의미한다. 또한 "거짓을 행하는 자"에서 "거짓"(רְמִיָּה, 레미야)은 태만과 나태(잠 10:4; 12:24) 혹은 속임, 배신, 기만을 뜻한다(호 7:16; 욥 13:7). 이런 자들은 국가(조정)의 책임 있는 관료가 될 자격이 없다.

이 시는 8절에서 왕의 단호한 맹세로 막을 내린다. 왕은 아침마다 "이 땅(이스라엘)의 모든 악인"을 멸하고 "악을 행하는 '모든'(개역개정에는 생략됨) 자"를 야웨의 성(예루살렘)에서 끊겠다고 결단한다. "아침"은 왕이 여러 소송을 듣고 판결을 내리는 시간이다.

> 압살롬이 **일찍이 일어나** 성문 길 곁에 서서 어떤 사람이든지 **송사가 있어 왕에게 재판을 청하러 올 때에** 그 사람을 불러 이르되 "너는 어느 성읍 사람이냐?" 하니 그 사람의 대답이 "종은 이스라엘 아무 지파에 속하였나이다" 하면(삼하 15:2; 참조. 렘 21:12; 습 3:5).

여기에 언급된 동사 "멸하다"(צמת, 차마트)는 시편에서 대부분 야웨의 행위를 묘사할 때 쓰였다.

> 주께서는 내 원수에게 악으로 갚으시리니
> 주의 성실하심으로 그들을 **멸하소서**(צמת, 차마트)(시 54:5; 참조. 시 73:27; 88:16; 94:23; 143:12).

시편 94:23에서 이 단어는 하나님의 판결 행위를 표현한다.

> 그들의 죄악을 그들에게로 되돌리시며

그들의 악으로 말미암아 그들을 **끊으시리니**(צמת, 차마트)

여호와 우리 하나님이 그들을 **끊으시리로다**(צמת, 차마트)(시 94:23).

그런데 시편 18:40과 101:5, 8에서는 인간인 왕이 하나님의 판결 행위를 대행하는 상황을 묘사할 때도 이 단어를 사용한다.

또 주께서 내 원수들에게 등을 내게로 향하게 하시고

나를 미워하는 자들을 내가 **끊어버리게 하셨나이다**(צמת, 차마트)(시 18:40).

왕은 최고의 주권을 가지고 이스라엘에서 야웨의 사법적 권위를 대행하며 이를 현실화시킨다. 왕은 매일 아침 하나님의 인자와 정의를 기준으로 공정한 판결을 내리겠다고 다짐한다.

4. 메시지

이 시는 왕이 직접 부른 노래로서 "통치자의 거울"이라고 할 수 있다. 이 노래는 책임 있는 위치에 오르고자 하는 모든 사람에게 모범적인 기도가 된다. 이 기도는 권한과 책임을 위탁받은 모든 리더에게 적용될 수 있다. 책임 있는 지도자에게 무엇보다도 중요한 것은 그의 마음가짐 곧 "인성과 인품"(2-4절)이다. 이 시는 지도자의 삶에 원칙(적법성)과 능력(효율성)을 넘어선 또 다른 무언가가 필요함을 시사한다. 다스림을 받는 자들에게 진정한 영향을 끼칠 수 있는 것은 다스리는 자의 인성과 인품이다. 도덕성도 능력이다. 지도자가 갖춰야 할 가장 중요한 덕목은 도덕성이다. 도덕성 없는 지도력은 그 영향을 정상적으로 발휘할 수 없기 때문이다. 이런 지도력은 굴종과 굴복을 양산할 뿐이다.

지도자에게 그다음으로 중요한 자질은 함께 일하는 사람을 잘 분별하는 것이다(5-8절). 그런 자질을 갖추기 위해서는 하나님의 속성인 인자와 정의가 필요하다(1절). 지도자는 하나님의 이 속성들을 늘 자신의 마음에 되새기기 위해 찬양을 해야 한다. 찬양을 하다 보면 찬양의 내용에 초점을 맞추고 집중하게 되기 때문에, 찬양하는 지도자는 인자와 정의의 완전한 길을 늘 주목해야 한다. 인자와 정의가 내적 기준으로 자리 잡기 위해서는 이런 하나님의 속성이 온전히 내면화되어야 한다. 인자와 정의가 온전히 내면화되어야 공적인 영역에서도 자연스럽게 발현된다. 이처럼 지도자는 내적 통치를 위한 도덕성과 외적 통치를 위한 인자와 정의를 일깨워주는 통치자의 거울을 늘 들여다보아야 한다.

무한자(無限者)를 유한자(有限者)의 세상으로 초청하는 기도:

"나의 중년에 나를 데려가지 마옵소서"

1. 양식

시편 102편은 탄원시로 분류된다. 또한 일곱 개의 참회시 중 다섯 번째 시다(시 6, 32, 38, 51, 102, 130, 143편). 참회시는 탄원시에 속하는 하위 양식이다. 이 시는 엄격한 의미에서 회개를 다루고 있지는 않지만, 덧없는 인생의 짧음과 냉혹함을 깊이 숙고하기 때문에 참회 기도로 간주되어 왔다.

2. 구조

1) 1-2절: 부름과 간구
2) 3-11절: 개인 탄원
3) 12-17절: 신뢰 고백
4) 18-22절: 찬양 맹세
5) 23-24절: 개인 탄원과 간구
6) 25-28절: 마지막 찬양

3. 내용

1) 부름과 간구(1-2절)

¹ 여호와여,

내 기도를 들으시고

나의 부르짖음을 주께 상달하게 하소서.

2 나의 괴로운 날에

주의 얼굴을 내게서 숨기지 마소서.

주의 귀를 내게 기울이사

내가 부르짖는 날에

속히 내게 응답하소서.

1-2절은 하나님을 향한 부름과 간구의 내용이다. 시인은 다섯 번에 걸쳐 하나님께 호소한다. "내 기도를 들으시고", "나의 부르짖음을 주께 상달하게 하소서"(1절), "주의 얼굴을 숨기지 마시고", "주의 귀를 기울이사", "속히 내게 응답하소서"(2절). 이처럼 반복적으로 도움을 요청하는 것은 자신의 무능력을 인정함과 동시에, 강력하고 자비로운 하나님에 대한 믿음을 표명하는 신앙의 행위다. 2절의 "속히"는 시인이 매우 긴박한 위험에 처해 있음을 강조한다.

2) 개인 탄원(3-11절)

3 내 날이 연기같이 소멸하며

내 뼈가 숯같이 탔음이니이다.

4 내가 음식 먹기도 잊었으므로

내 마음이 풀같이 시들고

말라버렸사오며

5 나의 탄식 소리로 말미암아

나의 살이 뼈에 붙었나이다.

6 나는 광야의 올빼미 같고

황폐한 곳의 부엉이같이 되었사오며

7 내가 밤을 새우니

지붕 위의 외로운 참새 같으니이다.

8 내 원수들이 종일 나를 비방하며

내게 대항하여 미칠 듯이 날뛰는 자들이

나를 가리켜 맹세하나이다.

9 나는 재를 양식같이 먹으며

나는 눈물 섞인 물을 마셨나이다.

10 주의 분노와 진노로 말미암음이라.

주께서 나를 들어서 던지셨나이다.

11 내 날이 기울어지는 그림자 같고

내가 풀의 시들어짐 같으니이다.

3-11절은 개인 탄원의 내용으로서 크게 세 부분으로 나뉜다. 첫 번째 부분(3-5절)은 "자신을 향한 탄원"(Ich-Klage, 심리적 차원), 두 번째 부분(6-8절)은 "원수를 향한 탄원"(Feind-Klage, 사회적 차원), 세 번째 부분(9-11절)은 "하나님을 향한 탄원"(Gott-Klage, 신학적 차원)이다.

첫 번째, 자신을 향한 탄원 단락(3-5절)은 시인의 심리적이고 육체적인 무너짐을 진술한다. 3절에서 시인은 자신이 불에 완전히 타고 남은 연기같이 소멸(燒滅)되었다고 여긴다(시 37:20). 또한 그는 자신의 뼈가 숯같이 태워졌다고 생각한다. 구약에서 뼈가 불태워지는 것은 최악의 수치와 불명예로 간주되는 사건이다.

> 요시야가 몸을 돌이켜 산에 있는 무덤들을 보고 보내어 그 무덤에서 **해골을 가져다가 제단 위에서 불살라** 그 제단을 더럽게 하니라. 이 일을 하나님의 사람이 전하였더니 그 전한 여호와의 말씀대로 되었더라(왕하 23:16).

시인은 식욕도 상실하였고 몸(마음)도 바싹 말라버렸다(4절). 고통이 너무 깊어서 쇠약해진 몸에서 신음이 끊이지 않는다(5절). 결국 그는 피골이 상접하기에 이르렀다(애 4:8). 시인의 온몸("마음", "살", "뼈")은 완전히 무너졌다.

두 번째, 원수를 향한 탄원 단락(6-8절)은 시인의 사회적 고립을 묘사한다. 시인은 자신이 "광야의 올빼미"와 "황폐한 곳의 부엉이" 같다고 느낀다(6절). 또한 잠을 이루지 못하는 "지붕 위의 외로운 참새"와도 같다고 한다(7절). 이처럼 고립되고 격리된 시인의 상황은 형용사 "외로운"과 고립된 장소들("광야", "황폐한 곳", "지붕")에 있는 새들(올빼미, 부엉이, 참새)이 만들어내는 삼중 이미지에 의해 강조된다. 시인은 "온종일"(מֹּיָּ-לָ, 콜-하욤: all day long) 원수들의 노골적인 비방과 조롱으로 인해 철저히 고립되어 있다(8절). 그들의 중상모략 때문에 시인은 완전히 사회적으로 매장되었다.

> **내가 무리의 비방을 들었으므로**
> **사방이 두려움으로 감싸였나이다.**
> 그들이 나를 치려고 함께 의논할 때에

내 생명을 빼앗기로 꾀하였나이다(시 31:13; 참조. 시 35:20; 38:12; 41:6).

세 번째, 하나님을 향한 탄원 단락(9-11절)은 시인의 비참한 상태를 신학적인 차원에서 진술한다. 9절의 "재를 먹는 것"과 "눈물 섞인 물을 마시는 것"은 하나님을 향한 애도 의식과 자기 비하의 의식을 가리킨다.

> 사람들이 종일 내게 하는 말이
> "네 하나님이 어디 있느뇨?" 하오니
> **내 눈물이 주야로 내 음식이 되었도다**(시 42:3).

> 주께서 그들에게 **눈물의 양식을 먹이시며**
> **많은 눈물을 마시게 하셨나이다**(시 80:5).

10절에서 시인은 하나님을 고발한다. 그는 하나님의 분노와 진노를 도저히 이해할 수 없어서 자신이 겪는 고통을 하나님의 횡포로 여긴다("주께서 나를 들어서 던지셨나이다", 10절). 시인은 자신의 무상함에 대해 탄원하면서(11절), 자기 존재를 "기울어지는 그림자"와 "풀의 시들어짐"으로 묘사한다. 기울어지는 그림자는 죽음에 근접한 상태를 가리킨다.

> 나는 석양 **그림자**같이 지나가고
> 또 메뚜기같이 불려 가오며(시 109:23).

> 사람은 헛것 같고

그의 날은 지나가는 **그림자** 같으니이다(시 144:4; 참조. 욥 8:9; 전 8:13).

시인은 임박한 죽음을 예상하고 자신이 처한 상황에 슬퍼하며 하나님께 탄원한다.

3) 신뢰 고백(12-17절)

12 (그러나 당신) 여호와여,

주는 영원히 계시고

주에 대한 기억은 대대에 이르리이다.

13 주께서 일어나사

시온을 긍휼히 여기시리니

지금은 그에게 은혜를 베푸실 때라.

정한 기한이 다가옴이니이다.

14 주의 종들이 시온의 돌들을 즐거워하며

그의 티끌도 은혜를 받나이다.

15 이에 뭇 나라가 여호와의 이름을 경외하며

이 땅의 모든 왕들이 주의 영광을 경외하리니

16 여호와께서 시온을 건설하시고

그의 영광 중에 나타나셨음이라.

17 여호와께서 빈궁한 자의 기도를 돌아보시며

그들의 기도를 멸시하지 아니하셨도다.

12-17절은 하나님에 대한 신뢰를 고백하는 내용이다. 이 단락은 하나님의 영원성과 시온의 회복이라는 새로운 주제를 다룬다. 12절은 "그러나 당신"(אַתָּה, 베아타)으로 시작함으로써(개역개정에는 생략됨) 1-11절에 드러난 탄원 분위기와 강한 대조를 보인다. 즉 인간 개인의 무상함 및 유한성과 하나님의 영속성을 서로 대조시킨다. 12a절은 "그러나 당신은 여호와, 영원히 앉아 계신다(תֵּשֵׁב, 야샤브)"라는 의미로서, 야웨가 "하늘의 보좌"에 영원히 좌정하고 계심을 말한다.

> 여호와여, 주는 영원히 **계시오며**(תֵּשֵׁב, 야샤브)
> **주의 보좌**는 대대에 이르나이다(애 5:19; 참조. 시 9:7; 29:10).

하나님은 하늘 보좌에 영원히 좌정하시고 모든 세대에 대대로 기억된다.

13절은 변화를 앞둔 시온의 운명을 말한다. 시인은 무너진 시온이 하나님의 자비와 은혜를 경험하게 될 "정한 기한"이 임박했음을 확신하고 있다. 주의 종들은 시온을 긍휼히 여기고 시온에게 은혜를 베풀어주실 하나님의 행동을 본받아, 자신들도 폐허가 된 시온의 돌들을 기쁘게 여기고 시온의 티끌을 소중하게 생각한다(14절). 이를 통해 하나님의 시온 재건에 동참한다.

15절은 시온 회복의 궁극적인 목적을 진술한다. 즉 시온이 회복됨으로써 열방이 야웨의 이름을 경외하고 이 땅의 모든 왕들이 야웨의 영광을 경외하게 될 것이다. 이어지는 16-17절은 15절의 근거를 제시한다.

16절은 "왜냐하면"(כִּי, 키)이라는 단어로 시작한다(개역개정에는 생략

102편 / 무한자(無限者)를 유한자(有限者)의 세상으로 초청하는 기도

됨). 열방이 야웨를 경외하는 이유는 시온이 다시 건설되고 하나님의 영광이 나타나기 때문이다(16절). 또한 빈궁한 자의 기도가 응답되었기 때문이다(17절). 여기서 "빈궁한 자"는 예루살렘 거주민을 가리키는 것으로 보인다. 당시 예루살렘은 파괴되었고 시온 성전도 불에 타서 소실된 상태였다. 예루살렘에 거하던 이 빈궁한 자들은 14절에 나오는 주의 종들에게 속한 사람들이었을 것이다. 열방이 야웨를 경외하는 이유는 시온의 회복을 위한 이들(주의 종들과 빈궁한 자들)의 기도가 응답되었기 때문이다. 시인은 하나님이 시온을 회복하실 것을 신뢰하고 그 사실을 고백하고 있다.

4) 찬양 맹세(18-22절)

> **18** 이 일이 장래 세대를 위하여 기록되리니
> 창조함을 받을 백성이 여호와를 찬양하리로다.
> **19** 여호와께서 그의 높은 성소에서 굽어보시며
> 하늘에서 땅을 살펴보셨으니
> **20** 이는 갇힌 자의 탄식을 들으시며
> 죽이기로 정한 자를 해방하사
> **21** 여호와의 이름을 시온에서,
> 그 영예를 예루살렘에서 선포하게 하려 하심이라.
> **22** 그때에 민족들과 나라들이 함께 모여
> 여호와를 섬기리로다.

18-22절은 찬양을 맹세하는 내용이다. 18절의 지시대명사 "이 일"(תאֹז, 조트)은 12-17절과 19-22절 두 단락의 모든 내용을 가리킨다. 18절은 12-17절과 19-22절을 이어주는 경첩 역할을 한다. "이 일"은 기록될 것이며, 이 기록의 수혜자는 "장래 세대"와 "창조함을 받을 백성"(새롭게 창조될 하나님의 백성)이다(18절). 따라서 "이 일"은 장래 세대와 새롭게 창조될 하나님의 백성이 찬양하게 될 내용이기도 하다. 그 내용은 바로 하나님의 자비와 은혜로 인한 시온의 회복이다(13-17절).

이는 19-22절에 좀 더 자세히 소개된다. 야웨는 하늘 성전("높은 성소")에서 땅을 굽어보신다(19절). 이는 구원의 눈으로 이 땅을 살펴보는 것을 뜻한다.

> 만군의 하나님이여,
> 구하옵나니 돌아오소서.
> **하늘에서 굽어보시고**
> 이 포도나무를 돌보소서(시 80:14; 참조. 시 113:6-7; 애 3:50).

20절에 따르면 야웨는 "갇힌 자의 탄식"을 들어주시며 "죽이기로 정한 자"(죽게 된 자들)를 풀어주신다.

> 갇힌 자의 탄식을 주의 앞에 이르게 하시며
> 죽이기로 정해진 자도 주의 크신 능력을 따라 보존하소서(시 79:11).

또한 시온과 예루살렘이 하나님을 찬양하는 보편적인 중심이 될 것이다

(21절). 즉 시온에서 야웨의 이름이 전파되고 예루살렘에서 야웨의 찬양이 울려 퍼질 것이다. 그리고 철저하게 파괴되어 돌과 티끌밖에 남아 있지 않은 시온이 온전히 재건되어 세계의 중심으로 우뚝 서게 될 것이다.

22절에 따르면 하나님을 찬양하는 대열에 이방 민족들과 열방(列邦)들이 모두 포함될 것이다.

2 말일에 여호와의 전의 산이 모든 산꼭대기에 굳게 설 것이요

모든 작은 산 위에 뛰어나리니

만방이 그리로 모여들 것이라.

3 많은 백성이 가며 이르기를

"오라, 우리가 여호와의 산에 오르며

야곱의 하나님의 전에 이르자.

그가 그의 길을 우리에게 가르치실 것이라.

우리가 그 길로 행하리라" 하리니

이는 율법이 시온에서부터 나올 것이요

여호와의 말씀이 예루살렘에서부터 나올 것임이니라.

4 그가 열방 사이에 판단하시며

많은 백성을 판결하시리니

무리가 그들의 칼을 쳐서 보습을 만들고

그들의 창을 쳐서 낫을 만들 것이며

이 나라와 저 나라가 다시는 칼을 들고 서로 치지 아니하며

다시는 전쟁을 연습하지 아니하리라(사 2:2-4; 참조. 미 4:1-5).

시인은 전 세계의 민족들과 나라들이 하나가 되어 시온의 야웨 하나님을 섬기게 될 것이라고 찬양한다.

5) 개인 탄원과 간구(23-24절)

> **23** 그가 내 힘을 중도에 쇠약하게 하시며
> 내 날을 짧게 하셨도다.
> **24** 나의 말이
> "나의 하나님이여,
> 나의 중년에 나를 데려가지 마옵소서.
> 주의 연대는 대대에 무궁하니이다."

23-24절은 한 개인이 하나님께 탄원하고 간구하는 내용이다. 23절을 기점으로 시온의 회복에 관한 주제(12-22절)에서 시인의 개인적인 고통의 주제(1-11절)로 바뀐다. 이는 시온의 회복이라는 미래적 사건에서 시인이 처해 있는 현재로 초점이 되돌아온 것이다. 그는 시온의 회복을 향해 나아가는 중간 길목에서 엄청난 시련을 당했다. 시인은 야웨께서 자신의 힘을 쇠약하게 하시고 자신의 수명을 짧게 하셨다고 탄원한다.

> 그의 젊은 날들을 짧게 하시고
> 그를 수치로 덮으셨나이다(시 89:45).

그래서 시인은 하나님께 간절히 기도한다.

24절의 간구는 이 시의 핵심이자 결론이다. "나의 하나님"이라는 단어는 하나님과 매우 친밀한 관계임을 드러내는 표현이다.

여호와는 나의 반석이시오

나의 요새시오

나를 건지시는 이시오

나의 하나님이시오

내가 그 안에 피할 나의 바위시오

나의 방패시오

나의 구원의 뿔이시오

나의 산성이시로다(시 18:2; 참조. 시 22:1; 63:1).

시인은 "나의 중년에 나를 데려가지 마옵소서"라고 간청한다. "중년"(חֲצִי, 하치)은 "반"(half) 또는 "가운데"(middle)라는 뜻이다. 구약성경에서 제 수명을 다하지 못하고 죽음을 맞이하는 것은 가장 엄격한 처벌로 간주되었다.

내가 말하기를

"나의 중년에 스올의 문에 들어가고

나의 여생을 빼앗기게 되리라" 하였도다(사 38:10; 참조. 시 55:15, 23).

시인은 자신에게 임한 죽음의 기운을 감지하고, 하나님께 자신의 때 이른 사망을 막아달라고 간구한다. 이어서 "주의 연대는 대대에 무궁하나이다"라고 진술한다. "나의 중년"은 "내 날들(days)의 중간", "주의 연대"는 "당신의 연수들(years)"이라는 뜻이다. 따라서 인간의 수명 단위는 "날"(day)로, 하나님의 단위는 "해"(year)로 비유된다.

주의 목전에는 **천 년**이 지나간 **어제** 같으며
밤의 한순간 같을 뿐임이니이다(시 90:4).

인간은 짧은 날들을 살아가지만, 하나님은 무궁한 해(年)와 영원한 세대를 살아가신다.

주의 날이 어찌 **사람의 날**과 같으며
주의 해가 어찌 **인생의 해**와 같기로(욥 10:5).

하나님은 높으시니 우리가 그를 알 수 없고
그의 햇수를 헤아릴 수 없느니라(욥 36:26).

그래서 시인은 하나님의 영원무궁한 시간에 참여하기를 원한다.

6) 마지막 찬양(25-28절)

25 주께서 옛적에 땅의 기초를 놓으셨사오며
하늘도 주의 손으로 지으신 바니이다.
26 천지는 없어지려니와

102편 / 무한자(無限者)를 유한자(有限者)의 세상으로 초청하는 기도

주는 영존하시겠고

그것들은 다 옷같이 낡으리니

의복같이 바꾸시면 바뀌려니와

27 주는 한결같으시고

주의 연대는 무궁하리이다.

28 주의 종들의 자손은 항상 안전히 거주하고

그의 후손은 주 앞에 굳게 서리이다 하였도다.

25-28절은 시인의 마지막 찬양이다. 이 단락은 하나님의 영원성을 찬양한다. 25절은 하나님의 태초 창조(*creatio originale* 혹은 *creatio prima*, the original creation)를 묘사하면서 하나님이 "하늘"과 "땅"을 창조하셨음을 언급하는데, 이는 양쪽 극단을 언급하며 전체를 표현하는 총칭 용법(merism)을 통해 "전체 우주"를 지으셨음을 밝히는 것이다. 자연 세계에 존재하는 모든 것은 하나님이 창조하신 피조물이다. 하나님의 통제에서 벗어난 세계는 없다.

과연 내 손이 땅의 기초를 정하였고

내 오른손이 하늘을 폈나니

내가 그들을 부르면 그것들이 일제히 서느니라(사 48:13; 참조. 잠 8:27-29).

그런데 자연 세계도 마치 오래된 옷과 같아서 결국 닳아 없어진다(26절). 자연도 변한다. 하지만 하나님은 변함이 없으시다. 또한 자연은 영원하지 않다. 오직 하나님만이 영원하시다.

너희는 하늘로 눈을 들며

그 아래의 땅을 살피라.

하늘이 연기같이 사라지고

땅이 옷같이 해어지며

거기에 사는 자들이 하루살이같이 죽으려니와

나의 구원은 영원히 있고

나의 공의는 폐하여지지 아니하리라(사 51:6).

27a절의 "주는 한결같으시고"에 해당하는 히브리어 원문은 "그러나 당신은 바로 '그분'이십니다"(וְאַתָּה־הוּא, 베아타-후)로 해석된다. 여기서 "그분"(הוּא, 후)은 야웨의 유일무이성을 강조하는 표현이다.

이제는 나 곧 내가 그(후)인 줄 알라.

나 외에는 신이 없도다.

나는 죽이기도 하며 살리기도 하며

상하게도 하며 낫게도 하나니

내 손에서 능히 빼앗을 자가 없도다(신 32:39).

이 일을 누가 행하였느냐?

누가 이루었느냐?

누가 처음부터 만대를 불러내었느냐?

나 여호와라.

처음에도 나요

나중 있을 자에게도 내가 곧 그(후)니라(사 41:4; 참조. 사 43:10, 13; 46:4; 48:12).

27b절은 하나님의 영원성을 확고히 하고, 27절 전체는 하나님의 영원 하심과 무궁하심을 강조한다.

28절은 다시 시온의 주제로 되돌아간다. "주의 종들의 자손"은 14절의 "주의 종들", 18절의 "장래 세대" 및 "창조함을 받을 백성"과 연결된다. 시온이 온전히 회복되어야 주의 종들의 후손들이 하나님의 임재 안에서 안전하게 살 수 있다. 일시적이고 덧없는 삶을 살아가는 인간에게는 하나님만이 주실 수 있는 안정과 영속(永續)이 필수적이며 유일한 희망이다.

4. 메시지

이 시는 개인과 공동체를 하나로 묶어준다. 시인은 개인적인 탄원(1-11절)을 넘어 집단적인 요소들("주의 종들"[14절], "그들의 기도"[17절], "장래 세대"[18절], "민족들과 나라들"[22절])을 언급하다가, 마지막 단락(23-28절)에서 이 두 단락을 서로 연결한다. 우리는 이를 통해 시인의 고통과 근심의 근원에 개인적인 사건뿐만 아니라 민족적, 국가적인 일이 포함되어 있음을 짐작할 수 있다. 특히 공동체(국가)의 위기 앞에서는 개인의 고통과 공동체의 고통이 서로 무관하지 않다. 실제 개인과 공동체는 분리되어 있지 않으며 유기적으로 엮여 있다. 따라서 진정한 신앙은 신앙의 사유화(privatization)를 허용하지 않는다. 공동체의 온전함이 회복되지 않은 채 개인의 온전함이 이뤄지기는 불가능하며, 개인의 온전함이 확보되지 않은 공동체도 온전해질 수 없다. 우리는 개인의 온전함과 공동체의 온전함 사이의 우선순위를 논하기보다는 두 가지를 함께 추구해야 한다.

또한 이 시는 하나님의 진노 아래에 있으면서도 하나님 나라 가운데서 소망을 잃지 않는 자의 기도다. 시인은 무한하고 "영원"하신 야웨 하나님께 부디 자신을 낮추시고 현재의 "순간" 속으로 들어오셔서 이 백성들을 구원해달라고 간구한다. 이처럼 기도는 하나님의 개입을 간구하며 기다리는 것이다. 기도는 무한하신 하나님께 유한한 세상 속으로 들어와달라고 간청하는 일이자, 죽음과 무관한 영원한 하나님께 죽음이 있는 영역으로 들어와달라고 간구하는 일이다. 즉 기도는 무한을 유한으로 초청하는 것이다. 그래서 무한자를 유한자의 세상으로 불러들일 수 있는 기도는 무한자가 유한자에게 주시는 구원의 선물이라 할 수 있다.

103편

인자와 경외:
"여호와의 인자하심은 자기를 경외하는 자에게"

1. 양식

시편 103편은 찬양시로 분류된다. 시인은 자신을 비롯한 모든 사람과 피조물을 향해 하나님의 인자하심과 긍휼하심을 찬양하라고 요구한다.

2. 구조

1) 1-5절: 서론에 해당하는 개인적인 찬양
2) 6-18절: 중심에 해당하는 공동체적인 찬양
3) 19-22절: 결론에 해당하는 우주적인 찬양

3. 내용

1) 서론에 해당하는 개인적인 찬양(1-5절)

1 내 영혼아,

여호와를 송축하라.

내 속에 있는 것들아,

다 그의 거룩한 이름을 송축하라.

2 내 영혼아,

여호와를 송축하며

그의 모든 은택을 잊지 말지어다.

3 그가 네 모든 죄악을 사하시며

네 모든 병을 고치시며

4 네 생명을 파멸에서 속량하시고

인자와 긍휼로 관을 씌우시며

5 좋은 것으로 네 소원을 만족하게 하사

네 청춘을 독수리같이 새롭게 하시는도다.

1-5절은 이 시의 서론에 해당하며 개인적인 찬양의 내용을 담고 있다. 1절에서 시인은 자신의 영혼을 향해 하나님을 찬양하라고 말한다("내 영혼아, 여호와를 송축하라"). 이는 자신의 전 존재("내 속에 있는 것들")를 하나님을 찬양하는 데 헌신하겠다는 시인의 자기 권면이다. 예배는 자신의 전 존재를 드리는 행위다. 그는 "하나님의 모든 은택"을 망각하지 말라고 자신에게 이야기한다(2절).

이 "모든 은택"은 이어지는 3-5절에서 자세히 언급된다. 시인은 분사를 사용하여 하나님의 은택을 찬양한다. 동사의 분사형은 무언가 지속되고 있음을 나타낸다. 즉 하나님의 은택은 지속적으로 주어진다. 하나님은 "모든 죄악을 사하시며", "모든 병을 고치시며"(3절), "생명을 파멸에서 속량하시고", "인자와 긍휼로 관을 씌우시며"(4절), "좋은 것으로 소원을 만족하게 하시는" 분이다(5a절). 하나님의 은혜로 새롭게 된 청춘은 독수리로 비유된다(5b절). 독수리는 청춘의 활력을 상징한다.

오직 여호와를 앙망하는 자는 새 힘을 얻으리니

독수리가 날개 치며 올라감 같을 것이요

달음박질하여도 곤비하지 아니하겠고

걸어가도 피곤하지 아니하리로다(사 40:31).

또한 "청춘이 독수리같이 새롭게 되는 것"은 독수리가 매년 털을 가는 것과도 관련이 있어 보인다.

2) 중심에 해당하는 공동체적인 찬양(6-18절)

6 여호와께서 공의로운 일을 행하시며
억압당하는 모든 자를 위하여 심판하시는도다.
7 그의 행위를 모세에게,
그의 행사를 이스라엘 자손에게 알리셨도다.
8 여호와는 긍휼이 많으시고
은혜로우시며
노하기를 더디 하시고
인자하심이 풍부하시도다.
9 자주 경책하지 아니하시며
노를 영원히 품지 아니하시리로다.
10 우리의 죄를 따라
우리를 처벌하지는 아니하시며
우리의 죄악을 따라
우리에게 그대로 갚지는 아니하셨으니
11 이는 하늘이 땅에서 높음같이
그를 경외하는 자에게

그의 인자하심이 크심이로다.

12 동이 서에서 먼 것같이

우리의 죄과를 우리에게서 멀리 옮기셨으며

13 아버지가 자식을 긍휼히 여김같이

여호와께서는 자기를 경외하는 자를 긍휼히 여기시나니

14 이는 그가 우리의 체질을 아시며

우리가 단지 먼지뿐임을 기억하심이로다.

15 인생은

그날이 풀과 같으며

그 영화가 들의 꽃과 같도다.

16 그것은 바람이 지나가면 없어지나니

그 있던 자리도 다시 알지 못하거니와

17 여호와의 인자하심은 자기를 경외하는 자에게

영원부터 영원까지 이르며

그의 의는 자손의 자손에게 이르리니

18 곧 그의 언약을 지키고

그의 법도를 기억하여 행하는 자에게로다.

6-18절은 이 찬양시의 중심 역할을 한다. 이 부분은 둘로 세분된다(6-
14절과 15-18절). 첫 번째 부분(6-14절)은 놀라울 정도로 긍휼하신 하나
님을 묘사한다. 그런데 6절에서 갑자기 그 범위와 대상이 "한 사람"에서
"모든 자" 즉 "개인"에서 "공동체"로 확장된다. 야웨는 억압받는 모든 자
에게 "공의"(צְדָקוֹת, 체다코트)와 "공정함"(מִשְׁפָּטִים, 미쉬파팀, 개역개정에는 "심

판")을 행하시는 분으로 언급된다.

7절은 하나님이 모세와 이스라엘 자손에게 역사하는 구체적인 방법("하나님의 행위와 행사")을 알려주신 사실을 다시 언급한다.

> 내가 참으로 주의 목전에 은총을 입었사오면 원하건대 주의 길을 내게 보이사 내게 주를 알리시고 나로 주의 목전에 은총을 입게 하시며 이 족속을 주의 백성으로 여기소서(출 33:13).

그 내용이 8절에서 밝혀진다. 이 구절은 출애굽기 34:6의 "은혜 공식"을 인용한 것이다.

> 여호와께서 그의 앞으로 지나시며 선포하시되 "여호와라, 여호와라. 자비롭고 은혜롭고 노하기를 더디고 인자와 진실이 많은 하나님이라"(출 34:6).

그 은혜의 핵심은 하나님의 긍휼하심과 인자하심이다.

9절에 따르면 하나님은 항상 꾸짖으시지 않고 영원히 노를 품으시지도 않는다. 제한된 기간에만 잠시 진노하실 뿐이다.

그의 노염은 잠깐이요
그의 은총은 평생이로다.
저녁에는 울음이 깃들일지라도
아침에는 기쁨이 오리로다(시 30:5).

너는 가서 북을 향하여 이 말을 선포하여 이르라. 여호와께서 이르시되 "배역한 이스라엘아, 돌아오라. 나의 노한 얼굴을 너희에게로 향하지 아니하리라. 나는 긍휼이 있는 자라. 노를 한없이 품지 아니하느니라." 여호와의 말씀이니라(렘 3:12).

7 내가 잠시 너를 버렸으나
큰 긍휼로 너를 모을 것이요
8 내가 넘치는 진노로 내 얼굴을 네게서 잠시 가렸으나
영원한 자비로 너를 긍휼히 여기리라.
네 구속자 여호와께서 말씀하셨느니라(사 54:7-8).

하나님이 인간의 죄를 제대로 처치(處置)하신다면 아마도 살아남을 자는 한 명도 없을 것이다(10절).

11-13절은 야웨의 인자하심과 긍휼하심을 세 가지 비유로 설명한다. 첫째, 수직적 차원("하늘이 땅에서 높음같이")에서 주의 인자하심은 높은 하늘과 낮은 땅 사이의 간격만큼 크다(11절). 둘째, 수평적 차원("동이 서에서 먼 것같이")에서 우리의 죄과를 우리에게서 아주 멀리 옮기셨다(12절). 셋째, 가족적 차원("아버지가 자식을 긍휼히 여김같이")에서 주를 경외하는 자들을 아버지의 마음으로 긍휼히 여기신다(13절). 이처럼 하나님의 인자하심과 긍휼하심은 인간의 계산과 상상을 넘어선다.

14절은 그 이유를 밝힌다. 창조주는 인간의 상태(*conditio humana*: "체질")를 정확히 간파하고 계신다. 그분은 인간이 먼지같이 보잘것없는 존재임을 이미 알고 계신다.

15-18절은 인간의 덧없는 인생과 하나님의 영원한 인자하심을 대조한다. 인간의 삶은 풀이나 들의 꽃과 같다(15절). 풀과 꽃은 인간 실존의 무상함을 상징한다. 건조한 바람이 불면 쉽게 말라 시들어지고 어느새 사라진다(16절). 인생도 이와 다르지 않다. 아름답지만 곧 사라진다. 이에 비해 야웨의 인자하심은 영원하다(17절). 야웨의 인자하심은 하나님을 경외하는 자에게 "영원부터 영원까지 이르며", "자손의 자손에게로" 이어진다.

18절은 하나님을 경외하는 자에 대해 자세히 설명한다. 이들은 하나님과의 언약을 지키고 하나님의 법도를 기억하며 행하는 자들이다. 율법을 준수하는 사람은 하나님의 인자하심을 경험할 수 있다.

3) 결론에 해당하는 우주적인 찬양(19-22절)

19 여호와께서 그의 보좌를 하늘에 세우시고
그의 왕권으로 만유를 다스리시도다.
20 능력이 있어 여호와의 말씀을 행하며
그의 말씀의 소리를 듣는
여호와의 천사들이여,
여호와를 송축하라.
21 그에게 수종들며 그의 뜻을 행하는
모든 천군이여,
여호와를 송축하라.
22 여호와의 지으심을 받고

그가 다스리시는 모든 곳에 있는

너희여,

여호와를 송축하라.

내 영혼아,

여호와를 송축하라.

이 시의 결론에 해당하는 19-22절은 우주적인 찬양을 묘사하고 있다. 19절은 야웨의 왕권을 선포하면서 찬양을 마무리하는데, 여기서 찬양을 요청받는 대상이 확산된다. 이는 하나님의 통치권이 우주적인 차원으로 확대되는 모습을 보여준다. 구체적으로 "여호와의 천사들"(20절)에서 "모든 천군"을 거쳐(21절) "여호와의 지으심을 받고 그가 다스리는 모든 곳에 있는 너희"(22절)로 확대된다. 22절의 "여호와의 지으심을 받고 그가 다스리는 모든 곳에 있는 너희"는 "지상의 피조물"과 "천상의 피조물" 모두를 통칭하는 것으로 보인다. 마침내 지상과 천상에 있는 모든 피조물의 합창이 온 우주로 퍼져나갈 것이다. 전 우주의 통치자이신 하나님께 합당한 영예를 돌리기 위해서는 시인의 찬양만으로 부족하다. 그는 천상의 합창대를 모두 불러 하나님이 보이신 영광의 계시에 합당한 응답에 전적으로 참여하라고 요구한다.

　이 단락에서는 "여호와의 천사들"과 "모든 천군"이라는 세계 통치자의 하늘 식구가 총동원된다. 시인의 독창(the solo voice)으로 시작된 하나님 찬양이 우주의 합창(a cosmic choir)으로 확대된다. 하늘과 땅의 모든 존재에게 하나님을 찬양하도록 요구하면서 이 웅장한 찬양시는 끝난다. 이 시는 "내(1인칭) 영혼아, 여호와를 송축하라"는 문장으로 시작되어

(1절), "너희(2인칭 복수)여, 여호와를 송축하라. 내(1인칭) 영혼아, 여호와를 송축하라"(22절)는 표현으로 마무리된다. 이는 독주(獨奏)와 합주(合奏)가 어우러진 협주곡(協奏曲)을 연상시킨다.

4. 메시지

이 시는 야웨의 용서하심이 그분의 인자하심과 긍휼하심에 달렸고(8-10절), 그 인자하심과 긍휼하심은 율법을 지키고 행하는 경건한 자들에게 임한다는 교훈을 전한다(17-18절). 여기서 경건한 자는 "하나님을 경외하는 자들"이며, 이들은 "곧 그의 언약을 지키고 그의 법도를 기억하며 행하는 자"(17절)다. 인자하신 하나님은 자신에 대한 경외를 나타내라고 하신다. 그래서 복음(인자하심)과 율법(경외)이 함께 필요한 것이다. 이 두 가지는 신앙생활에 필수적인 요소다. 하나님의 인자하심과 그분에 대한 경외는 둘이 아니라 하나다. 왜냐하면 하나님의 인자하심을 입은 자들이라면 하나님을 경외하는 것이 마땅하기 때문이다.

104편

창조주의 지문(指紋):
"주의 영을 보내사 지면을 새롭게 하시나이다"

♭ 양식

시편 104편은 (창조) 찬양시(혹은 생태학적 시)로 분류된다. 이 시의 시인은 창조주 하나님의 위대하심을 찬양한다. 시편 104-106편은 모두 할렐루야로 끝난다. 이런 할렐루야 공식(Halleluja-Formel)에 근거한 이 시편들을 가리켜 첫 번째 할렐루야 삼총사(Hallelujatriade)라고 한다. 두 번째 할렐루야 삼총사는 시편 111-113편이다.

2. 구조

1) 1-4절: 서론적 찬양

2) 5-9절: 땅의 기초를 세움(공간 창조)

3) 10-18절: 창조(땅과 공중의 생물들)의 보존

4) 19-23절: 시간의 주관(시간 창조)

5) 24-30절: 창조(모든 생물)의 관리

6) 31-35절: 결론적 찬양

3. 내용

1) 서론적 찬양(1-4절)

¹ 내 영혼아,

여호와를 송축하라.

여호와 나의 하나님이여,

주는 심히 위대하시며

존귀와 권위로 옷 입으셨나이다.

2 주께서 옷을 입음같이 빛을 입으시며

하늘을 휘장같이 치시며

3 물에 자기 누각의 들보를 얹으시며

구름으로 자기 수레를 삼으시고

바람 날개로 다니시며

4 바람을 자기 사신으로 삼으시고

불꽃으로 자기 사역자를 삼으시며.

1-4절은 서론적 찬양에 해당한다. 이 시는 시편 103편과 유사하게 자기 자신을 향해 하나님을 찬양하라는 요구로 시작해서 동일한 문장으로 끝을 맺는다("내 영혼아, 여호와를 송축하라"(1절/34절). 그래서 시편 103편과 104편은 쌍둥이 시편(twin psalms)이라고 불린다. 1절은 왕이신 하나님의 위대하심을 찬양한다. "존귀"(הוד, 호드)와 "권위"(הדר, 하다르)의 옷은 왕의 의복을 상징한다.

주의 구원이 그의 영광을 크게 하시고

존귀(הוד, 호드)와 **위엄**(הדר, 하다르)을 그에게 입히시나이다(시 21:5).

2절은 제왕(帝王)의 의복에 현란한 빛이 더해진 모습을 묘사한다. 하나님은 빛으로 옷을 입으시고 그분의 궁전을 천상에 지으셨다. 천상의 궁전은 하늘의 물(천상의 바다) 위에 세워둔 확고한 기둥들("누각의 들보")을 기초로 세워진다(3a절). 천상의 하나님은 구름으로 전차를 삼으시고 바람 날개로 이동하신다(3b절). 폭풍(바람)과 번개는 "하늘 군대의 주님"을 호위하는 종들로 동원된다(4절).

2) 땅의 기초를 세움(공간 창조)(5-9절)

> 5 땅에 기초를 놓으사
>
> 영원히 흔들리지 아니하게 하셨나이다.
>
> 6 옷으로 덮음같이
>
> 주께서 땅을 깊은 바다로 덮으시매
>
> 물이 산들 위로 솟아올랐으나
>
> 7 주께서 꾸짖으시니 물은 도망하며
>
> 주의 우렛소리로 말미암아 빨리 가며
>
> 8 주께서 그들을 위하여 정하여 주신 곳으로 흘러갔고
>
> 산은 오르고 골짜기는 내려갔나이다.
>
> 9 주께서 물의 경계를 정하여 넘치지 못하게 하시며
>
> 다시 돌아와 땅을 덮지 못하게 하셨나이다.

5-9절은 하나님이 땅의 기초를 세우신 일을 다룬다("태초의 창조": *creatio prima*, original creation). 즉 하나님의 공간 창조를 묘사하고 있다. 하나님은 땅을 단단한 기초 위에 세우셔서 영원토록 흔들리지 않게 하셨다(5절). 하나님이 세우신 이 기초는 이 땅의 안정성을 확고하게 한다.

6절에 따르면 원래 땅은 "태고의 홍수"(תְּהוֹם, 테홈: 깊은 바다)로 인해 산들과 함께 덮여 있었다(창 1:2, 6-7). 하나님은 꾸지람과 천둥소리로 혼돈의 물을 몰아내셨다(7절). 혼돈의 물은 하나님이 정해두신 곳(지하의 바다)으로 흘러갔고(8절), 하나님은 땅을 덮지 못하도록 물의 경계를 지으심으로써 혼돈의 세력을 억제하셨다(9절). 이는 천상의 궁전과 더불어 하나님이 행하신 놀라운 기적이다. 이제 혼돈으로부터 질서의 세계가 차츰 모습을 드러내기 시작한다.

3) 창조(땅과 공중의 생물들)의 보존(10-18절)

> 10 여호와께서
> 샘을 골짜기에서 솟아나게 하시고
> 산 사이에 흐르게 하사
> 11 각종 들짐승에게 마시게 하시니
> 들나귀들도 해갈하며
> 12 공중의 새들도 그 가에서 깃들이며
> 나뭇가지 사이에서 지저귀는도다.
> 13 그가 그의 누각에서부터 산에 물을 부어주시니
> 주께서 하시는 일의 결실이 땅을 만족시켜주는도다.
> 14 그가 가축을 위한 풀과 사람을 위한 채소를 자라게 하시며
> 땅에서 먹을 것이 나게 하셔서
> 15 사람의 마음을 기쁘게 하는 포도주와
> 사람의 얼굴을 윤택하게 하는 기름과

사람의 마음을 힘 있게 하는 양식을 주셨도다.

16 여호와의 나무에는 물이 흡족함이여,

곧 그가 심으신 레바논 백향목들이로다.

17 새들이 그 속에 깃들임이여,

학은 잣나무로 집을 삼는도다.

18 높은 산들은 산양을 위함이여,

바위는 너구리의 피난처로다.

10-18절은 하나님이 창조하신 땅과 공중의 생물들을 보존하시는 모습을 진술한다. 하나님은 위험한 "지하의 바다"로부터 샘을 솟게 하시고 그 물을 산들 사이로 흐르게 하신다(10절). 여기서 위협적인 혼돈의 물이 아이러니하게도 생명의 샘으로 바뀐다. 하나님은 또 다른 방식으로 창조하신 세계의 모든 피조물이 함께 즐거워하도록 생기를 불어넣어주시는데, 구체적으로 생명 유지에 필수적인 물을 공급하신다.

이런 생명수로 인해 각종 들짐승과 공중의 새들도 즐거운 삶을 살게 된다(11-12절). 13절에 따르면 하나님은 또한 "천상의 바다"("그의 누각")로부터 "하늘의 선물"인 비를 땅에 부어주신다.

하나님이여,

주께서 흡족한 비를 보내사

주의 기업이 곤핍할 때에

주께서 그것을 견고하게 하셨고(시 68:9).

하나님이 주시는 비는 짐승과 사람에게 양식이 된다(14절). 15절에 의하면 고대 근동에서 가장 기본적인 음식물 삼총사로 여겨진 "포도주", "기름", "양식"도 사람에게 제공된다.

> **7** 너는 가서 기쁨으로 네 **음식물**을 먹고
> 즐거운 마음으로 네 **포도주**를 마실지어다.
> 이는 하나님이 네가 하는 일들을 벌써 기쁘게 받으셨음이니라.
> **8** 네 의복을 항상 희게 하며
> 네 머리에 향 **기름**을 그치지 아니하도록 할지니라(전 9:7-8; 참조. 신 8:8; 11:14).

특히 기름은 피부를 보호하고(신 28:40; 눅 7:46) 축제의 즐거움을 드러내는 역할을 한다(시 23:5; 45:7). 하나님은 목구멍의 필요(생물학적인 육신의 필요)뿐만 아니라 마음의 필요(심리적 필요와 정서적 필요)도 채워주신다.

온갖 수목들도 생기 있게 살아간다(16절). 신선하게 우뚝 선 수목들은 날짐승들의 안식처가 되고(17절), 삼림으로 우거진 높은 산들은 야생 짐승들의 피난처가 된다(18절). 하나님은 파괴적인 혼돈의 물("깊은 바다", 6절)을 길들이셔서 생명을 살리는 "샘"(10절)과 "비"(13절)로 사용하신다. 따라서 땅 위에 있는 모든 생물이 창조주의 배려로 평화롭게 상생(相生)한다. 이처럼 모든 피조물은 상호의존적인 생태계(ecosystem)로 만들어졌다.

4) 시간의 주관(시간 창조)(19-23절)

19 여호와께서 달로 절기를 정하심이여,

해는 그 지는 때를 알도다.

20 주께서 흑암을 지어 밤이 되게 하시니

삼림의 모든 짐승이 기어나오나이다.

21 젊은 사자들은 그들의 먹이를 쫓아 부르짖으며

그들의 먹이를 하나님께 구하다가

22 해가 돋으면 물러가서 그들의 굴속에 눕고

23 사람은 나와서

일하며 저녁까지 수고하는도다.

19-23절은 시간의 창조자인 하나님께서 시간을 주관하고 계심을 기술한다. 시인은 창조세계의 "공간"(1-18절)에서 "시간"(19-23절)으로 시선을 돌린다. 하나님은 "달"(月)로 절기(계절의 주기)를 정하게 하시고 "해"(日)로 지는 때(하루의 주기)를 관장하도록 만드셨다(19절). 해와 달로 세계의 위대한 시계 역할을 하게 하신 것이다. 또한 흑암을 지어 밤을 만드셨다(20a절). 밤을 주관하시는 하나님은 쉬지 않고 밤에도 일하신다.

이스라엘을 지키시는 이는 졸지도 아니하시고

주무시지도 아니하시리로다(시 121:4).

하나님은 주기적으로 개입과 부재를 반복하는 고대 근동의 우상 신들과 근본적으로 다르다. 그분은 졸지도 주무시지도 않고 역사에 개입하신다. 또한 하나님은 밤을 들짐승의 먹이를 구하는 시간으로, 낮을 인간이 노동하는 시간으로 구별해주셨다(20b-23절). 시인의 눈에는 사자의 포효도 하나님께 먹이를 구하는 기도로 보인다(21절).

들짐승도 주를 향하여 헐떡거리오니
시내가 다 말랐고
들의 풀이 불에 탔음이니이다(욜 1:20).

까마귀 새끼가 하나님을 향하여 부르짖으며
먹을 것이 없어서 허우적거릴 때에
그것을 위하여 먹이를 마련하는 이가 누구냐?(욥 38:41)

하나님은 노동 시간을 구별하심으로써 짐승과 인간이 서로 생명을 침해하지 않도록 조정하셨다.

5) 창조(모든 생물)의 관리(24-30절)

24 여호와여,
주께서 하신 일이 어찌 그리 많은지요?
주께서 지혜로 그들을 다 지으셨으니
주께서 지으신 것들이 땅에 가득하니이다.
25 거기에는 크고 넓은 바다가 있고

그 속에는 생물 곧 크고 작은 동물들이 무수하니이다.

26 그곳에는 배들이 다니며

주께서 지으신 리워야단이 그 속에서 노나이다.

27 이것들은 다 주께서 때를 따라

먹을 것을 주시기를 바라나이다.

28 주께서 주신즉

그들이 받으며

주께서 손을 펴신즉

그들이 좋은 것으로 만족하다가

29 주께서 낯을 숨기신즉

그들이 떨고

주께서 그들의 호흡을 거두신즉

그들은 죽어 먼지로 돌아가나이다.

30 주의 영을 보내어

그들을 창조하사

지면을 새롭게 하시나이다.

24-30절은 하나님이 모든 피조물을 관리 보존하고 계심을 말한다. 시인은 하나님의 지혜와 그 업적의 풍부함에 대해 경탄한다(24절). 다양하고 복잡한 자연의 세계는 하나님의 지혜의 전시장과 같다. 창조세계는 하나님의 지혜로 가득하다. 여기서 "주께서 '다' 지으셨으니"는 야웨 하나님이 이 세상의 "유일한 창조주"이심을 뜻한다. 시인은 이제 바다로 눈을 돌린다. 크고 넓은 바다에는 다양한 모습의 생물들이 수도 없이 많다(25절).

이 모든 것은 하나님이 창조하신 피조물이다.

시인이 26a절에서 언급한 "그곳에는 배들이 다니며"라는 표현은 하나님이 동물뿐만 아니라 사람을 위해서도 바다를 창조하셨다는 점을 강조하는 듯하다. 그 가운데는 바다 괴물로 알려진 "리워야단"도 있다 (26b절). 그런데 혼돈의 세력을 대표하는 괴물 리워야단은 하나님의 "장난감"에 지나지 않는다. 하나님은 가장 무서운 동물의 폭력성을 제거하셔서 그분의 기쁨과 즐거움의 원천으로 바꾸셨다.

시인은 모든 생명의 보호자이신 하나님을 바라본다. 모든 생명체 (땅, 하늘, 바다의 생물)는 "그의 때를 따라" 먹이를 주시는 하나님께 절대적으로 의존한다(27절). 하나님은 그분의 판단에 따라 "적절한 시간"에 필요한 양식을 공급해주신다.

> 여호와께서 너희의 땅에 이른 비, 늦은 비를 적당한 때에 내리시리니 너희가 곡식과 포도주와 기름을 얻을 것이요(신 11:14).

"'다' 주께서 주시기를"이라는 표현은 야웨 하나님이 이 땅의 "유일한 보존자"라는 뜻이다. 주님이 주셔야만 우리는 받아먹을 수 있다(28절).

사실 주변 환경이 제공하는 먹이는 모두 하나님이 주시는 선물이다. 하나님은 모든 생명체의 수명을 쥐고 계신다(29절). 각종 동식물의 생사 여부는 오직 하나님의 의지에 달려 있다. 그분은 한 번의 창조로 끝내시지 않고 세상을 여전히 보존하면서 운영하고 계신다("계속적인 창조": *creatio continua*, continuing creation). 하나님은 이 세상 모든 생명체의 아버지이시며, 모든 피조물은 그분의 가족 구성원이다.

하나님은 창조의 영을 통해 이 땅의 모든 생명체를 지속적으로 만드신 후 성실하게 그것들을 돌보시고 보존하신다(30a절). 30b절의 "지면을 새롭게 하시나이다"라는 표현은 구약성경에 단 한 번 나오는 독특한 진술이다. 이는 이 땅의 생명 공간(동물의 세계, 식물의 세계, 인간의 세계)을 포괄적으로 갱신하는 것을 의미한다. 하나님이 보내시는 지속적인 "창조의 영"은 이 땅의 생명체를 소생시키는 "생명의 영"이다. 모든 피조물은 하나님을 향하면 살고, 하나님을 떠나면 죽는다.

6) 결론적 찬양(31-35절)

31 여호와의 영광이 영원히 계속할지며

여호와는 자신께서 행하시는 일들로 말미암아 즐거워하시리로다.

32 그가 땅을 보신즉 땅이 진동하며

산들을 만지신즉 연기가 나는도다.

33 내가 평생토록 여호와께 노래하며

내가 살아 있는 동안 내 하나님을 찬양하리로다.

34 나의 기도를 기쁘게 여기시기를 바라나니

나는 여호와로 말미암아 즐거워하리로다.

35 죄인들을 땅에서 소멸하시며

악인들을 다시 있지 못하게 하시리로다.

내 영혼아, 여호와를 송축하라. 할렐루야.

31-35절은 결론적 찬양이다. 31절에 따르면 하나님의 영광은 영원할

것이고, 하나님은 자신이 지으신 것으로 인해 기뻐하신다. "영광"은 온 세상 구석까지 비추는 창조주의 왕적 영광을 의미한다.

> 하늘이 하나님의 **영광**을 선포하고
> 궁창이 그의 손으로 하신 일을 나타내는도다(시 19:1).

> 서로 불러 이르되
> "거룩하다, 거룩하다, 거룩하다.
> 만군의 여호와여!
> 그의 **영광**이 온 땅에 충만하도다" 하더라(사 6:3).

예술가가 자신의 작품을 감상하고 흡족해하듯이, 하나님도 자신이 행하신 일을 보고 기뻐하신다.

> 하나님이 지으신 그 모든 것을 보시니 보시기에 심히 좋았더라. 저녁이 되고 아침이 되니 이는 여섯째 날이니라(창 1:31; 참조. 잠 8:30).

시인은 무엇이든 파멸하실 수 있는 창조주 하나님의 위엄이 늘 엄존(儼存)하고 있는 현실을 망각하지 않는다(32절). 그는 평생 하나님을 "찬송" 하며 "묵상"(기도)하기를 다짐한다(33-34a절). 시인의 찬양은 피조물을 향한 창조주 하나님의 "보존"(conservatio)과 "관리"(gubernatio)에 대한 당연한 응답이다. 하나님이 지으신 피조물로 인해 기뻐하시듯이(31절), 시인도 하나님으로 인해 즐거워하기를 원한다(34b절). 하나님과 의인의 온전한 기쁨이 성취되는 새로운 창조세계에는 죄인과 악인이 설 자리가 없을 것이다(35절). 이 시는 지금까지 살펴본 시편(1-103편)에서 처음 등장하는 "할렐루야"(הַלְלוּ־יָהּ)로 끝난다.

4. 메시지

이 세상은 인간에게 즐거움(14-15절), 놀라움(24절), 두려움(29, 32절) 등을 불러일으키는 복잡다단한 곳이다. 두려움은 본질적으로 혼돈의 세력에서 비롯된 것이다. 그러나 이 혼돈은 하나님에 의해 완벽하게 극복되었으며 적절하게 통제되고 있다(9, 26절). 하나님은 파괴적인 혼돈의 물("깊은 바다", 6절)을 비롯해 생명을 살리는 "샘"(10절)과 "비"(13절)도 활용하신다. 이를 깨달은 시인은 마음의 안정을 찾고 하나님을 찬양한다. 이 세상은 창조주이자 보존자이시며 유지자(維持者)이신 하나님의 완벽한 통제 아래 있다. 또한 창조주 하나님의 통치하에서 "신이 없는 시간과 공간"이란 없다. 야웨 하나님은 태초에 세상을 만드시고 지금도 계속 창조하고 계신다. 그래서 하나님의 창조세계에는 신뢰와 스스로 충족하고 샘솟는 기쁨이 있다. 창조세계에 숨어 있는 이런 "창조주의 지문(指紋)"을 발견하는 사람은 하나님의 즐거움에 참여할 수 있다.

한 가지 부연하면 호모 사피엔스(인류: Homo sapiens)는 단순히 이 지구가 제공하는 환경 속에 서식하는 여러 생물 중 하나에 불과하다(14-15, 23절). 이 시에는 인간 중심적인 주장이 전혀 드러나지 않는다. 하나님의 세계는 땅(자연)과 생명 공동체(땅과 하늘과 바다의 생물들)와 사람이 더불어 살아가는 한 공동체이자 식구다.

105편

하늘의 에너지로 사는 삶:

"그가 행하신 기적과 그의 이적과 그의 입의 판단을 기억할지어다"

1. 양식

시편 105편은 "역사시"(a historical psalm)로 분류된다. 이 시는 아브라함의 여정에서부터 이스라엘이 가나안 땅을 차지하기까지의 역사를 아브라함의 언약을 바탕으로 설명하고 있다. 형식적 측면에서 보면 이 시는 "찬양시"라고도 할 수 있다. 왜냐하면 이 시 안에는 찬양의 촉구(1-6절)와 찬양의 내용(7-45절)이 담겨 있기 때문이다. 따라서 이 시는 엄밀히 말해 찬양으로 표현된 "구속 역사의 회고"라고 할 수 있다.

2. 구조

1) 1-6절: 열방을 향한 찬양 촉구
2) 7-11절: 이스라엘 역사의 초석인 아브라함의 언약
3) 12-15절: 방랑하는 족장 이야기
4) 16-23절: 이집트에서의 요셉 이야기
5) 24-38절: 이집트에 내린 재앙 이야기
6) 39-41절: 출애굽 이후의 광야 이야기
7) 42-45절: 역사 이야기에 대한 해석

3. 내용

1) 열방을 향한 찬양 촉구(1-6절)

> 1 여호와께 감사하고
>
> 그의 이름을 불러 아뢰며
>
> 그가 하는 일을 만민 중에 알게 할지어다.
>
> 2 그에게 노래하며
>
> 그를 찬양하며
>
> 그의 모든 기이한 일들을 말할지어다.
>
> 3 그의 거룩한 이름을 자랑하라.
>
> 여호와를 구하는 자들은 마음이 즐거울지로다.
>
> 4 여호와와 그의 능력을 구할지어다.
>
> 그의 얼굴을 항상 구할지어다.
>
> 5-6 그의 종 아브라함의 후손
>
> 곧 택하신 야곱의 자손
>
> 너희는 그가 행하신 기적과
>
> 그의 이적과
>
> 그의 입의 판단을 기억할지어다.

1-6절은 시인이 열방을 향해 찬양을 촉구하는 내용이다. 1절은 세 가지 명령문을 통해 열방 가운데서 하나님을 찬양하라고 말한다("여호와께 감사하고", "그의 이름을 불러 아뢰며", "그가 하는 일을 만민 중에 알게 할지어다").

2절도 세 가지 명령문을 통해 보다 구체적인 실행을 요구한다("노래하며", "찬양하며", "말할지어다"). 3a절은 "하나님의 거룩한 이름을 자랑하라"고 권고하는데, 이는 예배자의 외적 태도를 말한다. 3b절은 "여호와를 구하는 자들"에게 마음을 기쁘게 하라고 권한다. 이는 예배자의 내적 태도를 가리킨다.

4절의 명령은 하나님과의 만남을 구체화한다("여호와", "그의 능력", "그의 얼굴"). 이는 성소에서 하나님께 예배하라는 뜻이다.

겸손한 자는 먹고 배부를 것이며
여호와를 찾는 자는 그를 찬송할 것이라.
너희 마음은 영원히 살지어다(시 22:26).

이는 여호와를 찾는 족속이요
야곱의 하나님의 얼굴을 구하는 자로다. (셀라)(시 24:6)

히브리어 원문의 순서에 따르면 5절은 "너희는 그가 행하신 기적과 그의 이적과 그의 입의 판단을 기억할지어다"가 된다. 즉 하나님이 역사 가운데서 행하신 일들("기적", "이적", "입의 판단")을 기억하라고 요청하는 내용이다.

6절의 "그의 종 아브라함의 후손 곧 택하신 야곱의 자손"은 이 시에서 찬양을 요구받는 자들이 누구인지를 알려준다. 시인은 이스라엘 백성에게 열방을 향해 찬양하라고 권면한다.

2) 이스라엘 역사의 초석인 아브라함의 언약(7-11절)

> 7 그는 여호와,
>
> 우리 하나님이시라.
>
> 그의 판단이 온 땅에 있도다.
>
> 8 그는 그의 언약 곧 천 대에 걸쳐 명령하신 말씀을
>
> 영원히 기억하셨으니
>
> 9 이것은 아브라함과 맺은 언약이고
>
> 이삭에게 하신 맹세이며
>
> 10 야곱에게 세우신 율례
>
> 곧 이스라엘에게 하신 영원한 언약이라.
>
> 11 이르시기를 "내가 가나안 땅을 네게 주어
>
> 너희에게 할당된 소유가 되게 하리라" 하셨도다.

7-11절은 이스라엘 역사의 초석인 아브라함의 언약에 대해 언급한다. 7절은 이스라엘이 지닌 신앙의 핵심을 표현한다. "그는 여호와, 우리 하나님이시라." 이와 동시에 이스라엘의 하나님은 "온 땅"을 다스리신다. 야웨 하나님은 온 땅의 실제 주인이자 통치자이시다.

> 토지를 영구히 팔지 말 것은 토지는 다 내 것임이니라. 너희는 거류민이요 동거하는 자로서 나와 함께 있느니라(레 25:23).

8-10절은 하나님이 족장들과 세우신 언약을 언급한다. 하나님은 이 언

약을 영원히 기억하신다(8절). 이 언약은 "아브라함과 맺은 언약", "이삭에게 하신 맹세", "야곱에게 세우신 율례"로서, 아브라함의 후손들이 연속적으로 언약의 파트너로 등장하는 "영원한 언약"이다(9-10절).

11절은 언약 내용의 핵심인 땅의 수여를 언급한다. 이스라엘 역사는 이 아브라함의 언약에서 출발한다.

3) 방랑하는 족장 이야기(12-15절)

> 12 그때에 그들의 사람 수가 적어
> 그 땅의 나그네가 되었고
> 13 이 족속에게서 저 족속에게로,
> 이 나라에서 다른 민족에게로
> 떠돌아다녔도다.
> 14 그러나 그는 사람이 그들을 억압하는 것을 용납하지 아니하시고
> 그들로 말미암아 왕들을 꾸짖어
> 15 이르시기를
> "나의 기름 부은 자를 손대지 말며
> 나의 선지자들을 해하지 말라" 하셨도다.

12-15절은 방랑하는 족장에 관한 이야기다. 12a절에 따르면 족장들은 본래 수가 적었다.

야곱이 시므온과 레위에게 이르되 "너희가 내게 화를 끼쳐 나로 하여금 이

땅의 주민 곧 가나안 족속과 브리스 족속에게 악취를 내게 하였도다. **나는 수가 적은즉** 그들이 모여 나를 치고 나를 죽이리니 그러면 나와 내 집이 멸망하리라"(창 34:30; 참조. 신 7:7).

12b-13절에 의하면 그들은 약속의 땅에서 정처 없이 떠도는 "나그네"(מּרִים, 가림)로 살았다.

> 너는 또 네 하나님 여호와 앞에 아뢰기를 "내 조상은 방랑하는 아람 사람으로서 애굽에 내려가 거기에서 소수로 **거류하였더니**(גּוּר, 구르) 거기에서 크고 강하고 번성한 민족이 되었는데"(신 26:5).

그들은 소외되고 억압받아 소멸되기 십상인 소수의 약자였다. 그러나 하나님은 언약의 당사자인 연약한 떠돌이 족장들을 적극적으로 보호해 주셨다(14절). 이는 아브라함의 아내 사라가 이집트의 파라오(창 12:10-20)와 그랄 왕 아비멜렉(창 20:1-18)에게서 보호받고, 이삭의 아내 리브가가 블레셋 왕 아비멜렉을 통해 위기를 모면한 사건을 말하는 것으로 보인다(창 26:1-11).

15절에서는 족장들이 "나의 기름 부은 자"와 "나의 선지자들"로 불린다. 전자는 창세기 17:6에서, 후자는 창세기 20:7에서 비롯된 것 같다.

> 내가 너로 심히 번성하게 하리니 내가 네게서 민족들이 나게 하며 **왕들이 네게로부터 나오리라**(창 17:6).

이제 그 사람의 아내를 돌려보내라. **그는 선지자라.** 그가 너를 위하여 기도하리니 네가 살려니와 네가 돌려보내지 아니하면 너와 네게 속한 자가 다 반드시 죽을 줄 알지니라(창 20:7).

하나님은 족장들과 맺은 언약이 위협을 받더라도, 그 약속을 영원히 성실하게 이행하신다.

4) 이집트에서의 요셉 이야기(16-23절)

16 그가 또 그 땅에 기근이 들게 하사

그들이 의지하고 있는 양식을 다 끊으셨도다.

17 그가 한 사람을 앞서 보내셨음이여,

요셉이 종으로 팔렸도다.

18 그의 발은 차꼬를 차고

그의 몸은 쇠사슬에 매였으니

19 곧 여호와의 말씀이 응할 때까지라.

그의 말씀이 그를 단련하였도다.

20 왕이 사람을 보내어 그를 석방함이여,

뭇 백성의 통치자가 그를 자유롭게 하였도다.

21 그를 그의 집의 주관자로 삼아

그의 모든 소유를 관리하게 하고

22 그의 뜻대로 모든 신하를 다스리며

그의 지혜로 장로들을 교훈하게 하였도다.

23 이에 이스라엘이 애굽에 들어감이여,

야곱이 함의 땅에 나그네가 되었도다.

16-23절은 이집트에서의 요셉에 관한 이야기이다. 여기서 요셉 이야기는 기근과 이로 인한 양식 부족으로 시작된다(16절). 17절은 이런 상황에서 요셉이 형제들 중 가장 먼저 이집트로 보냄을 받아(창 45:5) 종으로 팔려간 사실을 언급하고,(창 37:28) 18절은 그의 억울한 옥살이를 말한다.

이에 요셉의 주인이 그를 잡아 옥에 가두니 그 옥은 왕의 죄수를 가두는 곳이었더라. **요셉이 옥에 갇혔으나**(창 39:20).

19절은 "곧 그(요셉)의 말씀이 응할 때까지라. 여호와의 말씀이 그를 단련하였도다"로 수정되어야 한다. "요셉의 말씀"은 그의 꿈(술 맡은 관원장과 파라오의 꿈) 해석을 가리키는 것으로 보인다. 하나님의 말씀은 일정기간 요셉을 단련했다. 이 구절은 요셉의 삶을 신학적으로 해석한다. 요셉이 가장 험한 고통을 당한 기간은 오히려 그를 가장 발전시키는 단련의 시간이 되었다.

20절은 요셉의 석방을 언급한다(창 41:14). 21-22절은 요셉이 이집트의 총리가 되어 나라를 지혜롭게 통치했던 일을 말한다.

40 "너는 내 집을 다스리라. 내 백성이 다 네 명령에 복종하리니 내가 너보다 높은 것은 내 왕좌뿐이니라." **41**바로가 또 요셉에게 이르되 "**내가 너**

를 애굽 온 땅의 총리가 되게 하노라" 하고(창 41:40-41).

요셉 이야기는 23절에서 야곱과 이스라엘이 이집트로 이주한 일로 끝
난다. 여기서 "이스라엘"은 이중적 의미를 갖는다. 이 단어는 "족장 야
곱"과 "이스라엘 민족"을 모두 포함한다. 이제 족장 역사에서 이스라
엘 민족 역사로 넘어가는 전환점이 등장했다. 야곱이 "함의 땅"(이집트,
창 10:6; 시 78:51; 106:22)에서 "나그네"(גר, 게르)가 되었다는 것은 이집트
에서 받을 억압을 예고한다. 이 단락은 요셉의 역경과 출세과정에서 하
나님의 선하신 인도하심이 작동되었음을 전한다.

5) 이집트에 내린 재앙 이야기(24-38절)

> **24** 여호와께서 자기의 백성을 크게 번성하게 하사
>
> 그의 대적들보다 강하게 하셨으며
>
> **25** 또 그 대적들의 마음이 변하게 하여
>
> 그의 백성을 미워하게 하시며
>
> 그의 종들에게 교활하게 행하게 하셨도다.
>
> **26** 그리하여 그는 그의 종 모세와
>
> 그의 택하신 아론을 보내시니
>
> **27** 그들이 그들의 백성 중에서 여호와의 표적을 보이고
>
> 함의 땅에서 징조들을 행하였도다.
>
> **28** 여호와께서 흑암을 보내사 그곳을 어둡게 하셨으나
>
> 그들은 그의 말씀을 지키지 아니하였도다.

29 그들의 물도 변하여 피가 되게 하사

그들의 물고기를 죽이셨도다.

30 그 땅에 개구리가 많아져서

왕의 궁실에도 있었도다.

31 여호와께서 말씀하신즉

파리 떼가 오며

그들의 온 영토에 이가 생겼도다.

32 비 대신 우박을 내리시며

그들의 땅에 화염을 내리셨도다.

33 그들의 포도나무와 무화과나무를 치시며

그들의 지경에 있는 나무를 찍으셨도다.

34 여호와께서 말씀하신즉

황충과 수많은 메뚜기가 몰려와

35 그들의 땅에 있는 모든 채소를 먹으며

그들의 밭에 있는 열매를 먹었도다.

36 또 여호와께서 그들의 기력의 시작인 그 땅의 모든 장자를 치셨도다.

37 마침내 그들을 인도하여

은 금을 가지고 나오게 하시니

그의 지파 중에 비틀거리는 자가 하나도 없었도다.

38 그들이 떠날 때에 애굽이 기뻐하였으니

그들이 그들을 두려워함이로다.

24-38절은 이집트에 내린 재앙을 다룬다. 24절은 이스라엘 백성이 이

집트에서 크게 번성하고 강한 민족이 되었다고 말한다(출 1:7). 25절은 이집트 사람들이 두려워하여 적대감을 품고 결국 정책을 변경하여 이스라엘 민족을 압제했다는 사실을 밝힌다(출 1:10). 26절은 모세와 아론의 파송을 언급한다(출 3:10; 7:1-7). 27절은 재앙 이야기의 표제(標題) 역할을 한다. 이어지는 재앙들은 하나님의 "표적들과 징조들"이다.

> 내가 바로의 마음을 완악하게 하고 내 **표징**과 내 **이적**을 애굽 땅에서 많이 행할 것이나(출 7:3).

> 그때에 하나님이 애굽에서 그의 **표적들**을,
> 소안 들에서 그의 **징조들**을 나타내사(시 78:43).

28-36절은 출애굽기 7-12장에 나오는 열 가지 재앙에 대한 요약이다. 여기서는 재앙의 수와 순서가 약간 다르다. 이 시에서는 여덟 가지 재앙, 즉 "흑암"(28절), "피"(29절), "개구리"(30절), "파리"와 "이"(31절), "우박"(32-33절), "황충/메뚜기"(34-35절), "장자의 죽음"(36절)만 언급되고, "가축"(출 9:1-7)과 "악성 종기"(출 9:8-12)의 재앙은 생략된다. 그리고 아홉 번째인 흑암 재앙이 가장 먼저 등장한다.

37-38절은 재앙의 성공적인 결과를 간략하게 진술한다. 37a절은 이스라엘 백성이 이집트에서 나올 때 은과 금을 가지고 나온 일을 말한다(출 11:2-3; 12:35-36). "은과 금"은 지금까지의 부당한 부역에 대한 보상으로 해석된다.

내가 애굽 사람으로 이 백성에게 은혜를 입히게 할지라. 너희가 나갈 때에 빈손으로 가지 아니하리니(출 3:21; 참조. 창 15:14; 신 15:13).

37b절의 "비틀거리는 자가 없음"은 이집트 탈출의 급박한 상황에서도 하나님이 철저하게 보호하셨다는 뜻이다.

> 그중에 곤핍하여 넘어지는 자도 없을 것이며
> 조는 자나 자는 자도 없을 것이며
> 그들의 허리띠는 풀리지 아니하며
> 그들의 들메끈은 끊어지지 아니하며(사 5:27).

38절은 하나님이 보내신 열 번째 재앙 이후 두려움을 느낀 이집트인들이(출 15:16) 이스라엘 백성을 서둘러 떠나게 했다고 이야기한다(출 12:33). 이 단락에 언급된 재앙들은 억압을 받으며 포로 생활을 한 백성을 위한 하나님의 신실한 행적에 대한 증거다.

6) 출애굽 이후의 광야 이야기(39-41절)

> **39** 여호와께서 낮에는 구름을 펴사 덮개를 삼으시고
> 밤에는 불로 밝히셨으며
> **40** 그들이 구한즉
> 메추라기를 가져오시고
> 또 하늘의 양식으로 그들을 만족하게 하셨도다.

41 반석을 여신즉 물이 흘러나와

마른 땅에 강같이 흘렀으니.

39-41절은 출애굽 이후의 광야 이야기를 다루는데, 여기서는 광야에서 발생한 세 가지 기적을 언급한다. 39절의 "구름과 불"은 시간과 공간을 초월하는 하나님의 역동적 실재로서, 그분의 임재와 보호하심을 의미한다.

> **21** 여호와께서 그들 앞에서 가시며 **낮에는 구름 기둥**으로 그들의 길을 인도하시고 **밤에는 불기둥**을 그들에게 비추사 낮이나 밤이나 진행하게 하시니 **22 낮에는 구름 기둥, 밤에는 불기둥**이 백성 앞에서 떠나지 아니하니라 (출 13:21-22).

40절의 "메추라기와 하늘의 양식"은 메추라기와 만나(출 16:4)를 가리킨다. 이는 하나님이 음식을 공급하셨다는 뜻이다(출 16:13).

41절의 반석에서 물이 나온 기적 이야기 역시 하나님이 물을 공급하셨음을 강조한다(출 17:1-7). 하나님의 언약적 성실하심은 광야에서의 보호하심과 공급하심을 통해 지속적으로 입증된다.

7) 역사 이야기에 대한 해석(42-45절)

> **42** 이는 그의 거룩한 말씀과
>
> 그의 종 아브라함을 기억하셨음이로다.
>
> **43** 그의 백성이 즐겁게 나오게 하시며

그의 택한 자는 노래하며 나오게 하시고

44 여러 나라의 땅을 그들에게 주시며

민족들이 수고한 것을 소유로 가지게 하셨으니

45 이는 그들이 그의 율례를 지키고

그의 율법을 따르게 하려 하심이로다. 할렐루야.

42-45절은 지금까지의 역사 이야기에 대한 해석이다. "왜냐하면"(כי, 키)으로 시작되는 42절은 지금까지 강조한 하나님의 인도하심과 보호하심의 근거를 제시한다. "그의 거룩한 말씀"은 8절의 "천 대에 걸쳐 명령하신 말씀"과, "그의 종 아브라함"은 6절의 "그의 종 아브라함"과 연관된다. 이런 표현은 결국 앞서 언급한 족장들과 맺은 "영원한 언약"(10절)을 지칭한다. 하나님은 한 번 맺은 언약을 영원히 기억하시는 분이다.

43절은 아브라함과 야곱의 후손들이 겪은 출애굽 사건을 언급한다(출 15:1-18). 44절은 그들이 하나님의 약속대로 땅을 차지하게 된 결과를 말한다. "민족들이 수고한 것"은 오직 여기에만 나오는 유일한 표현인데, 이는 그 민족들과 반대로 이스라엘이 수고 없이 즉 아무 공로 없이 가나안 땅을 차지하게 되었음을 암시한다(신 6:10-13; 느 9:22-25).

45절은 "때문에"(בעבור, 바아부르)로 시작된다. 이 구절은 하나님의 인도하심과 보호하심의 목적을 밝혀주는데, 그것은 바로 언약 백성이 하나님의 율례를 지키고 그분의 율법을 따르도록 하기 위함이다. 이 대목에서 하나님의 땅 선물과 율법 준수가 하나로 묶인다.

1 이스라엘아, 이제 내가 너희에게 가르치는 **규례와 법도를 듣고 준행하라.**

그리하면 너희가 살 것이요 너희 조상의 하나님 여호와께서 **너희에게 주시는 땅에 들어가서 그것을 얻게 되리라.** 2 내가 너희에게 명령하는 말을 너희는 가감하지 말고 내가 너희에게 내리는 너희 하나님 여호와의 명령을 지키라(신 4:1-2).

이렇게 됨으로써 언약에 충실하신 하나님의 의도가 명확히 드러난다. 언약에 충실하신 하나님은 그분처럼 언약에 충실한 백성을 원하신다. 하나님은 자신의 가르침을 신실하게 따를 백성을 만들고자 하신다. 이 시는 "할렐루야"라는 찬양 선포로 대단원의 막을 내린다.

4. 메시지

이 시의 시인은 이스라엘의 역사를 주도적으로 이끄시는 하나님을 묘사하고 있지만, 그분의 주권적 행동에 대한 백성의 반응은 전혀 언급하지 않는다. 오직 하나님의 은총과 신실하심만 강조할 뿐이다. 하나님의 신실하심은 상황에 따라 다르게 작동되었다. 아브라함과 이삭은 보호해주셨고(protecting), 요셉은 해방하셨으며(liberating), 척박한 광야의 이스라엘에게는 먹을거리와 물을 공급하심(nurturing)으로써 신실하심을 보여주셨다.

　아브라함을 선택하시고 그와 그의 후손들에게 신실하심을 증명하신 하나님은 그분의 백성에게 율법에 합당한 삶과 신실한 태도를 요구하신다. 하나님의 뜻은 이 세상에 그분의 가르침(토라)을 신실하게 따르는 공동체를 세우시는 것이다.

이 시는 하나님의 생활 방식을 온 세상(만민)이 보도록 하는 데 그 목적이 있다. 이런 삶의 기초는 하나님이 행하신 기적, 하신 말씀, 베풀어주신 은혜를 두고두고 기억함으로써 세워진다. 그 은혜를 기억하면서 마음에서 꺼낼 때마다 하나님이 항상 우리와 함께하시며 우리를 돌보실 것이라는 확신을 갖게 된다. 하나님의 모든 은총을 기억하면 그분의 가르침대로 살고 싶은 의지와 힘이 하늘로부터 주어지게 된다. 우리는 땅의 에너지(메추라기와 만나)뿐만 아니라 이런 하늘의 에너지(하늘 양식)를 힘입어 살아야 한다.

이스라엘의 망각과 하나님의 기억:

"그들을 위하여 그의 언약을 기억하시고"

1. 양식

시편 106편은 "역사시"(a historical psalm)로 분류된다. 이 시는 제4권(90-106편)의 마지막 시로, 4권 중 가장 긴 48절로 구성되어 있다. 이 시는 하나님의 놀라운 권능에도 불구하고 그분을 믿지 못한 과거 이스라엘의 실패에 초점을 맞춘다. 하나님의 백성의 역사는 실패의 역사다.

2. 구조

1) 1-5절: 찬양 요청과 간구

2) 6-12절: 홍해 앞에서의 반역

3) 13-33절: 광야에서의 반역

　(1) 13-15절: 광야에서의 음식 사건

　(2) 16-18절: 지도자인 모세와 아론에 대항한 반역 사건

　(3) 19-23절: 금송아지 사건

　(4) 24-27절: 가나안 땅 약속에 대한 불신 사건

　(5) 28-31절: 브올의 바알 사건

　(6) 32-33절: 므리바 사건

4) 34-39절: 약속의 땅에서의 반역

5) 40-43절: 야웨의 진노

6) 44-46절: 야웨의 호의를 통한 운명의 전환

7) 47절: 결론적 송영

8) 48절: 마지막 찬양 요청

3. 내용

1) 찬양 요청과 간구(1-5절)

> 1 할렐루야.
>
> 여호와께 감사하라.
>
> 그는 선하시며 그 인자하심이 영원함이로다.
>
> 2 누가 능히 여호와의 권능을 다 말하며
>
> 주께서 받으실 찬양을 다 선포하랴?
>
> 3 정의를 지키는 자들과
>
> 항상 공의를 행하는 자는 복이 있도다.
>
> 4 여호와여,
>
> 주의 백성에게 베푸시는 은혜로 나를 기억하시며
>
> 주의 구원으로 나를 돌보사
>
> 5 내가 주의 택하신 자가 형통함을 보고
>
> 주의 나라의 기쁨을 나누어 가지게 하사
>
> 주의 유산을 자랑하게 하소서.

1-5절은 찬양 요청과 간구를 담고 있다. 그중 1-3절은 찬양을 촉구하는 내용이다. 이 시는 "할렐루야"로 시작해서 "할렐루야"로 끝난다. 1절은 찬양을 요청하고 그 근거를 제시한다. 시인은 하나님이 "선하시며"(טוֹב, 토브) 그분의 "인자하심"(חֶסֶד, 헤세드)이 영원하기 때문에 찬양하라고 한다. 고대 근동의 신들은 인간들을 선하게 대하지 않았다. 그들

은 항상 인간들을 괴롭히고 이용하려 들었다. 이런 정서에서 야웨가 선하시다는 것은 매우 파격적인 선언이다.

2절은 찬양에 합당한 조건을 갖춘 자가 누구인지를 질문하고, 3절은 이에 답한다. "정의(מִשְׁפָּט, 미쉬파트)를 지키고 공의(צְדָקָה, 체다카)를 행하는 자들"만이 찬양할 자격이 있다. "정의"는 "합법성"을, "공의"는 "공정함"을 의미한다. 시인은 이스라엘이 "정의를 지키고" "공의를 행하는" 모습을 보여주지 못했다고 전한다.

4-5절은 간구다. 시인은 이제 찬양에서 간구로 눈을 돌린다. 그는 "나를 기억하시며", "나를 돌보아달라"고 간구한다(4절). 시인이 속한 이스라엘 공동체는 지금 "하나님의 기억하심(זָכַר, 자카르)"과 "하나님의 돌보심(פָּקַד, 파카드)"이 절실히 필요하다.

> 사람이 무엇이기에
> 주께서 그를 **생각하시며**(자카르)
> 인자가 무엇이기에
> 주께서 그를 **돌보시나이까**(파카드)?(시 8:4)

시인은 "주의 택하신 자가 형통함을 보고", "주의 나라의 기쁨을 나누어 가지며", "주의 유산을 자랑하게 되기를" 간구한다(5절).

2) 홍해 앞에서의 반역(6-12절)

> 6 우리가 우리의 조상들처럼 범죄하여

사악을 행하며 악을 지었나이다.

7 우리의 조상들이 애굽에 있을 때

주의 기이한 일들을 깨닫지 못하며

주의 크신 인자를 기억하지 아니하고

바다 곧 홍해에서 거역하였나이다.

8 그러나 여호와께서는 자기의 이름을 위하여

그들을 구원하셨으니 그의 큰 권능을 만인이 알게 하려 하심이로다.

9 이에 홍해를 꾸짖으시니 곧 마르니

그들을 인도하여 바다 건너가기를 마치 광야를 지나감 같게 하사

10 그들을 그 미워하는 자의 손에서 구원하시며

그 원수의 손에서 구원하셨고

11 그들의 대적들은 물로 덮으시매

그들 중에서 하나도 살아남지 못하였도다.

12 이에 그들이 그의 말씀을 믿고

그를 찬양하는 노래를 불렀도다.

6-12절은 홍해 앞에서 이스라엘이 범한 잘못을 다룬다. 특히 6절은 전체 역사를 회고하는 도입 부분으로서, 일종의 표제어 역할을 한다. 여기서 시인은 그들의 조상들과 같이 죄를 범했음을 고백한다. 또한 "범죄하여", "사악을 행하며", "악을 지었나이다"라는 표현을 세 번이나 사용함으로써 죄가 실제로 얼마나 널리 퍼져 있었는지를 부각시킨다.

그들이 사로잡혀 간 땅에서 스스로 깨닫고 그 사로잡은 자의 땅에서 돌이

켜 주게 간구하기를 "우리가 **범죄하여 반역을 행하며 악을 지었나이다**" 하며(왕상 8:47; 참조. 대하 6:37; 단 9:5).

7절은 이스라엘 백성이 홍해 앞에서 적의 추격을 받았을 때 하나님을 신뢰하지 않고 불평을 쏟아부은 사건을 언급하는 것 같다.

> **10** 바로가 가까이 올 때에 이스라엘 자손이 눈을 들어 본즉 애굽 사람들이 자기들 뒤에 이른지라. 이스라엘 자손이 심히 두려워하여 여호와께 부르짖고 **11** 그들이 또 모세에게 이르되 "**애굽에 매장지가 없어서 당신이 우리를 이끌어내어 이 광야에서 죽게 하느냐? 어찌하여 당신이 우리를 애굽에서 이끌어내어 우리에게 이같이 하느냐? 12** 우리가 애굽에서 당신에게 이른 말이 이것이 아니냐?" 이르기를 "**우리를 내버려두라. 우리가 애굽 사람을 섬길 것이라 하지 아니하더냐? 애굽 사람을 섬기는 것이 광야에서 죽는 것보다 낫겠노라**"(출 14:10-12).

이때 하나님은 "자기의 이름을 위하여", "자기의 권능을 알게 하기 위하여" 백성을 구원하셨다(8절).

9-11절은 홍해에서 야웨가 행한 기적 같은 구원을 언급한다.

> **28** 물이 다시 흘러 병거들과 기병들을 덮되 그들의 뒤를 따라 바다에 들어간 바로의 군대를 다 덮으니 하나도 남지 아니하였더라. **29** 그러나 이스라엘 자손은 바다 가운데를 육지로 행하였고 물이 좌우에 벽이 되었더라. **30** 그날에 여호와께서 이같이 이스라엘을 애굽 사람의 손에서 구원하시매 이스라엘이

바닷가에서 애굽 사람들이 죽어 있는 것을 보았더라(출 14:28-30).

하나님의 백성에게는 "구원의 장소"였던 홍해가 이집트 군대에게는 "심판의 장소"가 되었다.

12절은 홍해 사건 이후 백성이 보여준 믿음과 찬양을 진술한다(출 14:31; 15:1, 21). "하나님의 기이한 일들"과 "주의 크신 인자"로 인해 의심과 두려움이 믿음과 찬양으로 변했다.

3) 광야에서의 반역(13-33절)

13 그러나 그들은

그가 행하신 일을 곧 잊어버리며

그의 가르침을 기다리지 아니하고

14 광야에서 욕심을 크게 내며

사막에서 하나님을 시험하였도다.

15 그러므로 여호와께서는

그들이 요구한 것을 그들에게 주셨을지라도

그들의 영혼은 쇠약하게 하셨도다.

16 그들이 진영에서

모세와 여호와의 거룩한 자 아론을 질투하매

17 땅이 갈라져 다단을 삼키며

아비람의 당을 덮었고

18 불이 그들의 당에 붙음이여,

화염이 악인들을 살랐도다.

19 그들이 호렙에서 송아지를 만들고

부어 만든 우상을 경배하여

20 자기 영광을 풀 먹는 소의 형상으로 바꾸었도다.

21 애굽에서 큰일을 행하신

그의 구원자 하나님을 그들이 잊었나니

22 그는 함의 땅에서 기사와

홍해에서 놀랄 만한 일을 행하신 이시로다.

23 그러므로 여호와께서

"그들을 멸하리라" 하셨으나

그가 택하신 모세가 그 어려움 가운데에서

그의 앞에 서서 그의 노를 돌이켜 멸하시지 아니하게 하였도다.

24 그들이 그 기쁨의 땅을 멸시하며

그 말씀을 믿지 아니하고

25 그들의 장막에서 원망하며

여호와의 음성을 듣지 아니하였도다.

26 이러므로 그가 그의 손을 들어 그들에게 맹세하기를

"그들이 광야에 엎드러지게 하고

27 또 그들의 후손을 뭇 백성 중에 엎드러뜨리며

여러 나라로 흩어지게 하리라" 하셨도다.

28 그들이 또 브올의 바알과 연합하여

죽은 자에게 제사한 음식을 먹어서

29 그 행위로 주를 격노하게 함으로써

재앙이 그들 중에 크게 유행하였도다.

30 그때에 비느하스가 일어서서 중재하니

이에 재앙이 그쳤도다.

31 이 일이 그의 의로 인정되었으니

대대로 영원까지로다.

32 그들이 또 므리바 물에서 여호와를 노하시게 하였으므로

그들 때문에 재난이 모세에게 이르렀나니

33 이는 그들이 그의 뜻을 거역함으로 말미암아

모세가 그의 입술로 망령되이 말하였음이로다.

13-33절은 출애굽 이후의 광야 생활을 다룬다. 시인은 광야 생활에 대한 오경 기사 가운데 죄와 징벌에 대한 여섯 편의 일화를 발췌하여 진술한다.

(1) 광야에서의 음식 사건(13-15절)

첫 번째 일화는 광야에서의 음식 사건을 다룬다(13-15절). 이 일화는 메추라기 사건을 말하는 듯하다(민 11:4-35). 이스라엘의 가장 큰 문제는 하나님의 은혜를 잊어버리는 "망각증"과 하나님의 "계획"(עצה, 에차, "가르침"으로 번역)을 신뢰하고 기다리지 못하는 "조급증"이었다(13절). 그들의 죄의 뿌리는 "욕심"(탐욕)이다(14절). 이 단어는 민수기 11:34에 기록된 "기브롯 핫다아와"(탐욕의 무덤)의 사건을 떠올리게 한다. 이스라엘은 하나님에 대한 헌신보다 자신들의 탐욕에 의해 조종되었다. "그들의 영혼은 쇠약하게 하셨도다"는 15절의 표현은 메추라기를 먹고 난 후 임한

재앙(예를 들면 폐결핵)을 통한 하나님의 심판을 가리키는 것으로 보인다.

> 고기가 아직 이 사이에 있어 씹히기 전에 여호와께서 백성에게 대하여 진
> 노하사 **심히 큰 재앙으로 치셨으므로**(민 11:33; 참조. 시 78:31).

(2) 지도자인 모세와 아론에 대항한 반역 사건(16-18절)

두 번째 일화는 지도자인 모세와 아론에 대항한 반역 사건이다(16-18절).
이 단락은 민수기 16:1-14에 기록된 사건을 말한다. 다단과 아비람의 무
리들이 모세와 "여호와의 거룩한 자"인 아론을 질투했다(16절). 아론에
게 붙여진 "여호와의 거룩한 자"라는 칭호는 하나님과 가까운 관계에 있
거나 하나님께 성별된 사람을 일컫는다(레 21:6-8[제사장]; 대하 35:3[레위
인]; 민 6:5, 8[나실인]; 왕하 4:9[예언자]). 따라서 모세와 아론에 대한 도전은
그들을 세운 하나님의 권위를 거부하는 것이다. 이들은 심판을 받아 땅에
삼켜지고 화염에 휩싸인다(17-18절).

(3) 금송아지 사건(19-23절)

세 번째 일화는 금송아지 사건이다(19-23절). 하나님과 언약을 맺은 성
스러운 장소(호렙)는 어이없게도 하나님을 배신하는 장소가 되었다
(19절). 그들은 하나님("자기 영광")을 금송아지("풀 먹는 소의 형상")로 바
꾸었다(20절). 이는 "하나님을 형상화하지 말라"는 제2계명을 어긴 것
이다. 이들은 이집트에서 "큰일"을 행하시고(21절), "놀라운 일들"("기사")
과 "두려운 일들"("놀랄 만한 일")을 일으키신 구원의 하나님을 잊어버림
으로써(22절) 습관성 망각증에 빠진 모습을 보인다.

23절은 하나님의 진노와 모세의 중재를 언급한다(출 32:11-14). "그 어려움 가운데에서 그의 앞에 서서"는 "그 앞에서 그 갈라진 틈에 서서"라는 의미다. 모세는 공동체의 무너진 틈을 막아섬으로써 하나님의 진노를 돌이킨다.

> 이 땅을 위하여 성을 쌓으며 **"내 앞에서"**(개역개정에는 생략됨) **성 무너진 데를 막아서서** 나로 하여금 멸하지 못하게 할 사람을 내가 그 가운데에서 찾다가 찾지 못하였으므로(겔 22:30; 참조. 겔 13:5).

기도는 하나님의 진노도 누그러뜨릴 수 있다. 우리 하나님은 타협 없이 자신의 결단을 밀어붙이는 고집불통의 성정을 지니신 분이 아니다.

> **여호와께서 뜻을 돌이키사** 말씀하신 화를 그 백성에게 내리지 아니하시니라(출 32:14).

> **19** 구하옵나니 주의 인자의 광대하심을 따라 이 백성의 죄악을 사하시되 애굽에서부터 지금까지 이 백성을 사하신 것같이 사하시옵소서. **20** 여호와께서 이르시되 **"내가 네 말대로 사하노라"**(민 14:19-20).

> **여호와께서 이에 대하여 뜻을 돌이키셨으므로** 이것이 이루어지지 아니하리라. 여호와께서 말씀하셨느니라(암 7:3).

(4) 가나안 땅 약속에 대한 불신 사건(24-27절)

네 번째 일화는 가나안 땅 약속에 대한 불신 사건이다(24-27절). 이 단락은 가데스 바네아에서 있었던 반역을 회고한다(민 13-14장). 이스라엘은 가나안 땅 정탐꾼들의 보고를 듣고 좌절한다(24절). 그들은 "기쁨의 땅"("젖과 꿀이 흐르는 땅")을 "거주민을 삼키는 땅"이라고 악평했다.

> 모세에게 말하여 이르되 "당신이 우리를 보낸 땅에 간즉 과연 **그 땅에 젖과 꿀이 흐르는데** 이것은 그 땅의 과일이니이다"(민 13:27).

> 이스라엘 자손 앞에서 그 정탐한 땅을 악평하여 이르되 "우리가 두루 다니며 정탐한 땅은 그 **거주민을 삼키는 땅**이요 거기서 본 모든 백성은 신장이 장대한 자들이며"(민 13:32).

이스라엘 백성은 원망하며 약속의 땅을 주신 하나님의 말씀을 무시했다(25절). 이런 무시와 불신으로 인해 그들은 약속의 땅에 들어가지 못하고 광야에서 40년 동안 방랑하다가 죽음을 맞이하였다(26절). 그리고 먼 훗날 그들의 후손들은 여러 나라에 포로로 잡혀가게 되었다(27절). 27절은 바빌로니아 포로기를 염두에 둔 것으로 판단된다. 여기서 포로로 끌려간 것을 하나님의 심판으로 이해하는 것을 보면, 이 시는 포로기 이후에 작성된 것으로 추정된다.

(5) 브올의 바알 사건(28-31절)

다섯 번째 일화는 바알브올 사건이다(28-31절). 이 단락은 민수기 25:1-13과 관련된다. 당시 이스라엘 백성은 모압 여인들과 행음한 후 브올의 바알 숭배에 가담하는 종교 혼합주의적인 죄를 지었다(민 25:3). 그들은 죽은 자에게 제사한 음식을 먹었다(28절). 그로 인해 하나님의 진노가 그들에게 내려졌다(29절). 그때 비느하스의 중재로 재앙은 멈추었고 (30절), 그의 행동은 "아브라함의 의"와 같이(창 15:6) 영원히 "의로운 일"로 인정되었다(31절).

(6) 므리바 사건(32-33절)

마지막 일화는 므리바 사건이다(32-33절). 이 단락은 민수기 20:1-13과 연관된다. 백성의 도발은 모세에게 "재난"이 되었다(32절). 백성들이 꾸준히 드러낸 부정적인 태도가 모세를 그들의 수준으로 끌어내렸다. 모세는 화를 참지 못했고, 결국 그들과 함께 모세도 약속의 땅에 들어가지 못한다(33절).

4) 약속의 땅에서의 반역(34-39절)

> **34** 그들은 여호와께서 멸하라고 말씀하신
>
> 그 이방 민족들을 멸하지 아니하고
>
> **35** 그 이방 나라들과 섞여서
>
> 그들의 행위를 배우며
>
> **36** 그들의 우상들을 섬기므로

그것들이 그들에게 올무가 되었도다.

37 그들이 그들의 자녀를 악귀들에게 희생제물로 바쳤도다.

38 무죄한 피 곧 그들의 자녀의 피를 흘려

가나안의 우상들에게 제사하므로

그 땅이 피로 더러워졌도다.

39 그들은 그들의 행위로 더러워지니

그들의 행동이 음탕하도다.

34-39절은 약속의 땅에서 행해진 우상숭배를 다룬다. 이스라엘의 반역은 약속의 땅에서도 그치지 않았다. 그들은 하나님의 명령을 무시하고 (34절), 이방 민족들과 섞여서 이방의 행위를 배웠으며(35절), 이방인들이 믿는 우상을 숭배하게 되었다(36절). 결국 우상숭배는 이스라엘에게 "올무"가 된다.

37절은 어린이를 바치는 인신제사를 언급한다.

이스라엘의 여러 왕의 길로 행하며 또 여호와께서 이스라엘 자손 앞에서 쫓아내신 이방 사람의 가증한 일을 따라 **자기 아들을 불 가운데로 지나가게 하며**(왕하 16:3).

또 그들이 바알을 위하여 산당을 건축하고 **자기 아들들을 바알에게 번제로 불살라 드렸나니** 이는 내가 명령하거나 말하거나 뜻한 바가 아니니라 (렘 19:5).

이로 인해 약속의 땅은 피로 더럽혀졌다(38절). 39절은 그들이 가나안의 풍요제의와 신전 매춘 행위도 서슴지 않았음을 암시한다.

5) 야웨의 진노(40-43절)

<blockquote>

40 그러므로 여호와께서 자기 백성에게 맹렬히 노하시며

자기의 유업을 미워하사

41 그들을 이방 나라의 손에 넘기시매

그들을 미워하는 자들이 그들을 다스렸도다.

42 그들이 원수들의 압박을 받고

그들의 수하에 복종하게 되었도다.

43 여호와께서 여러 번 그들을 건지시나

그들은 교묘하게 거역하며

자기 죄악으로 말미암아 낮아짐을 당하였도다.

</blockquote>

40-43절은 진노를 보이신 야웨의 반응을 말한다. 이스라엘 백성의 그칠 줄 모르는 우상숭배는 결국 하나님의 맹렬한 진노를 야기했다(40절). 하나님은 그분의 "백성"과 "유업"을 이방 민족의 손에 넘기실 수밖에 없었고(41절), 이스라엘은 원수들의 압제를 받게 되었다(42절).

43절에 따르면 이런 상황에서도 하나님은 여러 번 그들을 구하셨다. 그러나 그때마다 그들은 "하나님의 계획(עֵצָה, 에차)"을 기다리지 못하고(13절), "자신들의 계획(עֵצָה, 에차)"으로(개역개정은 "교묘하게"로 번역함) 하나님을 거역했다. 그들은 결국 "자기 죄악으로 말미암아 낮아짐을 당

하였다." 이 표현은 "죄로 인한 최저점"을 가리킴과 동시에 "죄로 인한 변화의 가능성"을 암시한다. 이제 바닥을 찍었으니 앞으로는 오를 일만 남은 것이다.

6) 야웨의 호의를 통한 운명의 전환(44-46절)

> **44** 그러나 여호와께서 그들의 부르짖음을 들으실 때에
> 그들의 고통을 돌보시며
> **45** 그들을 위하여 그의 언약을 기억하시고
> 그 크신 인자하심을 따라 뜻을 돌이키사
> **46** 그들을 사로잡은 모든 자에게서
> 긍휼히 여김을 받게 하셨도다.

44-46절은 야웨의 호의를 통해 운명이 전환됨을 진술한다. 하나님은 죄악으로 비천하게 된 백성의 고통을 보시며 그들의 울부짖음을 듣고 계신다(44절). 이때 하나님은 "언약"을 기억하시고 "크신 인자하심"으로 그분의 백성을 향한 심판을 돌이키신다(45절). 포로로 잡혀간 모든 자들에게도 하나님은 자비를 베푸셨다(46절). 하나님의 심판은 그분의 마지막 말씀이 아니다. 하나님은 자신이 하신 언약을 기억하시고 크신 은혜를 베푸심으로써 백성의 운명을 바꾸신다.

7) 결론적 송영(47절)

> **47** 여호와,
>
> 우리 하나님이여,
>
> 우리를 구원하사 여러 나라로부터 모으시고
>
> 우리가 주의 거룩하신 이름을 감사하며
>
> 주의 영예를 찬양하게 하소서.

47절은 이 시의 결론적 송영이다. 시인은 하나님을 붙들고 자신들을 구원해달라고 지속적으로 간구한다. 이런 구원 행위는 이방 민족 가운데서 흩어져 살고 있는 백성을 하나로 모으는 것과, 모인 이들이 한목소리로 하나님의 거룩한 이름을 감사하며 그분의 영예를 찬양하는 것을 통해 성취된다.

8) 마지막 찬양 요청(48절)

> **48** 여호와 이스라엘의 하나님을
>
> 영원부터 영원까지 찬양할지어다.
>
> 모든 백성들아, "아멘!" 할지어다.
>
> 할렐루야.

48절은 마지막으로 찬양을 요청한다. 이 맺음 송영은 시편 제4권을 마무리한다. 이로써 시편 90-106편으로 구성된 제4권이 막을 내린다.

4. 메시지

이 시인은 이스라엘의 역사를, 자신의 백성을 절대로 포기하시지 않고 변함없이 사랑하시는 하나님의 끈질긴 이야기로 읽는다. 이 시는 제1계명("나 외에는 다른 신들을 네게 두지 말라")을 어긴 이스라엘의 역사에 대한 긴 시적 묵상이다. 이스라엘의 역사를 보면 그들의 불순종과 하나님의 구원하심이 끊임없이 반복되었다. 시인은 이스라엘의 지속적인 죄에도 불구하고 항상 자비로우시고 언약에 성실하신 야웨의 인자하심을 증언한다. 야웨의 그런 성정은 모든 시대를 통해 구원의 형태로 계속 드러났다. 하나님은 그분의 백성이 자신을 잊을지라도(습관성 망각증), 그들에 대한 약속(언약)을 잊지 않고 반드시 지키신다.

"자신들의 계획(עֵצָה, 에차)"에 휘둘리지 않고 "하나님의 계획(עֵצָה, 에차)"을 잠잠히 기다리며, 하나님의 인자하심을 기억하는 삶이 복된 삶이다. 하나님을 기억한다는 것은 그분의 이야기를 알고, 그 이야기 속에서 자신이 서 있는 위치를 파악하는 것이다. 그 기억은 일상에서 하나님이 가까이 계심을 깨닫는 것으로 "뒤덮일" 때 비로소 온전해진다. 이스라엘의 망각과 하나님의 기억 중 어느 편에 설 것인가?

107편

지혜 있는 자의 삶:
"여호와의 인자하심을 깨달으라"

1. 양식

시편 107편은 "공동체 감사시"(a communal song of thanksgiving)로 분류된다. 이 시는 하나님의 전능하심에 대한 감사와 찬송을 주로 다루며, 하나님이 행하신 과거의 구원 사건을 구체적으로 진술하고 찬양하는 시다.

2. 구조

1) 1-3절: 찬양 요청

2) 4-9절: 광야 사막(주림과 목마름)으로부터의 구원

3) 10-16절: 흑암(흑암과 사망의 그늘)으로부터의 구원

4) 17-22절: 사망(범죄와 고통)으로부터의 구원

5) 23-32절: 바다(광풍과 바다)로부터의 구원

6) 33-41절: 야웨의 권능에 대한 찬양

7) 42-43절: 지혜의 권고

3. 내용

1) 찬양 요청(1-3절)

1 여호와께 감사하라.

그는 선하시며

그 인자하심이 영원함이로다.

2 여호와의 속량을 받은 자들은 이같이 말할지어다.

여호와께서 대적의 손에서 그들을 속량하사

3 동서남북 각 지방에서부터

모으셨도다.

1-3절은 찬양을 요청하는 내용이다. 이 시는 명령형 찬양구로 시작한다("여호와께 감사하라"). "왜냐하면(כִּי, 키: 개역개정에는 생략됨) 그는 선하시며 그 인자하심이 영원하기 때문이다"(1절). 하나님의 "선하심"(טוֹב, 토브)은 생명을 주시는 창조주 하나님(창 1장)과 선한 구원자가 되시는 하나님(출 33:19)을 환기시킨다. 하나님의 "인자하심"(חֶסֶד, 헤세드)은 야웨의 성품에 대한 하나님의 자기소개를 떠올리게 한다.

> 6 여호와께서 그의 앞으로 지나시며 선포하시되 "여호와라, 여호와라, 자비롭고 은혜롭고 노하기를 더디하고 **인자**(חֶסֶד, 헤세드)와 진실이 많은 하나님이라. 7 인자를 천대까지 베풀며 악과 과실과 죄를 용서하리라. 그러나 벌을 면제하지는 아니하고 아버지의 악행을 자손 삼사 대까지 보응하리라"(출 34:6-7).

2-3절은 포로지에서 해방된 후 흩어졌던 곳에서 돌아온 백성에게 감사의 축제를 벌일 것을 요청하는 내용이다. 2절의 "속량하다"(גָּאַל, 가알)는 가족법의 개념과 연관된 표현이다. 엄밀히 말하면 "속량하다"는 가족에 속한 사람이 곤경에 처하거나 노예가 되었을 때 값을 치르고 되사오는

것을 가리킨다. 하나님은 포로로 잡혀간 당신의 백성을 가족으로 여기시고 속량해주셨다.

> 그러므로 이스라엘 자손에게 말하기를 "나는 여호와라. 내가 애굽 사람의 무거운 짐 밑에서 너희를 빼내며 그들의 노역에서 너희를 건지며 편 팔과 여러 큰 심판들로써 너희를 **속량하여**"(출 6:6; 참조. 출 15:13; 시 74:2; 77:15; 78:35; 106:10).

3절의 "동서남북"은 히브리어 원문에 따르면 "동쪽에서 그리고 서쪽에서, 북쪽에서 그리고 바다에서"가 된다. 동쪽은 해가 뜨는 곳이고, 서쪽은 해가 지는 곳이다. 이런 수평적인 공간 표현("해 뜨는 곳에서든지 지는 곳에서든지")은 전 세계를 가리킨다.

해 뜨는 곳에서든지 지는 곳에서든지
나밖에 다른 이가 없는 줄을 알게 하리라.
나는 여호와라. 다른 이가 없느니라(사 45:6).

하나님은 전 세계에 흩어져 있던 당신의 백성을 모으셨다. 따라서 뒤이어 나오는 "북쪽과 바다"는 단순한 지리적 표현이 아니다. "북쪽"은 성경에서 전통적으로 아시리아와 바빌로니아의 대군이 침공해왔던 영역으로서, 심판과 혼돈을 가리키는 은유적 표현이다.

41 보라! 한 민족이 북쪽에서 오고

큰 나라와 여러 왕이 충동을 받아 땅끝에서 일어나리니

42 그들은 활과 투창을 가진 자라.

잔인하여 불쌍히 여기지 아니하며

그들의 목소리는 바다가 설레임 같도다.

딸 바벨론아,

그들이 말을 타고 무사같이

각기 네 앞에서 대열을 갖추었도다(렘 50:41-42).

하나님은 북쪽의 심판 세력으로부터 당신의 백성을 해방하셨다. "바다" 는 이스라엘의 역사적인 위협과 구원을 동시에 암시한다(출 14-15장). 또한 야웨가 바다를 무찌르는 유일한 하나님이심을 시사한다.

13 주께서 주의 능력으로 **바다를 나누시고**

물 가운데 용들의 머리를 깨뜨리셨으며

14 리워야단의 머리를 부수시고

그것을 사막에 사는 자에게 음식물로 주셨으며(시 74:13-14; 참조. 시 89:9- 10; 93:3-4).

여기서 언급된 "동쪽과 서쪽" 그리고 "북쪽과 바다"는 뒤이어 나오는 네 가지 구원 이야기(광야 사막, 흑암, 사망, 바다로부터의 구원)와 서로 지리적, 의미적으로 상응한다.

2) 광야 사막(주림과 목마름)으로부터의 구원(4-9절)

> **4** 그들이 광야 사막 길에서 방황하며
> 거주할 성읍을 찾지 못하고
> **5** 주리고 목이 말라
> 그들의 영혼이 그들 안에서 피곤하였도다.
> **6** 이에 그들이 근심 중에 여호와께 부르짖으매
> 그들의 고통에서 건지시고
> **7** 또 바른 길로 인도하사
> 거주할 성읍에 이르게 하셨도다.
> **8** 여호와의 인자하심과
> 인생에게 행하신 기적으로 말미암아
> 그를 찬송할지로다.
> **9** 그가 사모하는 영혼에게 만족을 주시며
> 주린 영혼에게 좋은 것으로 채워주심이로다.

4-9절은 광야 사막에서의 구원 사건을 다룬다. 방랑자 무리는 광야 사막 길에서 길을 잃었지만 마침내 목적지에 도달한다. 여기서 광야 사막은 동쪽 지역을 가리킨다. 동쪽은 뜨거운 사막 바람이 부는 장소다.

> 해가 뜰 때에 하나님이 **뜨거운 동풍**을 예비하셨고 해는 요나의 머리에 쪼이매 요나가 혼미하여 스스로 죽기를 구하여 이르되 "사는 것보다 죽는 것이 내게 나으니이다" 하니라(욘 4:8; 참조, 사 27:8; 렘 4:11-12; 호 13:15).

이 단락은 고난에 대한 묘사(trouble, 4-5절), 야웨께 드리는 기도(cry, 6절), 구원에 대한 세부 묘사(deliverance, 7절), 감사 표현(thanksgiving, 8-9절)으로 구성되어 있다. 이런 형식(고난 → 기도 → 구원 → 감사)은 이어지는 네 가지 구원 이야기에서도 반복된다. 4-5절은 광야 사막에서 길을 잃고 헤매다가 생명력이 고갈된 사람들에 대해 언급한다. 이 시는 실제적인 배고픔을 언급하는 유일한 시편이다.

이런 곤경과 근심의 상황에서 그들은 야웨 하나님께 부르짖는다(6절). 이 구절은 후렴구로서 거의 같은 표현으로 반복된다(13, 19, 28절). 하나님은 그들을 바른길로 인도하시고 거주할 성읍으로 들어가게 하셨다(7절). 죽음의 위기로부터 구원받은 이들은 야웨 하나님께 감사를 표한다(8절). 이 구절도 후렴구로서 동일한 표현으로 반복된다(15, 21, 31절). 9절은 감사의 이유를 제시한다. 하나님이 목마른 자를 만족시키시고 배고픈 자에게 좋은 것으로 채우셨기 때문이다. 야웨 하나님은 생명의 하나님으로서 배고픈 자에게는 빵을, 목마른 자에게는 생수를 주신다. 더 나아가 삶의 방향을 잃어버린 사람들을 "죽음의 장소"(광야 사막의 길)에서 벗어나 올바른 방향인 "생명의 장소"(거주할 성읍)로 가도록 인도하신다.

3) 흑암(흑암과 사망의 그늘)으로부터의 구원(10-16절)

10 사람이 흑암과 사망의 그늘에 앉으며

곤고와 쇠사슬에 매임은

11 하나님의 말씀을 거역하며

지존자의 뜻을 멸시함이라.

12 그러므로 그가 고통을 주어 그들의 마음을 겸손하게 하셨으니

그들이 엎드러져도 돕는 자가 없었도다.

13 이에 그들이 그 환난 중에 여호와께 부르짖으매

그들의 고통에서 구원하시되

14 흑암과 사망의 그늘에서 인도하여 내시고

그들의 얽어맨 줄을 끊으셨도다.

15 여호와의 인자하심과 인생에게 행하신 기적으로 말미암아

그를 찬송할지로다.

16 그가 놋문을 깨뜨리시며

쇠빗장을 꺾으셨음이로다.

10-16절은 흑암에서의 구원 사건 곧 매인 자들이 놓임을 받는 이야기를 전한다. 흑암은 3절에서 언급한 서쪽의 상황과 연결된다. 서쪽은 해가 지는 장소로서 어둠과 관련된 곳이다. 또한 서쪽은 태양이 지상 영역 위를 온종일 여행하다가 매일 밤 죽게 되는 어두운 죽음의 장소로 비유된다. 이 단락도 고난에 대한 묘사(10-12절), 기도(13절), 구원(14절), 감사(15-16절)로 구성되어 있다. 10절은 흑암과 사망의 그늘에 살면서 곤고와 쇠사슬에 매인 자들에 관해 말한다. 11절은 사람들이 흑암과 사망의 그늘에 매이게 된 이유를 설명한다. 이들은 "하나님의 말씀"을 거역하고 "지존자의 뜻"(עֵצָה, 에차: 충고)을 멸시했다. 이런 고통의 상황은 교만한 마음을 낮추고, 야웨 하나님 외에 도울 자가 없다는 진실을 깨닫게 하기 위한 하나님의 교육적 수단이었다(12절).

이런 상황에서 그들은 하나님께 부르짖었고(13절), 하나님은 그들을 구원해주셨다(14절). 그들은 하나님께 감사의 찬양을 드린다(15절). 16절은 하나님이 놋문을 깨뜨리시고 쇠빗장을 꺾으신 것을 언급함으로써 감사의 이유를 밝힌다. 이는 하나님이 유다를 바빌로니아의 억압으로부터 해방시킬 때 친히 행하신 일이다.

> 내가 너보다 앞서가서 험한 곳을 평탄하게 하며
> **놋문을 쳐서 부수며 쇠빗장을 꺾고**(사 45:2).

어쩌면 이 단락은 바빌로니아의 포로 상태에서 벗어나 해방된 사건을 가리킬 수도 있다.

4) 사망(범죄와 고통)으로부터의 구원(17-22절)

> **17** 미련한 자들은
> 그들의 죄악의 길을 따르고
> 그들의 악을 범하기 때문에 고난을 받아
> **18** 그들은 그들의 모든 음식물을 싫어하게 되어
> 사망의 문에 이르렀도다.
> **19** 이에 그들이 그들의 고통 때문에 여호와께 부르짖으매
> 그가 그들의 고통에서 그들을 구원하시되
> **20** 그가 그의 말씀을 보내어 그들을 고치시고
> 위험한 지경에서 건지시는도다.

21 여호와의 인자하심과 인생에게 행하신 기적으로 말미암아

그를 찬송할지로다.

22 감사제를 드리며

노래하여 그가 행하신 일을 선포할지로다.

17-22절은 사망에서의 구원을 다룬다. 이는 중병에 걸린 자들이 치료를 받는 이야기다. 죄악으로 인해 고난당하는 것은 3절에서 세 번째 방향으로 제시된 북쪽과 연결된다. 북쪽은 하나님의 징계가 몰려오는 심판의 장소다.

13 여호와의 말씀이 다시 내게 임하니라. 이르시되 "네가 무엇을 보느냐?"
대답하되 **"끓는 가마를** 보나이다. 그 윗면이 **북에서부터 기울어졌나이다"**
하니 14 여호와께서 내게 이르시되 **"재앙이 북방에서 일어나** 이 땅의 모든
주민들에게 부어지리라"(렘 1:13-14; 참조. 겔 9:2).

이 단락도 고난에 대한 묘사(17-18절), 기도(19절), 구원(20절), 감사(21-22절)로 구성되어 있다. 17절의 "미련한 자들"은 43절의 "지혜 있는 자들"과 극명하게 대조된다. 이들은 자기들의 삶의 방식에 개입하고 계신 하나님의 섭리를 전혀 인식하지 못한 무지한 자들이다. 또한 이들은 죄악을 범해서 심한 질병에 걸린다. 고대 근동 사람들은 병을 미련함과 죄에 대한 하나님의 징계로 이해했다.

주의 진노로 말미암아 내 살에 성한 곳이 없사오며

나의 죄로 말미암아 내 뼈에 평안함이 없나이다(시 38:3).

그들은 음식을 섭취할 수도 없는 상태가 되어 죽음의 문턱에 이르렀다(18절).

이때 그들은 하나님께 기도한다(19절). 하나님은 창조와 구원의 말씀으로 그들의 질병을 고치시고 새 생명을 주셨다(20절). 그들은 하나님께 감사의 찬양을 드린다(21절). 앞의 두 단락에서는 감사의 찬양(8절과 15절) 다음에 감사의 이유가 제시되었다(9, 16절). 그러나 이곳에서는 먼저 하나님께 감사 제물로 제사를 드린 다음에 회중을 향해 하나님이 그들에게 행하신 일들을 공개적으로 전하라고 요구한다(22절).

5) 바다(광풍과 바다)로부터의 구원(23-32절)

23 배들을 바다에 띄우며

큰물에서 일을 하는 자는

24 여호와께서 행하신 일들과

그의 기이한 일들을 깊은 바다에서 보나니

25 여호와께서 명령하신즉

광풍이 일어나 바다 물결을 일으키는도다.

26 그들이 하늘로 솟구쳤다가

깊은 곳으로 내려가나니

그 위험 때문에 그들의 영혼이 녹는도다.

27 그들이 이리저리 구르며 취한 자같이 비틀거리니

그들의 모든 지각이 혼돈 속에 빠지는도다.

28 이에 그들이 그들의 고통 때문에 여호와께 부르짖으매

그가 그들의 고통에서 그들을 인도하여 내시고

29 광풍을 고요하게 하사

물결도 잔잔하게 하시는도다.

30 그들이 평온함으로 말미암아 기뻐하는 중에

여호와께서 그들이 바라는 항구로 인도하시는도다.

31 여호와의 인자하심과

인생에게 행하신 기적으로 말미암아

그를 찬송할지로다.

32 백성의 모임에서 그를 높이며

장로들의 자리에서 그를 찬송할지로다.

23-32절은 바다에서의 구원 즉 조난에서 구조된 선원들에 대한 이야기를 전한다. 바다는 3절에서 언급된 네 번째 방향과 연결된다. 고대 근동에서 바다는 실질적인 위협의 장소였다. 바다에서 겪은 위험을 노래하는 부분은 시편에서 이곳이 유일하다. 이 단락도 고난에 대한 묘사(23-27절), 기도(28절), 구원(29-30절), 감사(31-32절)로 구성되어 있다.

23절은 배를 타고 바다를 항해하는 사람들에 대해 말한다. 이들은 깊은 바다에서 하나님이 행하신 "기이한 일들" 곧 광풍을 경험하였다(24절). 25절은 광풍이 불고 물결이 무섭게 요동치는, 바다에서 겪을 수 있는 최악의 상황을 진술한다. 26절은 물결이 하늘로 솟구쳤다가 심연("깊은 곳")까지 내려가는 격한 상황을 묘사한다. 그 위험 때문에 그들의

영혼이 녹아내린다. 선원들은 물결의 출렁임에 따라 이리저리 나뒹굴며 술에 취한 사람처럼 비틀거린다(27a절). 그들의 "모든 지각(חָכְמָה, 호크마, 지혜)"은 혼돈 속에 빠져버린다(27b절). 선원들은 거대한 파도에 속절없이 삼켜져 정신을 잃어버릴 정도다. 이 구절들(23-27절)은 하나님을 바다의 통치자로 묘사한다.

그들은 모든 인간적인 계산과 위신을 내려놓고 하나님께 부르짖었다(28절). 그때 하나님은 폭풍을 잠잠하게 하셨다(29절). 사방이 조용해지면서 결국 목적지인 항구에 무사히 인도되었고(30절), 그들은 하나님께 감사의 찬양을 올린다(31절). 시인은 "백성의 모임"과 "장로들의 자리"에서 구원의 하나님을 찬양하라고 요청한다(32절). 요동치는 폭풍 속에서 구출된 이들은 야웨 하나님이 생명의 주(主)로서 기적을 행하시는 분임을 공개적으로 전하는 증인이 되어야 한다.

6) 야웨의 권능에 대한 찬양(33-41절)

33 여호와께서는 강이 변하여 광야가 되게 하시며

샘이 변하여 마른 땅이 되게 하시며

34 그 주민의 악으로 말미암아

옥토가 변하여 염전이 되게 하시며

35 또 광야가 변하여 못이 되게 하시며

마른 땅이 변하여 샘물이 되게 하시고

36 주린 자들로 거기에 살게 하사

그들이 거주할 성읍을 준비하게 하시고

37 밭에 파종하며 포도원을 재배하여

풍성한 소출을 거두게 하시며

38 또 복을 주사 그들이 크게 번성하게 하시고

그의 가축이 감소하지 아니하게 하실지라도

39 다시 압박과 재난과 우환을 통하여

그들의 수를 줄이시며 낮추시는도다.

40 여호와께서 고관들에게는 능욕을 쏟아부으시고

길 없는 황야에서 유리하게 하시나

41 궁핍한 자는 그의 고통으로부터 건져주시고

그의 가족을 양 떼 같이 지켜주시나니.

33-41절은 자연과 민족에 대한 야웨 하나님의 주권적 통치를 찬양하는 내용이며 두 부분으로 나뉜다. 33-35절은 자연, 36-41절은 민족에 대한 하나님의 통치를 묘사한다. 야웨는 "강"을 "광야"로, "샘"을 "마른 땅"으로 바꾸실 수 있는 분이다(33절). 또한 그분은 "옥토"를 "염전"으로 만드실 수도 있다. 이런 자연이 악화되는 이유는 그곳에 사는 사람들이 악하기 때문이다(34절). 이와 반대로 야웨는 "광야"를 "못"으로, "마른 땅"을 "샘물"로 변경하실 수도 있다(35절). 이 진술은 자연에 대한 창조주의 주권적 통치를 부각시킨다. 야웨의 주권은 자연 상태를 한순간에 역전시키는 능력으로 나타난다.

그동안 머무를 장소가 없었던 "주린 자들"은 한곳에 머물러 성읍을 이룬다(36절). 이제 그들은 자신의 밭을 얻어 씨를 뿌리고, 포도원을 일구어 풍성한 소출을 거둔다(37절). 결국 창조주 하나님의 첫 약속(창

1:27-28)과 그들의 조상인 아브라함에게 주신 약속(창 12:1-3)대로 복을 받아 크게 번성한다(38절).

39절은 히브리어 원문에 따라 직역하면 "압박과 재난과 우환을 통하여 그들이 줄어들고 위축될 때"가 된다. 하나님의 통치는 억압의 현장에서도 멈추지 않는다. 하나님은 궁핍한 자를 압제하는 힘 센 고관들을 무력화시켜서 흩으시며(40절), 궁핍한 자를 괴로움에서 해방하시고 친히 그들의 목자가 되어 가족같이 보살펴주신다(41절).

7) 지혜의 권고(42-43절)

> **42** 정직한 자는 보고 기뻐하며
> 모든 사악한 자는 자기 입을 봉하리로다.
> **43** 지혜 있는 자들은 이런 일들을 지켜보고
> 여호와의 인자하심을 깨달으리로다.

이 시는 42-43절에서 지혜의 권고를 제시하며 대단원의 막을 내린다. 42절은 지혜 문학에서 전형적으로 나타나는 대조적인 표현을 보여준다 (정직한 자↔사악한 자). "정직한 자"는 하나님의 이런 행위를 기쁨으로 받아들이는 반면, "불의한 모든 자"는 하나님의 심판 행위를 보고 놀라서 할 말을 잃는다.

> 그러므로 가난한 자가 희망이 있고
> **악행이 스스로 입을 다무느니라**(욥 5:16).

43절은 앞서 노래한 네 가지 구원 사건(4-9, 10-16, 17-22, 23-32절)과 하나님의 권능에 대한 찬양(33-41절)이 모두 하나님의 인자하심을 증거하고 있다고 가르친다. 지혜 있는 자란 자신의 삶 속에 나타난 야웨의 인자하심을 깨달은 사람이라는 것이 이 시 전체의 결론이다.

4. 메시지

지혜 있는 자는 삶에서 발생할 수 있는 모든 고난이 하나님의 개입으로 해결될 수 있음을 깨달은 사람이다. 특히 광야와 바다라는 한 쌍의 표현은 하나님이 그 어떤 극단적인 환경에서도 자기 백성을 끝까지 구원하신다는 진리를 강조한다. 물론 살면서 황량한 사막에서 방랑하거나, 어둠이 짙은 곳에서 강제적으로 거주해야 하거나, 죽을 만큼 아프거나, 바다에서 거친 폭풍에 휩싸이는 일은 드물다. 그러나 정도의 차이는 있지만 때때로 예기치 못한 고난(인생의 광야와 바다)에 직면하게 된다. 그럴 때 자신의 지식을 뒤로하고 오직 하나님의 선하심과 인자하심에만 매달리는 어린아이와 같은 신앙이 필요하다. 그래야 하나님의 개입을 경험할 수 있다. 고통 때문에 하나님께 부르짖으면, 하나님은 고통에서 우리를 구해 주신다. 이것이 지혜 있는 자의 삶이다. 고통에 처하면 하나님께 부르짖어야 한다! 지존자 앞에서 겸허히 자세를 낮추고 자신의 나약함과 한계를 인정하는 순간 그분의 구원이 시작된다.

108편

기억과 기대의 변증법인 신앙:
"우리가 하나님을 의지하고 용감히 행하리니"

1. 양식

시편 108편은 "공동체 탄원시"(psalm of a communal lament)로 분류된다.
이 시는 개인 탄원시인 시편 57편과 60편을 부분적으로 재인용하여 새
롭게 탄생된 공동체 탄원시다. 시편 108:1-5은 57:7-11과, 108:6-
13은 60:5-12과 거의 동일하다. 시인은 하나님께 버림을 받고 엄청난
재난을 경험한 다음 인간의 힘이 헛됨을 깨닫고 그분의 인자하심과 진
실하심만 의지하며 간구한다.

2. 구조

1) 1-4절: 찬양
2) 5-6절: 간구
3) 7-9절: 구원 신탁
4) 10-11절: 탄원
5) 12절: 간구
6) 13절: 신뢰 고백

3. 내용

1) 찬양(1-4절)

¹ 하나님이여,

내 마음을 정하였사오니

내가 노래하며 나의 마음을 다하여 찬양하리로다.

2 비파야, 수금아, 깰지어다.

내가 새벽을 깨우리로다.

3 여호와여,

내가 만민 중에서 주께 감사하고

뭇 나라 중에서 주를 찬양하오리니

4 주의 인자하심이 하늘보다 높으시며

주의 진실은 궁창에까지 이르나이다.

1-4절은 찬양의 내용이다. 이 시는 찬양으로 시작하는데, 이는 탄원시의 일반적인 패턴이 아니다. 시인은 하나님을 향해 마음을 확정하였다(1절). 히브리인의 인간 이해에 의하면 "마음"(לֵב, 레브)은 결정의 기관으로서 말과 행동의 근원이 되는 사고와 의지의 자리다. 시인은 확고한 신념을 바탕으로 하나님을 찬양하기로 결단한다. 그는 현재 곤경의 어둠 속에 놓여 있지만, 하나님이 개입하시는 새벽을 내다보고 있다(2절). 새벽은 하나님의 구원 활동을 경험할 수 있는 시간이다.

하나님이 그 성중에 계시매

성이 흔들리지 아니할 것이라.

새벽에 하나님이 도우시리로다(시 46:5; 참조. 출 14:27; 수 6:15).

시인은 새벽이 빨리 오도록 악기를 가지고 찬양하며 하나님을 깨운다.

고난의 밤을 물러가게 할 하나님의 구원 활동은 찬양을 통해 시작된다. 시인은 야웨 하나님이 세상의 왕이심을 공개적으로 찬양한다(3절). 이 찬양에는 야웨 하나님이 이방 민족에게 억압받는 백성을 구원하실 수 있다는 시인의 확신이 은연중에 드러난다.

4절은 "왜냐하면"(כִּי, 키; 개역개정에는 생략됨)으로 시작함으로써 1-3절의 찬양에 대한 근거를 제시한다. 시인이 하나님을 찬양하는 이유는 주의 인자하심(חֶסֶד, 헤세드)과 진실하심(אֱמֶת, 에메트)이 전 세계에 가득하기 때문이다. 이 구절은 찬양(1-3절)의 근거이자 이어지는 간구(5-6절)의 토대가 된다.

2) 간구(5-6절)

> 5 하나님이여,
>
> 주는 하늘 위에 높이 들리시며
>
> 주의 영광이 온 땅에서 높임 받으시기를 원하나이다.
>
> 6 주께서 사랑하시는 자들을 건지시기 위하여
>
> 우리에게 응답하사 오른손으로 구원하소서.

5-6절은 간구의 내용이다. 탄원시의 일반적인 패턴과 달리 이 단락은 "찬양"(1-4절)에서 "간구"(5-6절)로 넘어간다. 앞 단락의 찬양은 간구를 위한 서곡이다. 5절에서 시인은 하나님이 하늘 위에 지존자로 높아지시고(초월성) 그분의 영광이 온 세계 위에 드러나기를 간구한다(편재성).

6절에서 시인은 자신을 "주께서 사랑하시는 자"와 동일시한다. 이 표현은 명예로운 칭호다.

> 베냐민에 대하여는 일렀으되
> **"여호와의 사랑을 입은 자**는 그 곁에 안전히 살리로다.
> 여호와께서 그를 날이 마치도록 보호하시고
> 그를 자기 어깨 사이에 있게 하시리로다"(신 33:12).

> 선지자 나단을 보내 그의 이름을 여디디야라 하시니 이는 **여호와께서 사랑하셨기** 때문이더라(삼하 12:25).

> 너희가 일찍이 일어나고 늦게 누우며
> 수고의 떡을 먹음이 헛되도다.
> 그러므로 여호와께서 **그의 사랑하시는 자**에게는 잠을 주시는도다(시 127:2).

시인의 간구는 그가 현재 어려운 상황에 처해 있음을 전제로 한다. 그는 하나님이 사랑하는 자들을 건지시고 오른손으로 구원하심으로써 기도에 응답해주기를 간구한다. "오른손" 혹은 "오른팔"은 하나님의 구원 행위를 가리키는 상투적인 문구다.

> 여호와여,
> **주의 오른손**이 권능으로 영광을 나타내시니이다.
> 여호와여,

주의 오른손이 원수를 부수시니이다(출 15:6).

내가 환난 중에 다닐지라도

주께서 나를 살아나게 하시고

주의 손을 펴사 내 원수들의 분노를 막으시며

주의 오른손이 나를 구원하시리이다(시 138:7; 참조. 시 44:3; 118:15-16).

3) 구원 신탁(7-9절)

7 하나님이 그의 성소에서 말씀하시되

"내가 기뻐하리라.

내가 세겜을 나누며

숙곳 골짜기를 측량하리라.

8 길르앗이 내 것이요

므낫세도 내 것이며

에브라임은 내 머리의 투구요

유다는 나의 규이며

9 모압은 내 목욕통이라.

에돔에는 내 신발을 벗어 던질지며

블레셋 위에서 내가 외치리라" 하셨도다.

7-9절은 시인의 간구에 대한 응답으로 하나님이 베풀어주신 구원 신탁을 밝힌다. 시인은 하나님께 간구하다가 그분이 과거에 행하신 일들이

떠올랐다. 이 단락은 하나님이 승리하신 후 영토를 재할당하고 분배하신 행위를 연상시킨다. 7절의 "기뻐하리라"는 전투에서 승리하고 환호할 때 주로 사용되는 표현이다.

> 이 일을 가드에도 알리지 말며 아스글론 거리에도 전파하지 말지어다. **블레셋 사람들의 딸들이 즐거워할까, 할례받지 못한 자의 딸들이 개가를 부를까 염려로다**(삼하 1:20).

> 여호와는 나의 힘과 나의 방패이시니
> 내 마음이 그를 의지하여 도움을 얻었도다.
> 그러므로 **내 마음이 크게 기뻐하며**
> 내 노래로 그를 찬송하리로다(시 28:7).

"하나님이 그의 성소에서 말씀하시되"라는 표현은 성소에서 제사장이나 예언자를 통해 구원 신탁이 주어지는 것을 말한다. 세겜은 요단강 서쪽의 핵심 성읍이며, 숙곳은 요단강 동쪽의 성읍이다. 두 성읍은 과거 통일 왕국의 황금기 동안 다윗과 솔로몬이 통치한 영역을 대변한다.

8절은 이를 더 자세히 묘사한다. 길르앗은 요단강 동쪽에, 므낫세는 요단강 서쪽에 자리한다. 그리고 에브라임은 북 왕국, 유다는 남 왕국의 중심지다. 하나님은 에브라임을 모든 공격에서 막아주는 "머리의 투구"로 삼으시고, 유다는 적들을 진압하는 "규"로 사용하신다.

9절에서 시인은 이스라엘 백성으로부터 눈을 돌려 주변의 이웃 나라를 본다. 모압은 "하나님의 목욕탕" 또는 발을 씻는 대야에 불과

하다. 신을 벗어 던지는 것은 자신의 소유권을 밝히는 행위다.

> 옛적 이스라엘 중에는 모든 것을 무르거나 교환하는 일을 확정하기 위하여 사람이 **그의 신을 벗어 그의 이웃에게 주더니 이것이 이스라엘 중에 증명하는 전례가 된지라**(룻 4:7).

하나님이 에돔에게 신발을 벗어 던지시는 것은 에돔이 하나님의 소유임을 보여주는 행위다. 블레셋도 하나님께 굴복한다. 모압, 에돔, 블레셋은 하나님의 백성인 이스라엘을 지속적으로 괴롭혀온 전통적인 적들이다. 이런 적들이 이스라엘에게 종속되었다. 이 신탁의 내용은 다윗과 솔로몬의 통일 왕국 시대를 배경으로 한다.

4) 탄원(10-11절)

> 10 누가 나를 이끌어 견고한 성읍으로 인도해 들이며
> 누가 나를 에돔으로 인도할꼬?
> 11 하나님이여,
> 주께서 우리를 버리지 아니하셨나이까?
> 하나님이여,
> 주께서 우리의 군대들과 함께 나아가지 아니하시나이다.

10-11절은 탄원의 내용이다. 시인은 하나님의 구원 신탁(7-9절)을 기억함으로써 힘을 얻는다. 하지만 "하나님이 사랑하시는 자들"은 위협적

인 상황에 처했다. 최고의 장애물인 에돔은 보스라(사 63:1)라는 천연 요새를 수도로 삼고 있어서 유다가 감당하기 어렵다(10절). 그는 패전의 경험을 떠올리며 하나님께 탄원한다(11절).

5) 간구(12절)

> 12 우리를 도와 대적을 치게 하소서.
> 사람의 구원은 헛됨이니이다.

12절은 하나님께 간구하는 내용이다. 시인은 인간적인 자원만으로는 온전한 승리를 이끌 수 없다고 고백한다. 인간적인 연합은 이상적이지만 현실에서 늘 효과적이진 않다.

> 8 여호와께 피하는 것이
> **사람을 신뢰하는 것**보다 나으며
> 9 여호와께 피하는 것이
> **고관들을 신뢰하는 것**보다 낫도다(시 118:8-9).
> **귀인들**을 의지하지 말며
> **도울 힘이 없는 인생**도 의지하지 말지니(시 146:3).

인간의 힘만 의지하면 패배를 경험할 수밖에 없다. 그래서 하나님의 도우심이 절실히 필요하다.

6) 신뢰 고백(13절)

13 우리가 하나님을 의지하고 용감히 행하리니
그는 우리의 대적들을 밟으실 자이심이로다.

13절은 하나님에 대한 신뢰 고백이다. 시인을 포함한 신앙 공동체는 폭력의 은유를 사용하여 하나님에 대한 신뢰를 확고히 다지며 이 시를 마감한다. "오직 하나님이 우리의 대적들을 밟으실 것이다."

4. 메시지

우리는 여기서 절망적인 위기의 순간에 새벽을 깨우는 방식을 본다. 먼저 하나님의 인자하심과 진실하심에 대한 찬양과 감사(1-4절)로 마음이 가득 채워지면 자신이 "하나님이 사랑하시는 자"임을 다시금 깨닫게 되고, 하나님은 사랑하시는 자를 반드시 건지신다는 믿음이 살며시 고개를 들면서 기도할 마음이 생긴다(6절). 그렇게 계속 기도하다 보면, 어느 순간 하나님이 자신에게 베푸셨던 과거의 은혜가 망각에서 기억 안으로 되돌아오게 된다(7-9절). 동시에 자신의 부족함을 인정하면서, 붙잡고 있던 모든 것을 내려놓고 하나님 한 분만을 의지하는 믿음의 자리로 건너간다(10-12절). 이때 비로소 하나님이 이 문제도 해결해주실 것이라는 확신이 내면을 가득 채우면서 담대해진다(13절). 신앙은 기억과 기대의 변증법이다. 과거에 베푸셨던 하나님의 은혜를 되새김질할 때 현재의 삶을 감당할 힘이 생기며, 그것을 발판으로 미래의 삶을 기대하는 원동력을 얻는다.

109편

역(逆) 저주의 기도:

"나는 사랑하나 그들은 도리어 나를 대적하니"

1. 양식

시편 109편은 구조와 형식으로 보면 "개인 탄원시"(psalm of individual lament)로, 내용에 따르면 "저주시"(the cursing psalm or imprecatory psalm)로 분류된다. 왜냐하면 이 시의 중심부(6-19절)에 저주가 담겨 있기 때문이다. 이 부분은 시편 중 가장 험한 저주를 담고 있다. 또한 이 시는 무고하게 대적들에게 고소당한 사람의 탄원 기도다.

2. 구조

1) 1-5절: 하나님께 자신의 억울함을 탄원
2) 6-20절: 대적들의 말을 인용
3) 21-25절: 자기 자신에 대한 간구
4) 26-29절: 대적들에 대한 간구
5) 30-31절: 찬양과 응답에 대한 확신

3. 내용

1) 하나님께 자신의 억울함을 탄원(1-5절)

¹ 내가 찬양하는 하나님이여,

잠잠하지 마옵소서.

² 그들이 악한 입과 거짓된 입을 열어 나를 치며

속이는 혀로 내게 말하며

3 또 미워하는 말로 나를 두르고

까닭 없이 나를 공격하였음이니이다.

4 나는 사랑하나

그들은 도리어 나를 대적하니

나는 기도할 뿐이라.

5 그들이 악으로 나의 선을 갚으며

미워함으로 나의 사랑을 갚았사오니.

1-5절은 시인이 하나님께 자신의 억울한 처지를 탄원하는 내용이다. 시인은 자신이 늘 찬양해온 하나님께 침묵을 깨시고 더는 감당할 수 없는 자신의 억울한 상황에 개입해달라고 간구한다(1절).

2-5절은 시인이 처한 상황을 언급하며 탄원하는 내용이다. 시인은 대적들의 "악한 입"과 "거짓된 입"과 "속이는 혀"로 고통을 받는다(2절). 또한 "미워하는 말"로 둘러싸여 "까닭 없이" 공격을 받는다(3절). 시인은 그들을 사랑하는데, 그들은 도리어 시인을 대적한다. 그래서 시인은 오직 기도할 뿐이다(4절). "나를 대적하다"에서 "대적하다"(שטן, 사탄)는 적대적인 증언을 가리키는 전문 용어다.

또 악으로 선을 대신하는 자들이

내가 선을 따른다는 것 때문에

나를 **대적하나이다**(שטן, 사탄)(시 38:20).

내 영혼을 **대적하는 자**(שׂטן, 사탄)들이

수치와 멸망을 당하게 하시며

나를 모해하려 하는 자들에게는

욕과 수욕이 덮이게 하소서(시 71:13).

시인의 "선"(טוֹבָה, 토바)은 "악"(רָעָה, 라아)으로, "사랑"(אַהֲבָה, 아하바)은 "미움"(שִׂנְאָה, 신아)으로 되돌아온다(5절).

2) 대적들의 말을 인용(6-20절)

6 악인이 그를 다스리게 하시며

사탄이 그의 오른쪽에 서게 하소서.

7 그가 심판을 받을 때에

죄인이 되어 나오게 하시며

그의 기도가 죄로 변하게 하시며

8 그의 연수를 짧게 하시며

그의 직분을 타인이 빼앗게 하시며

9 그의 자녀는 고아가 되고

그의 아내는 과부가 되며

10 그의 자녀들은 유리하며 구걸하고

그들의 황폐한 집을 떠나 빌어먹게 하소서.

11 고리대금 하는 자가 그의 소유를 다 빼앗게 하시며

그가 수고한 것을 낯선 사람이 탈취하게 하시며

12 그에게 인애를 베풀 자가 없게 하시며

그의 고아에게 은혜를 베풀 자도 없게 하시며

13 그의 자손이 끊어지게 하시며

후대에 그들의 이름이 지워지게 하소서.

14 여호와는 그의 조상들의 죄악을 기억하시며

그의 어머니의 죄를 지워버리지 마시고

15 그 죄악을 항상 여호와 앞에 있게 하사

그들의 기억을 땅에서 끊으소서.

16 그가 인자를 베풀 일을 생각하지 아니하고

가난하고 궁핍한 자와

마음이 상한 자를 핍박하여 죽이려 하였기 때문이니이다.

17 그가 저주하기를 좋아하더니

그것이 자기에게 임하고 축복하기를 기뻐하지 아니하더니

복이 그를 멀리 떠났으며

18 또 저주하기를 옷 입듯 하더니

저주가 물같이 그의 몸속으로 들어가며

기름같이 그의 뼈 속으로 들어갔나이다.

19 저주가 그에게는 입는 옷 같고

항상 띠는 띠와 같게 하소서.

20 이는 나의 대적들이 곧 내 영혼을 대적하여

악담하는 자들이 여호와께 받는 보응이니이다.

6-20절에서 시인은 대적들의 말을 인용한다. 이 단락은 3절의 "미워하

는 말"의 내용을 상세히 소개한다. 시인은 이런 인용을 통해 자신을("그를") 고소하고 비방하는 대적들의 악한 계획과 적대적인 태도를 낱낱이 폭로한다. 6-8절은 시인에게 저주가 임하길 바라는 대적자의 말이다. 6절은 법정의 재판 상황을 진술한다. "악인"은 "거짓 증인"이나 "양심이 없는 재판관"을 뜻한다. "사탄"(고발자)은 죄를 벗겨줄 증인이 서야 할 자리에 대신 선다. 시인에게 절대적으로 불리한 재판 상황이 전개되고 있는 것이다. 대적들은 법적으로 시인을 죄인으로 만들어(7절) 이 땅에서 완전히 제거하려고 한다(8절). "그의 직분을 타인이 빼앗게 하시며"라는 8b절의 표현은 사도행전 1:20에 인용된다.

> 시편에 기록하였으되 "그의 거처를 황폐하게 하시며 거기 거하는 자가 없게 하소서" 하였고 또 일렀으되 **"그의 직분을 타인이 취하게 하소서"** 하였도다(행 1:20).

이런 이유로 이 시는 교회 전통에서 가룟 유다 시편(*Psalmus Ischarioticus*, Iscariot Psalm)으로 불린다.

9-15절은 시인의 집에 저주가 임하기를 바라는 대적자들의 말이다. 그들의 요구는 노골적이고 잔인하다. 그들은 다음과 같이 말한다.

> 그의 자녀는 고아가 되고, 그의 아내는 과부가 되어야 한다(9절).
> 그의 자녀들은 집에서 쫓겨나서 구걸하게 되어야 한다(10절).
> 그리고 그의 모든 재산은 탈취당해야 한다(11절).
> 그와 고아가 된 그의 자녀에게 인애와 은혜라는 구원의 연대감을 보여주

는 자가 없어야 한다(12절).

그래서 자손도 완전히 끊어지고(13절),

조상들마저도 멸절되어야 한다(14-15절).

구약의 축복은 하나님과의 교제, 사회적 유대, 물질적 번영, 후손의 번성과 관련된다. 대적들의 저주는 이런 점들을 정조준하고 있다. 시인과 하나님 사이의 교제가 단절되고(7절), 사회적 유대감이 해체되며(8-10절), 물질적으로 몰락하고(11절), 후손은 물론 조상들도 멸절하게 된다(12-15절). 대적들은 시인이 최악의 저주를 받길 바란다.

또한 16-19절은 거짓 모함으로 시인을 저주하는 대적자들의 말이다. 그들은 시인이 높은 지위에 있을 때(8절) 하나님의 백성으로서 마땅히 지켜야 할 도리(חֶסֶד, 헤세드, 인자)를 외면함으로써 가난하고 궁핍한 자를 핍박했으며 마음이 상한 자를 죽이려 했다고 모함한다(16절). 헤세드는 공동체적 삶을 가능케 하는 접착제와 같다. 대적들은 시인을 사회적 연대 의식이 없는 자로 몰아붙이면서 그에게 저주가 가까워지기를 바란다(17절). 저주가 시인에게 "물과 같이" 몸에 스며들고 "기름처럼" 뼛속으로 들어가며(18절), 또한 저주를 "외투처럼" 입게 되고 "허리띠처럼" 항상 두르게 되기를 원한다(19절). 즉 대적들은 흐르는 물이나 몸에 착 달라붙은 옷처럼 저주가 시인을 둘러싸기를 바란다.

20절의 "이"(זֹאת, 조트)는 6-19절에서 인용한 내용을 받는다. 시인은 자신을 고소한 자들이 퍼부은 저주가 그들에게 되돌아가기를 간곡히 요청한다. 일종의 "역(逆) 저주의 기도"다. 그러나 이는 단순히 "자신을 저주한 사람들을 향한 저주"라기보다는 "야웨의 정의에 대한 호소"에 가깝다. 이런 면에서 이 시는 "저주시"(a cursing psalm)를 포함하고 있는 "정의시"(a justice psalm)라고 할 수 있다.

3) 자기 자신에 대한 간구(21-25절)

21 그러나 주 여호와여,

주의 이름으로 말미암아 나를 선대하소서.

주의 인자하심이 선하시오니 나를 건지소서.

22 나는 가난하고 궁핍하여

나의 중심이 상함이니이다.

23 나는 석양 그림자같이 지나가고

또 메뚜기같이 불려 가오며

24 금식하므로

내 무릎이 흔들리고

내 육체는 수척하오며

25 나는 또 그들의 비방거리라.

그들이 나를 보면 머리를 흔드나이다.

21-25절은 시인이 자기 자신에 대해 간구하는 내용이다. 21절은 "그러나 당신"(אַתָּה, 베아타)이라는 표현으로 시작한다. 시인은 고통의 현실에서 눈을 돌려 그의 구원자("주 여호와여")를 바라본다. 증오에서 신뢰로 방향을 튼 것이다. 그리고 "하나님의 명예"(이름)와 "하나님의 인자하심"이 새로운 가능성의 기반임을 깨닫고 이에 근거하여 호소한다. 12절과 16절

의 "헤세드"(חֶסֶד)가 수평적 차원인 "인간의 헤세드"였다면, 21절과 26절은 수직적 차원인 "하나님의 헤세드"를 뜻한다. 시인은 하나님의 헤세드를 간구한다. 시인은 하나님의 도움이 절대적으로 필요한, 가난하고 궁핍한 상태에 놓여 있다(22a절). "나의 중심(לֵב, 레브)이 상함이니이다"는 "심장(לֵב, 레브, 마음)이 뚫렸다"라는 말이다(22b절). 지금 시인의 심신은 매우 불안하고 미약한 상태다.

23절은 심리적 상태를 표현하고, 24절은 육체적 상태를 진술하며, 25절은 사회적 상태를 묘사한다. 시인은 심리적으로 석양의 그림자처럼 사그라지며 죽음을 감지한다. 그는 사람들에게 무심코 밀려 날려가는 메뚜기와 같은 하찮은 곤충의 처지를 경험하고 있다(23절). 시인은 금식으로 인해 제대로 서 있을 수 없을 정도로 육체적으로 탈진했을 뿐만 아니라 모든 생명력을 소진했고(24절) 이미 사회적으로도 사망 선고를 받은 처량한 신세가 되었다(25절). 그는 주변 사람들로부터 온갖 수치와 비방을 받는다. 한마디로 시인은 심리적, 육체적, 사회적 죽음을 경험하고 있다.

4) 대적들에 대한 간구(26-29절)

26 여호와,

나의 하나님이여,

나를 도우시며

주의 인자하심을 따라 나를 구원하소서.

27 이것이 주의 손이 하신 일인 줄을 그들이 알게 하소서.

주 여호와께서 이를 행하셨나이다.

28 그들은 내게 저주하여도

주는 내게 복을 주소서.

그들은 일어날 때에 수치를 당할지라도

주의 종은 즐거워하리이다.

29 나의 대적들이 욕을 옷 입듯 하게 하시며

자기 수치를 겉옷같이 입게 하소서.

26-29절은 대적들에 대해 간구하는 내용이다. 시인은 다시 한번 "하나님의 인자하심"(חֶסֶד, 헤세드)에 호소한다(26절). 27절의 "이것"(זֹאת, 조트)은 시인의 무죄 입증과 무죄 판결로서 드러나는 하나님의 구원을 의미한다.

시인은 대적들의 저주에 직면하여 하나님의 축복을 구하고 있다(28a절). 그는 저주와 축복이 하나님의 손에 달려 있다고 믿는다.

이제는 나 곧 내가 그인 줄 알라.

나 외에는 신이 없도다.

나는 죽이기도 하며 살리기도 하며

상하게도 하며 낫게도 하나니

내 손에서 능히 빼앗을 자가 없도다(신 32:39).

여호와는 가난하게도 하시고 부하게도 하시며

낮추기도 하시고 높이기도 하시는도다(삼상 2:7).

또한 하나님은 저주를 축복으로 바꾸실 수 있는 분이다.

> 네 하나님 여호와께서 너를 사랑하시므로 네 하나님 여호와께서 발람의 말을 듣지 아니하시고 네 하나님 여호와께서 **그 저주를 변하여 복이 되게 하셨나니**(신 23:5).

> "이는 그들이 양식과 물로 이스라엘 자손을 영접하지 아니하고 도리어 발람에게 뇌물을 주어 저주하게 하였음이라. 그러나 우리 하나님이 **그 저주를 돌이켜 복이 되게 하셨다**" 하였는지라(느 13:2).

결국 대적들은 수치를 당하고, 그로 인해 하나님의 종은 즐거워할 것이다(28b절). 시인은 대적들이 자신에게 "저주의 옷"을 입히려 한 것처럼(19절) 그들이 "치욕과 수치의 옷"을 덧입게 해달라고 간구한다(29절).

5) 찬양과 응답에 대한 확신(30-31절)

> **30** 내가 입으로 여호와께 크게 감사하며
> 많은 사람 중에서 찬송하리니
> **31** 그가 궁핍한 자의 오른쪽에 서사
> 그의 영혼을 심판하려 하는 자들에게서 구원하실 것임이로다.

30-31절은 시인이 찬양을 올리면서 하나님께서 응답해주실 것을 확신하는 내용이다. 시인의 입은 하나님을 향한 찬양으로 가득 채워져 있다

(30a절). 그의 찬양은 형식적이지 않고 진정성과 열정을 담고 있다. 이는 악하고 거짓되고 미워하는 말로 가득한 대적들의 입(2-3절)과 대조된다. 시인은 "많은 사람 중"에서 찬송할 것이다(30b절). 이는 시인을 향한 주변의 비방과 조롱이 그치고 사회적 유대와 지위가 회복된 상황을 전제로 한다.

대적들은 시인의 오른쪽에 사탄이 서게 되길 원했지만(6절), 하나님이 궁핍한 시인의 오른쪽에 서 계실 것이다(31a절). 이것은 하나님이 시인의 생명을 대적들로부터 구원하실 것임을 의미한다(31b절).

4. 메시지

대적들은 의도를 갖고 조직적으로 강력하게 시인을 억누른다. 그들은 시인을 죄인으로 몰아 그의 명성, 직업, 자녀, 아내, 집, 소유를 포함한 인생 전체를 송두리째 뽑아버리려고 작당하면서 그를 저주한다. "저주로 옷 입게 하소서"(19절). 시인은 하나님이 일상의 모든 영역에 참여하실 것이라고 믿으며 그들에 맞선다. 가난하고 궁핍한 시인은 하나님을 찾아 그분의 인자하심에 호소하는 것 외에 다른 선택지가 없다. 이때 시인은 대적들을 처벌해달라고 강력한 언어로 기도한다. 그는 자신을 향한 저주를 그들에게 되돌려달라는 "역(逆) 저주의 기도"를 한다(20절). "수치의 옷을 입게 하소서"(29절). 이는 원수를 끝까지 사랑하라는 신약의 가르침과 상반되어 보이기도 한다.

나는 너희에게 이르노니 **너희 원수를 사랑하며** 너희를 박해하는 자를 위하여 기도하라(마 5:44).

너희를 박해하는 자를 축복하라. 축복하고 저주하지 말라(롬 12:14).

하지만 이런 저주의 기도가 진정한 용서를 향한 첫걸음이 된다. 이런 과정이 신앙의 이름으로 억압되거나 억지로 생략되어서는 안 된다. 여기서 시인이 어떤 폭력을 행사했다는 증거는 없다. 그는 다만 기도할 뿐이다. 시인은 복수에 대한 열망을 기도 안에서 하나님께로 가져왔다. 하나님 앞에서 기도를 통해 복수의 마음을 숨기지 않고 낱낱이 드러내는 것이야말로 용서의 필수적인 선행 조건이다. 마음에도 없는 용서나 가증한 용서는 오히려 진정한 용서로 향하는 발길을 더디게 할 뿐이다. 때로는 솔직한 역(逆) 저주의 기도가 진정한 용서의 시작이 될 수 있다.

110편

곤궁한 자도 살맛 나는 세상:

"새벽이슬 같은 주의 청년들이 주께 나오는도다"

1. 양식

시편 110편은 "제왕시"(a royal psalm)로 분류된다. 이 시는 신약에서 매우
많이 인용되고 언급되는 시편이다(막 12:36; 행 2:34 등). 신약의 구절들은
이 시편을 그리스도에 대한 해석으로 이해한다. 따라서 이 시를 "메시아
적 시"(messianic psalm)라고도 부른다. 루터는 이 시편을 가리켜 "우리 주
예수 그리스도를 노래하는 대표적 시편"이라고 평했다.

2. 구조

    1) 1-3절: 하나님의 신탁과 기원 1
    2) 4-7절: 하나님의 신탁과 기원 2

각 부분은 예언자의 선포 공식인 "여호와께서 말씀하시기를"(1절)과 "여
호와는 맹세하고"(4절)라는 구절로 시작된다.

3. 내용

1) 하나님의 신탁과 기원 1(1-3절)

   1 여호와께서 내 주에게 말씀하시기를
   "내가 네 원수들로 네 발판이 되게 하기까지
   너는 내 오른쪽에 앉아 있으라" 하셨도다.

2 여호와께서 시온에서부터 주의 권능의 규를 내보내시리니

주는 원수들 중에서 다스리소서.

3 주의 권능의 날에

주의 백성이 거룩한 옷을 입고 즐거이 헌신하니

새벽이슬 같은 주의 청년들이

주께 나오는도다.

하나님의 신탁과 기원을 말하는 1-3절은 두 부분으로 나뉜다. 즉 1절은 하나님의 신탁이고, 2-3절은 시인의 기원을 다룬다. 1절은 전쟁에서 승리한 후 원수들을 제압하는 왕의 모습을 보여준다. 예루살렘 왕궁의 예언자 혹은 성소의 예언자가 하나님의 신탁을 예루살렘 왕에게 대언(代言)한다. 여기서 "내 주"(אֲדֹנִי, 아도니)는 왕을 말한다. 야웨는 왕에게 당신의 오른쪽에 앉으라고 하신다. "오른편"은 제2인자의 자리다. 왕의 오른편에 앉는 사람은 나라의 제2인자로서 왕을 대신하여 정책을 집행할 권한을 부여받는다. 하나님의 우편은 그분의 권한을 위임받은 자리다. 오른쪽은 특권과 경외의 위치로 간주되었다. 또한 오른쪽에 좌정하는 것은 야웨와 왕의 "공동 통치"를 의미한다. 이로써 왕이 야웨의 왕권 통치에 참여한다. "네 원수로 네 발등상 되게 하기까지"라는 표현은 원수들을 왕의 통치 아래에 굴복시키겠다는 의지를 드러내는 비유다.

그 왕들을 여호수아에게로 끌어내매 여호수아가 이스라엘 모든 사람을 부르고 자기와 함께 갔던 지휘관들에게 이르되 "가까이 와서 **이 왕들의 목을 발로 밟으라**" 하매 그들이 가까이 가서 그들의 목을 밟으매(수 10:24).

시인의 영성 3

2절에 나오는 "주의 권능의 규"는 왕적 권위의 상징이다. 시인은 이를 통해 시온의 왕이 대적들을 무찌르고 무력화하기를 기원한다.

> "네가 철장으로 그들을 깨뜨림이여,
> 질그릇같이 부수리라" 하시도다(시 2:9).

3절의 "주의 권능의 날"(בְּיוֹם חֵילֶךָ, 베욤 헬레카)에서 "권능"(חַיִל, 하일)은 시편 108:13의 "우리가 하나님을 의지하고 용감히 행하리니 그는 우리의 대적들을 밟으실 자이심이로다"에 나오는 "용감히"(חַיִל, 하일)와 같은 단어다. "주의 권능의 날"은 대적과 전쟁을 하는 날이다. "거룩한 옷"은 야웨의 도움으로 적을 패퇴(敗退)시키는 야웨의 전사임을 환기시키는 전투복이다.

> 백성과 더불어 의논하고 노래하는 자들을 택하여 **거룩한 예복**을 입히고 군대 앞에서 행진하며 여호와를 찬송하여 이르기를 "여호와께 감사하세. 그의 인자하심이 영원하도다" 하게 하였더니(대하 20:21).

"즐거이 헌신하니"는 야웨의 전쟁을 위한 군대의 출정 준비를 묘사하는 표현이다.

> 이스라엘의 영솔자들이 영솔하였고
> **백성이 즐거이 헌신하였으니**
> 여호와를 찬송하라(삿 5:2).

"새벽이슬"과 "주의 청년"은 비유적인 표현이다. 이는 "강력한 생명력"과 "왕성한 활동력"을 의미한다. 새벽이슬은 매일 필요로 하는 물기를 제공함으로써 풍성함을 주고, 청년들은 공평과 정의로 백성을 통치할 때 필요한 힘을 제공한다. 시인은 이 구절을 통해 백성들이 왕의 통치를 즐거워하게 되고, 생명이 움트는 새벽이슬 같은 젊은 군대가 든든해지기를 기원한다.

2) 하나님의 신탁과 기원 2(4-7절)

> 4 여호와는 맹세하고 변하지 아니하시리라. 이르시기를
> "너는 멜기세덱의 서열을 따라 영원한 제사장이라" 하셨도다.
> 5 주의 오른쪽에 계신 주께서
> 그의 노하시는 날에
> 왕들을 쳐서 깨뜨리실 것이라.
> 6 뭇 나라를 심판하여 시체로 가득하게 하시고
> 여러 나라의 머리를 쳐서 깨뜨리시며
> 7 길가의 시냇물을 마시므로
> 그의 머리를 드시리로다.

앞 단락(1-3절)과 마찬가지로 4-7절도 하나님의 신탁과 기원을 다룬다. 이 또한 두 부분으로 나뉜다. 4절은 하나님의 신탁이고, 5-7절은 시인의 기원이다. 4a절의 "여호와는 맹세하고 변하지 아니하시리라"는 시편 89:49의 "주여, 주의 성실하심으로 다윗에게 맹세하신 그 전의 인자하

심이 어디 있나이까?"라는 하나님의 성실하심에 대한 회의적 질문을 염두에 둔 대답이다. 하나님은 다윗 언약을 통해 "영원한 왕조"를 약속하셨다.

> 13 "'그는 내 이름을 위하여 집을 건축할 것이요 나는 그의 나라 왕위를 영원히 견고하게 하리라. 14 나는 그에게 아버지가 되고 그는 내게 아들이 되리니 그가 만일 죄를 범하면 내가 사람의 매와 인생의 채찍으로 징계하려니와 15 내가 네 앞에서 물러나게 한 사울에게서 내 은총을 빼앗은 것처럼 그에게서 빼앗지는 아니하리라. 16 **네 집과 네 나라가 내 앞에서 영원히 보전되고 네 왕위가 영원히 견고하리라' 하셨다** 하라"(삼하 7:13-16; 참조. 시 89:33-37).

그러나 유다 왕국이 바빌로니아에 의해 무너지면서 이 다윗 언약이 깨진 것으로 보인다. 4b절은 다윗 계통의 왕을 향해 그가 멜기세덱의 서열을 따라 영원한 제사장임을 확언한다. 멜기세덱은 예루살렘의 옛 이름인 살렘의 왕으로서, 처음으로 예루살렘을 이스라엘의 땅에 편입시켰던 다윗의 선배라고 할 수 있는 제사장-왕이었다.

> 18 **살렘 왕 멜기세덱**이 떡과 포도주를 가지고 나왔으니 그는 지극히 높으신 하나님의 제사장이었더라. 19 그가 아브람에게 축복하여 이르되 "천지의 주재이시요 지극히 높으신 하나님이여, 아브람에게 복을 주옵소서. 20 너희 대적을 네 손에 붙이신 지극히 높으신 하나님을 찬송할지로다" 하매 아브람이 그 얻은 것에서 십분의 일을 멜기세덱에게 주었더라(창 14:18-20).

여기서 "영원한 왕조"에 추가하여 "영원한 제사장"이라는 약속이 주어진다. 이제 이스라엘의 왕권은 "정치 공동체"와 더불어 "신앙 공동체"에도 적용된다. 그래서 이 시는 정치 지도자와 종교 지도자의 통합된 본보기로 왕이면서 제사장이었던 멜기세덱을 언급한다.

5절의 "주의 오른쪽에 계신 주"는 야웨 하나님을 말한다. 여기서 "주"는 1절의 "내 주"와 같은 왕이다.

내가 여호와를 항상 내 앞에 모심이여,
그가 나의 오른쪽에 계시므로
내가 흔들리지 아니하리로다(시 16:8).

그가 궁핍한 자의 오른쪽에 서사
그의 영혼을 심판하려 하는 자들에게서 구원하실 것임이로다(시 109:31).

"여호와의 노하시는 날"에서 "노"는 감정적 차원이 아닌 정치적 차원에서 나온 것이다. 하나님이 세우신 세계의 질서가 대적들에 의해 위협받게 되면 하나님이 결단하고 개입하신다. 하나님은 보편적인 정의의 질서를 흔드는 왕들과 권력자들을 무력화하신다.

하나님은 그분의 백성을 억압하고 착취하며 무기력하게 했던 뭇 나라의 권력자들("여러 나라의 머리")을 처단하신다(6절). 7절의 "길가의 시냇물"은 전쟁터에서의 시냇물을 말한다. 또한 "그의 머리를 드시리로다"는 전쟁에서의 승리를 상징한다. 이 구절은 전쟁의 승자가 패한 나라의 땅에서 공개적으로 물을 마심으로써 자신의 승리와 권리를 확증하는 행위를 묘사한다.

4. 메시지

제왕시는 본래 하나님 나라를 노래하는 데 관심을 둔다. 왜냐하면 왕은
하나님의 통치를 이 땅에 촉진하는 제도적 수단이기 때문이다. 이스라
엘에서 왕정은 기원전 10세기부터 6세기까지 존속되었다. 그러나 기원
전 6세기에 발생한 바빌로니아 유배 사건 이후 왕정은 새롭게 하나님의
미래적 통치의 상징이 되었다. 신약성경은 예수님을 영원히 통치하시는
다윗의 왕손으로 간주한다.

> 앞에서 가고 뒤에서 따르는 무리가 소리 높여 이르되
> **"호산나! 다윗의 자손이여, 찬송하리로다.**
> 주의 이름으로 오시는 이여,
> 가장 높은 곳에서 호산나!" 하더라(마 21:9; 참조. 눅 3:31; 18:38-39).

이 시편은 전 세계에 대한 하나님의 통치를 세상에 알리고, 선택된 통치
자들이 하나님의 오른편에 서서 그분의 통치를 완수해야 함을 가르쳐
준다.

　　하나님은 다윗 계통의 왕을 선택심으로써 이 세상에 평화와 정의를
실현하도록 하셨다. 다윗의 후손이자 대제사장이신 부활의 예수님은 하
나님의 오른편에서 이 일을 성취하고 계신다.

그러므로 우리에게 **큰 대제사장**이 계시니 승천하신 이 곧 **하나님의 아들 예수**시라. 우리가 믿는 도리를 굳게 잡을지어다(히 4:14).

예수님은 왕으로서 모든 세상을 통치하고 계시며, 대제사장으로서 인간과 하나님 사이를 온전하게 연결하신다. 왕이신 예수님의 메시아적 통치는 곤궁에 처한 자들을 위한 정의와 공의를 구현함으로써 현실화된다. 곤궁에 처한 자들은 하나님 나라를 검증하는 역할을 한다.

가난한 사람을 학대하는 자는
그를 지으신 이를 멸시하는 자요,
궁핍한 사람을 불쌍히 여기는 자는
주를 공경하는 자니라(잠 14:31).

가난한 자를 조롱하는 자는
그를 지으신 주를 멸시하는 자요,
사람의 재앙을 기뻐하는 자는
형벌을 면하지 못할 자니라(잠 17:5).

가난한 자와 부한 자가 함께 살거니와
그 모두를 지으신 이는 여호와시니라(잠 22:2).

곤궁한 자도 살맛 나는 세상, 그것이 하나님 나라다. 그곳에서는 새벽이슬 같은 주의 청년들이 이 땅의 흑암의 세력을 몰아내기 위해 거룩한 옷을 입고 즐거이 헌신하며 주께 나아온다.

111편

은혜의 기억을 되살리는 예배:
"그의 기적을 사람이 기억하게 하셨으니"

1. 양식

시편 111편은 "찬양시"(psalm of praise)로 분류된다. 이 시의 시인은 하나님이 행하신 위대한 일들을 찬양한다. 이 시는 총 10절, 22행으로 구성되어 있다. 특히 이 시는 각 행의 첫 자음이 22개의 히브리어 알파벳 순서로 배열되어 있어서, 이른바 "알파벳 시"(Alphabetic Acrostic Psalm)라고 불린다. 시편 111-113편은 각 시의 첫 부분에 등장하는 할렐루야 공식(Halleluja-Formel)으로 인해 두 번째 할렐루야 삼총사가 된다. 첫 번째 할렐루야 삼총사는 시편 104-106편이다.

2. 구조

1) 1절: 예배의 자리에서 하나님을 향한 감사를 다짐
2) 2-4절: 하나님이 행하신 기적을 찬양
3) 5-9절: 하나님이 자신의 백성에게 행하신 일을 찬양
4) 10절: 새로운 지혜론

3. 내용

1) 예배의 자리에서 하나님을 향한 감사를 다짐(1절)

1 할렐루야.
내가 정직한 자들의 모임과 회중 가운데에서

전심으로 여호와께 감사하리로다.

1절은 하나님을 향해 감사를 다짐하는 내용이다. 여기서 "할렐루야"
는 이 시 전체의 분위기를 조성한다. 시인은 하나님께 감사하고 그분을
찬양하라고 요청한다. 또한 "정직한 자들의 모임과 회중 가운데에서",
즉 예배의 자리에서 전심으로 야웨께 감사할 것을 다짐한다. "전심으
로"(בְּכָל־לֵבָב, 베콜-레바브)는 하나님을 향한 예배의 강도(强度), 예배자의
총체성, 진실성을 강조한다.

> 너는 **마음을 다하고**(בְּכָל־לְבָב, 베콜-레바브) 뜻을 다하고 힘을 다하여 네 하나
> 님 여호와를 사랑하라(신 6:5).

2) 하나님이 행하신 기적을 찬양(2-4절)

> 2 여호와께서 행하시는 일들이 크시오니
> 이를 즐거워하는 자들이 다 기리는도다.
> 3 그의 행하시는 일이 존귀하고 엄위하며
> 그의 의가 영원히 서 있도다.
> 4 그의 기적을 사람이 기억하게 하셨으니
> 여호와는 은혜로우시고 자비로우시도다.

2-4절은 하나님이 행하신 기적을 찬양한다. 이 단락은 감사와 찬양의
이유 및 내용을 언급하고 있다. 각 절은 "여호와께서 행하시는 일"(2절),

"그의 행하시는 일"(3절), "그의 기적"(4절)으로 시작한다. 2절은 이 시 전체의 주제를 밝힌다. "여호와께서 행하신 일들"은 "창조"(시 8:3, 6; 19:1; 145:9)와 "역사"(신 11:7; 삿 2:7, 10; 시 107:22, 24) 속에서 드러난 야웨의 구원 행동을 가리키는 포괄적인 개념이다. "이를 즐거워하는 자들이 다 기리는도다"에서 "기리도다"는 히브리어로 "다라쉬"(דָּרַשׁ)다. "다라쉬"(דָּרַשׁ)는 "찾다"(seek), "공부하다"(study)라는 의미다.

> 내가 주의 법도들을 **구하였사오니**(דָּרַשׁ, 다라쉬)
> 자유롭게 걸어갈 것이오며(시 119:45).

시인은 창조와 역사 속에서 하나님이 행하시는 일들을 즐거워하고 그것을 연구한다(דָּרַשׁ, 다라쉬). 즉 그는 주의 행사를 바라보는 것을 인생의 낙으로 삼고 그 행사를 연구한다.

3절에서 하나님이 행하시는 일들은 "존귀"와 "엄위"와 "의"로 충만하다. "존귀"(הוֹד, 호드)와 "엄위"(הָדָר, 하다르)는 왕의 일반적인 속성이다.

> 용사여, 칼을 허리에 차고
> 왕의 **영화**(הוֹד, 호드)와 **위엄**(הָדָר, 하다르)을 입으소서(시 45:3; 참조. 시 21:5; 96:6; 104:1; 145:5).

즉 야웨가 행하시는 일이란 그분의 왕권을 집행하는 것이다. 여기서 "의"(צְדָקָה, 체다카)는 생명을 주는 세계와 사회의 질서를 의미한다. 이런 하나님의 정의는 흔들리지 않고 영원히 유효할 것이다. 존귀와 엄위와

의라는 용어는 하나님의 행동 목적이 공동체로 하여금 왕이신 야웨와 올바른 관계를 갖도록 하는 것임을 암시한다.

4a절의 "그의 기적"은 구약에서 일반적으로 출애굽 사건을 의미한다(출 15:11; 시 77:11, 14; 78:4; 105:5). 예배자들은 이것을 기억함으로써 다시금 경탄한다. 예배는 하나님이 우리로 하여금 그분을 기억하도록 이끄시는 은혜를 체험하는 자리다. 4b절의 "은혜로우시고 자비로우시도다"는 출애굽기 34:6에서 하나님이 모세에게 말씀하신 자기 선언적 속성들 가운데 두 가지에 해당된다. 예배의 자리는 하나님의 은혜와 자비를 체험하고 고백하는 장소다.

3) 하나님이 자신의 백성에게 행하신 일을 찬양(5-9절)

5 여호와께서

자기를 경외하는 자들에게 양식을 주시며

그의 언약을 영원히 기억하시리로다.

6 그가 그들에게 뭇 나라의 기업을 주사

그가 행하시는 일의 능력을 그들에게 알리셨도다.

7 그의 손이 하는 일은 진실과 정의이며

그의 법도는 다 확실하니

8 영원무궁토록 정하신 바요

진실과 정의로 행하신 바로다.

9 여호와께서 그의 백성을 속량하시며

그의 언약을 영원히 세우셨으니

그의 이름이 거룩하고 지존하시도다.

5-9절은 하나님이 자신의 백성에게 행하신 일을 찬양하는 내용이다. 5절의 "양식"은 광야에서 만나와 메추라기를 주신 일을 시사한다(출 16장; 민 11장). "그의 언약을 영원히 기억하시리로다"에서 언약은 "영원한 언약"을 말한다. 이 언약은 야웨께서 당신의 백성에게 선사하신 "은혜의 언약"이자 "약속의 언약"이다. 이는 한마디로 제사장적 언약이라고 할 수 있다(창 9:16; 17:7, 13, 19; 출 31:16). 백성은 이 언약을 위반할 수는 있어도 완전히 폐기할 수는 없다.

6절의 "뭇 나라의 기업"은 가나안의 땅을 가리키며, 이 구절은 하나님이 이스라엘 백성에게 약속의 땅을 주신 일을 암시한다(신 6-7장). 이를 통해 하나님은 위대한 능력을 보여주셨다.

7절에서 "그의 손이 하는 일"은 "그의 법도"와 평행구를 이룬다. 하나님이 행하신 일 중 하나가 법도를 수여하신 것이다. "법도"는 일종의 율법이며, 하나님이 시내산에서 주신 교훈이기도 하다(시 119:27, 104, 173). "하나님의 법도"는 하나님의 "진실"(אֱמֶת, 에메트)과 "정의"(מִשְׁפָּט, 미쉬파트)를 드러낸다. 동시에 그것은 사람들이 의지하며 안전하게 믿고 나아갈 수 있는 "길의 안내판"이 된다. 바른길로 인도하는 안내판인 그 율법 안에는 하나님의 진실과 정의가 현존하며, 사람들은 율법을 지킴으로써 그것들을 경험하게 된다(8절).

9절의 "그의 백성을 속량하시며"는 본래 "팔려간 노예를 되사다"라는 뜻이다. 여기서는 이집트로부터의 해방을 말한다. 이것은 5절에 언급된 "영원한 언약"(제사장의 언약 개념)을 기억함으로써 허락된 일이었다.

24 하나님이 그들의 고통 소리를 들으시고 하나님이 아브라함과 이삭과 야곱에게 세운 **그의 언약을 기억하사 25** 하나님이 이스라엘 자손을 돌보셨고 하나님이 그들을 기억하셨더라(출 2:24-25).

여기서 "그의 언약을 (영원히) 세우셨으니"라는 표현은 본디 신명기(신명기 역사)의 언약 개념을 말한다.

여호와께서 그의 언약을 너희에게 반포하시고 너희에게 지키라 명령하셨으니 곧 십계명이며 두 돌판에 친히 쓰신 것이라(신 4:13).

호렙에서 이스라엘 자손과 세우신 언약 외에 여호와께서 모세에게 명령하여 모압 땅에서 그들과 세우신 언약의 말씀은 이러하니라(신 29:1).

하나님은 그분의 백성을 속량하신 다음 언약을 세우셨다. 9절은 제사장의 언약 개념과 신명기의 언약 개념을 통합한다. 그래서 "계명"(법도)이 "영원한" 언약의 본질적인 요소가 된다. 즉 구속은 언약에 대한 이스라엘의 응답을 포함한다. 언약의 하나님은 거룩하고 두려운 분이다. 언약 관계는 인간에게 "선물"(gift)인 동시에 "과제"(task)다. 하나님의 "거룩함"(קדוש, 카도쉬)과 "지존하심"(נורא, 노라, 두려움)으로 인해 우리는 하나님과 거리를 두기보다 예배와 삶 속에서 하나님의 구원 행동을 인식하고 탐구하기 위해 힘쓴다.

4) 새로운 지혜론(10절)

> 10 여호와를 경외함이 지혜의 근본이라.
>
> 그의 계명을 지키는 자는 다 훌륭한 지각을 가진 자이니
>
> 여호와를 찬양함이 영원히 계속되리로다.

시인은 10절에서 새로운 지혜론을 언급하면서 이 찬양시를 마감한다. 여기서 "여호와를 경외함"은 9절의 "그의 이름은 거룩하고 지존하시도다"에서 비롯되었다. "그의 계명을 지키는 자는 다 훌륭한 지각을 가진 자이니"에서 "그의 계명"은 7절의 "그의 법도"를 가리킨다. "야웨를 경외하는 것"은 인생의 행복을 주는 가장 근본적이고 중요한 지혜다.

여호와를 경외하는 것이 지식의 근본이거늘

미련한 자는 지혜와 훈계를 멸시하느니라(잠 1:7).

여호와를 경외하는 것이 지혜의 근본이요

거룩하신 자를 아는 것이 명철이니라(잠 9:10).

다시 말해 우리는 야웨의 법도를 지킴으로써 그분에 대한 경외를 드러낸다. 이런 훌륭한 지각을 갖고 살면 하나님을 영원히 찬양할 수 있게 된다. 이 시의 마지막 절에서는 지혜와 율법과 찬양이 하나로 어우러진다. 이처럼 새로운 지혜론은 전통적 지혜와 율법과 찬양을 통합한다.

4. 메시지

이 시는 하나님의 구원사와 언약적 가르침을 연결함으로써 그분이 행하신 사역을 강조한다. 하나님의 구원사를 기억하는 것은 그분의 구원 사건을 묵상하고 그분과의 언약적 관계를 예배와 일상에서 구현하는 것이다. 특히 우리는 예배의 자리에서 하나님의 구원사를 공동체적으로 기억하고 되살림으로써 공동체와 함께 즐거움을 경험하게 된다. 예배 공동체는 기억 공동체다. 신앙 공동체는 예배와 기억을 통해 그들을 위한 하나님의 위대한 행적과 기적 이야기를 낭송하고 감사하는 가운데 "하나님의 백성 됨"의 의미를 밝히고 자신들이 "하나님의 백성임"을 다시금 새롭게 깨닫는다.

하나님이 과거에 행하신 일을 잊지 않고 기억하는 사람은 최고의 지혜와 탁월한 지각을 지닌 자다. 하나님을 영원히 찬양하는 것은 하나님의 은혜를 기억하고 오직 야웨를 경외하며 그분의 계명을 지키는 자만이 누릴 수 있는 특권이다. 예배의 자리는 이런 은혜의 기억을 되살리는 특별한 자리다.

112편

행복한 축복의 통로:

"그가 재물을 흩어 빈궁한 자들에게 주었으니"

1. 양식

시편 112편은 "지혜시"(wisdom psalm) 혹은 "교훈시"(didactic psalm)로 분류된다. 이 시는 지혜시의 기준을 모두 담고 있다. 예를 들어 야웨를 경외하고 토라를 공경하는 것, 의인과 악인들의 대조, 보상의 현실성과 필연성, 일상적인 행위에 대한 권고가 모두 언급된다. 이 시는 시편 111편처럼 각 행의 첫 자음이 22개의 히브리어 알파벳 순서로 되어 있는 이른바 "알파벳 시"(Alphabetic Acrostic Psalm) 형식을 따른다. 그래서 흔히 이두 개의 시편을 "쌍둥이 시편"(twin psalms)이라고 부른다. 시편 111편은 야웨를 경외하는 정직한 자들의 찬양이며(신학적 진술), 112편은 야웨를 경외함이 정직한 자들의 삶에서 어떻게 실천되는지를 묘사하는 시다(인간학적 진술).

2. 구조

1) 1-3절: 야웨를 경외하는 자의 행복을 찬양
2) 4-6절: 야웨를 경외하는 자의 일상
3) 7-9절: 두려움이 없는 삶
4) 10절: 악인의 멸망

3. 내용

1) 야웨를 경외하는 자의 행복을 찬양(1-3절)

1 할렐루야.
여호와를 경외하며 그의 계명을 크게 즐거워하는 자는
복이 있도다.
2 그의 후손이 땅에서 강성함이여,
정직한 자들의 후손에게 복이 있으리로다.
3 부와 재물이 그의 집에 있음이여,
그의 공의가 영구히 서 있으리로다.

1-3절은 야웨를 경외하는 자가 느끼는 행복을 찬양하는 내용이다. 1절은 "복이 있는 사람은"(אַשְׁרֵי־אִישׁ, 아쉐레-이쉬)이라는 히브리어로 시작한다. 이런 "행복 찬양 형식"은 의인의 삶의 방식을 칭찬하고 권고하려는 목적을 가지고 있다. 의인은 "여호와를 경외하며 그의 계명을 크게 즐거워하는 자"다. 야웨를 경외하는 사람은 하나님의 창조질서에 잇대어 살고 그분의 인도하심을 즐거워한다. 따라서 하나님을 경외하고 그분의 계명을 지키는 것은 사실 "고된 일"이 아니라 "즐거운 일"이다.

　　2-3절은 행복의 내용을 구체화한다. 2a절은 "의인의 후손은 땅에서 강성해진다"라고 말한다. 당시 사상에 의하면 자녀들은 부모의 생명을 지속시키는 존재다. 그래서 자녀가 많아야 생명이 끊어지지 않고 이어져 충만한 삶을 살 수 있다고 여겼다. 그리고 의인의 후손은 충만해

진다. 그의 후손도 의로운 삶을 따라 살게 됨으로써 복을 받을 것이다(2b절). 의인이 받은 복은 당대에 그치지 않고 자손들에게로 이어진다.

온전하게 행하는 자가 의인이라.
그의 후손에게 복이 있느니라(잠 20:7).

3a절에 따르면 의인은 지속적으로 "부와 재물"을 통해 복을 받는다.

17 나를 사랑하는 자들이 나의 사랑을 입으며
나를 간절히 찾는 자가 나를 만날 것이니라.
18 부귀가 내게 있고
장구한 재물과 **공의**도 그러하니라(잠 8:17-18).

또한 경건(하나님 경외)과 윤리적 삶(계명 준수)은 사람을 번영으로 인도한다.

겸손과 **여호와를 경외함**의 보상은
재물과 영광과 생명이니라(잠 22:4).

3b절의 "그의 공의가 영구히 서 있으리로다"에서 "공의"(צְדָקָה, 체다카)는 "하나님에 의해 인정받은 인간의 올바른 행동"을 가리킨다. 여기서 "부와 재물"이 "공의"(צְדָקָה, 체다카)와 평행을 이루고 있다는 점이 매우 중요하다. 이 "부와 재물"은 현대의 천박한 번영 설교자들이 말하는 세속적

인 부와 재물이 아니다. 3절에서 언급하는 "부와 재물"은 창조주로부터 주어지는 선물이며, 하나님과의 신실한 관계에 접속되어 이 관계가 지속되고 있음을 증거하는 또 하나의 표지(標識)다. 부는 인생의 목적 그 자체가 아니라 하나님을 신실하게 믿고 따르는 자에게 주어지는 여러 축복 가운데 하나다.

2) 야웨를 경외하는 자의 일상(4-6절)

> **4** 정직한 자들에게는 흑암 중에 빛이 일어나나니
> 그는 자비롭고
> 긍휼이 많으며
> 의로운 이로다.
> **5** 은혜를 베풀며 꾸어주는 자는 잘 되나니
> 그 일을 정의로 행하리로다.
> **6** 그는 영원히 흔들리지 아니함이여,
> 의인은 영원히 기억되리로다.

4-6절은 야웨를 경외하는 자의 일상을 묘사한다. 4절에 동원된 "빛"(אור, 오르, 시 27:1; 36:9), "자비롭고"(חנּון, 하눈, 시 111:4; 출 34:6), "긍휼이 많고"(רחום, 라훔, 시 111:4; 출 34:6), "의로운 이"(צדּיק, 차디크)라는 용어는 본래 야웨와 관련된 단어들이다. 그런데 여기서는 의인과 관련된 용어로 표현되고 있다. 흑암 중에 하나님의 빛이 되는 의인은 하나님처럼 자비롭고 긍휼이 많으며 의로운 사람이다. 의인은 하나님을 닮은 삶(*imitatio Dei*)을

산다.

5a절에서 의인은 은혜를 베풀며 꾸어주는 삶을 산다. 이는 가난한 자에게 무이자로 돈을 빌려주거나 그들을 구제하는 것을 말한다. 5b절의 "그 일을 정의로 행하리로다"에서 "정의"(מִשְׁפָּט, 미쉬파트)는 하나님의 명령(율법)을 가리킨다. 의인은 하나님의 율법에 따라 가난한 자에게 돈을 빌려주면서 이자를 받지 않고(레 25:35-38) 그들을 구제한다(신 15:7-11). 의인은 위에 계신 하나님으로부터 받은 은혜를 그분의 뜻을 받들어 더 낮은 곳의 이웃들에게 흘려보낸다.

이런 의인은 혼돈의 세력들이 들끓을지라도 시온산이나 성과 같이 영원히 흔들리지 않는다(6a절).

> 하나님이 그 성중에 계시매
> **성이 흔들리지 아니할 것이라.**
> 새벽에 하나님이 도우시리로다(시 46:5).

이 의인은 사람들의 기억 속에 의롭고 행복한 인생의 모범으로 영원히 남게 될 것이다(6b절).

3) 두려움이 없는 삶(7-9절)

> 7 그는 흉한 소문을 두려워하지 아니함이여,
> 여호와를 의뢰하고 그의 마음을 굳게 정하였도다.
> 8 그의 마음이 견고하여 두려워하지 아니할 것이라.

그의 대적들이 받는 보응을 마침내 보리로다.

9 그가 재물을 흩어 빈궁한 자들에게 주었으니

그의 의가 영구히 있고

그의 뿔이 영광 중에 들리리로다.

7-9절은 의인의 두려움 없는 삶을 묘사한다. 야웨를 두려워하는 자는 아무것도 무서워할 필요가 없다. 악의적인 말도 의인을 낙담시키지 못한다(7a절). 의인의 마음 곧 의인의 사고와 의지가 야웨 안에 이미 뿌리를 굳게 내리고 있기 때문이다(7b절). 의인은 외적인 상황을 초연하게 넘길 수 있는 내적인 안정감을 이미 확보하고 있다. 의인에게도 대적자들이 없는 것은 아니다. 그러나 결국 그는 대적자들의 몰락을 보게 될 것이다(8절). 대적자들이 한동안 우세해 보이지만, 때가 이르면 의인이 반드시 승리할 것이기 때문이다.

9절은 의인의 삶을 다시 강조한다. 의인은 하나님이 베푸신 물질적인 복(3절)을 어려운 이웃들과 기꺼이 나눈다. 9a절의 "그의 의(צְדָקָה, 체다카)가 영구히 있고"는 3b절의 "그의 공의(צְדָקָה, 체다카)가 영구히 서 있으므로"와 동일한 표현이다. 약자를 돌보는 의인의 행동은 일시적이지 않고 지속적이며 영원한 일상이다. 그 결과 그의 "뿔" 곧 그의 힘과 능력이 영광 가운데서 높아질 것이다(시 89:17, 24; 92:10; 148:14).

4) 악인의 멸망(10절)

10 악인은 이를 보고 한탄하여

이를 갈면서 소멸되리니

악인들의 욕망은 사라지리로다.

10절은 악인의 멸망을 묘사한다. 악인은 의인의 구원과 승리의 "증인"
이 되어야 한다. 그러나 악인은 이 상황을 시기하고 질투하며 이를 간다.
"이를 간다"는 것은 극도의 분노를 표출하는 행동이다.

그들은 연회에서 망령되이 조롱하는 자같이

나를 향하여 그들의 **이를 갈도다**(시 35:16).

악인이 의인 치기를 꾀하고

그를 향하여 그의 **이를 가는도다**(시 37:12).

악인들의 욕망은 곧 사라질 것이다. 이 욕망은 부와 재물에 대한 만족을
모르는 탐욕이나 의인을 해치려는 계책을 포함한다.

14 여호와께서 자기 백성의 장로들과 고관들을 심문하러 오시리니

"포도원을 삼킨 자는 너희이며

가난한 자에게서 탈취한 물건이 너희의 집에 있도다.

15 어찌하여 너희가 내 백성을 짓밟으며

가난한 자의 얼굴에 맷돌질하느냐?

주 만군의 여호와 내가 말하였느니라" 하시도다(사 3:14-15).

1 그들이 침상에서 죄를 꾀하며 악을 꾸미고

날이 밝으면 그 손에 힘이 있으므로

그것을 행하는 자는 화 있을진저

2 밭들을 탐하여 빼앗고

집들을 탐하여 차지하니

그들이 남자와 그의 집과

사람과 그의 산업을 강탈하도다(미 2:1-2).

시인은 주로 의인의 삶의 태도와 긍정적인 운명에 집중하고 있으며, 악인은 오직 10절에서만 언급한다. 악인의 삶은 건질 것도 없고 기억할 것도 없다. 악인의 운명과 의인의 운명은 이 절에서 극명하게 대조된다.

4. 메시지

시인은 야웨를 경외하며 그분의 계명을 크게 즐거워하는 사람이 행복한 사람이라고 선언한다. 이런 삶은 자손들에게도 영원히 복된 유산을 남긴다. 경건한 자는 자손들에게 미래의 축복을 상속한다. 행복한 의인의 삶은 많든 적든 자족할 만한 부와 재물로 채워지기도 한다. 물질적인 번영이 항상 또는 필연적으로 공로의 보상이 된다고 할 수는 없다. 하지만 일단 그것이 주어지면 의무가 따른다.

17 네가 이 세대에서 **부한 자들**을 명하여 마음을 높이지 말고 정함이 없는 재물에 소망을 두지 말고 오직 우리에게 모든 것을 후히 주사 누리게 하시

는 하나님께 두며 **18 선을 행하고 선한 사업을 많이 하고 나누어주기를 좋아하며 너그러운 자가 되게 하라. 19** 이것이 장래에 자기를 위하여 좋은 터를 쌓아 참된 생명을 취하는 것이니라(딤전 6:17-19).

의인은 율법의 가르침대로 사회적인 책임감을 느끼며 가난한 자들과 연대하고 재물을 그들에게 기꺼이 나누어준다. 이런 삶이 일상이 된 의인은 점점 하나님을 닮아 간다. 의인은 하나님같이 흑암 중에 빛이 되어서 자비로우며 긍휼이 많고 의로운 이로 인정받게 된다. 하나님을 경외하고 닮아가는 사람은 하나님의 복을 받고, 그 복을 기쁨으로 남들과 나눈다. 그는 하나님의 복을 흘려보내는 축복의 통로로 산다. 한마디로 행복한 축복의 통로가 되는 것이다.

가장 높은 곳에서
낮은 곳을 살피시는 하나님:

"스스로 낮추사 천지를 살피시고"

1. 양식

시편 113편은 "찬양시"(psalm of praise)로 분류된다. 이 시는 "할렐 시편"으로 분류되는 일련의 시편(시 113-118편) 중 가장 먼저 등장하는 시편이다. 참고로 시편 113-118편은 할렐루야가 자주 반복된다고 하여 "할렐 시편"이라 불린다. 시편 113편은 두 번째 할렐루야 삼총사(시 111-113편)의 종결 부분이자 "할렐 시편"(시 113-118편)의 입구다. 이 시는 "할렐루야"(야웨를 찬양하라)로 시작해서 "할렐루야"로 끝난다.

2. 구조

1) 1-3절: 찬양 요청
2) 4-6절: 하나님의 위대하심(하나님의 초월성)을 찬양
3) 7-9절: 하나님의 인자하심(하나님의 내재성)을 찬양

3. 내용

1) 찬양 요청(1-3절)

1 할렐루야.

여호와의 종들아,

찬양하라.

여호와의 이름을 찬양하라.

2 이제부터 영원까지

여호와의 이름을 찬송할지로다.

3 해 돋는 데에서부터 해 지는 데에까지

여호와의 이름이 찬양을 받으시리로다.

1-3절은 찬양을 요청하는 단락이다. 이 시는 "찬양하라"(ַ הָ, הֹלְלוּ, 할렐루
야)는 요청으로 시작한다. "할렐루야"는 그 자체가 명령형이다(1절). 하
나님을 찬양하는 것은 선택이 아니라 반드시 수행해야 하는 과제라는
점에서 상당히 의미심장하다. "여호와의 종들"은 찬양으로 초대되는 예
배 공동체를 가리킨다. "여호와의 이름"은 "하나님의 현존과 능력"을 나
타내는 총괄 개념이다. 시인은 예배 공동체를 향해 야웨의 임재와 능력
을 찬양하라고 요청한다.

2-3절은 찬양의 범주를 시간적, 공간적으로 확장하고 있다. 2절의
"이제부터 영원까지"라는 표현은 찬양의 영역을 시간적으로 확대한다.

우리는 **이제부터 영원까지**

여호와를 송축하리로다. 할렐루야(시 115:18; 참조. 시 121:8; 125:2; 131:3).

찬양은 시간을 초월하여 "모든 시간"(every time)에 곧 "영원히" 요구된다.
3절의 "해 돋는 데에서부터 해 지는 데에까지"라는 표현은 찬양의 영역
을 공간적으로 확장한다.

전능하신 이 여호와 하나님께서 말씀하사

해 돋는 데서부터 지는 데까지 세상을 부르셨도다(시 50:1).

만군의 여호와가 이르노라. **"해 뜨는 곳에서부터 해 지는 곳까지의** 이방 민족 중에서 내 이름이 크게 될 것이라. 각처에서 내 이름을 위하여 분향하며 깨끗한 제물을 드리리니 이는 내 이름이 이방 민족 중에서 크게 될 것임이니라"(말 1:11).

찬양은 한 백성이나 국가에 제한되지 않고 "모든 장소(세계)"(every place)로 확장된다. 야웨를 향한 찬양은 시간과 공간을 초월하여 영속적으로 계속되어야 한다.

2) 하나님의 위대하심(하나님의 초월성)을 찬양(4-6절)

> 4 여호와는 모든 나라보다 높으시며
> 그의 영광은 하늘보다 높으시도다.
> 5 여호와 우리 하나님과 같은 이가 누구리요?
> 높은 곳에 앉으셨으나
> 6 스스로 낮추사
> 천지를 살피시고.

4-9절은 찬양의 이유와 내용을 밝힌다. 4-6절은 하나님의 위대하심을, 7-9절은 하나님의 인자하심을 찬양한다. 시인은 야웨께서 모든 피조물 위에 높이 계심을 찬양한다(4절). 하나님은 모든 것들("모든 나라"와 "하

늘") 위에 초월해 계신다.

> **하나님이 참으로 땅에 거하시리이까? 하늘과 하늘들의 하늘이라도 주를**
> **용납하지 못하겠거든** 하물며 내가 건축한 이 성전이오리이까?(왕상 8:27)

> 여호와의 이름을 찬양할지어다.
> 그의 이름이 홀로 높으시며
> **그의 영광이 땅과 하늘 위에 뛰어나심이로다**(시 148:13).

역사상 이스라엘을 위협해왔던 이방 나라들도 완전히 하나님의 지배하에 놓여 있다.

5-6절의 수사학적 질문은 하나님의 비교 불가능한 유일무이함을 진술한다. 이 세계에 하나님과 대등한 위치에 놓일 수 있는 것은 전무하다(5절). 그런데 야웨 하나님은 자신을 스스로 높이실 뿐만 아니라 낮추시는 분이다(6절). 또한 하나님은 사람을 시험하기 위해 세상을 살피시기도 한다.

> 여호와께서는 그의 성전에 계시고
> 여호와의 보좌는 하늘에 있음이여,
> **그의 눈이 인생을 통촉하시고**
> **그의 안목이 그들을 감찰하시도다**(시 11:4; 참조. 시 14:2; 17:2-3; 53:2).

하지만 여기서는 하나님이 사람을 돕기 위해 굽어살피신다.

여호와께서는 높이 계셔도 **낮은 자를 굽어살피시며**

멀리서도 교만한 자를 아심이니이다(시 138:6; 참조. 시 33:13-19).

또한 높으신 하나님이 낮은 곳으로 임하신 것은 그분의 위대하심을 깎아내리기보다는 더 드높이는 일이다.

3) 하나님의 인자하심(하나님의 내재성)을 찬양(7-9절)

> **7** 가난한 자를 먼지 더미에서 일으키시며
>
> 궁핍한 자를 거름 더미에서 들어 세워
>
> **8** 지도자들
>
> 곧 그의 백성의 지도자들과 함께 세우시며
>
> **9** 또 임신하지 못하던 여자를 집에 살게 하사
>
> 자녀들을 즐겁게 하는 어머니가 되게 하시는도다.
>
> 할렐루야.

7-9절은 하나님의 본질을 사회적 행동의 측면에서 진술함으로써 사람에게 보여주시는 하나님의 인자하심을 찬양한다. 4-6절이 "초월하신 하나님"(초월성)을 보여준다면, 7-9절은 "내재하시는 하나님"(내재성)을 묘사한다. 시인은 하나님이 유한한 인간의 삶에 개입하시면 어떤 일이 벌어지는지를 두 가지 예를 들어 설명한다.

첫 번째로 가난한 자와 궁핍한 자를 예로 든다(7-8절). 먼저 하나님의 시선은 지극히 낮은 자, 아무 데도 기댈 곳이 없는 절박한 약자,

곧 "먼지 더미 속에 있는 가난한 자"(זד, 달)와 "거름 더미에 있는 궁핍한 자"(אֶבְיוֹן, 에브욘)에게 이른다(7절). "궁핍한 자를 거름 더미에서 들어 세워"에서 "들어 세워"(רום, 룸)는 4절의 "여호와는 모든 나라보다 높으시며"에 나오는 "높으시며"(רום, 룸)와 같은 단어다. 세상에서 "가장 높으신"(רום, 룸) 분이 "가장 낮은 자"("궁핍한 자")를 찾아와서 그들을 높여주신다(רום, 룸). 거름 더미는 쓰레기를 버리는 장소를 뜻한다. 이는 궁핍한 자가 경제적으로 가난할 뿐만 아니라 사회적으로 소외당하고 완전히 따돌림을 당하고 있음을 암시한다.

> 욥이 **재 가운데 앉아서** 질그릇 조각을 가져다가 몸을 긁고 있더니(욥 2:8).

> 맛있는 음식을 먹던 자들이 외롭게 거리 거리에 있으며
> 이전에는 붉은 옷을 입고 자라난 자들이
> 이제는 **거름 더미를 안았도다**(애 4:5).

하나님은 가난한 자들을 사회 지도층들과 같은 공간에 두고 한자리에 앉게 하신다(8절). 가난한 자들은 이렇게 귀족들과 동일한 선상에 오른다.

두 번째로 시인은 임신하지 못한 여성을 예로 든다. 7-8절이 남성 영역의 경험이라면, 9절은 여성 영역의 경험이다. 고대 근동에서 여성이 자녀를 낳는 것은, 특히 노동력과 군사력의 근간이 되는 아들을 출산하는 것은 매우 중요한 일이었다. 그래서 당시 아이를 갖지 못하는 여성은 수치로 간주되었다.

여호와께서 그에게 임신하지 못하게 하시므로 그의 적수인 브닌나가 그를 심히 격분하게 하여 괴롭게 하더라(삼상 1:6).

이런 이유로 그 여인은 집에서 추방당하거나 권리를 박탈당할 수도 있었다. 하지만 하나님은 아이 없는 여인을 돌보아주시고 가정 내에서 그녀의 권위를 회복시켜 주신다. 또한 아이를 낳지 못하는 여인을 많은 자녀의 어머니가 되도록 해주신다. 즉 아이를 낳게 하심으로써 그녀를 집 안에서 당당한 지위에 올라갈 수 있게 도와주시는 것이다.

4. 메시지

이 시에서 시인이 밝히는 하나님이 찬양받기에 합당하신 이유는 그분이 "높은 곳에 계신 위대한 분임"(power on high)에도 불구하고 "낮은 곳을 살피시는 인자한 분"(compassion below)이기 때문이다.

> 지극히 존귀하며 영원히 거하시며
> 거룩하다 이름하는 이가 이와 같이 말씀하시되
> **"내가 높고 거룩한 곳에 있으며**
> **또한 통회하고 마음이 겸손한 자와 함께 있나니**
> 이는 겸손한 자의 영을 소생시키며
> 통회하는 자의 마음을 소생시키려 함이라"(사 57:15).

"위대하심"과 "인자하심"으로 인간의 삶에 개입하시는 하나님은 찬양받기에 합당하신 분이다. 하나님은 세상과 거리를 두는 "초월성"과 세상에 관여하는 "내재성"을 동시에 갖춘, 하늘의 "우주적인 지배자"이자 땅의 "자비로운 통치자"가 되신다. 하나님은 엄위하신 천상의 존재임에도 불구하고 이 땅에 거하는 연약한 자들을 친절하게 보살피시며 충만과 번성으로 채워주신다. 우주의 주권자께서 친히 인간의 사회와 가족에 개입하신다는 사실, 이것이야말로 시인이 찬양하는 "주의 비할 수 없음"이다.

하나님의 높으심과 권능은 낮은 자와 굴욕에 처한 자를 높여주시는 그분의 자비하심을 통해 입증된다. 하나님은 초월적인 능력을 사용하심으로써 불의한 사회 질서를 전복시키시고 억울한 자들을 해방하신다. 야웨의 특별하심은 그분의 위대한 위상이 아니라 힘없는 사람들의 삶을 변화시키시는 데서 드러난다. 이 세상 가장 높은 곳에 계시는 최고의 권능자는 가장 낮은 곳까지 구석구석 살피신다. 이처럼 "높은 보좌에 앉으신 분"은 "낮은 곳을 살피시는 분"이기도 하다. 하나님의 시선은 낮은 곳을 주시하고 계신다. 그렇다면 우리의 시선은 어디를 향해야 할까?

114편

발악(發惡)하는 인생 vs 발선(發善)하는 인생:

"차돌로 샘물이 되게 하셨도다"

1. 양식

시편 114편은 "찬양시"(psalm of praise)로 분류된다. 이 시는 시 안에 찬양하라는 권면이 없다는 점에서 형식상 일반적인 찬양시와 다르지만, 내용상 찬양시로 분류된다. 하나님의 놀라운 행위를 찬양하라는 말은 7절에 가서야 처음으로 등장한다. 이 시는 할렐 시편(시 113-118편) 중 두 번째다.

2. 구조

1) 1-2절: 출애굽과 가나안 진입
2) 3-4절: 두려움과 기쁨의 반응
3) 5-6절: 반응에 대한 질문
4) 7-8절: 질문에 대한 대답

3. 내용

1) 출애굽과 가나안 진입(1-2절)

¹ 이스라엘이 애굽에서 나오며

야곱의 집안이 언어가 다른 민족에게서 나올 때에

² 유다는 여호와의 성소가 되고

이스라엘은 그의 영토가 되었도다.

1-2절은 출애굽과 가나안 진입에 대해 진술한다. 이 시는 출애굽 때 하나님이 이스라엘 백성을 선택하신 사건에 관한 설명적 기사로 시작한다 (1절). "언어가 다른"(לֹעֵז, 로에즈)이라는 단어는 구약성경에서 오직 이곳에만 나온다(*Hapax legomenon*). "언어가 다른 민족"(이집트)은 적대감과 생명의 위협을 강조하는 표현이다.

> 곧 여호와께서 멀리 땅끝에서 한 민족을 독수리가 날아오는 것같이 너를 치러 오게 하시리니 이는 네가 **그 언어를 알지 못하는 민족**이요(신 28:49; 참조. 사 28:11; 33:19; 렘 5:15; 겔 3:5-6).

출애굽은 이런 억압 상태의 종식을 뜻하지만, "노예로부터의 해방"보다는 하나님이 이스라엘을 자기 백성으로 "선택하신 시점"에 가깝다. 즉 출애굽은 이스라엘이 야웨 하나님의 백성으로 탄생한 날이다.

2절은 유다를 "하나님의 성소"로, 이스라엘을 "하나님의 영토"로 표현한다. 이스라엘은 하나님의 선택으로 인해 그분이 현존하시는 장소 곧 하나님의 성소와 통치 영역이 되었다.

> 주께서 백성을 인도하사
> 그들을 **주의 기업의 산**에 심으시리이다.
> 여호와여,
> 이는 **주의 처소**를 삼으시려고 예비하신 것이라.
> 주여,
> 이것이 **주의 손으로 세우신 성소**로소이다(출 15:17).

모든 세계는 이스라엘이 이집트에서 구원받은 사건을 보고 그들이 하나님께 속했고 그분의 소유로 구별되었음을 알게 되었다.

> 5 세계가 다 내게 속하였나니 너희가 내 말을 잘 듣고 내 언약을 지키면 너희는 모든 민족 중에서 **내 소유가 되겠고** 6 너희가 내게 대하여 제사장 나라가 되며 거룩한 백성이 되리라. 너는 이 말을 이스라엘 자손에게 전할지니라(출 19:5-6).

2) 두려움과 기쁨의 반응(3-4절)

> 3 바다가 보고 도망하며
> 요단은 물러갔으니
> 4 산들은 숫양들같이 뛰놀며
> 작은 산들은 어린 양들같이 뛰었도다.

3-4절은 출애굽과 가나안 진입에 대한 반응을 묘사한다. 3절에서 "바다"는 모세의 홍해 사건(출 14장)을, "요단"은 여호수아의 요단강 사건(수 3장)을 가리킨다. 3절에서 의인화된 "바다"와 "요단"은 혼돈의 세력인데, 이들은 하나님 앞에서 두려움을 느끼고 물러난다.

4절의 반응은 기쁨이다. "산들"과 "작은 산들"은 출애굽의 목적지인 이스라엘과 유다의 땅 곧 하나님의 통치 영역을 상징한다. 여기서 "뛰놀며"(רקד, 라카드)는 기쁨을 표현하는 행동이다.

여호와의 언약궤가 다윗 성으로 들어올 때에 사울의 딸 미갈이 창으로
내다보다가 다윗 왕이 춤추며 **뛰노는 것**을 보고 그 마음에 업신여겼더라
(대상 15:29; 참조. 욥 21:11; 전 3:4; 사 13:21; 시 29:6).

산들과 언덕들은 하나님의 통치를 받는 것을 즐거워하며 그 앞에서 춤
을 춘다.

너희는 기쁨으로 나아가며

평안히 인도함을 받을 것이요

산들과 언덕들이 너희 앞에서 노래를 발하고

들의 모든 나무가 손뼉을 칠 것이며(사 55:12).

혼돈의 세력은 두려움에 도망가지만, 하나님의 통치 영역 안의 존재들
은 기뻐 뛰논다. 하나님의 권능에 대항할 수 있는 것은 없다.

3) 반응에 대한 질문(5-6절)

5 바다야,

네가 도망함은 어찌함이며

요단아,

네가 물러감은 어찌함인가?

6 너희 산들아,

숫양들같이 뛰놀며

작은 산들아,

어린 양들같이 뛰놂은 어찌함인가?

5-6절은 수사적이거나 비꼬는 형식이 아닌 실제적인 질문을 통해 두려움과 기쁨으로 반응하는 이유를 묻는다. 이는 "바다와 요단" 및 "산들과 작은 산들"의 서로 다른 반응 방식에서 유발(誘發)된 질문이다. 홍해와 요단강은 하나님의 백성이 가는 길을 막아섰다가 혼비백산하여 도망쳤다. 반면 산들과 작은 산들은 하나님의 통치를 격하게 반긴다. 전자는 왜 두려움 속에서 도주하고(5절), 후자는 왜 기뻐하며 춤을 추는가(6절)? 둘 중 어떤 반응이 올바른 방식인가?

4) 질문에 대한 대답(7-8절)

7 땅이여,

너는 주 앞 곧 야곱의 하나님 앞에서 떨지어다.

8 그가 반석을 쳐서 못물이 되게 하시며

차돌로 샘물이 되게 하셨도다.

7-8절은 5-6절의 질문에 대한 대답이다. 7절에는 이 시편에서 유일한 명령형 동사가 나온다("떨지어다"). "떨지어다"(חֵיל, 훌)는 "공포 속에서 떨다, 산통을 겪다"(시 55:4; 77:16; 97:4) 혹은 "빙글빙글 돌다, 춤추다"(출 15:20; 삼상 18:6)라는 뜻이다. 여기서 "훌"(חֵיל)은 4, 6절의 "뛰놀다"라는 이미지와 연결되어 "춤추다, 즐거워하다"라는 의미를 전달한다. 시인은 "땅"

곧 "열방 민족"을 향해 "주 앞 곧 야곱의 하나님 앞에서" 찬양하라고 권면한다. 그러면서 "바다와 요단"같이 두려워하지 말고 "산들과 작은 산들"처럼 뛰놀며 기뻐하라고 말한다. 그는 만물이 하나님 앞에서 보이는 두 반응 중 후자에 손을 들어줌으로써 열방을 야웨 하나님의 예배로 초청한다.

8절은 7절의 권면과 초청의 이유가 된다. 하나님은 반석을 "고여 있는 못물"로, 차돌을 "흐르는 샘물"로 바꾸시는 분이다(출 17:1-7). "샘물"(מַעְיְנוֹ-מָיִם, 마예노-마임) 곧 "샘솟는 물"은 끊이지 않는 새 창조의 하나님을 상징한다.

> **18** 내가 헐벗은 산에 강을 내며
> 골짜기 가운데에 **샘이 나게 하며**
> 광야가 못이 되게 하며
> 마른 땅이 **샘 근원이 되게 할 것이며**
> **19** 내가 광야에는 백향목과 싯딤 나무와 화석류와 들감람나무를 심고
> 사막에는 잣나무와 소나무와 황양목을 함께 두리니
> **20** 무리가 보고
> 여호와의 손이 지으신 바요
> 이스라엘의 거룩한 이가 이것을 창조하신 바인 줄 알며
> 함께 헤아리며 깨달으리라(사 41:18-20; 참조. 사 48:20-21).

"그가 반석을 쳐서 못물이 되게 하시며"에서 동사 "되게 하시며"(הַהֹפְכִי, 하파크)는 분사형이다. 이는 기적의 행위를 묘사하면서 기적이 지속되는 상태를 보여준다. 즉 과거에 바위를 쳐서 물을 내신 하나님이 지금도 생

명과 축복의 물을 공급하실 수 있음을 강조한다. "출애굽의 하나님"은 현재와 미래에도 반석을 못물로, 차돌을 샘물로 바꾸시는 "새 창조의 하나님"이시다.

4. 메시지

이스라엘의 역사는 세상을 창조하고 타락한 세상과 싸우며 백성과 영토를 세우시는 우주의 하나님이 현현(顯顯)하시는 과정이라 할 수 있다. 모든 피조물은 "창조의 주", "구원의 주", "심판의 주"이신 야웨 하나님 앞에서 "두려운 경악"과 "놀라운 경외"라는 반응을 보인다. 혼돈의 세력은 하나님을 두려워하며 발악(發惡)하지만, 질서의 세력은 기뻐하며 발선(發善)한다. 시인은 이 두 가지 반응을 대조시킨다.

그는 열방을 향해 야웨 하나님 앞에서 뛰놀며 춤추고 찬양하라고 권면한다. 모든 존재는 야웨 하나님이 만물을 변화시키시는 새 창조의 능력에 의존한다. 야웨는 탄식을 춤으로, 슬픔을 기쁨으로, 죽음을 생명으로, 억압을 자유로 새롭게 바꾸시는 분이다. 이런 하나님이 우리 삶에 개입하셔서 경악을 경외로 창조하신다. 두려움과 경악 속에서 발악하며 살 것인가? 놀라운 경외 속에서 발선하며 살 것인가?

115편

우상의 유혹을 벗어나
하나님의 품으로:
"우상을 의지하는 자들이 다 그와 같으리로다"

1. 양식

시편 115편은 "공동체 찬양시"(psalm of communal praise)로 분류된다. 마지막 "할렐루야"는 이 시편이 찬양시임을 보여주는 강력한 증거다. 이 시는 할렐 시편(시 113-118편) 중 세 번째다.

2. 구조

1) 1-3절: 전능하신 야웨를 향한 탄원
2) 4-8절: 이방 신들의 무능
3) 9-11절: 야웨에 대한 신뢰 촉구
4) 12-15절: 야웨의 축복 기원
5) 16-18절: 야웨에 대한 찬양 맹세

3. 내용

1) 전능하신 야웨를 향한 탄원(1-3절)

1 여호와여,

영광을 우리에게 돌리지 마옵소서.

우리에게 돌리지 마옵소서.

오직 주는 인자하시고 진실하시므로

주의 이름에만 영광을 돌리소서.

2 어찌하여 뭇 나라가

"그들의 하나님이 이제 어디 있느냐?"

말하게 하리이까?

3 오직 우리 하나님은 하늘에 계셔서

원하시는 모든 것을 행하셨나이다.

1-3절은 전능하신 야웨를 향해 탄원하는 내용이다. 1절에서 시인은 "영광"(כָּבוֹד, 카보드)을 신앙 공동체가 아닌 하나님의 "이름"에 돌려야 한다고 말한다. 야웨에게만 모든 영광이 주어져야 한다는 것이다. 하나님은 "인자"(חֶסֶד, 헤세드)하시고 "진실"(אֶמֶת, 에메트)하시기 때문이다. 인자와 진실은 가장 기본적이고 중요한 하나님의 속성이다.

> 여호와께서 그의 앞으로 지나시며 선포하시되 "여호와라, 여호와라, 자비롭고 은혜롭고 노하기를 더디하고 **인자**(חֶסֶד, 헤세드)와 **진실**(אֶמֶת, 에메트)이 많은 하나님이라"(출 34:6).

2절에서 시인은 이방 나라들의 조롱("그들의 하나님이 이제 어디 있느냐?")을 인용하며 하나님께 탄원한다. 이는 보통 전쟁에서 승리한 자가 떠벌리는 조롱이다.

> 나의 대적이 이것을 보고 부끄러워하리니
>
> 그는 전에 내게 말하기를
>
> **"네 하나님 여호와가 어디 있느냐?"** 하던 자라.

그가 거리의 진흙같이 밟히리니

그것을 내가 보리로다(미 7:10).

여호와를 섬기는 제사장들은 낭실과 제단 사이에서 울며 이르기를

"여호와여,

주의 백성을 불쌍히 여기소서.

주의 기업을 욕되게 하여

나라들로 그들을 관할하지 못하게 하옵소서.

어찌하여 이방인으로 '**그들의 하나님이 어디 있느냐?**' 말하게 하겠나

이까?" 할지어다(욜 2:17).

이 시는 전쟁에서 패한 이스라엘의 상황을 배경으로 한 것으로 보인다.

3절에서 시인은 이런 조롱에 맞서 "우리 하나님은 하늘에 계신다"라고 답한다. 이 표현은 포로기 이후 하나님의 주권, 보편성, 배타성을 말할 때 주로 사용되는 전형적인 문구다. "하늘의 하나님"은 그 어떤 것으로도 모사(摹寫) 또는 모방(模倣)할 수 없다. 하나님의 주권은 하늘에만 국한되지 않고 보편적으로 적용되며, 하나님은 "원하시는 모든 것을 행하신다."

2) 이방 신들의 무능(4-8절)

4 그들의 우상들은 은과 금이요

사람이 손으로 만든 것이라.

5 입이 있어도 말하지 못하며

눈이 있어도 보지 못하며

6 귀가 있어도 듣지 못하며

코가 있어도 냄새 맡지 못하며

7 손이 있어도 만지지 못하며

발이 있어도 걷지 못하며

목구멍이 있어도 작은 소리조차 내지 못하느니라.

8 우상들을 만드는 자들과

그것을 의지하는 자들이 다 그와 같으리로다.

4-8절은 이방 신들의 무능(無能)을 묘사한다. 이 단락은 "그들의 하나님은 이제 어디 있느냐?"라는 이방인들의 조롱(2절)에 대해 "너희의 신들은 우상에 지나지 않는다"라는 이스라엘의 비아냥 섞인 대응을 보여준다. 우상들은 전능하신 야웨(3절)와는 대조적으로 사람들에 의해 만들어진 제품에 불과하다(4절). 값비싼 은과 금으로 제조되더라도 인간이 만든 금속품에 지나지 않는다는 것이다.

우상들의 입과 눈(5절), 귀와 코(6절), 손과 발 및 목구멍은 아무런 기능을 발휘하지 못한다(7절). 8절은 이 단락에서 우리의 시선을 사로잡는 결론을 제시한다. 즉 우상을 만들고 의지하는 자는 결국 우상과 같이 "생명이 없고"(lifeless), "무가치한"(worthless) 존재로 전락하게 된다.

그것(우상)을 만든 자와 그것을 의지하는 자가

다 그것과 같으리로다(시 135:18).

3) 야웨에 대한 신뢰 촉구(9-11절)

9 이스라엘아,

여호와를 의지하라.

그는 너희의 도움이시오

너희의 방패시로다.

10 아론의 집이여,

여호와를 의지하라.

그는 너희의 도움이시오

너희의 방패시로다.

11 여호와를 경외하는 자들아,

너희는 여호와를 의지하여라.

그는 너희의 도움이시오

너희의 방패시로다.

9-11절은 야웨를 신뢰하라고 촉구하는 내용이다. 9절에서 시인은 "이스라엘" 곧 언약 백성 전체를 향해 말한다. 또한 그는 10절에서 제사장과 레위인 모두를 포함한 "아론의 집"을 대상으로 촉구한다. 이어 11절에서는 "여호와를 경외하는 자들" 곧 이방인 출신 개종자들을 상대로 이야기한다.

또 여호와와 연합하여 그를 섬기며

여호와의 이름을 사랑하며 그의 종이 되며

안식일을 지켜 더럽히지 아니하며

나의 언약을 굳게 지키는 이방인마다(사 56:6).

그들이 대답하되 "백부장 고넬료는 의인이요 **하나님을 경외하는 사람**이라. 유대 온 족속이 칭찬하더니 그가 거룩한 천사의 지시를 받아 당신을 그 집으로 청하여 말을 들으려 하느니라" 한대(행 10:22; 참조. 행 13:16, 26).

이들은 우상과 결별하고 야웨를 살아 있는 유일하신 참 하나님으로 믿고 경외하는 자들이다. 시인은 각 절마다 후렴구로 "그는 너희의 도움이시요 너희의 방패시로다"라고 반복하여 말한다. 여기에 등장하는 "도움"(עֵזֶר, 에제르)은 "공격적인 구원"(offensive deliverance, 시 46:1)을, "방패"(מָגֵן, 마겐)는 "방어적인 구원"(defensive deliverance, 시 91:4)을 뜻한다.

하나님은 우리의 피난처시요 힘이시니
환난 중에 만날 큰 **도움**(עֵזֶר, 에제르)이시라(시 46:1).

그가 너를 그의 깃으로 덮으시리니
네가 그의 날개 아래에 피하리로다.
그의 진실함은 **방패**(צִנָּה, 치나)와 **손 방패**(סֹחֵרָה, 소헤라)가 되시나니(시 91:4).

4) 야웨의 축복 기원(12-15절)

12 여호와께서 우리를 생각하사 복을 주시되

이스라엘 집에도 복을 주시고

아론의 집에도 복을 주시며

13 높은 사람이나

낮은 사람을 막론하고

여호와를 경외하는 자들에게 복을 주시리로다.

14 여호와께서 너희를

곧 너희와 너희의 자손을 더욱 번창하게 하시기를 원하노라.

15 너희는 천지를 지으신 여호와께 복을 받는 자로다.

12-15절은 야웨의 축복을 기원하는 내용이다. 시인은 12절에서 하나님께 언약 백성을 "기억하시고"(זָכַר, 자카르) "이스라엘"과 "아론의 집"에 복을 달라고 기원한다.

13절에서는 이방인 개종자들인 "여호와를 경외하는 자들"에게 복 주시기를 기원한다. "높은 사람"과 "낮은 사람"은 총칭 용법(merism)으로서 모든 계층의 사람을 가리킨다.

> 그것을 옮겨 간 후에 여호와의 손이 심히 큰 환난을 그 성읍에 더하사 성읍 사람들의 **작은 자와 큰 자**를 다 쳐서 독한 종기가 나게 하신지라(삼상 5:9).

하나님은 어떤 차별도 하시지 않고 자신을 의지하는 사람들을 모두 선대하신다. 여기서 "복 주다"(בָּרַךְ, 바라크)는 하나님을 신뢰하는 백성을 인정하고 그들과 관계를 맺으시는 것을 말한다.

14절은 하나님의 복 주심을 "시간적 차원"에서 진술한다. 시인은 자손들까지 계속 번창하기를 기원한다. 그리고 15절은 하나님의 복 주심을 "공간적 차원"에서 묘사한다. 그는 하늘과 땅을 지으신 하나님이 "너희와 너희의 자손"을 모두 복 받는 자로 만들어주시기를 바란다. "하나님이 하늘과 땅을 지으셨다"는 말은 이 세상에 하나님이 만드시지 않은 것이 하나도 없다는 뜻이다. 15절은 8절과 대조되는 본문이다. 사람은 우상을 만들었지만(8절), 야웨는 하늘과 땅을 만드셨다(15절). 하나님의 손을 거치지 않은 모든 것은 헛된 존재에 불과하다.

5) 야웨에 대한 찬양 맹세(16-18절)

> 16 하늘은 여호와의 하늘이라도
> 땅은 사람에게 주셨도다.
> 17 죽은 자들은 여호와를 찬양하지 못하나니
> 적막한 데로 내려가는 자들은 아무도 찬양하지 못하리로다.
> 18 우리는 이제부터 영원까지
> 여호와를 송축하리로다.
> 할렐루야.

16-18절은 야웨에 대해 찬양을 맹세하는 내용이다. 16절에 따르면 하늘은 "여호와의 하늘"이고, 땅은 하나님이 사람에게 위임하신 것이다. 하늘은 물론이고 땅도 야웨의 소유지이자 통치 영역이다. 야웨는 이 땅의 대리 통치를 사람에게 맡기셨다.

28 하나님이 그들에게 복을 주시며 하나님이 그들에게 이르시되 "생육하고 번성하여 땅에 충만하라, 땅을 정복하라, 바다의 물고기와 하늘의 새와 땅에 움직이는 모든 생물을 다스리라" 하시니라(창 1:28; 참조. 시 8:6-7).

여기서 "사람"(בְּנֵי־אָדָם, 베네-아담)은 이스라엘과 이방 민족 전체를 가리킨다.

17절은 죽음에 대한 구약성경의 이해를 반영하고 있다. 여기에 나온 "적막한 데"는 죽은 자가 내려가는 "스올"을 말한다.

> 여호와께서 내게 도움이 되지 아니하셨더면
> **내 영혼이 벌써 침묵 속에 잠겼으리로다**(시 94:17).

죽은 사람이 가는 스올에서는 그 누구도 찬양하지 못하고 침묵 속에 잠겨버린다.

> 사망 중에서는 주를 기억하는 일이 없사오니
> **스올에서 주께 감사할 자 누구리이까?**(시 6:5; 참조. 시 30:9; 88:10-11; 사 38:18-19)

18절은 "그러나 우리는"(וַאֲנַחְנוּ, 바아나흐누)이라는 표현을 통해 찬양을 할 수 없는 죽은 자들과 영원히 찬양하는 자신들을 극명하게 대조한다. 살아 있는 사람은 땅을 돌보고(16절) 하나님을 찬양하는(17절) 두 가지 특권을 누린다.

4. 메시지

시인은 "사람이 손으로 만든 우상"과 "천지를 만드신 여호와"를 대조한다. 우상들은 "무능"(Ohnmacht)하지만(4-7절), 야웨 하나님은 "전능"(Allmacht)하시다(3, 15절). 우상들은 말하지 못하고 보지도 못하며(5절), 듣지 못하고 냄새도 맡지 못한다(6절). 또한 만지지도 걷지도 못하며 작은 소리조차 내지 못한다(7절). 그러나 야웨 하나님은 "도움"이자 "방패"로서(9-11절) "복"(12-13절)과 "자손의 번성"을 주시며(14절) "천지를 창조하신 분"이다(15절). 우상들을 만들고 의지하는 자들은 결국 우상과 같이 무익한 존재가 된다(8절).

오늘날 사회는 물론이고 교회 안에도 "사람이 손으로 만든 우상들"이 가득하다. 그런 우상들이 하나님의 자리를 버젓이 꿰차고 있다. 가장 비싼 아파트, 최고급 차, 유행하는 액세서리, 최고 학력과 권력, 고소득 직업 등 최고만을 지향하는 탐심이 현대판 우상을 만든다. 예배를 드리는 순간에도 이런 "최고"의 우상들이 마음의 중심에 좌정한 채 생각을 주도하고 있다. 어느 순간 하나님마저도 이런 것들을 성취하기 위한 수단이 되어버린 것이다.

그러나 인간이 만든 우상에 충성을 바치는 삶과는 대조적으로 오직 하나님 한 분께만 충성을 바치는 삶이 존재한다. 그분의 백성은 야웨 하나님이 잠시 위탁하신 땅을 돌보며 땀 흘려 노동하고, 그분만 의지한 채 그분을 영원히 찬양하며 산다. 우리 앞에 비가시적(非可視的) 전능함과 가시적(可視的) 무능함이 함께 놓여 있다. 신앙은 가시적이지만 무능한 우상의 유혹에서 벗어나, 비가시적이지만 실제로는 전능하신 하나님의 품을 지향하며 나아가는 과정이다.

116편

몸이 하나님을 기억하면:
"내 영혼아, 네 평안함으로 돌아갈지어다"

1. 양식

시편 116편은 "개인 감사시"(a psalm of individual thanksgiving)로 분류된다. 이 시는 기도의 응답으로 구원받은 자가 예루살렘 성전에서 감사제를 드리며 부르는 노래다. 이 시는 할렐 시편(시 113-118편) 중 네 번째며, 매년 유월절에 각 참석자에게 베푸신 하나님의 선하심과 구원하심을 개인적으로 이야기하는 형식으로 낭송되었다. 이후 기독교에서도 이 시는 그리스도 승천일(Holy Thursday)에 진행된 성찬식 행사에서 낭송되었다.

2. 구조

1) 1-2절: 도입
2) 3-6절: 과거에 경험한 구원을 진술
3) 7-9절: 현재 상황
4) 10-11절: 과거의 신뢰 고백
5) 12-14절: 자기 성찰과 감사제
6) 15-16절: 현재의 신뢰 고백
7) 17-19절: 감사 제사

3. 내용

1) 도입(1-2절)

> 1 여호와께서
> 내 음성과 내 간구를 들으시므로
> 내가 그를 사랑하는도다.
> 2 그의 귀를 내게 기울이셨으므로
> 내가 평생에 기도하리로다.

1-2절은 감사시를 이끄는 도입부다. 이 단락은 신실한 신적 보호자와 충성된 피보호자 간의 관계를 진술한다. 이 도입부에서 시인은 감사의 의도를 설명한다. 시인은 하나님께서 자신의 기도에 응답해주신 것에 대해 감사의 노래와 사랑의 고백으로 반응한다(1절). 2절은 "왜냐하면"(כִּי, 키, 개역개정에는 생략됨)으로 시작한다. 시인은 하나님이 자신에게 귀를 기울이셨기 때문에 그런 하나님께 평생 기도하겠다고 고백한다.

2) 과거에 경험한 구원을 진술(3-6절)

> 3 사망의 줄이 나를 두르고
> 스올의 고통이 내게 이르므로
> 내가 환난과 슬픔을 만났을 때에
> 4 내가 여호와의 이름으로 기도하기를

"여호와여, 주께 구하오니

내 영혼을 건지소서" 하였도다.

5 여호와는 은혜로우시며 의로우시며

우리 하나님은 긍휼이 많으시도다.

6 여호와께서는 순진한 자를 지키시나니

내가 어려울 때에

나를 구원하셨도다.

3-6절은 시인이 과거에 경험한 구원에 관한 내용이다. 시인은 고통받았던 시절로 되돌아간다. 3절의 "사망의 줄이 나를 두르고"는 그가 죽음의 올무에 걸려 빠져나올 수 없던 상황을 묘사하는 표현이다. "스올의 고통"은 곧 죽을 것 같은 공포를 말한다.

사망의 줄이 나를 얽고

불의의 창수가 나를 두렵게 하였으며(시 18:4; 참조. 삼하 22:5-6).

그는 지난날 매우 심각한 환난과 슬픔을 만났다. 이런 상황에서도 시인은 소망의 끈을 놓지 않았으며(4절), 인간적 자원이나 다른 사람의 힘에 의존하지 않고, 자신의 문제를 오직 하나님의 손에 올려놓고 그분께 간구했다.

5절에 언급된 "은혜"(חַנּוּן, 하눈), "의로움"(צַדִּיק, 차디크), "긍휼"(מְרַחֵם, 메라헴)이라는 하나님의 속성 세 가지는 소위 "은혜 공식"(the grace formula)으로 알려진 출애굽기 34:6에 언급되었다.

여호와께서 그의 앞으로 지나시며 선포하시되 "여호와라, 여호와라, **자비롭고**(רַחוּם, 라훔) **은혜롭고**(חַנּוּן, 하눈) 노하기를 더디하고 인자와 잔실이 많은 하나님이라"(출 34:6).

시인은 모세에게 응답하신 하나님을 자신의 기억에서 소환해낸다. 출애굽의 하나님은 시인의 하나님이기도 하다.

야웨는 경험이 부족한 "순진한 자들"을 지키신다(6a절). "순진한 자들"(פְּתָאיִם, 페타임)은 지혜 문학의 전형적인 용어로서 경험이 "부족한 사람", "어리석은 사람"을 지칭하는 말이다.

> 여호와의 율법은 완전하여
> 영혼을 소성시키며
> 여호와의 증거는 확실하여
> **우둔한 자**(페티)를 지혜롭게 하며(시 19:7).

> 주의 말씀을 열면 빛이 비치어
> **우둔한 사람들**(פְּתָאיִם, 페타임)을 깨닫게 하나이다(시 119:130).

6b절의 "내가 어려울 때 나를 구원하셨도다"에서 "어려울 때"(דָּלוֹתִי, 달로티)는 "가난하게 되다", "가련하게 되다"라는 의미다.

> 우리 조상들의 죄악을 기억하지 마시고
> 주의 긍휼로 우리를 속히 영접하소서.

우리가 매우 **가련하게 되었나이다**(דלל, 달랄)(시 79:8).

즉 시인이 가장 어리석고 가련한 상태에 이르렀을 때 하나님이 그를 극적으로 살려주셨다.

3) 현재 상황(7-9절)

> **7** 내 영혼아,
> 네 평안함으로 돌아갈지어다.
> 여호와께서 너를 후대하심이로다.
> **8** 주께서 내 영혼을 사망에서,
> 내 눈을 눈물에서,
> 내 발을 넘어짐에서 건지셨나이다.
> **9** 내가 생명이 있는 땅에서
> 여호와 앞에 행하리로다.

7-9절은 시인의 현재 상황을 묘사한다. 7a절에서 시인은 독백으로 자신에게 권고한다.

> **내 영혼아, 네가 어찌하여 낙심하며**
> **어찌하여 내 속에서 불안해하는가?**
> 너는 하나님께 소망을 두라.
> 그가 나타나 도우심으로 말미암아

내가 여전히 찬송하리로다(시 42:5).

¹ 내 영혼아, 여호와를 송축하라.

내 속에 있는 것들아,

다 그의 거룩한 이름을 송축하라.

² 내 영혼아, 여호와를 송축하며

그의 모든 은택을 잊지 말지어다(시 103:1-2).

시인은 자신("내 영혼")에게 "평안함"(מְנוּחָה, 메누하)으로 돌아가라고 조언한다. 그는 7b절과 8절을 "왜냐하면"(כִּי, 키, 개역개정에는 생략됨)으로 시작함으로써 자기 권고의 이유를 제시한다. 7b절에 의하면 그렇게 권하는 이유는 하나님이 시인을 후대하셨기(가말) 때문이다.

내가 여호와를 찬송하리니

이는 주께서 내게 **은덕을 베푸심이로다**(가말)(시 13:6).

내 영혼을 옥에서 이끌어내사

주의 이름을 감사하게 하소서.

주께서 나에게 **갚아주시리니**(가말)

의인들이 나를 두르리이다(시 142:7).

또한 하나님이 시인의 영혼을 "사망에서", 그의 눈을 "눈물에서", 그의 발을 "넘어짐에서" 건져주셨기 때문이다(8절). 여기서 "영혼"(נֶפֶשׁ, 네페쉬)

은 생명을 의미하고, "눈"과 "발"은 몸 전체를 가리킨다. 현재 시인은 하나님이 자기 생명과 몸 전체를 건지셨다고 고백한다. 이처럼 하나님이 고난으로부터 시인을 구해주신 결과 그는 평안함으로 돌아갈 수 있게 되었다.

9절은 구원 이후 현재와 미래의 상황을 묘사한다. 여기서는 7절에 언급된 평안함의 상태가 자세히 설명된다. 즉 "평안함에 머무는 삶"은 살아 있는 자의 "땅에서" 곧 "여호와 앞에서"(לִפְנֵי יהוה, 리프네 야웨, *Coram Deo*) 걷는 것이다. 시인은 아브라함처럼 하나님 앞에서 살아갈 것이라고 다짐한다.

> 아브람이 구십구 세 때에 여호와께서 아브람에게 나타나서 그에게 이르시되 "나는 전능한 하나님이라. 너는 **내 앞에서**(לְפָנַי, 레파나이) 행하여 완전하라"(창 17:1).

4) 과거의 신뢰 고백(10-11절)

> ¹⁰ 내가 크게 고통을 당하였다고 말할 때에도
> 나는 믿었도다.
> ¹¹ 내가 놀라서 이르기를
> "모든 사람이 거짓말쟁이라" 하였도다.

10-11절은 과거에 시인이 극심한 곤경에 처했을 때 한 신뢰 고백이다. 10절에 따르면 시인은 모든 사람으로부터 버림을 받아 가슴이 멍들고

병들어 큰 고통에 처했을 때도 하나님에 대한 믿음을 놓치지 않았다. "나는 믿었다"라는 표현은 그의 믿음을 강조한다. 시인은 이 순간에도 하나님에 대한 신뢰를 버리지 않았다.

> 내가 놀라서 말하기를
> "주의 목전에서 끊어졌다" 하였사오나
> **내가 주께 부르짖을 때에**
> 주께서 나의 간구하는 소리를 들으셨나이다(시 31:22).

시인은 모든 사람에게 비방을 당해 곁에 신뢰할 만한 사람이 단 한 명도 없는 외롭고 처절한 고통을 경험했다(11절). 시인 주변의 모든 사람이 거짓말쟁이였다.

> 아, 슬프도다.
> 사람은 입김이며
> **인생도 속임수이니**
> 저울에 달면
> 그들은 입김보다 가벼우리로다(시 62:9).

여기서 "놀라서"(חפז, 하파즈)는 지독한 절망에서부터 완전한 공황의 수준을 아우르는 정신 상태를 가리킨다. 시인은 누구를 믿어야 할지 모르는 절체절명의 순간에도 하나님에 대한 믿음을 놓치지 않았다. 늘 그러했듯이 시인의 몸은 하나님을 기억하고 있었던 것이다.

5) 자기 성찰과 감사제(12-14절)

> 12 내게 주신 모든 은혜를
>
> 내가 여호와께 무엇으로 보답할까?
>
> 13 내가 구원의 잔을 들고
>
> 여호와의 이름을 부르며
>
> 14 여호와의 모든 백성 앞에서
>
> 나는 나의 서원을 여호와께 갚으리로다.

12-14절은 자기 성찰과 감사제에 대해 진술하고 있다. 시인은 하나님을 향한 사랑과 믿음을 고백한 다음 이제 어떻게 그분께 감사를 표현하고 보답해야 할지를 본격적으로 성찰한다. 그는 하나님이 베푸신 은혜에 무엇으로 보답해야 하는지 자문한다(12절).

이런 자문에 대한 대답이 13-14절에 나온다. 즉 야웨에게 보답하는 길은 "구원의 잔을 높이 들고 여호와의 이름을 부르며"(13절), "모든 백성 앞에서 자신의 서원을 여호와께 갚는 것"(14절)이다. 시편에서 "잔 모티프"는 긍정적인 의미를 갖는다.

> 여호와는 나의 산업과 **나의 잔**의 소득이시니
>
> 나의 분깃을 지키시나이다(시 16:5).
>
> 주께서 내 원수의 목전에서
>
> 내게 상을 차려 주시고
>
> 기름을 내 머리에 부으셨으니

내 잔이 넘치나이다(시 23:5).

"구원의 잔"은 죽음으로부터의 구원과 생명의 지속성을 상징한다. 시인
은 공개적으로 하나님의 이름을 부름으로써 이런 축복과 생명의 충만함
이 그분의 임재로 인한 결과임을 인정하고 가시화한다. 또한 모든 백성
앞에서 자신의 서원을 갚음으로써 다른 사람들도 하나님을 알고 그분의
가치를 깨닫기를 진심으로 원한다.

6) 현재의 신뢰 고백(15-16절)

> 15 그의 경건한 자들의 죽음은
> 여호와께서 보시기에 귀중한 것이로다.
> 16 여호와여,
> 나는 진실로 주의 종이요,
> 주의 여종의 아들
> 곧 주의 종이라. 주께서 나의 결박을 푸셨나이다.

15-16절은 현재 시인이 구원을 경험한 후에 한 신뢰의 고백이다. 15절
의 해석에 관해 논란이 있다. 이 구절은 하나님이 경건한 자들의 순교를
"귀하게"(יָקָר, 야카르) 여기신다고 해석될 수도 있다. 동시에 하나님이 경
건한 자들의 죽음을 안타깝고 "무겁게"(יָקָר, 야카르, "귀중한 것으로") 여기
심을 암시할 수도 있다.

그들의 생명을 압박과 강포에서 구원하리니

그들의 피가 그의 눈앞에서 **존귀히 여김을**(יָקָר, 야카르) 받으리로다(시 72:14).

즉 시인은 경건한 자들의 생명이 너무 귀중해서 결코 그들을 포기할 수 없는 하나님의 사랑과 신실하심을 고백한다.

16절에서 시인은 자신이 "하나님의 종"이라는 사실을 두 번이나 언급한다. 이는 하나님에 대한 시인의 절대 의존과 순종을 강조한다. 특히 "주의 여종의 아들"이라는 표현은 "주인의 집에서 태어난 종"(a house-born servant)임을 강조하는 것이다.

내게로 돌이키사

내게 은혜를 베푸소서.

주의 종에게 힘을 주시고

주의 여종의 아들을 구원하소서(시 86:16).

"여종의 아들"이란 주인의 집에서 태어났기 때문에 풀려날 수 없는 노예를 가리킨다.

만일 상전이 그에게 아내를 주어 그의 아내가 아들이나 딸을 낳았으면 그의 아내와 그의 자식들은 상전에게 속할 것이요. 그는 단신으로 나갈 것이로되(출 21:4).

이는 주인과 종이 한 가정에서 영원히 머물며 서로 떨어질 수 없는 밀접한 관계라는 사실을 드러낸다. 시인은 자신이 이와 같은 하나님의 소유임을 강조한다. 종은 주인에게 절대적으로 충성하고 주인은 종을 철저히 보호한다. 시인은 하나님이 그분의 종인 자신의 결박을 풀어주셨다고 고백한다.

7) 감사 제사(17-19절)

> **17** 내가 주께 감사제를 드리고
> 여호와의 이름을 부르리이다.
> **18** 내가 여호와께 서원한 것을
> 그의 모든 백성이 보는 앞에서 내가 지키리로다.
> **19** 예루살렘아,
> 네 한가운데에서
> 곧 여호와의 성전 뜰에서 지키리로다.
> 할렐루야.

17-19절은 감사 제사를 자세히 묘사한다. 17-18절은 13-14절과 유사한 구조를 보여준다. 13절의 "내가 구원의 잔을 들고"라는 표현은 17절에서 "내가 주께 감사제를 드리고"라는 말로 대체되었다.

개역개정을 보면 18절은 14절과 다르게 번역되었지만, 히브리어 본문에는 이 두 절이 완전히 똑같다. 시인은 감사제를 드림으로써 하나님의 구원을 다시금 공개적으로 알린다.

19절은 감사제를 드리는 장소를 언급한다. "예루살렘 한가운데", "여호와의 성전 뜰"은 모두 예루살렘의 성전을 가리킨다. 감사제는 성전의 안뜰에서 거행되곤 했다.

여호와의 이름에 합당한 영광을 그에게 돌릴지어다.
예물을 들고 그의 궁정에 들어갈지어다(시 96:8).

감사함으로 그의 문에 들어가며
찬송함으로 그의 궁정에 들어가서
그에게 감사하며
그의 이름을 송축할지어다(시 100:4).

이곳은 하나님의 성(城)의 중심으로서 지존자가 거하시는 성소다.

한 시내가 있어 나뉘어 흘러
하나님의 성 곧 **지존하신 이의 성소**를 기쁘게 하도다(시 46:4).

4. 메시지

하나님은 우리를 압제에서 자유로, 슬픔에서 기쁨으로, 통곡에서 축제로, 어두움에서 위대한 빛으로, 노예에서 구속으로 인도하시는 분이다. 시인은 이런 하나님의 은혜에 무엇으로 보답할 수 있는지 묻는다. 사실 사람은 하나님의 선하심에 대해 충분히 보답할 수 없다. 창조주, 통치자,

심판주가 되시는 하나님께 그 어떤 제물이 충분하겠는가?

> **12** 내가 가령 주려도 네게 이르지 아니할 것은
> 세계와 거기에 충만한 것이 내 것임이로다.
> **13 내가 수소의 고기를 먹으며**
> **염소의 피를 마시겠느냐?**(시 50:12-13)

하나님은 시선을 맞추고 그분을 찬양하는 것을 자신에 대한 감사의 표현으로 인정하신다. 하나님을 일상의 삶 속에서 찬양하는 행위는 하나님의 은혜로우심과 의로우심 및 궁휼하심을 온몸에 새기는 것이다. 이런 하나님의 후대하심이 온몸에 각인되면 최악의 상황에서도 몸이 하나님을 기억하고 꼭 붙잡게 된다. 그쯤 되면 내 영혼이 평안함에 머무를 수 있다. 상황이 전혀 달라지지 않아도, 심지어 더 깊은 수렁으로 빠져드는 극한 처지에 놓이더라도, 하나님의 평안함 속에 거할 수 있다. 하나님의 평안은 세상이 마련해줄 수 없는 안식처와 같다.

> 평안을 너희에게 끼치노니 곧 **나의 평안을 너희에게 주노라.** 내가 너희에게 주는 것은 세상이 주는 것과 같지 아니하니라. 너희는 마음에 근심하지도 말고 두려워하지도 말라(요 14:27).

> 이것을 너희에게 이르는 것은 **너희로 내 안에서 평안을 누리게 하려 함이라.** 세상에서는 너희가 환난을 당하나 담대하라. 내가 세상을 이기었노라(요 16:33).

117편

우리만의 찬양은 미완성:

"너희 모든 나라들아, 여호와를 찬양하며"

1. 양식

시편 117편은 "찬양시"(a psalm of praise)로 분류된다. 이 시는 "할렐 시편"(시 113-118편)의 다섯 번째 노래다. 이 시편들은 "할렐루야"가 자주 반복된다고 하여 "할렐 시편"이라고 불린다. 또한 이집트로부터의 해방을 언급하고 있는 시편 114편에 근거하여 "이집트 할렐 시편"이라고도 한다. 시편 117편은 가장 짧은 시편으로서 찬양시의 교과서적인 본보기로 꼽힌다. 왜냐하면 이 시 안에 찬양시의 구성 요소인 찬양 촉구(1절)와 찬양 이유(2절)가 군더더기 없이 간결하게 표현되기 때문이다.

2. 구조

　　1) 1절: 찬양 촉구
　　2) 2절: 찬양 이유

3. 내용

1) 찬양 촉구(1절)

　　1 너희 모든 나라들아,
　　여호와를 찬양하며
　　너희 모든 백성들아,
　　그를 찬송할지어다.

1절은 열방을 향해 찬양을 촉구하는 내용이다. 이 구절은 "찬송할지 어다"(הַלְלוּ, 할렐루)라는 말로 시작된다. "모든 나라들"(כָּל־גּוֹיִם, 콜-고임)과 "모든 백성들"(כָּל־הָאֻמִּים, 콜-하우밈)은 세상에 있는 "모든 민족들"을 뜻한다. 시인은 모든 열방과 민족들에게 야웨를 찬양하라고 요청한다. 로마서 15:11도 같은 의미로 이 구절을 인용한다.

> 또 "**모든 열방들아**, 주를 찬양하며
>
> **모든 백성들아**, 그를 찬송하라" 하였으며(롬 15:11).

하나님은 이스라엘이 홀로 독점할 수 있는 분이 아니다. 그렇게 하기에는 너무나도 크고 위대한 창조주시다. 세상을 창조하신 하나님은 모든 민족이 하나님을 알고 예배하기를 원하신다. 하나님이 창조하신 모든 인간이 참여하여 기쁨을 나누기 전까지, 일부 찬양은 본래의 모습을 완전히 실현할 수 없다. 지구상의 모든 민족이 찬양으로 화답하는 날이 와야 비로소 야웨께서 유일하신 하나님으로 인정받게 된다.

2) 찬양 이유(2절)

> **2** 우리에게 향하신 여호와의 인자하심이
>
> 크시고 여호와의 진실하심이 영원함이로다.
>
> 할렐루야.

2절은 찬양의 이유를 제시한다. 이 구절은 접속사 "키"(כִּי, 왜냐하면: 개역개정에는 생략됨)로 시작한다. 키(בי)는 "찬송의 이유 및 내용"을 이끈다. 이 구절은 찬양의 이유도 되고 내용도 된다. 우리는 전자의 의미로 이 구절을 보려고 한다. 이 "우리"는 이스라엘을 포함한 모든 이방인을 가리킨다. "할렐루야"는 대체적으로 하나님의 백성에게 주어지는 권면이지만, 여기서는 온 열방도 함께 찬양에 동참하라고 요청하는 표현으로 쓰인다.

온 열방도 "여호와의 인자하심과 진실하심"을 찬양한다. 하나님의 "인자하심"(חֶסֶד, 헤세드: steadfast love, unmotivated love)과 "진실하심"(אֱמֶת, 에메트: faithfulness)은 구약에서 짝을 이루어 나타나는 친근한 단어다.

> 여호와여,
> 영광을 우리에게 돌리지 마옵소서.
> 우리에게 돌리지 마옵소서.
> 오직 주는 **인자**(חֶסֶד, 헤세드)하시고 **진실**(אֱמֶת, 에메트)하시므로
> 주의 이름에만 영광을(시 115:1).

이 단어들은 출애굽기 34:6에 언급된, 모세에게 보여주신 하나님의 자기 계시를 가리키고 있다. 하나님의 이 두 가지 성품은 특성상 일회적이지 않고 본질적이며 지속적이다. 다시 말해 하나님의 인자하심과 진실하심은 한 번으로 끝나는 것이 아니라 지속되고 변함이 없으며 영원하다는 것이다. 야웨는 불안정한 세계에서 확실한 대리인(a positive agent)으로, 변덕스럽고 덧없는 세상에서 신뢰할 만한 파트너로 찬양받는다. 이 시는 1절의 첫 번째 단어인 "찬송할지어다"(הַלְלוּ, 할렐루)로 시작하여

마지막에 "할렐루야"를 다시 반복하면서 종결된다.

4. 메시지

이 시는 두 가지 특징을 갖고 있다. 첫째, 이 시는 히브리어 총 2절에 17단어로 구성된 가장 짧은 시편이다. 둘째, 시의 길이는 가장 짧지만 내용이 포괄하는 범위는 가장 넓다. 이스라엘뿐만 아니라 모든 나라와 백성이 하나님을 찬양하는 일에 초대되고 있기 때문이다. 하나님 앞에서는 국가와 민족의 장벽이 완전히 사라진다. 모두가 하나님 나라의 백성이다. 따라서 이스라엘은 구약 계시의 최종적인 목표가 아니라 하나님의 영광을 드러내기 위해 선택된 도구일 뿐이다.

> 내게 이르시되
> "너는 나의 종이요
> **내 영광을 네 속에 나타낼 이스라엘**이라" 하셨느니라(사 49:3).

이스라엘이 하나님의 "인자하심"과 "신실하심"을 먼저 경험한 것은 다른 열방들을 하나님의 영광의 기이함으로 이끌기 위함이다.

> 1 여호와께서 아브람에게 이르시되 "너는 너의 고향과 친척과 아버지의 집을 떠나 내가 네게 보여 줄 땅으로 가라. 2 내가 너로 큰 민족을 이루고 네게 복을 주어 네 이름을 창대하게 하리니 너는 복이 될지라. 3 너를 축복하는 자에게는 내가 복을 내리고 너를 저주하는 자에게는 내가 저주하리니

땅의 모든 족속이 너로 말미암아 복을 얻을 것이라" 하신지라(창 12:1-3).

하나님의 궁극적인 목적은 모든 열방과 민족이 "함께" 하나님을 찬양하는 것이다.

또 **"모든 열방들아**, 주를 찬양하며

모든 백성들아, 그를 찬송하라" 하였으며(롬 15:11).

이 점은 요한계시록의 환상에서도 메아리친다.

9 그들이 새 노래를 불러 이르되

"두루마리를 가지시고 그 인봉을 떼기에 합당하시도다.

일찍이 죽임을 당하사

각 족속과 방언과 백성과 나라 가운데에서

사람들을 피로 사서 하나님께 드리시고

10 그들로 우리 하나님 앞에서 나라와 제사장들을 삼으셨으니

그들이 땅에서 왕 노릇 하리로다" 하더라(계 5:9-10).

9 이 일 후에 내가 보니 **각 나라와 족속과 백성과 방언**에서 아무도 능히 셀수 없는 **큰 무리**가 나와 흰옷을 입고 손에 종려 가지를 들고 보좌 앞과 어린 양 앞에 서서 10 큰 소리로 외쳐 이르되

"구원하심이 보좌에 앉으신

우리 하나님과 어린 양에게 있도다" 하니(계 7:9-10).

우리 그리스도인들은 모든 사람이 함께 찬양하지 않는 한 하나님께 드리는 찬양이 완성되지 않는다는 사실을 기억해야 한다. 시편 117편은 고대 이스라엘의 신앙인들이 예배 상황에서 후렴구로 사용했던 시로 간주되기도 한다. 예배 때마다 이 시를 함께 찬양하고 고백하며 모든 열방이 함께 하나님을 찬양하는 시인의 환상을 공유하며 함께 꿈꾸었다는 것이다.

예배는 하나님의 꿈을 가슴에 새긴 채 그 꿈을 찬양하고 고백하며 하나님의 꿈을 가슴에 가득 채우는 시간이다. 또한 예배는 동일한 꿈을 나누어 가진 신앙의 동지들이 함께 손잡고 서로를 격려하며 일상으로의 출전을 축복하는 시간이다. 이를 통해 열방과 함께 찬양하는 것이 우리 모두의 소망이 된다. 찬양은 "나만의 독창"도 아니고 "우리만의 중창"도 아닌 온 인류가 함께 어우러져 아름다운 하모니를 이루는 "만민의 합창"이 될 때 비로소 완성된다. 따라서 모든 민족이 하나님을 찬양하지 않는 한 우리만의 찬양은 미완성일 수밖에 없다.

새로운 깨달음으로 이끄는 고난:

"건축자의 버린 돌이 머릿돌이 되었나니"

1. 양식

시편 118편은 "감사시"(a psalm of thanksgiving)로 분류된다. 이 시는 "할렐 시편"(시 113-118편)의 마지막 시편으로서, 큰 위기에서 하나님의 구원을 경험한 사람이 드리는 감사의 노래다. 이 시는 예루살렘 성전으로 들어가는 입장식의 예배 행렬 중에 사용되었을 가능성이 크다(시 15, 24편). 또한 이 시는 유대교와 기독교에서 가장 유명하고 사랑받는 시편 중 하나다.

2. 구조

1) 1-4절: 감사를 촉구
2) 5-18절: 과거의 고난과 구원
   (1) 5-12절: 외부의 시각
   (2) 13-18절: 내부의 시각
3) 19-28절: 성전에서의 감사제
4) 29절: 감사를 촉구

3. 내용

1) 감사를 촉구(1-4절)

1 여호와께 감사하라.

그는 선하시며

그의 인자하심이 영원함이로다.

2 이제 이스라엘은 말하기를

"그의 인자하심이 영원하다" 할지로다.

3 이제 아론의 집은 말하기를

"그의 인자하심이 영원하다" 할지로다.

4 이제 여호와를 경외하는 자는 말하기를

"그의 인자하심이 영원하다" 할지로다.

1-4절은 감사를 촉구하는 내용이다. 1절은 찬양을 촉구하는 명령과 유사한 형태로 감사를 요청한다. 이 구절은 이 시의 마지막(29절)에서 또한 번 반복된다. "그는 선하시며"(בוֹט, 토브)는 "창조주 하나님"(창 1:31), "시내 산의 하나님"(출 33:19)과 연결된다. "그의 인자하심(דֶסֶח, 헤세드)이 영원함이로다"는 "하나님의 언약적 신실함"(출 34:6-7)과 관련된다. 2-4절에 언급된 "이스라엘"(2절), "아론의 집"(3절), "여호와를 경외하는 자"(4절)는 주로 감사의 촉구 대상으로 등장하는 삼총사로서, 시편 115:9-11과 동일한 의미로 쓰인다.

9 **이스라엘**아, 여호와를 의지하라.

그는 너희의 도움이시오

너희의 방패시로다.

10 **아론의 집**이여, 여호와를 의지하라.

그는 너희의 도움이시오

너희의 방패시로다.

11 여호와를 경외하는 자들아, 너희는 여호와를 의지하여라.

그는 너희의 도움이시오

너희의 방패시로다(시 115:9-11).

즉 4절의 "여호와를 경외하는 자"는 이방인 출신 개종자들을 의미한다 (사 56:6; 행 10:2, 22; 13:16, 26). 이들은 원래 모시던 우상 신들을 버리고 야웨 한 분만 믿고 섬기는 사람들이다. 여기서 제사장 가문인 "아론의 집"(3절)은 "이스라엘"(2절)과 "이방인"(4절)을 연결하는 교량 역할을 한다. 각 그룹은 야웨의 인자하심을 고백하라는 권면을 받는다. 야웨의 변함없는 사랑을 경험한 공동체는 마땅히 찬양과 감사로 반응해야 한다.

2) 과거의 고난과 구원(5-18절)

(1) 외부의 시각(5-12절)

5 내가 고통 중에 여호와께 부르짖었더니

여호와께서 응답하시고

나를 넓은 곳에 세우셨도다.

6 여호와는 내 편이시라.

내가 두려워하지 아니하리니

사람이 내게 어찌할까?

7 여호와께서 내 편이 되사

나를 돕는 자들 중에 계시니

그러므로 나를 미워하는 자들에게 보응하시는 것을 내가 보리로다.

8 여호와께 피하는 것이

사람을 신뢰하는 것보다 나으며

9 여호와께 피하는 것이

고관들을 신뢰하는 것보다 낫도다.

10 뭇 나라가 나를 에워쌌으니

내가 여호와의 이름으로 그들을 끊으리로다.

11 그들이 나를 에워싸고 에워쌌으니

내가 여호와의 이름으로 그들을 끊으리로다.

12 그들이 벌들처럼 나를 에워쌌으나

가시덤불의 불같이 타 없어졌나니

내가 여호와의 이름으로 그들을 끊으리로다.

5-18절은 시인이 야웨의 인자하심을 체험하고 난 다음에 한 간증이다. 이 단락은 두 부분(5-12절과 13-18절)으로 나뉜다. 먼저 5-12절은 과거의 고난과 구원에 관한 내용을 "적들의 억압"이라는 외부의 시각으로 묘사한다. 5절은 포괄적인 고백이다. 여기서 "고통 중에", "부르짖었더니", "응답하시고"라는 표현은 감사시에 등장하는 전형적인 삼중의 구원 보도다. 하나님은 시인을 억압과 고통의 상징인 좁은 모퉁이에서 자유로운 구원이 있는 넓은 곳으로 부르셨다.

6-7절의 고백은 "두려워 말라. 내가 너와 함께 하리라"(사 41:10)는 구원 신탁을 반영한 것이다. 6절의 "여호와는 내 편이시라"는 "여호와는 나를 위하신다"(לֹ יהוה, 야웨 리)라는 의미다. 이는 5절에 반영된 시인의 구

원 경험에서 나온 깨달음이자 고백이다. 7절은 6절의 사상을 더 상세히 다룬다. 시인은 하나님이 자신을 도우시는 분임을 확신하고, 자신의 원수를 그분이 어떻게 처리하실지 눈여겨본다. 사람에 대한 두려움은 하나님의 위대하심을 의식하는 정도에 반비례한다. 다시 말해 하나님이 자신을 돕는 자이심을 확신하면, 사람의 미움과 공격은 큰 문제가 되지 않는다.

> 그런즉 이 일에 대하여 우리가 무슨 말 하리요? **만일 하나님이 우리를 위하시면 누가 우리를 대적하리요?**(롬 8:31)

> 그러므로 우리가 담대히 말하되
> **"주는 나를 돕는 이시니**
> **내가 무서워하지 아니하겠노라.**
> 사람이 내게 어찌하리요?" 하노라(히 13:6).

8-9절에서 "사람"(אָדָם, 아담)과 "고관들"(נְדִיבִים, 네디빔)은 한 쌍을 이루는데, 시인은 이를 통해 신분의 높낮이와 상관없이 인간은 모두 의지할 만한 존재가 아니라는 사실을 다시금 지적한다. 인간 협력자와 조언자에게만 의존하는 것은 야웨에 대한 실제적인 신앙을 활용하지 못하는 불신앙의 태도다(왕하 16:5-7; 사 7:1-13).

　10-12절은 "내가 여호와의 이름으로 그들을 끊으리로다"라는 동일한 후렴구로 끝을 맺기 때문에 하나의 단락으로 묶을 수 있다. 이 문장은 어떤 사건이 끝나지 않고 지속되는 상황을 묘사하는 미완료형 시제를 사용한다. 하지만 5-18절의 전체 내용은 과거의 사건을 다루고 있

으므로 완료형으로 해석하는 것이 더 자연스럽다. 10절의 "뭇 나라"(מלָ לׇֹ, 콜-고임)는 시인의 원수들을 지칭하며 인간적인 힘을 대표한다. 시편에서는 하나님의 통치에 대적하는 사람들이 열방과 동일시되기도 한다.

> **악인들**이 스올로 돌아감이여,
>
> **하나님을 잊어버린 모든 이방 나라들**이 그리하리로다(시 9:17).

따라서 "뭇 나라에 에워싸여 있다"는 표현에 근거하여 그 시인을 굳이 왕으로 제한하여 해석할 필요는 없다.

11절의 "에워싸고 에워쌌으니"라는 표현은 겹겹이 포위되어 자력으로는 도저히 빠져나갈 수 없는 상황을 묘사한다. 12절의 "벌들"은 맹렬히 추적하는 적들을 지칭하는 메타포다.

> 그 산지에 거주하는 아모리 족속이 너희에게 마주 나와 **벌 떼**같이 너희를 쫓아 세일 산에서 쳐서 호르마까지 이른지라(신 1:44).

> 그날에는 여호와께서 애굽 하수에서 먼 곳의 파리와 앗수르 땅의 **벌**을 부르시리니(사 7:18).

"내가 여호와의 이름으로 그들을 끊으리로다"라는 문구는 승리를 뜻한다. "여호와의 이름"(מיהוה שם, 쉠 야웨)은 백성을 구원하기 위해 임재하신 야웨를 의미하기도 하지만, 여기서는 적들을 방어하고 공격하는 무기를 뜻한다.

어떤 사람은 병거,

어떤 사람은 말을 의지하나

우리는 **여호와 우리 하나님의 이름**을 자랑하리로다(시 20:7).

야웨의 이름은 메마른 가시덤불이 순식간에 불타 사라지는 것처럼 신속히 소란을 가라앉히는 강력한 "비밀 병기"다.

(2) 내부의 시각(13-18절)

13 너는 나를 밀쳐 넘어뜨리려 하였으나

여호와께서는 나를 도우셨도다.

14 여호와는 나의 능력과

찬송이시오

또 나의 구원이 되셨도다.

15 의인들의 장막에는 기쁜 소리,

구원의 소리가 있음이여,

여호와의 오른손이 권능을 베푸시며

16 여호와의 오른손이 높이 들렸으며

여호와의 오른손이 권능을 베푸시는도다.

17 내가 죽지 않고 살아서

여호와께서 하시는 일을 선포하리로다.

18 여호와께서 나를 심히 경책하셨어도

죽음에는 넘기지 아니하셨도다.

두 번째 소단락인 13-18절은 과거의 고난과 구원에 관한 동일한 내용을 "야웨의 훈육"이라는 내부적 시각으로 진술한다. 13절에 의하면 시인은 극단적인 위험에 처해 있었다. "밀쳐 넘어뜨리려"에서 "밀쳐"(דחה, 다하)는 단순히 미는 것이 아니라 살기를 품고 죽이려는 치명적인 행위다.

> 악을 행하는 자들이 거기서 넘어졌으니
> **엎드러지고**(דחה, 다하: "떠밀려") 다시 일어날 수 없으리이다(시 36:12).

> 넘어지는 담과 **흔들리는**(דחה, 다하: "떠밀리는") 울타리같이
> 사람을 죽이려고
> 너희가 일제히 공격하기를 언제까지 하려느냐?(시 62:3)

이때 시인은 하나님의 도움으로 간신히 목숨을 부지한다.

14절의 "능력(עז, 오즈)과 찬송(זמרה, 지므라)과 구원(ישועה, 예슈아)"은 홍해를 건넌 후 모세가 부른 출애굽기 15:2의 노래에 나오는 표현과 정확히 일치한다.

> 여호와는 나의 **힘**(עז, 오즈)이요
> **노래**(זמרה, 지므라)시며
> 나의 **구원**(ישועה, 예슈아)이시로다.
> 그는 나의 하나님이시니
> 내가 그를 찬송할 것이요,
> 내 아버지의 하나님이시니

내가 그를 높이리로다(출 15:2).

15-16절의 "여호와의 오른손"이라는 표현도 출애굽을 생각나게 한다.

여호와여,

주의 오른손이 권능으로 영광을 나타내시니이다.

여호와여,

주의 오른손이 원수를 부수시니이다(출 15:6; 참조. 출 15:11-12).

시인은 현재 일어난 구원을 하나님이 이스라엘 백성에게 베푸신 출애굽의 구원과 비교한다. 의인들의 장막은 "여호와의 오른손"의 능력을 경험한 자들이 하나님의 은총에 대해 증언하는 소리로 가득하다(15-16절).

17-18절은 5-18절 전체의 요약이다. 시인은 죽음에서 구원받은 후 새롭게 거듭나서, 앞으로 주어진 인생을 하나님이 행하신 놀라운 일을 선포하는 데 헌신하기로 다짐한다(17절).

18절의 "경책하다"(יסר, 야사르)는 "단련시키다", "훈련시키다"라는 의미를 갖고 있다. 하나님은 당신의 백성을 훈육하신다.

너는 사람이 그 아들을 **징계함**(יסר, 야사르)같이 네 하나님 여호와께서 너를 **징계하시는**(יסר, 야사르) 줄 마음에 생각하고(신 8:5).

여호와여,

주로부터 **징벌을 받으며**(יסר, 야사르)

주의 법으로 교훈하심을 받는 자가 복이 있나니(시 94:12).

그러므로 시인은 죽음의 상황까지 갈 리가 없다. 그는 적들로 인한 "외부적인 고통"(5절)을 하나님의 "내부적인 훈육"으로 받아들인다. 고통을 하나님 중심적(신학적)으로 이해하는 것은 지혜자 집단에서 강하게 나타나는 특징이다.

> 11 내 아들아, **여호와의 징계를** 경히 여기지 말라.
> 그 꾸지람을 싫어하지 말라.
> 12 대저 여호와께서 그 사랑하시는 자를 **징계하시기를**
> 마치 아비가 그 기뻐하는 아들을 징계함같이 하시느니라(잠 3:11-12).

시인은 고통을 통해 지혜자의 반열에 오르게 된다. 이처럼 고통은 지혜를 키운다.

3) 성전에서의 감사제(19-28절)

> 19 내게 의의 문들을 열지어다.
> 내가 그리로 들어가서 여호와께 감사하리로다.
> 20 이는 여호와의 문이라.
> 의인들이 그리로 들어가리로다.
> 21 주께서 내게 응답하시고
> 나의 구원이 되셨으니

내가 주께 감사하리이다.

22 건축자가 버린 돌이

집 모퉁이의 머릿돌이 되었나니

23 이는 여호와께서 행하신 것이요

우리 눈에 기이한 바로다.

24 이날은 여호와께서 정하신 것이라.

이날에 우리가 즐거워하고 기뻐하리로다.

25 여호와여,

구하옵나니

이제 구원하소서.

여호와여,

우리가 구하옵나니

이제 형통하게 하소서.

26 여호와의 이름으로 오는 자가 복이 있음이여,

우리가 여호와의 집에서 너희를 축복하였도다.

27 여호와는 하나님이시라.

그가 우리에게 빛을 비추셨으니

밧줄로 절기 제물을 제단 뿔에 맬지어다.

28 주는 나의 하나님이시라.

내가 주께 감사하리이다.

주는 나의 하나님이시라.

내가 주를 높이리이다.

19-28절은 성전에서의 감사제를 다루고 있다. 19-21절은 성전 입장 의식과 관련된다(시 15편; 24:3-6; 사 33:14-16). 여기서는 세 가지 장면 이 특징적으로 묘사된다. 첫째, 시인은 감사제를 드리기 위해 성전에 입장하기를 간구한다(19절). 당시 구원을 받은 자는 성전 문 앞에서 감 사의 내용을 낭송했던 것으로 보인다. 둘째, 성전 안에서 제사장의 목 소리가 들려온다. "이는 여호와의 문이라. 의인들이 그리로 들어가리 로다"(20절). 오직 의인들만 성전의 문으로 입장할 수 있다. 셋째, 시인은 제사장에게 감사의 근거를 제시하고 감사함을 선포한다(21절). 시인은 죽음의 위협에서 하나님의 구원을 경험했다.

22-24절은 5-18절에서 언급된 구원 사건에 대한 신학적 의미를 제공한다. 22절의 격언은 기대하지 않은 놀라운 일이 일어난 것을 일컫 는다. "건축자들"이 전혀 쓸모없다고 판단해서 버렸던 돌이 "건축주"에 의해 건물의 가장 중요한 모퉁이의 머릿돌로 사용되었다. 죽음의 영역으 로 내던져진 자는 건축자가 쓸모없다고 버린 돌과 동일시된다. 이 구절은 신약의 많은 곳에서 인용되었다. 신약 저자들은 이 구절을 예수 그리스도 에게 적용함으로써 예수가 이스라엘에게 버림받으심과 동시에 하나님 에 의해 높여지심을 표현했다.

> 이 예수는 너희 **건축자들의 버린 돌로서** 집 **모퉁이의 머릿돌**이 되었느
> 니라(행 4:11; 참조. 마 21:42; 막 12:10; 눅 20:17; 엡 2:20).

이런 급진적인 반전은 하나님이 하신 일(נִפְלָאת, 니플라트: "기이한 바")을 나 타내는 것이다(23절). 이런 사건이 야웨를 구원의 하나님으로 기리는 축

제의 계기가 된다(24절). 여기서 이 시편에서는 처음으로 공동체의 목소리가 분명하게 드러난다.

25절에서 시인은 구원과 형통을 간절히 구한다. 그는 과거의 고난에 집착하지 않고 하나님이 도우시리라는 확신 속에서 현재와 미래를 주목한다. 26-27절은 제사장들이 "여호와의 이름으로 (성전에 들어)오는" 축제 참가자들에게 한 말인 듯하다. 즉 26절에서 언급한 축복의 말은 성전 내부의 제사장들이 성소로 입장하는 개인들에게 전하는 것이다.

> 그는 여호와께 복을 받고
> 구원의 하나님께 의를 얻으리니(시 24:5).

27절의 해석은 논란의 여지가 있다. 이 구절은 성전의 제단 주위를 돌며 성스러운 "축제의 춤"을 추라는 요청으로 보인다.

> 여호와여,
> 내가 무죄하므로 손을 씻고
> **주의 제단에 두루 다니며**(시 26:6).

시편 30:11에 의하면 감사제 참여자는 노래하며 춤을 추었다.

> 주께서 나의 슬픔이 변하여
> **내게 춤이 되게 하시며**

나의 베옷을 벗기고

기쁨으로 띠 띠우셨나이다(시 30:11).

공동번역도 비슷한 표현을 채택하였다.

야훼, 하느님께서 우리에게 빛을 주신다.

나뭇가지 손에 들고 줄줄이 **제단 돌며 춤을 추어라**(시 118:27, 공동번역).

미쉬나(Mishnah)에 의하면 장막절 축제 참가자들은 7일 동안 제단 주위를 돌았다고 한다. 28절은 19-28절의 단락을 마감하는 구절로서, 축제 참가자들이 춤을 추며 선포하는 감사의 고백으로 볼 수 있다.

4) 감사를 촉구(29절)

29 여호와께 감사하라.

그는 선하시며

그의 인자하심이 영원함이로다.

29절은 감사를 촉구하는 내용이다. 이 구절은 1절의 반복으로서, 일종의 수미상관(首尾相關, inclusio)이다. 시인은 이 시편을 시작했던 권면으로 노래를 마무리한다.

4. 메시지

이 시는 처음에 공적 예배의 개인 감사시로 불렸다가 장막절을 송축하는 노래로 채택되었으며, 초기 그리스도인들에 의해 예수 그리스도에 대한 노래로 전용(轉用)되었다. 순수한 신앙은 인간에 대한 신뢰를 완전히 중단하고 지상의 권능과 일시적인 권력 수단을 동경하는 일을 그만둘 때(8-9절), 모든 인간적인 지지가 깨어지고 살아 계신 하나님에 대한 신뢰만 의지할 수 있는 곳에서 자란다(6-7절).

시인은 원수들이 일으킨 고난을 겪으면서 하나님의 은혜를 깨닫는다. 하나님은 그를 징계하셨으나 죽게 두시지는 않았다(18절). 즉 시인에게 고통을 주시려던 것이 아니라 새로운 삶의 의미를 만나는 지점으로 그를 인도하시고자 한 것이다. 따라서 시인이 겪었던 고난의 상황은 하나님의 교육적 조치였다. "버린 돌" 취급을 받았던 시인은 건축주이신 하나님에 의해 핵심적인 "머릿돌"이 되었다(22절). 고난은 하나님의 경책(警責)으로서 버려진 돌을 귀한 돌로 다듬는 과정이었다. 이처럼 고난은 인간을 새로운 깨달음으로 이끈다.

토라에 사로잡힌 복된 삶:
"내 눈을 열어서 주의 율법에서 놀라운 것을 보게 하소서"

1. 양식

시편 119편은 "토라시"(a torah psalm)로 분류된다. 토라를 중심 주제로 삼는 이 시는 각 구절의 첫 자음을 히브리어 알파벳 순서대로 운을 떼는 형식으로 구성된 "알파벳 시편"(acrostic psalm)이다. 히브리어 자음은 22개인데, 시편 119편은 한 자음마다 8절씩 22단락이 모여 총 176절이 된다. 이는 A부터 Z까지의 알파벳을 표현한 것으로서 토라의 전체성과 충만함을 드러낸다.

 이 시는 시편 전체(1-150편)에서 가장 길다. 또한 하나님이 계시로 주신 그분의 말씀을 "율법/법"(תּוֹרָה, 토라, 25번), "증거/교훈"(עֵדוּת, 에두트, 23번), "법도"(פִּקּוּדִים, 피쿠딤, 20번), "율례"(חֹק, 호크, 22번), "계명"(מִצְוָה, 미츠바, 21번), "규례/판단/심판/공의"(מִשְׁפָּט, 미쉬파트, 22번), 사건으로서의 "말씀"(דָּבָר, 다바르, 19번), 약속의 "말씀"(אִמְרָה, 이므라, 20번)이라는 8가지 단어로 함축하여 표현하는데, 이 시편에서 8가지 단어는 모두 동의어로 사용된다. 시편 119편의 각 절에는 이 단어들 중 하나가 거의 등장한다(예외: 3, 37, 84, 90, 121, 122, 132절).

2. 구조

   1) 1-8절(א, 알렙): 행복의 길
   2) 9-16절(ב, 베트): 청년을 위한 말씀
   3) 17-24절(ג, 김멜): 나그네의 계명
   4) 25-32절(ד, 달레트): 성실한 길

5) 33-40절(ה, 헤): 인생길의 가르침

3. 내용

1) 행복의 길(1-8절[א, 알렙])

1 행위가 온전하여

여호와의 **율법**(תּוֹרָה, 토라)을 따라 행하는 자들은

복이 있음이여,

2 여호와의 **증거들**(עֵדוֹת, 에두트)을 지키고

전심으로 여호와를 구하는 자는

복이 있도다.

3 참으로 그들은 불의를 행하지 아니하고

주의 도를 행하는도다.

4 주께서 명령하사

주의 **법도**(פִּקֻּדִים, 피쿠딤)를 잘 지키게 하셨나이다.

5 내 길을 굳게 정하사

주의 **율례**(חֻקִּים, 후킴)를 지키게 하소서.

6 내가 주의 모든 **계명**(מִצְוֹת, 미츠보트)에 주의할 때에는

부끄럽지 아니하리이다.

7 내가 주의 의로운 **판단**(מִשְׁפָּטִים, 미쉬파팀)을 배울 때에는

정직한 마음으로 주께 감사하리이다.

8 내가 주의 **율례들**(חֻקִּים, 후킴)을 지키오리니

나를 아주 버리지 마옵소서.

1-8절(א, 알렙)은 토라를 따라 사는 것이 "행복의 길"이라고 말한다. 1-4절은 온전한 삶의 이상적인 모습을 보여주고, 5-8절은 시인의 실제적인 삶의 모습을 진술한다. 이 단락은 "복이 있음이여"(אַשְׁרֵי, 아쉐레)라는 행복 기원 공식으로 시작한다(1-2절). 알렙(א)-단락의 중심 단어는 1-2절의 첫 단어인 "복이 있음이여"(אַשְׁרֵי, 아쉐레)다. 야웨의 토라 안에서 "온전하게"(תָּמִים, 타밈) 인생길을 걸어가는 자는 행복한 사람이다(1절). 또한 야웨의 증거들(עֵדוֹת, 에두트)을 지키고, 온 마음으로 야웨를 구하는 자는 행복한 사람이다(2절).

3-4절은 행복의 길을 걷는 온전한 자의 삶을 소개한다. 그는 불의를 행하지 아니하고, 야웨가 가르쳐 주는 "길"(דֶּרֶךְ, 데레크)을 걸으며(3절), 그분이 명령하신 "법도들"(פִּקֻּדִים, 피쿠딤)을 잘 지킨다(4절).

시인은 "주의 율례들(חֻקִּים, 후킴)"을 지키게 해달라고 간구하고(5절), "주의 모든 계명들(מִצְוֹת, 미츠보트)"을 잘 새겨서 부끄럽지 않은 삶을 살겠노라고 다짐한다(6절). 또한 그는 "주의 의로운 판단들(מִשְׁפָּטִים, 미쉬파팀: 규례들)"을 배울 때마다 정직한 마음으로 감사하겠다고 다짐하며(7절), "주의 율례들(חֻקִּים, 후킴)"을 지키겠으니 자신을 버리지 말아달라고 간구한다(8절).

2) 청년을 위한 말씀(9-16절[ב, 베트])

9 청년이 무엇으로 그의 행실을 깨끗하게 하리이까?

주의 **말씀**(דָּבָר, 다바르)만 지킬 따름이니이다.

10 내가 전심으로 주를 찾았사오니

주의 **계명**(מִצְוֹה, 미츠보트)에서 떠나지 말게 하소서.

11 내가 주께 범죄하지 아니하려 하여

주의 **말씀**(אִמְרָה, 이므라)을 내 마음에 두었나이다.

12 찬송을 받으실 주 여호와여,

주의 **율례들**(חֻקִּים, 후킴)을 내게 가르치소서.

13 주의 입의 모든 **규례들**(מִשְׁפָּטִים, 미쉬파팀)을

나의 입술로 선포하였으며

14 내가 모든 재물을 즐거워함같이

주의 **증거들**(עֵדוּת, 에두트)의 도를 즐거워하였나이다.

15 내가 주의 **법도들**(פִּקּוּדִים, 피쿠딤)을 작은 소리로 읊조리며

주의 길들에 주의하며

16 주의 **율례들**(חֻקִּים, 후킴)을 즐거워하며

주의 **말씀**(דָּבָר, 다바르)을 잊지 아니하리이다.

9-16절(ב, 베트)은 토라가 "청년을 위한 말씀"이라고 말한다. 여기서 "청년"(נַעַר, 나아르)은 죄에 더 많이 노출되는 시기이기 때문에 언급된다.

여호와께서 그 향기를 받으시고 그 중심에 이르시되 "내가 다시는 사람으로 말미암아 땅을 저주하지 아니하리니 이는 사람의 마음이 계획하는 바가 **어려서**(נַעַר, 나아르)부터 악함이라. 내가 전에 행한 것같이 모든 생물을 다시 멸하지 아니하리니"(창 8:21).

베트(ב)-단락의 중심 단어는 9절의 첫 단어인 "무엇으로"(בַּמֶּה, 밤메)다. 9-12절은 인생길에서 만나는 위험한 일들을 환기하고(9절의 "행실을 깨끗하게", 10절의 "떠나지 말게", 11절의 "범죄하지 아니하려"), 13-16절은 행복으로 이끄는 토라의 생명력을 강조한다. 이 단락은 "청년이 무엇으로 그의 행실을 깨끗하게 하리이까?"(9a절)라는 질문과 "주의 말씀(דָּבָר, 다바르)만 지킬 따름이니이다"(9b절)라는 답으로 시작한다. 이처럼 토라는 인생의 수호자이며 보호자가 된다.

10절에서 시인은 "주의 계명들(מִצְוֹת, 미츠보트)"에서 떠나지 않게 해 달라고 간청하며, 11절에서 주께 죄짓지 않으려고 "주의 말씀(אִמְרָה, 이므라)"을 마음에 두었다고 고백한다. 그리고 12절에서는 "주의 율례들(חֻקִּים, 후킴)"을 가르쳐 달라고 간구한다.

13-15절은 야웨의 말씀이 시인의 언행을 완전히 주도하고 있음을 보여준다. 시인은 야웨의 말씀에 온전히 사로잡혀 있다. 시인은 "주의 입의 모든 규례들(מִשְׁפָּטִים, 미쉬파팀)"을 선포하고(13절), "주의 증거들(עֵדוֹת, 에두트)의 도(דֶּרֶךְ, 데레크)"를 즐거워하며(14절), "주의 법도들(פִּקּוּדִים, 피쿠딤)"을 묵상하고(15절), "주의 율례들(חֻקִּים, 후킴)"을 즐거워하며(16a절), 주의 말씀(דָּבָר, 다바르)을 잊지 않는다(16b절).

3) 나그네의 계명(17-24절[ג, 김멜])

17 주의 종을 후대하여 살게 하소서.

그리하시면 주의 **말씀**(דָּבָר, 다바르)을 지키리이다.

18 내 눈을 열어서

주의 **율법**(הרֹות, 토라)에서 놀라운 것을 보게 하소서.

19 나는 땅에서 나그네가 되었사오니

주의 **계명들**(מִצְוֹות, 미츠보트)을 내게 숨기지 마소서.

20 주의 **규례들**(מִשְׁפָּטִים, 미쉬파팀)을 항상 사모함으로

내 마음이 상하나이다.

21 교만하여 저주를 받으며

주의 **계명들**(מִצְוֹות, 미츠보트)에서 떠나는 자들을 주께서 꾸짖으셨나이다.

22 내가 주의 **교훈들**(עֵדֹות, 에두트: 증거)을 지켰사오니

비방과 멸시를 내게서 떠나게 하소서.

23 고관들도 앉아서

나를 비방하였사오나

주의 종은 주의 **율례들**(חֻקִּים, 후킴)을 작은 소리로 읊조렸나이다.

24 주의 **증거들**(עֵדֹות, 에두트)은 나의 즐거움이요

나의 충고자니이다.

17-24절(ג, 김멜)은 토라가 "나그네의 계명"이라고 말한다. 김멜(ג)-단락의 중심 단어는 19절의 "나그네"(גֵּר, 게르)다. 시인은 자신을 나그네로 간주한다. 17-20절은 시인이 야웨의 행동을 촉구하는 내용이며, 21-24절은 대적들의 행동과 관련하여 간구하는 내용이다. 시인은 하나님께 자신을 선하게 대해주시고 잘 살게 해달라고 간곡히 요청한다. 그렇게 해주신다면 주의 "말씀"(דָּבָר, 다바르)을 잘 지키겠다고 다짐한다.

18절에서는 주의 "율법"(הרֹות, 토라)에서 놀라운 것을 보도록 눈을 열어달라고 요구한다. 19절에서는 특히 나그네의 보호자가 되시는 하나

님께 "주의 계명들(מִצְוֹת, 미츠보트)"을 숨기지 말아달라고 간구한다.

> 고아와 과부를 위하여 정의를 행하시며 **나그네를 사랑하여** 그에게 떡과
> 옷을 주시나니(신 10:18).

20절에서 시인은 지치도록("상하나이다", "쇠약해지다") 주의 "규례
들"(מִשְׁפָּטִים, 미쉬파팀)을 사모한다고 고백한다.

21-23절은 시인의 고난과 관련된 대적들과 그들의 행동을 언급
하며 탄원하는 내용이다. "교만하여 저주를 받은 자"(21절), "비방과 멸
시"(22절), "고관들"(23절)이 여기에 언급되었다. 시인은 그런 상황에서도
좌절하거나 낙심하지 않고 "주의 증거들(עֵדוֹת, 에두트)" 안에서 즐거움을
찾고 그 안에서 지혜를 얻는다고 고백한다(24절).

4) 성실한 길(25-32절[ד, 달레트])

> 25 내 영혼이 진토에 붙었사오니
> 주의 **말씀**(דָּבָר, 다바르)대로 나를 살아나게 하소서.
> 26 내가 나의 행위를 아뢰매
> 주께서 내게 응답하셨사오니
> 주의 **율례들**(חֻקִּים, 후킴)을 내게 가르치소서.
> 27 나에게 주의 **법도들**(פִּקּוּדִים, 피쿠딤)의 길을 깨닫게 하여 주소서.
> 그리하시면 내가 주의 기이한 일들을 작은 소리로 읊조리리이다.
> 28 나의 영혼이 눌림으로 말미암아 녹사오니

주의 **말씀**(רָבָד, 다바르)대로 나를 세우소서.

29 거짓 행위를 내게서 떠나게 하시고

주의 **법**(תּוֹרָה, 토라)을 내게 은혜로이 베푸소서.

30 내가 성실한 길을 택하고

주의 **규례들**(מִשְׁפָּטִים, 미쉬파팀)을 내 앞에 두었나이다.

31 내가 주의 증거들(עֵדְוֹת, 에두트)에 매달렸사오니

여호와여,

내가 수치를 당하지 말게 하소서.

32 주께서 내 마음을 넓히시면

내가 주의 **계명들**(מִצְוֹת, 미츠보트)의 길로 달려가리이다.

25-32절(ד, 달레트)은 토라를 따르는 것이 "성실한 길"이라고 가르친다. 달레트(ד)-단락의 중심 단어는 26절의 "길"(דֶּרֶךְ, 데레크)이다. 길은 이 단락에서 5번이나 사용된다. 개역개정은 "데레크"(דֶּרֶךְ)를 "행위"(26, 29절) 또는 "길"(27, 30, 32절)로 번역했다. 25-28절은 "내 영혼이 진토에 붙었사오니"(25절)와 "나를 세우소서"가 서로 의미가 대비되는 수미상관 (inclusio)의 한 단위임을 보여준다. 또한 29-32절은 "길 주제"로 한 단위를 이룬다.

시인은 죽을 지경("내 영혼이 진토에 붙었사오니"[25절], "나의 영혼이 눌림으로 말미암아 녹사오니"[28절])에서 주의 "말씀"(רָבָד, 다바르)대로 살아나게 하시고 자신을 일으켜 세워달라고 기도한다. 그리고 "주의 율례들(חֻקִּים, 후킴)"을 가르쳐달라고 간구하고(26절), "주의 법도들(פִּקּוּדִים, 피쿠딤)"을 깨닫게 해달라고 간청한다(27절). 이는 주의 놀라운 일들을 묵상하고 전하

기 위함이다. "거짓된 길"(דֶּרֶךְ־שֶׁקֶר, 데레크-쉐케르: "행위")에서 벗어나기를
원하며(29절), 자신이 "성실한 길"(דֶּרֶךְ־אֱמוּנָה, 데레크-에무나)을 택했다고 고
백한다(30절). 또 이제 수치를 당하지 않기를 바라며(31절), "주의 계명들
(מִצְוֹת, 미츠보트)의 길로 달려갈 것"을 다짐한다(32절).

5) 인생길의 가르침(33-40절[ה, 헤])

33 여호와여,

주의 **율례들**(חֻקִּים, 후킴)의 도를 내게 가르치소서.

내가 끝까지 지키리이다.

34 나로 하여금 깨닫게 하여 주소서.

내가 주의 **법**(תּוֹרָה, 토라)을 준행하며

전심으로 지키리이다.

35 나로 하여금

주의 **계명들**(מִצְוֹת, 미츠보트)의 길로 행하게 하소서.

내가 이를 즐거워함이니이다.

36 내 마음을 주의 **증거들**(עֵדֹת, 에두트)에게 향하게 하시고

탐욕으로 향하지 말게 하소서.

37 내 눈을 돌이켜 허탄한 것을 보지 말게 하시고

주의 길에서 나를 살아나게 하소서.

38 주를 경외하게 하는 주의 **말씀**(אִמְרָה, 이므라)을

주의 종에게 세우소서.

39 내가 두려워하는 비방을 내게서 떠나게 하소서.

주의 **규례들**(מִשְׁפָּטִים, 미쉬파팀)은 선하심이니이다.

40 내가 주의 **법도들**(פִּקֻּדִים, 피쿠딤)을 사모하였사오니

주의 의로 나를 살아나게 하소서.

33-40절(ה, 헤)은 토라가 "인생길의 가르침"이라고 말한다. 헤(ה)-단락의 중심 단어는 33절의 첫 단어인 "가르치소서"(הוֹרֵנִי, 호레니)다. 이 단락은 예외적으로 명령문(33-39절)과 요약문(40절)으로 구성되어 있으며, 앞 단락의 길 주제를 이어나간다. 시인은 "주의 율례들(חֻקִּים, 후킴)의 도(דֶרֶךְ, 데레크)"를 가르쳐달라고 애원한다(33절). 그는 또한 깨닫게 해주셔서 주의 법(תּוֹרָה, 토라)을 전심으로 준행하고(34절), "주의 계명들(מִצְוֹת, 미츠보트)의 길(דֶרֶךְ, 데레크)"로 행하며(35절), "주의 증거들(עֵדוֹת, 에두트)"에게 향하고(36절), "주의 길(דֶרֶךְ, 데레크)"에서 살 수 있게 해달라고 간청한다(37절).

36-37절에서 시인은 "탐욕"과 "허탄한 것"을 향한 욕망이 자신 안에 도사리고 있음을 성찰하고 자백한다. 이어서 "주의 말씀(אִמְרָה, 이므라)"을 세워주시고(38절), 자신을 향한 비방이 멀리 떠나게 해달라고 간구한다(39절). 40절은 "보십시오"(הִנֵּה, 힌네, 개역개정에는 생략됨)라는 불변화사로 시작한다. 이는 독자들의 주의를 환기하며 이 단락의 결론적인 요약을 알려준다. 시인은 "주의 법도들(פִּקֻּדִים, 피쿠딤)"을 사모한다. 또한 주의 법도를 사모하는 것이 "주의 의(צְדָקָה, 체다카)" 안에서 사는 것이다. 이처럼 그는 주의 의 안에서 살아가기를 간절히 바란다.

4. 메시지

이 시편은 특별한 전개나 흐름 없이 비슷한 내용을 지속적으로 반복한다. 이 단락의 중심 주제는 토라로서, 예외도 있지만 하나님의 말씀(תורה, 토라)을 의미하는 8개 단어들이 전체 176절에 걸쳐 거의 매절 언급된다. 이는 토라가 인생의 모든 영역과 매우 밀접하게 연관되어 있음을 강조하는 것이다. 따라서 이 시편은 본문의 의미를 설명하기 위한 강해시라기보다는 읽고 느끼며 즐기는 묵상을 위한 시에 속한다. 토라는 인간을 참 "행복의 길"로 이끌고(1-8절), 특히 유혹이 많은 시기의 "청년들을 위한" 말씀이다(9-16절). 또한 토라는 본향을 늘 생각하며 사는 "나그네들을 위한 계명"이다(17-24절). 더 나아가 거짓된 길을 뒤로하고 "성실한 길"을 향하게 하며(25-32절), 내면의 탐욕과 허탄한 것을 막아내는 "인생길의 필수적인 가르침"이다(33-40절). 토라의 영향이 미치지 않는 인생의 영역은 한 군데도 없다. 토라와 제대로 연결된 인생이라야 참된 인생이라고 할 수 있다. 따라서 토라에 사로잡힌 삶은 복된 삶이다.

몸이 기억하고 즐거워하는 토라:

"이 말씀은 나의 고난 중의 위로라"

1. 구조

1) 41-48절(ㅏ, 바브): 자유롭게 해주는 말씀

2) 49-56절(ㅏ, 자인): 기억하고 위로받는 말씀

3) 57-64절(ㅁ, 헤트): 분깃인 말씀

4) 65-72절(ㅂ, 테트): 유익한 토라

5) 73-80절(ㅑ, 요드): 몸이 즐거워하는 토라

6) 81-88절(ㄴ, 카프): 신실한 계명

2. 내용

1) 자유롭게 해주는 말씀(41-48절[ㅏ, 바브])

41 여호와여,

주의 **말씀**(אִמְרָה, 이므라)대로

주의 인자하심과 주의 구원을 내게 임하게 하소서.

42 그리하시면 내가 나를 비방하는 자들에게 대답할 말이 있사오리니

내가 주의 **말씀**(דָּבָר, 다바르)을 의지함이니이다.

43 진리의 **말씀**(דָּבָר, 다바르)이 내 입에서 조금도 떠나지 말게 하소서.

내가 주의 **규례**(מִשְׁפָּטִים, 미쉬파팀)를 바랐음이니이다.

44 내가 주의 **율법**(תּוֹרָה, 토라)을 항상 지키리이다.

영원히 지키리이다.

45 내가 주의 **법도들**(פִּקּוּדִים, 피쿠딤)을 구하였사오니

자유롭게 걸어갈 것이오며

46 또 왕들 앞에서 주의 **교훈들**(עֵדֹת, 에두트: 증거들)을 말할 때에

수치를 당하지 아니하겠사오며

47 내가 사랑하는 주의 **계명들**(מִצְוֹת, 미츠보트)을

스스로 즐거워하며

48 또 내가 사랑하는 주의 **계명들**(מִצְוֹת, 미츠보트)을 향하여 내 손을 들고

주의 **율례들**(חֻקִּים, 후킴)을 작은 소리로 읊조리리이다.

41-48절(ו, 바브)은 "자유롭게 해주는 말씀"에 대해 말한다. 시인은 하나님이 약속하신 "말씀"(אִמְרָה, 이므라)대로 그분의 "인자하심"(חֶסֶד, 헤세드)과 "구원하심"(תְּשׁוּעָה, 테슈아)이 자신에게 임하기를 간구한다(41절). 그러면서 자신이 두려워하는 "비방자들"에게 대응할 말이 있을 것이라고 한다(42절). 시인은 "진리의 말씀"(דְּבַר־אֱמֶת, 데바르-에메트)이 자신의 입에서 떠나지 않기를 원한다(43절). 그는 이어서 하나님의 율법(תּוֹרָה, 토라)을 "항상 그리고 영원히" 지키겠다고 다짐한다(44절).

또한 삶을 자유롭게 해주는 "법도들"(פִּקּוּדִים, 피쿠딤) 안에서 살 것이라고 한다(45절). 시인은 왕들 앞에 있을 때도 당당하게 주의 "교훈"(עֵדֹת, 에두트: 증거들)을 선포하리라고 확신한다(46절). 또 그는 자신이 사랑하는 주의 "계명"(מִצְוֹת, 미츠보트)을 즐거워한다고 자신 있게 말한다(47절). 이어서 "주의 계명들(מִצְוֹת, 미츠보트)"을 향해 손을 들고 "주의 율례들(חֻקִּים, 후킴)"을 작은 소리로 읊조릴 것이라고 고백한다(48절). 특정한 대상을 향해 손을 드는 행동은 충성과 찬양을 의미한다. 이는 일반적으로 "하나님"이나 "성소"를 대상으로 한다.

이러므로 나의 평생에 주를 송축하며

주의 이름으로 말미암아

나의 손을 들리이다(시 63:4).

성소를 향하여

너희 손을 들고

여호와를 송축하라(시 134:2).

여기서 시인은 하나님의 말씀을 향해 손을 들어 그분에 대한 충성심을 표하고 그분의 말씀을 찬양한다. 이 구절에서는 하나님과 성소와 말씀이 동급(同級)으로 간주되고 있다.

2) 기억하고 위로받는 말씀(49-56절[ז, 자인])

49 주의 종에게 하신 **말씀**(דָּבָר, 다바르)을 기억하소서.

주께서 내게 소망을 가지게 하셨나이다.

50 이 **말씀**(דָּבָר, 다바르)은 나의 고난 중의 위로라.

주의 **말씀**(אִמְרָה, 이므라)이 나를 살리셨기 때문이니이다.

51 교만한 자들이 나를 심히 조롱하였어도

나는 주의 **법**(תּוֹרָה, 토라)을 떠나지 아니하였나이다.

52 여호와여,

주의 옛 **규례들**(מִשְׁפָּטִים, 미쉬파팀)을 내가 기억하고

스스로 위로하였나이다.

53 주의 **율법**(תּוֹרָה, 토라)을 버린 악인들로 말미암아

내가 맹렬한 분노에 사로잡혔나이다.

54 내가 나그네 된 집에서

주의 **율례들**(חֻקִּים, 후킴)이 나의 노래가 되었나이다.

55 여호와여,

내가 밤에 주의 이름을 기억하고

주의 **법**(תּוֹרָה, 토라)을 지켰나이다.

56 내 소유는 이것이니

곧 주의 **법도들**(פִּקּוּדִים, 피쿠딤)을 지킨 것이니이다.

49-56절(ז, 자인)은 "기억하고 위로받는 말씀"에 대해 기술한다. 이 단락에서 동사 "기억하다"(זָכַר, 자카르)가 세 번이나 언급된다(49, 52, 55절). 자인(ז)-단락의 중심 단어는 "기억하다"(זָכַר, 자카르)이다. 시인은 하나님께 자신에게 소망을 주신 "말씀"(דָּבָר, 다바르)을 기억해달라고 간구한다(49절). 이 "말씀"(דָּבָר, 다바르)이 위로가 되었으며 주의 "말씀"(אִמְרָה, 이므라)이 자신을 살렸다고 고백한다(50절). 51절은 앞에서 언급한 고난의 상황이 교만한 자들의 극심한 조롱에서 비롯되었음을 밝힌다. 그런 상황에서도 시인은 주의 "법"(תּוֹרָה, 토라)을 떠나지 않았다. 그는 주의 옛 "규례들"(מִשְׁפָּטִים, 미쉬파팀)을 기억함으로써 위로를 받았다고 간증한다(52절).

53절에 의하면 시인은 주의 "율법"(תּוֹרָה, 토라)을 버린 악인들 때문에 맹렬한 분노에 사로잡혔다.

율법을 버린 자는 악인을 칭찬하나

율법을 지키는 자는 악인을 대적하느니라(잠 28:4).

54a절에서 시인은 자신의 처지를 의지할 데 없고 외로운 "나그네 된 집"(בֵּית מְגוּרָי, 베트 메구라이)으로 표현한다.

나는 땅에서 **나그네**가 되었사오니

주의 계명들을 내게 숨기지 마소서(시 119:19).

54b절에서 시인은 이런 상황에서 주의 "율례들"(חֻקֶּיךָ, 후킴)이 오히려 환호와 승리의 노래가 되었다고 말한다. 시인은 55절에서 이런 역전의 비결을 소개한다. "그 밤"(히브리어에는 정관사 "그"[הַ, 하]가 있음)에도 주의 이름을 기억하고 주의 "법"(תּוֹרָה, 토라)을 지켰기 때문이다. 여기서 "밤"은 두려움, 걱정, 염려를 상징한다.

그대는 밤을 사모하지 말라.

인생들이 밤에 그들이 있는 곳에서 끌려가리라(욥 36:20; 참조. 욥 24:13-17).

시인은 주의 "법도들"(פִּקֻּדִים, 피쿠딤)을 지킨 것이 자신이 가진 모든 것이라고 고백한다(56절).

3) 분깃인 말씀(57-64절[ㄸ, 헤트])

57 여호와는 나의 분깃이시니

나는 주의 **말씀**(דָּבָר, 다바르)을 지키리라 하였나이다.

58 내가 전심으로 주께 간구하였사오니

주의 **말씀**(אִמְרָה, 이므라)대로 내게 은혜를 베푸소서.

59 내가 내 행위를 생각하고

주의 **증거들**(עֵדוֹת, 에두트)을 향하여 내 발길을 돌이켰사오며

60 주의 **계명들**(מִצְוֹת, 미츠보트)을 지키기에

신속히 하고 지체하지 아니하였나이다.

61 악인들의 줄이 내게 두루 얽혔을지라도

나는 주의 **법**(תּוֹרָה, 토라)을 잊지 아니하였나이다.

62 내가 주의 의로운 **규례들**(מִשְׁפָּטִים, 미쉬파팀)로 말미암아

밤중에 일어나 주께 감사하리이다.

63 나는 주를 경외하는 모든 자들과

주의 **법도들**(פִּקּוּדִים, 피쿠딤)을 지키는 자들의 친구라.

64 여호와여,

주의 인자하심이 땅에 충만하였사오니

주의 **율례들**(חֻקִּים, 후킴)로 나를 가르치소서.

57-64절(ㄸ, 헤트)은 "분깃인 말씀"에 대해 말한다. 이 단락의 중심 단어
는 "헬레크"(חֵלֶק)다. 시인은 "여호와는 나의 분깃(חֵלֶק, 헬레크)"이므로 주
의 "말씀"(דָּבָר, 다바르)을 지키겠다고 다짐했다(57절). "분깃"(חֵלֶק, 헬레크)

은 여호수아서에 나타나는 이스라엘 백성의 땅 분배를 연상시킨다.

> 여호와께서 여호수아에게 명령하신 대로 여호수아가 기럇 아르바 곧 헤브
> 론을 유다 자손 중에서 **분깃**(חֵלֶק, 헬레크)으로 여분네의 아들 갈렙에게 주
> 었으니 아르바는 아낙의 아버지였더라(수 15:13).

> 레위 사람은 너희 중에 **분깃**(חֵלֶק, 헬레크)이 없나니 여호와의 제사장 직분
> 이 그들의 기업이 됨이며 갓과 르우벤과 므낫세 반 지파는 요단 저편 동
> 쪽에서 이미 기업을 받았나니 이는 여호와의 종 모세가 그들에게 준 것이
> 니라 하더라(수 18:7).

> 시므온 자손의 이 기업은 유다 자손의 기업 중에서 취하였으니 이는 유다
> 자손의 **분깃**(חֵלֶק, 헬레크)이 자기들에게 너무 많으므로 시므온 자손이 자기
> 의 기업을 그들의 기업 중에서 받음이었더라(수 19:9).

시인은 분깃과 말씀을 연결한다. 말씀을 분깃으로 삼고 사는 구체적인
모습이 뒤이어 진술된다. 시인은 온 마음을 다해 하나님을 향하고 주의
말씀대로 은혜를 간구했다(58절). 자신의 인생길을 깊이 생각하며 주의
"증거들"(עֵדֹת, 에두트)로 돌이켰다(59절). 그는 주의 "계명들"(מִצְוֹת, 미츠보
트)을 지키기를 신속히 하고 지체하지 않았다(60절).

61-64절은 고난 가운데 있는 시인의 상황을 전제로 한다. 주의 율
법을 버린 악인들이 시인을 줄로 묶어 옴짝달싹 못 하는 상황에서도 그
는 주의 "법"(תּוֹרָה, 토라)을 잊지 않았다(61절). 시인은 주의 의로운 "규례

들"(מִשְׁפָּטִים, 미쉬파팀) 때문에 "한밤중에"(חֲצוֹת־לַיְלָה, 하초트-라일라) 일어나 주께 감사한다(62절). "한밤중에"는 악인을 심판하고 억눌린 자를 구원하는 시간을 의미한다.

모세가 바로에게 이르되 "여호와께서 이와 같이 말씀하시기를 **밤중에** (כַּחֲצוֹת־הַלַּיְלָה, 카하초트-할라일라) 내가 애굽 가운데로 들어가리니"(출 11:4).

밤중에(בַּחֲצִי־הַלַּיְלָה, 바하찌-할라일라) 여호와께서 애굽 땅에서 모든 처음 난 것 곧 왕위에 앉은 바로의 장자로부터 옥에 갇힌 사람의 장자까지와 가축의 처음 난 것을 다 치시매(출 12:29).

그들은 **한밤중에**(חֲצוֹת־לַיְלָה, 하초트-라일라) 순식간에 죽나니
백성은 떨며 사라지고
세력 있는 자도 사람의 손을 빌리지 않고 제거함을 당하느니라(욥 34:20).

시인은 악인을 심판하고 눌린 자를 구원하시는 하나님을 찬양한다. 그는 악인들을 멀리하고 주를 경외하며 주의 "법도들"(פִּקּוּדִים, 피쿠딤)을 지키는 자들과 가깝게 지낸다(63절). 또 자신의 분깃인 야웨의 인자하심(חֶסֶד, 헤세드)이 땅에 충만하므로, 자신에게 주의 "율례들"(חֻקִּים, 후킴)을 가르쳐달라고 간구한다(64절).

4) 유익한 토라(65-72절[ט, 테트])

65 여호와여,

주의 **말씀**(רָבָר, 다바르)대로

주의 종을 선대하셨나이다.

66 내가 주의 **계명들**(מִצְוֹת, 미츠보트)을 믿었사오니

좋은 명철과 지식을 내게 가르치소서.

67 고난당하기 전에는 내가 그릇 행하였더니

이제는 주의 **말씀**(אִמְרָה, 이므라)을 지키나이다.

68 주는 선하사 선을 행하시오니

주의 **율례들**(חֻקִּים, 후킴)로 나를 가르치소서.

69 교만한 자들이 거짓을 지어 나를 치려 하였사오나

나는 전심으로 주의 **법도들**(פִּקּוּדִים, 피쿠딤)을 지키리이다.

70 그들의 마음은 살져서 기름덩이 같으나

나는 주의 **법**(תּוֹרָה, 토라)을 즐거워하나이다.

71 고난당한 것이 내게 유익이라.

이로 말미암아 내가 주의 **율례들**(חֻקִּים, 후킴)을 배우게 되었나이다.

72 주의 입의 **법**(תּוֹרָה, 토라)이

내게는 천천 금은보다 좋으니이다.

65-72절(ט, 테트)은 "유익한 토라"에 대해 진술한다. 이 단락에는 "좋다"(טוֹב, 토브)라는 어근을 가진 단어가 6번 나온다(65, 66, 68[2번], 71, 72절). "좋다"(טוֹב, 토브)는 이 단락의 중심 단어다. 시인은 야웨께서 주의

"말씀"(רָבָד, 다바르)대로 자신을 "선대하셨다"(טוֹב, 토브)고 고백한다(65절). 시인은 주의 "계명들"(מִצְוֹת, 미츠보트)을 믿기 때문에, "좋은"(טוֹב, 토브) 명철과 지식을 가르쳐달라고 간구한다(66절). 그는 자신이 고난을 겪기 전에는 그릇 행하였으나 고난 중에 있는 지금은 주의 "말씀"(אִמְרָה, 이므라)을 지킨다고 실토한다(67절). 시인은 하나님이 "선하고"(טוֹב, 토브) "선하게 대하시는"(יָטַב, 야타브) 분이시니 자기에게 주의 "규례들"(חֻקִּים, 후킴)을 가르쳐달라고 매달린다(68절).

교만한 자들은 시인에게 거짓을 덮어씌우지만, 시인은 온 마음으로 주의 "법도들"(פִּקּוּדִים, 피쿠딤)을 지키겠다고 다짐한다(69절). 교만한 자들의 마음은 "살져서 기름덩이"와 같기 때문에(70a절), 하나님의 말씀이 그들의 마음을 뚫고 들어갈 수 없을 정도로 완고하고 냉정하다.

그들의 마음은 **기름**에 잠겼으며
그들의 입은 교만하게 말하나이다(시 17:10).

살찜으로 그들의 눈이 솟아나며
그들의 소득은 마음의 소원보다 많으며(시 73:7).

이에 반해 시인은 주의 "법"(תּוֹרָה, 토라)을 지키는 데서 인생의 즐거움을 발견한다(70b절). 고난을 겪기 전에는 몰랐던 주의 말씀의 중요성을 깨달은 시인은 오히려 고난을 당한 것이 "유익"(טוֹב, 토브)이라고 시인한다(71a절). 이를 통해 주의 "율례들"(חֻקִּים, 후킴)을 배웠기 때문이다(71b절). 시인은 주의 입의 "법"(תּוֹרָה, 토라)이 천천 금은보다 "좋다"(טוֹב, 토브)고 고백한다

(72절). 그는 토라가 유익하다는 사실을 절실히 깨달은 것이다.

5) 몸이 즐거워하는 토라(73-80절[י, 요드])

73 주의 손이 나를 만들고 세우셨사오니

내가 깨달아 주의 **계명들**(מִצְוֹת, 미츠보트)을 배우게 하소서.

74 주를 경외하는 자들이 나를 보고 기뻐하는 것은

내가 주의 **말씀**(דָּבָר, 다바르)을 바라는 까닭이니이다.

75 여호와여,

내가 알거니와

주의 **심판**(מִשְׁפָּטִים, 미쉬파팀)은 의로우시고

주께서 나를 괴롭게 하심은

성실하심 때문이니이다.

76 구하오니

주의 종에게 하신 **말씀**(אִמְרָה, 이므라)대로

주의 인자하심이 나의 위안이 되게 하시며

77 주의 긍휼히 여기심이 내게 임하사

내가 살게 하소서. 주의 **법**(תּוֹרָה, 토라)은 나의 즐거움이니이다.

78 교만한 자들이 거짓으로 나를 엎드러뜨렸으니

그들이 수치를 당하게 하소서.

나는 주의 **법도들**(פִּקּוּדִים, 피쿠딤)을 작은 소리로 읊조리리이다.

79 주를 경외하는 자들이 내게 돌아오게 하소서.

그리하시면 그들이 주의 **증거들**(עֵדוֹת, 에두트)을 알리이다.

80 내 마음으로 주의 **율례들**(חֻקֶּיךָ, 후큄)에 완전하게 하사

내가 수치를 당하지 아니하게 하소서.

73-80절(י, 요드)은 "몸이 즐거워하는 토라"에 대해 진술한다. 이 단락의 핵심어는 첫 단어인 "손"(יָד, 야드)이다. "하나님의 손들"(복수)이 시인을 만들고 세워주셨다(창 2:7; 시 139:13-16). 그래서 시인은 자신의 몸을 손수 지으신 분께 깨달음을 구하면서 "계명들"(מִצְוֹת, 미츠보트)을 배우고자 한다(73절). 그는 자신이 주의 "말씀"(דָּבָר, 다바르)을 간절히 기다리기 때문에 "주를 경외하는 자들"(63절)과 한배를 타고 있다고 고백한다(74절). 주의 "규례들"(מִשְׁפָּטִים, 미쉬파팀: 개역개정에는 "심판")이 의롭다는 사실을 잘 아는 시인은, 하나님이 자신에게 고난을 겪도록 하신 것이 그분의 "성실하심"(אֱמוּנָה, 에무나)에서 비롯된 것이라고 선포한다(75절). 즉 시인의 고난은 하나님의 형벌과 공격이 아니라 정화와 구원이며, 나아가 하나님을 더 알게 되는 계기가 된다는 것이다. 그래서 시인은 주의 "말씀"(אִמְרָה, 이므라)대로 주의 인자하심이 위로가 되게 해달라고 간구한다(76절).

시인은 하나님께 고난에 빠진 자신을 불쌍히 여겨 살려 달라고 애원한다(77a절). 왜냐하면 주의 "법"(תּוֹרָה, 토라)이 곧 시인의 즐거움이기 때문이다(77b절). 하나님이 지으신 시인의 몸은 토라를 즐거워한다. 그는 거짓으로 자신을 공격했던 교만한 자들이 수치를 당하게 되기를 바라며, 자기 자신은 주의 "법도들"(פִּקּוּדִים, 피쿠딤)을 읊조릴 것이라고 다짐한다(78절). 79절은 "주를 경외하는 자들과 주의 증거들(עֵדוֹת, 에두트)을 아는 자들을 내게 돌아오게 하소서"라는 번역이 원문에 더 가깝다. 시인은 신앙 공동체에 통합되기를 간절히 바란다. 그는 자신의 마음이 주의

"율례들"(חֻקִּים, 후킴) 안에 완전히 놓여서 교만한 자들(78절)과는 달리 수치를 당하지 않기를 기원한다(80절).

6) 신실한 계명(81-88절[כ, 카프])

81 나의 영혼이 주의 구원을 사모하기에 피곤하오나

나는 주의 **말씀**(דָּבָר, 다바르)을 바라나이다.

82 나의 말이 "주께서 언제나 나를 안위하실까?" 하면서

내 눈이 주의 **말씀**(אִמְרָה, 이므라)을 바라기에 피곤하니이다.

83 내가 연기 속의 가죽 부대같이 되었으나

주의 **율례들**(חֻקִּים, 후킴)을 잊지 아니하나이다.

84 주의 종의 날이 얼마나 되나이까?

나를 핍박하는 자들을 주께서 언제나 심판하시리이까?

85 주의 **법**(תּוֹרָה, 토라)을 따르지 아니하는 교만한 자들이

나를 해하려고 웅덩이를 팠나이다.

86 주의 모든 **계명들**(מִצְווֹת, 미츠보트)은 신실하니이다.

그들이 이유 없이 나를 핍박하오니 나를 도우소서.

87 그들이 나를 세상에서 거의 멸하였으나

나는 주의 **법도들**(פִּקּוּדִים, 피쿠딤)을 버리지 아니하였사오니

88 주의 인자하심을 따라 나를 살아나게 하소서.

그리하시면 주의 입의 **교훈들**(עֵדוֹת, 에두트: 증거들)을 내가 지키리이다.

81-88절(כ, 카프)은 "신실한 계명"에 대해 묘사한다. 이 단락의 중심 단

어는 "사모하기에 피곤하오나"(81절), "바라기에 피곤하니이다"(82절), "멸하였으나"(87절)로 번역된 "칼라"(כָּלָה)다. 시인은 하나님의 구원을 사모하고 갈망하다가 지쳐버렸다(81-82절). 그는 자신을 "연기 속의 가죽 부대"로 비유한다(83a절). 이 비유의 의미는 불분명한데, 아마도 가죽 부대가 뜨거운 열기에 노출되어 검게 그을리고 수축되어 쓸모없게 된 상태를 의미할 것이다. 그는 자신이 고난과 슬픔으로 흉해지고 쓸모없게 되었다고 말하는 듯하다. 시인은 이런 상황에서도 주의 "율례들"(חֻקִּים, 후킴)을 잊지 않았다(83b절). 그는 자신이 겪고 있는 고난의 날들이 앞으로 "얼마나" 더 지속되어야 하는지, 자신을 핍박하는 자들을 "언제쯤" 심판하실지 주님께 절규하듯 묻는다(84절).

85-88절에서 시인은 마치 사냥꾼에게 쫓기는 사냥감 취급을 당한다. 주의 "법"(תּוֹרָה, 토라)을 무시하는 "교만한 자들"은 짐승을 포획하듯 시인을 잡으려고 구덩이를 팠다(85절). 주의 모든 "계명들"(מִצְוֹת, 미츠보트)은 신실한데, 그들은 짐승을 몰듯이 시인을 맹렬히 추격한다(86절). "핍박하다"(רָדַף, 라다프)는 "추격하다", "(짐승을)쫓다"라는 뜻이다.

그런즉 청하건대 여호와 앞에서 먼 이곳에서 이제 나의 피가 땅에 흐르지 말게 하옵소서. 이는 산에서 메추라기를 **사냥하는**(רָדַף, 라다프) 자와 같이 이스라엘 왕이 한 벼룩을 수색하러 나오셨음이니이다(삼상 26:20).

시인은 하나님께 도움을 요청한다. 원수들은 시인을 거의 끝장을 냈으나, 시인은 이때도 주의 "법도들"(פִּקּוּדִים, 피쿠딤)을 버리지 않았다(87절). 그는 치명적인 위협을 받으며 쫓기는 상황에서도 주의 인자하심에 의지하여 자신의 생명을 간구한다(88절). 더불어 그는 주의 입의 "교훈들"(עֵדוּת, 에두트)을 지키겠다고 굳게 다짐한다. 이를 통해 토라의 신실하심이 공개적으로 입증될 것이다.

3. 메시지

여기서 시인은 토라의 역할을 다양한 표현으로 노래한다. 토라는 "자유롭게 해주는 말씀"(41-48절), "기억하고 위로받는 말씀"(49-56절), "분깃이 되는 말씀"(57-64절), "유익한 말씀"(65-72절), "몸이 즐거워하는 말씀"(73-80절), "신실한 말씀"(81-88절)이다. 특히 말씀을 기억하고 늘 마음에 두는 것은 자신과 하나님을 강력하게 이어주는 접착제 같은 역할을 한다. 바로 이것이 모든 간구의 근거이자 신앙의 원동력이다. 시인은 하나님의 말씀을 기억하고 엄청난 위로를 받는다. 이처럼 고통과 고난의 순간은 말씀을 기억하고 그 안에서 위로를 발견할 수 있는 값진 때가 된다. 그래서 고난당하는 것이 곧 유익이라는 고백이 나오게 되는 것이다.

> 고난당한 것이 내게 유익이라.
> 이로 말미암아 내가 주의 율례들을 배우게 되었나이다(시 119:71).

우리를 손수 만드신 창조주 하나님은 우리의 몸과 심령 깊숙이 토라를 기억하고 즐거워하는 유전자를 박아두셨다. 따라서 토라를 기억하고 즐거워하는 몸의 장치가 온전히 작동하도록 토라와 늘 가까이하는 것이 지혜로운 삶이다.

경외하고 사랑하는 계명:
"주의 말씀의 맛이 내게 어찌 그리 단지요?"

1. 구조

1) 89-96절(ל, 라메드): 영원하고 심히 넓은 계명

2) 97-104절(מ, 멤): 탁월한 지혜를 주는 말씀

3) 105-112절(נ, 눈): 내 발에 등이 되는 말씀

4) 113-120절(ס, 사메크): 경외의 대상인 법규

5) 121-128절(ע, 아인): 금보다 더 사랑하는 계명

2. 내용

1) 영원하고 심히 넓은 계명(89-96절[ל, 라메드])

89 여호와여,

주의 **말씀**(דָּבָר, 다바르)은 영원히 하늘에 굳게 섰사오며

90 주의 성실하심은 대대에 이르나이다.

주께서 땅을 세우셨으므로

땅이 항상 있사오니

91 천지가 주의 **규례들**(מִשְׁפָּטִים, 미쉬파팀)대로 오늘까지 있음은

만물이 주의 종이 된 까닭이니이다.

92 주의 **법**(תּוֹרָה, 토라)이 나의 즐거움이 되지 아니하였더면

내가 내 고난 중에 멸망하였으리이다.

93 내가 주의 **법도들**(פִּקּוּדִים, 피쿠딤)을 영원히 잊지 아니하오니

주께서 이것들 때문에 나를 살게 하심이니이다.

94 나는 주의 것이오니

나를 구원하소서.

내가 주의 **법도들**(פִּקּוּדִים, 피쿠딤)만을 찾았나이다.

95 악인들이 나를 멸하려고 엿보오나

나는 주의 **증거들**(עֵדוֹת, 에두트)만을 생각하겠나이다.

96 내가 보니

모든 완전한 것이 다 끝이 있어도

주의 **계명들**(מִצְווֹת, 미츠보트)은 심히 넓으니이다.

89-96절(ל, 라메드)은 "영원하고 심히 넓은 계명"에 대해 진술한다. 이 단락의 중심 단어는 두 번이나 언급되는 "영원히"(לְעוֹלָם, 레올람)이다(89, 93절). 89-92절은 하나님 말씀의 전능하심에 대해 말한다. 야웨의 "말씀"(דָּבָר, 다바르)은 영원히 하늘에 굳게 서 있다(89절). 또한 하나님의 성실하심은 대대로 입증되어 왔다(90a절). 하나님은 말씀으로 땅을 창조하시고 보존하신다(90b절). 이런 야웨의 말씀은 그분의 명령을 실행하기 위해 하늘에 서서 영원히 대기하고 있다. 하나님이 "규례들"(מִשְׁפָּטִים, 미쉬파팀)에 따라 하늘과 땅을 창조하셨기 때문에, 만물은 당연히 그분의 종으로 예속되어(91절) 그분의 통치를 받는다.

여호와께서 그의 보좌를 하늘에 세우시고

그의 왕권으로 만유를 다스리시도다(시 103:19).

하나님의 "법"(תּוֹרָה, 토라)은 멸망에서 인간을 구원해주는 창조적인 말씀이다(92절). 그리고 하나님의 "법도들"(מִיכּוּדִים, 피쿠딤)을 지속적으로 숙고하면 새로운 생명력을 얻게 된다(93절). 시인은 "나는 주의 것이오니"라는 소속 양식을 통해 야웨 하나님을 보호자로 받아들이고 그분에게 보호와 도움을 청한다(94절). 악의적이고 토라를 무시하는 대적들이 시인을 멸하려고 호시탐탐 기회를 노리고 있으나, 시인은 하나님의 "증거들"(עֵדוֹת, 에두트)을 명심하고 있다(95절). 그는 확신한다. 모든 사물들은 각자 한계를 갖지만 하나님의 "계명들"(מִצְוֹת, 미츠보트)은 무제한적인 범위와 영향력을 갖는다(96절). 시인은 만물의 한계를 통찰하고 그 한계를 넘어서는 영원무궁하고 심히 광대한 하나님의 계명에 시선을 고정시킨다.

2) 탁월한 지혜를 주는 말씀(97-104절[מ, 멤])

> **97** 내가 주의 **법**(תּוֹרָה, 토라)을 어찌 그리 사랑하는지요?
>
> 내가 그것을 종일 작은 소리로 읊조리나이다.
>
> **98** 주의 **계명들**(מִצְוֹת, 미츠보트)이 항상 나와 함께 하므로
>
> 그것들이 나를 원수보다 지혜롭게 하나이다.
>
> **99** 내가 주의 **증거들**(עֵדוֹת, 에두트)을 늘 읊조리므로
>
> 나의 명철함이 나의 모든 스승보다 나으며
>
> **100** 주의 **법도들**(מִיכּוּדִים, 피쿠딤)을 지키므로
>
> 나의 명철함이 노인보다 나으니이다.
>
> **101** 내가 주의 **말씀**(דָּבָר, 다바르)을 지키려고
>
> 발을 금하여 모든 악한 길로 가지 아니하였사오며

102 주께서 나를 가르치셨으므로

내가 주의 **규례들**(מִשְׁפָּטִים, 미쉬파팀)에서 떠나지 아니하였나이다.

103 주의 **말씀**(אִמְרָה, 이므라)의 맛이 내게 어찌 그리 단지요?

내 입에 꿀보다 더 다니이다.

104 주의 **법도들**(פִּקּוּדִים, 피쿠딤)로 말미암아 내가 명철하게 되었으므로

모든 거짓 행위를 미워하나이다.

97-104절(ㅁ, 멤)은 "탁월한 지혜를 주는 말씀"에 대해 말한다. 하나님을 사랑하라는 핵심 계명이 시인에게는 야웨의 법(תּוֹרָה, 토라)을 사랑하는 것으로 구체화된다(97a절). 토라 사랑이라는 모티프는 이 시편에서 10번이나 등장하는 중심 주제다(47, 48, 97, 113, 119, 127, 140, 159, 167절). 시인은 토라의 말씀을 "종일" 곧 평생 자신의 삶의 멜로디로 삼고 읊조리며 산다(97b절). 98-100절은 세 개의 비교를 통해 토라를 공부하고 실행하는 것이 지혜, 명철, 통찰을 주는 유일한 원천이라고 말한다. 하나님의 "계명들"(מִצְוֹת, 미츠보트)과 함께하면 원수들보다 더 지혜로워진다(98절). 하나님의 "증거들"(עֵדוֹת, 에두트)을 묵상하면 모든 스승보다 더 명철하게 된다(99절). 하나님의 "법도들"(פִּקּוּדִים, 피쿠딤)을 지키면 노인보다 더 통찰력을 갖게 된다(100절). 왜냐하면 야웨 하나님만이 진정한 지혜를 주시는 선생이기 때문이다.

101-104절은 지혜로운 삶을 길의 이미지로 표현한다. 시인은 하나님의 "말씀"(דָּבָר, 다바르)을 지키려고 악한 모든 "길"(אֹרַח, 오라흐)로부터 자기 발을 금하였다(101절). 하나님이 인생 교사가 되어 자신을 직접 가르치셨기 때문에 시인은 하나님의 "규례들"(מִשְׁפָּטִים, 미쉬파팀)에서 벗어나

지 않았다(102절). 103절에서는 하나님의 "말씀"(אִמְרָה, 이므라)을 묵상하고 내면화하는 것이 시인의 기쁨과 즐거움이라고 표현한다. 이 즐거움은 꿀을 섭취한 후에 나타나는 생기와 희열 그 이상이다. 시인은 하나님의 "법도들"(פִּקּוּדִים, 피쿠딤)로 인해 인생에 필수적인 명철한 판단력을 얻고 모든 거짓된 "길"(אֹרַח, 오라흐, 개역개정은 "행위"로 번역)을 미워한다(104절). 이처럼 하나님의 말씀과 가까이하면 그 어디서도 찾을 수 없는 탁월한 지혜를 얻게 된다.

> 너희는 지켜 행하라. **이것이 여러 민족 앞에서 너희의 지혜요** 너희의 지식이라. 그들이 이 모든 규례를 듣고 이르기를 "이 큰 나라 사람은 과연 지혜와 지식이 있는 백성이로다" 하리라(신 4:6).

3) 내 발에 등이 되는 말씀(105-112절[נ, 눈])

> **105** 주의 **말씀**(דָּבָר, 다바르)은 내 발에 등이요
> 내 길에 빛이니이다.
> **106** 주의 의로운 **규례들**(מִשְׁפָּטִים, 미쉬파팀)을 지키기로
> 맹세하고 굳게 정하였나이다.
> **107** 나의 고난이 매우 심하오니
> 여호와여,
> 주의 **말씀**(דָּבָר, 다바르)대로 나를 살아나게 하소서.
> **108** 여호와여,
> 구하오니 내 입이 드리는 자원 제물을 받으시고

주의 **공의**(מִשְׁפָּטִים, 미쉬파팀: 규례들)를 내게 가르치소서.

109 나의 생명이 항상 위기에 있사오나

나는 주의 **법**(תּוֹרָה, 토라)을 잊지 아니하나이다.

110 악인들이 나를 해하려고 올무를 놓았사오나

나는 주의 **법도들**(פִּקּוּדִים, 피쿠딤)에서 떠나지 아니하였나이다.

111 주의 **증거들**(עֵדְוֹת, 에두트)로 내가 영원히 나의 기업을 삼았사오니

이는 내 마음의 즐거움이 됨이니이다.

112 내가 주의 **율례들**(חֻקִּים, 후킴)을 영원히 행하려고

내 마음을 기울였나이다.

105-112절(נ, 눈)은 "내 발에 등(燈)이 되는 말씀"에 대해 노래한다. 인생은 캄캄한 길을 통과하는 것이라고 할 수 있다. 이런 어두운 인생길에서 하나님의 "말씀"(דָּבָר, 다바르)은 나의 "발에 등"이고 나의 "길에 빛"이다 (105절). 여기서 "켜져 있는 등"은 형통한 삶을, "꺼진 등"은 불행과 죽음을 상징한다.

> **악인의 등불**이 꺼짐과
> 재앙이 그들에게 닥침과
> 하나님이 진노하사
> 그들을 곤고하게 하심이 몇 번인가?(욥 21:17)

> **의인의 빛**은 환하게 빛나고
> **악인의 등불**은 꺼지느니라(잠 13:9).

대저 행악자는 장래가 없겠고

악인의 등불은 꺼지리라(잠 24:20).

그래서 시인은 하나님의 의로운 "규례들"(מִשְׁפָּטִים, 미쉬파팀)을 성실히 지키겠다고 맹세하고 확정했다(106절). 우리의 삶은 예상치 못한 무수한 고통과 다양한 죽음의 경험들 속에 놓여 있다. 시인은 이런 고통에서 구원의 능력이 되시는 하나님의 "말씀"(דָּבָר, 다바르)대로 자신을 살려달라고 간구한다(107절). 그는 자신의 토라 묵상을 자원(自願) 제물로 받아주시고, 하나님의 "규례들"(מִשְׁפָּטִים, 미쉬파팀, 개역개정은 "공의"로 번역)을 알려달라고 애원한다(108절).

109-112절은 시편 전체를 규정하고 있는 삶의 극적인 긴장을 반영한다. 삶은 위험 속에 노출되어 있다. 시인은 삶 자체가 항상 위기의 연속이지만, 그래도 하나님의 "법"(תּוֹרָה, 토라)을 잊지 않았다고 고백한다(109절). 악인들은 사냥꾼같이 은밀하게 덫을 놓고 그를 해치려 하지만, 그런 와중에도 시인은 하나님의 "법도들"(פִּקּוּדִים, 피쿠딤)을 떠나지 않았다(110절). 다른 한편으로 삶을 보호하고 구원해주시는 하나님의 장치도 여전히 존재한다. 하나님의 "증거들"(עֵדוֹת, 에두트)은 시인에게 할당된 기업이다. 그 기업 위에서, 그 기업 때문에 시인은 즐겁게 산다(111절). 그래서 시인은 하나님의 "율례들"(חֻקִּים, 후킴)을 영원히 끝까지 행하려고 온 마음을 기울인다(112절).

4) 경외의 대상인 법규(113-120절[ס, 사메크])

113 내가 두 마음 품는 자들을 미워하고

주의 **법**(תּוֹרָה, 토라)을 사랑하나이다.

114 주는 나의 은신처요 방패시라.

내가 주의 **말씀**(דָּבָר, 다바르)을 바라나이다.

115 너희 행악자들이여, 나를 떠날지어다.

나는 내 하나님의 **계명들**(מִצְווֹת, 미츠보트)을 지키리로다.

116 주의 **말씀**(אִמְרָה, 이므라)대로 나를 붙들어 살게 하시고

내 소망이 부끄럽지 않게 하소서.

117 나를 붙드소서.

그리하시면 내가 구원을 얻고

주의 **율례들**(חֻקִּים, 후킴)에 항상 주의하리이다.

118 주의 **율례들**(חֻקִּים, 후킴)에서 떠나는 자는 주께서 다 멸시하셨으니

그들의 속임수는 허무함이니이다.

119 주께서 세상의 모든 악인들을 찌꺼기같이 버리시니

그러므로 내가 주의 **증거들**(עֵדוֹת, 에두트)을 사랑하나이다.

120 내 육체가 주를 두려워함으로 떨며

내가 또 주의 **심판**(מִשְׁפָּטִים, 미쉬파팀: 규례들)을 두려워하나이다.

113-120절(ס, 사메크)은 "경외의 대상인 법규"에 대해 자세히 묘사한다. 시인은 두 마음을 품는 자들을 미워하고 하나님의 "법"(תּוֹרָה, 토라)을 사랑한다(113절). "두 마음을 품는 자"는 "한 마음"이 아닌 "절반의 마음"으

로 토라를 따르거나, 토라를 이중적 또는 위선적으로 대하는 자들을 일컫는다.

> 엘리야가 모든 백성에게 가까이 나아가 이르되 **"너희가 어느 때까지 둘 사이에서 머뭇머뭇하려느냐?** 여호와가 만일 하나님이면 그를 따르고 바알이 만일 하나님이면 그를 따를지니라" 하니 백성이 말 한마디도 대답하지 아니하는지라(왕상 18:21).

시인은 하나님과 그분의 "말씀"(דָּבָר, 다바르)이 구원의 은신처이자 적의 공격을 막아주는 방패라고 선포한다(114절). 이런 믿음에 기초하여 그는 행악자들에게 공격을 멈추라고 강력히 요청한다. 그리고 하나님의 "계명들"(מִצְווֹת, 미츠보트)을 지키겠다고 굳게 다짐한다(115절). 동시에 시인은 하나님께 "말씀"(אִמְרָה, 이므라)대로 적들의 공격으로부터 자신을 지켜주시고 구원해주심으로써 하나님의 말씀을 바라는 자신의 소망이 그들 앞에서 부끄럽지 않게 해달라고 간구한다(116절).

117-120절은 시인과 토라에 적대적인 자들의 운명을 다룬다. 117절에서 시인은 자신을 붙들어달라고 애원한다. 그리하면 자신이 구원을 받고 하나님의 "율례들"(חֻקִּים, 후킴)을 항상 주시할 것이라고 선포한다. 118절에서 시인은 하나님의 "율례들"(חֻקִּים, 후킴)에서 떠나는 모든 자들을 하나님이 모두 멸시하신다고 확신한다. 그들이 보여준 속임수가 거짓이기 때문이다. 119절에서 시인은 하나님의 율례들을 떠나는 자들을 악인들과 동일시한다. 하나님은 이런 악인들을 금속을 가공할 때 나오는 쇠 찌꺼기같이 취급하여 폐기하신다(119a절). 이를 잘 아는 시인은

하나님의 "증거들"(עֵדוּת, 에두트)을 떠나지 않고 끝까지 주를 사랑하겠다고 고백한다(119b절). 120절의 "주의 심판을 두려워하나이다"는 "주의 규례들(מִשְׁפָּטִים, 미쉬파팀)을 경외하나이다(יָרֵא, 야레)"로 번역할 수 있다. 하나님의 율례들을 떠나는 자들이 멸시당하고 찌꺼기같이 버려질 것임을 확신한 시인은 하나님 앞에서 두려움에 사로잡혀 전율한다. 그러면서 하나님의 규례들을 경외한다고 고백한다.

5) 금보다 더 사랑하는 계명(121-128절[ע, 아인])

121 내가 정의와 공의를 행하였사오니

나를 박해하는 자들에게 나를 넘기지 마옵소서.

122 주의 종을 보증하사 복을 얻게 하시고

교만한 자들이 나를 박해하지 못하게 하소서.

123 내 눈이 주의 구원과

주의 의로운 **말씀**(אִמְרָה, 이므라)을 사모하기에 피곤하니이다.

124 주의 인자하심대로 주의 종에게 행하사

내게 주의 **율례들**(חֻקִּים, 후킴)을 가르치소서.

125 나는 주의 종이오니

나를 깨닫게 하사

주의 **증거들**(עֵדוֹת, 에두트)을 알게 하소서.

126 그들이 주의 **법**(תּוֹרָה, 토라)을 폐하였사오니

지금은 여호와께서 일하실 때니이다.

127 그러므로 내가 주의 **계명들**(מִצְוֹת, 미츠보트)을

금 곧 순금보다 더 사랑하나이다.

128 그러므로 내가 범사에 모든 주의 **법도들**(פִּקּוּדִים, 피쿠딤)을 바르게 여기고 모든 거짓 행위를 미워하나이다.

121-128절(ע, 아인)은 "금보다 더 사랑하는 계명"에 대해 다룬다. 이 단락의 중심 단어는 세 번이나 언급되는 "주의 종(עֶבֶד, 에베드)"이다(122, 124, 125절). 121-124절에서 시인은 하나님이 토라를 통해 의도하신 법질서가 현실에서 관철되기를 간구한다. 그는 하나님의 정의와 공의를 실천해왔으므로 자신을 박해하는 자들에게 넘기지 말아달라고 애원한다(121절). 122절에서는 피보호자("주의 종")의 행복과 복지를 보장하고 변호해야 할 책임이 있는 하나님께 간구한다. 그는 교만한 자들이 자신을 박해하지 못하게 막아달라고 기도한다. 시인은 하나님의 구원과 의로우신 "말씀"(אִמְרָה, 이므라)을 동일시하고, 그 말씀을 눈이 쇠할 정도로 사모한다고 고백한다(123절). 그러면서 하나님의 인자하심대로 자신에게 친히 개입하셔서 하나님의 "율례들"(חֻקִּים, 후킴)을 공개적으로(아마도 교만한 자들 앞에서) 가르쳐달라고 요구한다(124절).

125-128절은 122절과 124절에서 언급한 "하나님의 종"의 이미지를 이어간다. 125절은 "나는 주의 종이오니"라는 선언으로 시작한다. 종은 주인의 의도를 정확하게 파악하고 있어야 한다.

상전의 손을 바라보는 종들의 눈같이,
여주인의 손을 바라보는 여종의 눈같이
우리의 눈이 여호와 우리 하나님을 바라보며

우리에게 은혜 베풀어주시기를 기다리나이다(시 123:2).

그래서 하나님의 종인 시인은 그분의 "증거들"(מֵדוֹת, 에두트)을 알려달라고 조른다. 126절에서 시인은 교만한 자들의 운명에 눈을 돌린다. 그들은 하나님의 "법"(תּוֹרָה, 토라)을 깨뜨리려고 한다. 그들이 정의와 공의의 삶을 요구하는 하나님의 법을 거듭해서 무시하고 어기는 것을 본 시인은 이제 하나님이 개입하실 시점임을 확신한다. 하나님의 말씀에 대한 태도에서 교만한 자들과 하나님의 종이 나뉜다. 하나님의 종인 시인은 그분의 "계명들"(מִצְוֹת, 미츠보트)을 자연금(自然金)이나 가공된 순금보다 더 소중하게 여긴다(127절). 금이나 순금이란 모든 사람의 욕망의 대상이자 부의 상징이다. 그러나 하나님의 종은 일반인들과 다른 가치관을 갖고 있다. 그는 하나님의 모든 "법도들"(פִּקּוּדִים, 피쿠딤)을 어떤 경우에도 올바르게 여기고 이를 실행하며, 모든 거짓된 "길"(אֹרַח, 오라흐, 개역개정은 "행위"로 번역)을 미워한다(128절). 하나님의 종은 세상의 최고 가치인 금 곧 순금보다 하나님의 계명들을 더 사랑한다.

3. 메시지

여기서 시인은 토라의 기능을 다양하게 드러낸다. 토라는 "영원하고 심히 넓은 계명"(89-96절), "탁월한 지혜를 주는 말씀"(97-104절), "내 발에 등이 되는 말씀"(105-112절), "경외의 대상인 법규"(113-120절), "금보다 더 사랑하는 계명"(121-128절)이다. 특히 시인은 하나님이 율례를 떠나는 자들을 멸시하고 이런 자들을 결국 사용할 수 없는 찌꺼기같이 여기시는 분임을 깨닫고 스스로를 겸비한다. 하나님의 말씀은 경홀히 여겨서는 안 되는 경외의 대상이다. 더 나아가 하나님의 종은 세상의 종들과는 확실히 달라야 한다. 또한 하나님의 종은 그분의 계명을 최고의 가치로 여겨야 한다. 세상 사람들이 최고의 가치로 여기는 금이나 순금보다 하나님의 계명이 더 귀하게 보일 때 비로소 하나님의 종의 길로 접어든 것이다. 하나님의 계명은 우리에게 최상의 경외와 최고의 사랑의 대상이 되기 때문이다.

최고의 평안과 진정한 즐거움을 주는 영원한 말씀:

"주의 법을 사랑하는 자에게는 큰 평안이 있으니"

1. 구조

1) 129-136절(ㅁ, 페): 우둔한 자를 깨닫게 하는 말씀

2) 137-144절(ㅉ, 차데): 영원히 의로운 증거

3) 145-152절(ㅋ, 코프): 태초부터 영원에 이르는 증거들

4) 153-160절(ㄱ, 레쉬): 태초부터 영원까지 생명을 주는 진리의 말씀

5) 161-168절(ㅅ, 신): 큰 평안을 주는 법

6) 169-176절(ㅎ, 타브): 진정한 즐거움을 주는 계명

2. 내용

1) 우둔한 자를 깨닫게 하는 말씀(129-136절[ㅁ, 페])

129 주의 **증거들**(עֵדְוֹת, 에두트)은 놀라우므로

내 영혼이 이를 지키나이다.

130 주의 **말씀**(דָּבָר, 다바르)을 열면

빛이 비치어 우둔한 사람들을 깨닫게 하나이다.

131 내가 주의 **계명들**(מִצְוֹת, 미츠보트)을 사모하므로

내가 입을 열고 헐떡였나이다.

132 주의 이름을 사랑하는 자들에게 베푸시던 대로 내게 돌이키사

내게 은혜를 베푸소서.

133 나의 발걸음을 주의 **말씀**(אִמְרָה, 이므라)에 굳게 세우시고

어떤 죄악도 나를 주관하지 못하게 하소서.

134 사람의 박해에서 나를 구원하소서.

그리하시면 내가 주의 **법도들**(פִּקּוּדִים, 피쿠딤)을 지키리이다.

135 주의 얼굴을 주의 종에게 비추시고

주의 **율례**(חֻקִּים, 후킴)로 나를 가르치소서.

136 그들이 주의 **법**(תּוֹרָה, 토라)을 지키지 아니하므로

내 눈물이 시냇물같이 흐르나이다.

129-136절(מ, 페)은 "우둔한 자를 깨닫게 하는 말씀"을 묘사한다. 시인은 하나님의 "증거들"(עֵדֹוֹת, 에두트)이 매우 놀랍기 때문에, 자신("내 영혼")이 그 말씀을 지켰다고 고백한다(129절). "주의 말씀을 열면"(פֵּתַח דְּבָרֶיךָ, 페타흐 데바레카)은 독특한 표현으로(130절), 직역하면 "당신의 말씀의 문(입구)"이 된다. 시인은 하나님의 "말씀"(דָּבָר, 다바르)의 입구에서 나오는 빛이 우둔한 사람들을 깨닫게 한다고 진술한다. 이런 진술은 본디 학생을 대상으로 한다. 지혜의 학생들은 아직 인생 경험이 일천하지만, 지혜의 학교에서 올바른 삶의 기술을 배운다.

4 어리석은 자는 이리로 돌이키라.

또 지혜 없는 자에게 이르기를

5 "너는 와서 내 식물을 먹으며

내 혼합한 포도주를 마시고

6 어리석음을 버리고 **생명을 얻으라.**

명철의 길을 행하라" 하느니라(잠 9:4-6).

131절의 "내가 입을 열고 헐떡였나이다(שׁאַף, 샤아프)"는 무언가를 애타게 찾는 모습을 연상시킨다.

> 종은 저녁 그늘을 **몹시 바라고**(שׁאַף, 샤아프)
> 품꾼은 그의 삯을 기다리나니(욥 7:2).

> 그대는 밤을 **사모하지**(שׁאַף, 샤아프) 말라.
> 인생들이 밤에 그들이 있는 곳에서 끌려가리라(욥 36:20).

이는 시인이 하나님의 "계명들"(מִצְוֹת, 미츠보트)을 얼마나 사모하는지를 인상적으로 표현한다. 그는 하나님을 사랑하는 자들에게 그리하셨던 것처럼 자신을 향해 은혜를 베풀어달라고 애원한다(132절). 시인은 인생의 발걸음을 하나님의 "말씀"(אִמְרָה, 이므라) 안에서 굳게 세워 그 어떤 죄악도 자신을 지배하지 못하게 해달라고 요청한다(133절). 또 사람의 억압에서 자신을 구속하셔서 그분의 "법도들"(פִּקּוּדִים, 피쿠딤)을 지킬 수 있게 해달라고 간구한다(134절). 여기서 "구속하다"(פָּדָה, 파다)는 "몸값을 내고 풀려나게 하다/구해내다"라는 뜻이다. 135절에서 시인은 "악의 노예"(133절)가 아닌 "하나님의 종"에게 하나님의 얼굴을 비추시고 "율례"(חֻקִּים, 후킴)를 가르쳐달라고 매달린다. 시냇물같은 눈물을 흘린다(136절). 이 구절에서 "그들"의 정체는 134절에 나오는 "사람의 박해"(עֹשֶׁק, 오쉐크)에 암시되어 있다. 이들은 121절의 "박해하는 자들"(עָשַׁק, 아샤크)과 122절의 "교만한 자들"(עָשַׁק, 아샤크)을 가리킨다. 자신을 박해하는 자들이 하나님의 "법"(תּוֹרָה, 토라)을 지키지 않는 것을 보며 시인은 몹시 괴로워한다. 시인의 심각한 통증은 자신으로 인한 고통이 아니라 그가 속한 사회가 하나님의 법을 망각하고 외면하고 있는 현실에서 비롯된 것이다. 하나님의 말씀은 빛이 나오는 입구가 되어 우둔한 자들을 깨닫게 한다.

2) 영원히 의로운 증거(137-144절[צ, 차데])

137 여호와여,

주는 의로우시고

주의 **판단**(מִשְׁפָּטִים, 미쉬파팀: 규례들)은 옳으니이다.

138 주께서 명령하신 **증거들**(עֵדֹת, 에두트)은 의롭고

지극히 성실하니이다.

139 내 대적들이 주의 **말씀**(דָּבָר, 다바르)을 잊어버렸으므로

내 열정이 나를 삼켰나이다.

140 주의 **말씀**(אִמְרָה, 이므라)이 심히 순수하므로

주의 종이 이를 사랑하나이다.

141 내가 미천하여 멸시를 당하나

주의 **법도**(פִּקּוּדִים, 피쿠딤)를 잊지 아니하였나이다.

142 주의 의는 영원한 의요

주의 **율법**(תּוֹרָה, 토라)은 진리로소이다.

143 환난과 우환이 내게 미쳤으나

주의 **계명**(מִצְוֹת, 미츠보트)은 나의 즐거움이니이다.

144 주의 **증거들**(עֵדֹת, 에두트)은 영원히 의로우시니

나로 하여금 깨닫게 하사 살게 하소서.

137-144절(ℵ, 차데)은 "영원히 의로운 증거들"에 관해 말한다. 이 단락의 중심 단어는 다섯 번 언급되는 "의"(차디크[צַדִּיק], 체데크[צֶדֶק], 체다카[צְדָקָה])라는 단어다(137, 138, 142[2번], 144절). 시인은 야웨가 "의로우시고"(צַדִּיק, 차디크), 그분의 "규례들"(מִשְׁפָּטִים, 미쉬파팀, 개역개정에는 "판단")은 옳다고 고백한다(137절). 이어서 하나님이 명령하신 "증거들"(עֵדֹת, 에두트)은 "의롭고"(צֶדֶק, 체데크) 매우 성실하다고 선언한다(138절). 즉 하나님은 말씀을 통해 정의의 질서를 세우셨다. "내 열정이 나를 삼켰나이다"(139a절)는 문자적으로 "내 질투(קִנְאָה, 킨아)가 나를 삼켰다"가 된다. 이는 의인의 "분노"나 "의분"(義憤)을 뜻한다. 의인이 분노하는 이유는 대적들이 하나님의 "말씀"(דָּבָר, 다바르)을 잊어버렸기 때문이다(139b절). 시인은 하나님의 말씀을 거역하는 대적들이 정의의 질서와 달리 현실에서 성공하고 잘나가는 모습을 보면서 질투하고 분노한다.

이는 내가 악인의 형통함을 보고
오만한 자를 **질투하였음이로다**(시 73:3).

그러나 시인은 하나님의 "말씀"(אִמְרָה, 이므라)이 정련된 금속처럼 그 어떤 결점도 없이 매우 순수하다고 인정하며, 하나님의 종으로서 그 말씀을 사랑한다고 고백한다(140절). 시인은 멸시를 당하고 있는 상황에서도 하나님의 "법도"(פִּקּוּדִים, 피쿠딤)를 절대 잊지 않았다고 당당히 밝힌다(141절). 그는 하나님의 "의"(צְדָקָה, 체다카)는 영원히 "의롭고"(צֶדֶק, 체데크)

하나님의 "율법"(תּוֹרָה, 토라)은 진리라고 선포한다(142절). 시인은 환난과 우환 속에서도 그분의 "계명"(מִצְוֹת, 미츠보트)이 자신의 즐거움이 된다고 고백한다(143절). 시인은 하나님의 의가 영원한 의라는 사실을 알기 때문에, 한시적인 현재의 고통에 얽매이지 않는다. 그는 하나님의 "증거들"(עֵדֹת, 에두트)이 영원히 "의로우심"(צֶדֶק, 체데크)을 깨달음으로써 생기 있게 살게 해달라고 간청한다(144절). 하나님이 세우신 정의의 질서(말씀)를 무시하며 사는 자들의 형통함은 한시적이고 순간적인 착시현상에 불과하다. 하나님의 증거들은 영원히 의롭다. 그런 영원에 잇대어 사는 삶이 곧 바르고 즐거운 삶이다.

3) 태초부터 영원에 이르는 증거들(145-152절[ק, 코프])

145 여호와여,

내가 전심으로 부르짖었사오니

내게 응답하소서. 내가 주의 **교훈들**(חֻקִּים, 후킴: 율례들)을 지키리이다.

146 내가 주께 부르짖었사오니

나를 구원하소서.

내가 주의 **증거들**(עֵדֹת, 에두트)을 지키리이다.

147 내가 날이 밝기 전에 부르짖으며

주의 **말씀**(דָּבָר, 다바르)을 바랐사오며

148 주의 **말씀**(אִמְרָה, 이므라)을 조용히 읊조리려고

내가 새벽녘에 눈을 떴나이다.

149 주의 인자하심을 따라 내 소리를 들으소서.

여호와여,

주의 **규례들**(מִשְׁפָּטִים, 미쉬파팀)을 따라 나를 살리소서.

150 악을 따르는 자들이 가까이 왔사오니

그들은 주의 **법**(תּוֹרָה, 토라)에서 머니이다.

151 여호와여,

주께서 가까이 계시오니

주의 모든 **계명들**(מִצְוֹת, 미츠보트)은 진리니이다.

152 내가 전부터 주의 **증거들**(עֵדוֹת, 에두트)을 알고 있었으므로

주께서 영원히 세우신 것인 줄을 알았나이다.

145-152절(ק, 코프)은 "태초부터 영원에 이르는 증거들"에 대해 말한다. 145절에서 시인은 "내가 전심으로 부르짖었사오니 내게 응답하소서"라고 간구한 다음 "내가 주의 교훈들(חֻקִּים, 후킴)을 지키리이다"라고 약속한다. 이이서 146절에서 시인은 "내가 주께 부르짖었사오니 나를 구원하소서"라고 간구한 뒤 "내가 주의 증거들(עֵדוֹת, 에두트)을 지키리이다"라고 다짐한다. 간구와 약속(다짐)은 시편 119편에 자주 등장하는 전형적인 요소다. 시인은 "날이 밝기 전에"(새벽에) 일어나 간절히 도움을 청하고 하나님의 "말씀"(דָּבָר, 다바르)을 고대하며 기다린다(147절). 그는 하나님의 "말씀"(אִמְרָה, 이므라)을 묵상하기 위해 새벽녘에 눈을 뜬다(148절). 이처럼 말씀을 향한 시인의 열정은 뜨겁다.

149절에서 시인은 이중적으로 간구한다. 우선 하나님의 "인자하심"(חֶסֶד, 헤세드)을 따라 자신의 목소리를 들어달라고 청한다(149a절). 그런 다음 하나님의 "규례들"(מִשְׁפָּטִים, 미쉬파팀)을 따라 자신을 살려달라

고 요청한다(149b절). 왜냐하면 하나님의 인자하심과 규례들은 정의의 질서를 보호하고 회복시키기 때문이다. 150절에서 시인은 "악을 따르는 자들"이 자신에게 가까이 있지만, 그들은 하나님의 "법"(חוֹרָה, 토라)에서 멀다고 폭로한다. 그러나 151절에서 하나님도 가까이 계심을 깨닫는다. 이어서 그분의 모든 "계명들"(מִצְוֹת, 미츠보트)이 진리라고 고백한다. "하나님과 먼 악" 그리고 "진리이신 하나님"이 공존한다. 악과 선이 혼재되어 있는 것이 바로 현실이다. 152절의 "전부터"(קֶדֶם, 케뎀)와 "영원히"(לְעוֹלָם, 레올람)라는 두 단어는 "태초부터 영원까지"라는 의미를 내포한다. 시인은 하나님의 "증거들"(עֵדוֹת, 에두트)이 태초부터 영원토록 존재할 말씀이라는 사실을 강조한다.

4) 태초부터 영원까지 생명을 주는 진리의 말씀(153-160절[ר, 레쉬])

153 나의 고난을 보시고

나를 건지소서.

내가 주의 **율법**(חוֹרָה, 토라)을 잊지 아니함이니이다.

154 주께서 나를 변호하시고

나를 구하사

주의 **말씀**(אִמְרָה, 이므라)대로 나를 살리소서.

155 구원이 악인들에게서 멀어짐은

그들이 주의 **율례들**(חֻקִּים, 후킴)을 구하지 아니함이니이다.

156 여호와여,

주의 긍휼이 많으오니

주의 **규례들**(מִשְׁפָּטִים, 미쉬파팀)에 따라 나를 살리소서.

157 나를 핍박하는 자들과 나의 대적들이 많으나

나는 주의 **증거들**(עֵדֹות, 에두트)에서 떠나지 아니하였나이다.

158 주의 **말씀**(אִמְרָה, 이므라)을 지키지 아니하는 거짓된 자들을

내가 보고 슬퍼하였나이다.

159 내가 주의 **법도들**(פִקּוּדִים, 피쿠딤)을 사랑함을 보옵소서.

여호와여,

주의 인자하심을 따라 나를 살리소서.

160 주의 **말씀**(דָּבָר, 다바르)의 강령은 진리이오니

주의 의로운 모든 **규례들**(מִשְׁפָּטִים, 미쉬파팀)은 영원하리이다.

153-160절(ר, 레쉬)은 "태초부터 영원까지 진리로서 생명을 주는 말씀"에 대해 기술한다. 이 단락의 중심 단어는 세 번이나 반복되는 "나를 살리소서"(חַיֵּנִי, 하예니)다(154, 156, 159절). 시인은 하나님께 고난에서 건져달라고 하면서(153a절) 자신이 그동안 하나님의 "율법"(תֹּורָה, 토라)에 충실했음을 간구의 근거로 제시한다(153b절). 154절은 법정 소송의 상황을 전제로 한다. 시인은 하나님께 자신을 변호해주시고, 값을 치러 건져주시며(גָּאַל, 가알), 하나님의 "말씀"(אִמְרָה, 이므라)대로 살려달라고 애원한다. 그는 소송 상대자인 악인들이 하나님의 "율례들"(חֻקִּים, 후킴)을 구하지 않기 때문에 그분의 구원이 그들에게서 멀리 있다고 확신한다(155절). 이어서 하나님의 크신 "긍휼"(רַחֲמִים, 라하밈)을 바탕으로 하나님의 "규례들"(מִשְׁפָּטִים, 미쉬파팀)에 따라 자신을 살려달라고 간청한다(156절).

시인은 하나님의 말씀을 무시하는 악인들이 자신을 핍박하고 대적

하는데, 이들이 다수를 점하고 있다고 증언한다(157a절). 그는 자신이 다수의 횡포에 맞서 하나님의 "증거들"(תודע, 에두트)에서 한 치도 벗어나지 않았음을 고백한다(157b절). 158절에서 시인은 악인들이 하나님의 "말씀"(אמרה, 이므라)을 지키지 않는 거짓된 자들의 모습을 목도하고 역겨워한다(개역개정은 "슬퍼한다" 시, 139:21). 그는 이들과 전혀 다른 길을 걸으며 하나님의 "법도들"(פקודים, 피쿠딤)을 사랑하는 자기 모습에 주목해달라고 간구한다(159a절). 이어서 하나님의 인자하심을 따라 자신을 살려달라고 간청한다(159b절). "주의 말씀의 강령은 진리이오니"(160절)라는 표현에서 "강령"(ראש; 로쉬)은 본래 "시작, 머리, 근원, 태초"라는 의미다. 시인은 하나님의 "말씀"(דבר, 다바르)과 "규례들"(משפטים, 미쉬파팀)이 영원한 진리이자 의라고 선포한다. 하나님의 말씀은 태초부터 영원까지 우리에게 생명을 공급하는 진리의 말씀이다.

5) 큰 평안을 주는 법(161-168절[ש/ש, 신/쉰])

161 고관들이 거짓으로 나를 핍박하오나
나의 마음은 주의 **말씀**(דבר, 다바르)만 경외하나이다.
162 사람이 많은 탈취물을 얻은 것처럼
나는 주의 **말씀**(אמרה, 이므라)을 즐거워하나이다.
163 나는 거짓을 미워하며 싫어하고
주의 **율법**(תורה, 토라)을 사랑하나이다.
164 주의 의로운 **규례들**(משפטים, 미쉬파팀)로 말미암아
내가 하루 일곱 번씩 주를 찬양하나이다.

165 주의 **법**(חֹרָה, 토라)을 사랑하는 자에게는 큰 평안이 있으니

그들에게 장애물이 없으리이다.

166 여호와여,

내가 주의 구원을 바라며

주의 **계명들**(מִצְוֹת, 미츠보트)을 행하였나이다.

167 내 영혼이 주의 **증거들**(עֵדוֹת, 에두트)을 지켰사오며

내가 이를 지극히 사랑하나이다.

168 내가 주의 **법도들**(פִּקּוּדִים, 피쿠딤)과 **증거들**(עֵדוֹת, 에두트)을 지켰사오니

나의 모든 행위가 주 앞에 있음이니이다.

161-168절(שׁ, 신)은 "큰 평안을 주는 법"에 대해 언급한다. 사회적으로 막강한 힘을 가진 고관들이 "까닭 없이"(חִנָּם, 힌남: 개역개정에는 "거짓으로") 시인을 핍박한다.(168절) "나의 마음은 주의 말씀(דָּבָר, 다바르)만 경외하나이다"에서 "경외하다"(פָּחַד, 파하드)는 "공포의 전율"(렘 36:16)과 "기쁨의 전율"(사 60:5)이라는 중의적 의미를 지닌 말이다.

그들이 그 모든 말씀을 듣고 **놀라**(פָּחַד, 파하드) 서로 보며 바룩에게 이르되 "우리가 이 모든 말을 왕에게 아뢰리라"(렘 36:16).

그때에 네가 보고 기쁜 빛을 내며

네 마음이 **놀라고**(פָּחַד, 파하드) 또 화창하리니

이는 바다의 부가 네게로 돌아오며

이방 나라들의 재물이 네게로 옴이라(사 60:5).

한편 시인은 고관들을 무서워하지 않고 하나님의 말씀만을 두려워한다. 그는 고관들의 핍박 속에서도 하나님의 말씀으로 인해 기쁨의 전율을 느끼고 있다. 162절은 이런 기쁨을 명시적으로 표현한다. 시인은 마치 전쟁에서 승리한 자만이 누릴 수 있는 전리품을 획득하고 기뻐하는 것처럼 하나님의 "말씀"(אִמְרָה, 이므라)을 즐거워한다. 시인은 자신이 거짓을 미워하고 가증하게 여기며 오직 하나님의 "율법"(תּוֹרָה, 토라)을 사랑한다고 고백한다(163절). 이어서 하나님의 의로운 "규례들"(מִשְׁפָּטִים, 미쉬파팀) 때문에 하루에 일곱 번씩 하나님을 찬양한다고 선언한다(164절). 여기서 "일곱"은 완전(完全)과 강도(强度)를 나타내는 상징적인 수로서(마 18:21-22; 눅 17:4), 찬양에 대한 시인의 뜨거운 열정을 보여준다(시 34:2; 146:2).

165절에서 시인은 163절의 개인적인 고백을 공개적으로 선포한다. 하나님의 "법"(תּוֹרָה, 토라)을 사랑하는 자에게는 장애물이 사라지고 큰 평안(שָׁלוֹם, 샬롬)이 임한다.

누가 지혜가 있어 이런 일을 깨달으며
누가 총명이 있어 이런 일을 알겠느냐?
여호와의 도는 정직하니
의인은 그 길로 다니거니와
그러나 죄인은 그 길에 걸려 넘어지리라(호 14:9).

진정한 삶은 하나님의 말씀을 사랑하고(loving) 그 말씀대로 사는 것(living)이다. 시인은 손 놓고 있지 않고 하나님의 "계명들"(מִצְוֹת, 미츠보트)을 행하면서 그분의 구원을 묵묵히 기다린다(166절). 전 존재의 중심인 시인의 "영혼"(נֶפֶשׁ, 네페쉬)이 하나님의 "증거들"(עֵדוֹת, 에두트)을 지키고 그것들을 매우 사랑한다고 선포한다(167절). 또한 자신이 하나님의 "법도들"(פִּקּוּדִים, 피쿠딤)과 "증거들"(עֵדוֹת, 에두트)을 지켰다고 진술한다(168a절). 그렇게 할 수 있었던 것은 그가 살아온 모든 길이 하나님 앞에 놓여 있었기 때문이다(168b절). 하나님의 법은 큰 평안(שָׁלוֹם, 샬롬)을 선사한다.

6) 진정한 즐거움을 주는 계명(169-176절[ת, 타브])

169 여호와여,

나의 부르짖음이 주의 앞에 이르게 하시고

주의 **말씀**(דָּבָר, 다바르)대로 나를 깨닫게 하소서.

170 나의 간구가 주의 앞에 이르게 하시고

주의 **말씀**(אִמְרָה, 이므라)대로 나를 건지소서.

171 주께서 **율례**(חֻקִּים, 후킴)를 내게 가르치시므로

내 입술이 주를 찬양하리이다.

172 주의 모든 **계명들**(מִצְווֹת, 미츠보트)이 의로우므로

내 혀가 주의 **말씀**(אִמְרָה, 이므라)을 노래하리이다.

173 내가 주의 **법도들**(פִּקּוּדִים, 피쿠딤)을 택하였사오니

주의 손이 항상 나의 도움이 되게 하소서.

174 여호와여,

내가 주의 구원을 사모하였사오며

주의 **율법**(תּוֹרָה, 토라)을 즐거워하나이다.

175 내 영혼을 살게 하소서.

그리하시면 주를 찬송하리이다.

주의 **규례들**(מִשְׁפָּטִים, 미쉬파팀)이 나를 돕게 하소서.

176 잃은 양같이 내가 방황하오니

주의 종을 찾으소서.

내가 주의 **계명들**(מִצְוֹת, 미츠보트)을 잊지 아니함이니이다.

169-176절(ת, 타브)은 "진정한 즐거움을 주는 계명"을 말한다. 자신의 부르짖음이 하나님 앞에 상달되길 원하는 시인은 하나님의 "말씀"(דָּבָר, 다바르)대로 깨닫게 해달라고 간구한다(169절). 또한 자신의 간구가 하나님 앞에 이르게 되기를 간절히 바라며, 하나님의 "말씀"(אִמְרָה, 이므라)대로 구원을 얻을 수 있게 되길 기도한다(170절). 말씀을 깨우치고자 하는 소망을 아뢰고 곤경으로부터의 구원을 간구하는 것은 시편 기도의 주된 주제다. 하나님이 "율례들"(חֻקִּים, 후낌)을 가르쳐주시기 때문에(171절) 시인의 입술에서 찬양이 흘러넘친다. 하나님의 모든 "계명들"(מִצְוֹת, 미츠보트)이 의롭기 때문에(172절) 시인의 혀는 하나님의 "말씀"(אִמְרָה, 이므라)을 노래한다.

시편의 메시지를 요약하면 말씀의 능력을 통한 "인생의 가르침"과 "정의의 실행"이다. 시인은 창조와 역사에 나타난 야웨 하나님의 강력한 능력인 하나님의 손이 자신의 도움이 되기를 기원한다(173a절). 이는 시인이 하나님의 "법도들"(פִּקּוּדִים, 피쿠딤)을 선택한 이유다(173b절). 그는 하나님의 구원을 갈망하고 그분의 "율법"(תּוֹרָה, 토라)을 즐거움으로 삼기 원하는 자신의 강렬한 감정을 드러낸다(174절). 하나님의 말씀을 묵상하고 실행하는 것이 그의 진정한 행복이자 최고의 즐거움이다. 시인은 자기 존재의 중심이 되는 영혼을 살려서 하나님을 찬송할 수 있게 해달라고 애원하며(175a절) 하나님의 "규례들"(מִשְׁפָּטִים, 미쉬파팀)이 자신을 돕게 해달라고 간청한다(175b절). 176절에서는 자신이 길을 잃은 양같이 방황하고 있다고 털어놓는다. 그리고 선한 목자이신 하나님께 길을 잃고 헤매는 양과 같은 자신을 찾아 구원해달라고 매달리며 그분의 "계명들"(מִצְוֺת, 미츠보트)을 잊지 않겠다고 맹세한다.

3. 메시지

이 단락에서도 시인은 토라의 기능을 여러 가지로 표현한다. 토라는 "우둔한 자를 깨닫게 하는 말씀"(129-136절), "영원히 의로운 증거"(137-144절), "태초부터 영원에 이르는 증거들"(145-152절), "태초부터 영원까지 진리로서 생명을 주는 말씀"(153-160절), "큰 평안을 주는 법"(161-168절), "진정한 즐거움을 주는 계명"(169-176절)이다. 특히 시인은 하나님의 말씀이 "태초부터 영원"에 이르는 증거이며 진리로서 생명을 주는 말씀임을 강조한다. 하나님의 법을 사랑하는 자에게는 "최고의 평안(שָׁלוֹם, 샬롬)"이 임하고 인생의 장애물들이 사라진다. 그렇기 때문에 마음 깊이 늘 묵상한 하나님의 말씀을 내면화하고 이를 하나씩 삶 속에서 실천함으로써 외면화하다 보면, 이 시편의 시인과 같이 하나님의 말씀으로 인해 "진정한 즐거움"을 누리게 될 것이다.

120편

순례자인 나그네:
"나는 화평을 원할지라도"

1. 양식

시편 120편은 "개인 탄원시"(a psalm of individual lament)로 분류된다. 이 시는 "성전에 올라가는 노래"(a song of ascents)라는 열다섯 편의 노래 모음집(시 120-134편) 중 첫 번째 시편이다. 또한 이 모음집에 속한 모든 시편은 "순례시"(pilgrimage psalm)라고 한다. 따라서 이 시편은 순례시에 포함된 개인 탄원시로 볼 수 있다. 이 시편에는 순례자들이 이 세상에서 겪는 아픔이 상세히 표현되어 있다.

2. 구조

1) 1절: 기도 응답에 대한 회상
2) 2절: 하나님을 향한 부름과 간구
3) 3-4절: 원수를 향한 저주
4) 5-7절: 탄원

3. 내용

1) 기도 응답에 대한 회상(1절)

¹ 내가 환난 중에 여호와께 부르짖었더니
내게 응답하셨도다.

시인은 1절에서 과거에 경험했던 기도 응답을 회상하고 있다. 그러나 이 회상은 과거의 구원 경험을 단순히 보도하는 것이 아니라 하나님이 현재 고난에 처한 시인의 간구를 들어주셔야 하는 이유를 제시하는 역할을 한다. 그는 과거의 구원 사건을 회상함으로써 과거의 구원 행위를 오늘의 구원 행위로 현재화한다. 과거는 기억과 회상을 통해 현재에서 다시 경험된다. 1절은 이 시편의 주제 문장이기도 하다. 야웨는 모든 억압과 고통에서 시인을 구원해주시는 분이다.

2) 하나님을 향한 부름과 간구(2절)

> 2 여호와여,
>
> 거짓된 입술과
>
> 속이는 혀에서 내 생명을 건져주소서.

2절은 하나님을 향한 시인의 부름과 간구를 묘사한다. 시편에서 "거짓된 입술"과 "속이는 혀"는 종종 대적들의 강력한 무기로 상징된다.

> 그들의 입에 신실함이 없고
>
> 그들의 심중이 심히 악하며
>
> **그들의 목구멍은 열린 무덤 같고**
>
> **그들의 혀로는 아첨하나이다**(시 5:9; 참조. 시 10:7; 12:1-4; 31:18).

입술과 혀에서 나오는 음모와 모함은 언어폭력으로서 개인의 인격은 물론이고 사회적 관계까지도 망가트리는 치명적인 살인 무기와 같다. 시인은 이런 공격으로부터 자신을 지켜달라고 하나님께 간구한다.

3) 원수를 향한 저주(3-4절)

> 3 너 속이는 혀여,
> 무엇을 네게 주며
> 무엇을 네게 더할꼬?
> 4 장사의 날카로운 화살과
> 로뎀 나무 숯불이리로다.

3-4절은 원수를 향한 시인의 저주다. 3절은 수사학적 질문이다. 시인은 "속이는 혀"에게 직접적으로 말한다. 이 구절은 "속이는 혀야, 그것이 네게 무엇을 주며, 네게 무엇을 더할까?"로도 번역된다. 즉 "속이는 혀는 속이는 혀에게 무엇을 줄까?"라는 의미다. 이는 답을 이미 알면서 묻는 질문이다. 속이는 혀에게 주어지는 것은 "장사의 날카로운 화살"과 "로뎀 나무 숯불"이다(4절). 로뎀 나무는 가늘지만 단단하여 매우 오래 타는 나무로 널리 알려져 있으며, 특히 그 뿌리는 숯으로 사용되었다. 시인은 원수의 혀에 화살이 관통하고, 숯불이 그 혀를 태우기를 바란다. 이는 원수를 저주하는 기도다. "화살과 숯불"은 살육과 불로 상징된 심판을 가리키며, 죽음과 파멸을 의미한다. 이는 적들이 행한 대로 되돌려 받기를 바라는 인과응보의 표현 방법이다.

4) 탄원(5-7절)

> 5 메섹에 머물며
>
> 게달의 장막 중에 머무는 것이
>
> 내게 화로다.
>
> 6 내가 화평을 미워하는 자들과 함께
>
> 오래 거주하였도다.
>
> 7 나는 화평을 원할지라도
>
> 내가 말할 때에 그들은 싸우려 하는도다.

5-7절은 시인의 탄원이다. 5절에서 그는 메섹과 게달의 장막에 머무는 것이 자신에게 화라고 외친다. 5a절의 "머물다"(גּוּר, 구르)는 남의 땅에 "나그네"(גֵּר, 게르)로 잠시 거주하는 것을, 5b절의 "머물다"(שָׁכַן, 샤칸)는 잠시 장막을 치는 것을 뜻한다. 시인은 자신의 삶을 잠시 "머무는 것" 곧 나그네 살이로 정의한다.

이스라엘 백성으로부터 먼 지역에 있는 메섹과 게달은 전쟁을 상징하는 민족들의 이름이다.

> 인자야, 너는 마곡 땅에 있는 로스와 **메섹**과 두발 왕 곧 곡에게로 얼굴을 향하고 그에게 예언하여(겔 38:2).

> 16 주께서 이같이 내게 이르시되
>
> "품꾼의 정한 기한같이 일 년 내에 게달의 영광이 다 쇠멸하리니

17 게달 자손 중 활 가진 용사의 남은 수가 적으리라" 하시니라.

이스라엘의 하나님 여호와의 말씀이니라(사 21:16-17).

메섹은 이스라엘을 중심으로는 북쪽, 흑해 기준으로는 남쪽에 있는 호전적인 산지 민족이다(창 10:2; 겔 27:13; 32:26; 38:2-3; 39:3). 그리고 게달은 이스라엘의 남동쪽에 있는 아라비아 광야 지역에 머무는 유목 민족이다. 성경과 고대 근동의 문헌에 따르면, 게달은 특히 활 기술에 탁월한 용사들로서 낙타를 타고 쳐들어와 빠른 속도로 마을을 급습하여 살생과 약탈을 일삼는 기병대로 알려져 있었다(사 21:13-17; 렘 49:28-33).

이 두 지역은 당시 세계 지도에서 이스라엘의 먼 북쪽과 남쪽 끝에 각각 위치해 있었다. 이들은 "전설적인 잔혹한 민족들"로 지칭된다. 따라서 메섹과 게달은 공격적이고 호전적이며 파괴적인 세계를 가리키는 상징이기도 하다. 당시 세계상에 따르면 시인은 생명에 위협을 받는 주변 지역의 나그네로 잠시 머물고 있다. 한마디로 그는 혼돈(chaos)에 의해 생명의 위협을 받고 있었다.

6절에서 시인은 "화평"(שׁלוֹם, 샬롬)을 미워하는 자들과 오랫동안 함께 거주하였다고 탄식한다. 샬롬은 영의 온전함, 정신의 안정됨, 육체의 건강함, 물질의 풍성함, 관계의 원만함 같은 상태를 말한다. 그러나 불행하게도 시인은 샬롬과 거리가 먼 환경에 오랫동안 방치되어 있었다.

7절에 의하면 시인은 말할 때마다 "나는 화평을 원한다"(אֲנִי־שָׁלוֹם, 아니-샬롬)고 외치며 다닌다. 그러나 "남들은 전쟁을 원한다"(הֵמָּה לַמִּלְחָמָה, 헴마 라밀하마). 따라서 아무리 경건한 자라도 주변에 있는 악한 이웃들의 마음에 들지 못하면 진정한 평화를 누릴 수 없는 것이 현실이다.

4. 메시지

시인은 거짓된 음모와 모함의 표적이 되었다. 그는 화평을 원하지만 그의 주변에는 화평을 거부하고 전쟁을 일삼는 자들이 득실거린다. 시인은 생명의 기운을 꺾는 혼돈의 상황 속에서 나약한 나그네로 살아갈 수밖에 없다. 그는 메섹과 게달(파괴적인 세상)이 걷는 "나그네의 길"(homo viator)이 시온(성전)을 향하는 "순례자의 길"(homo peregrinator)이 되어야 한다고 은연중에 가르치고 있다. 하나님이 계시는 성전은 특별히 선택된 거룩한 장소이며, 우리의 부당함을 맘껏 털어놓을 수 있는 유일한 곳이다. 인간관계에서 오는 고통이 우리를 엄습할 때, 우리는 성전에서 위로하시는 하나님의 음성을 들을 수 있다.

시인이 고통을 헤쳐나가는 방법은 두 가지다. 하나는 자신의 외침을 들으시는 하나님과 친밀한 관계를 유지하는 것이고(1절), 다른 하나는 악의적인 입술에서 나오는 치명적인 험담을 하나님이 물리쳐주실 것이라는 희망을 갖는 것이다(2절). 힘들고 지친 "나그네의 길"은 환난 중에 응답하시는 시온의 하나님을 찾아 나서는 "순례자의 길"로 변해야 한다.

121편

불침번을 서주시는 하나님:
"졸지도 아니하시고 주무시지도 아니하시리로다"

1. 양식

시편 121편은 "신뢰시"(a psalm of trust)로 분류된다. 이 시는 "성전에 올라가는 노래"라는 열다섯 편의 순례시(시 120-134편) 중 두 번째 시로서, "순례시"(pilgrimage psalm)에 속한 신뢰시로 볼 수 있다. 특히 "순례의 길을 떠나는 이들을 위해 복을 비는 기도"(Reisesegen)가 주요 내용이다(시 121:4-8). 그래서 이 시를 일명 "여행자의 시"(the traveler's psalm)라고도 한다. 이 시는 시편 23편과 함께 그리스도인에게 가장 많이 사랑받는 시편이기도 하다.

2. 구조

1) 1-2절: 도우시는 야웨
2) 3-4절: 온종일 깨어서 지키시는 야웨
3) 5-6절: 보호의 그늘이 되시는 야웨
4) 7-8절: 인생의 모든 길을 지키시는 야웨

3. 내용

1) 도우시는 야웨(1-2절)

¹ 내가 산을 향하여 눈을 들리라.
나의 도움이 어디서 올까?

2 나의 도움은

천지를 지으신 여호와에게서로다.

1–2절은 "도우시는 야웨"에 대한 신뢰 고백으로서, 여기에는 이 시의 주제가 언급되어 있다. 1절의 "산들"(복수, 개역개정에는 "산"[단수])은 야웨가 계시는 "시온산"을 가리킨다.

> **산들**이 예루살렘을 두름과 같이
>
> 여호와께서 그의 백성을
>
> 지금부터 영원까지 두르시리로다(시 125:2).

> 헐몬의 이슬이 **시온의 산들**에 내림 같도다.
>
> 거기서 여호와께서 복을 명령하셨나니
>
> 곧 영생이로다(시 133:3).

눈을 드는 것은 "두려움"이 아니라 "사모함"의 표현이다.

> 그 후에 그의 주인의 아내가 요셉에게 **눈짓하다가** 동침하기를 청하니(창 39:7; 참조. 겔 18:6, 12; 23:27; 시 123:1; 145:15).

시인은 시온을 향하여 "나의 도움이 어디서 올까?"라고 자문하며 하나님의 도움을 간절히 기다리고 있다.

2절에서 시인은 창조주 하나님에 대한 신뢰를 공표한다. 순례자는 천지를 지으신 하나님께서 자신을 도우신다는 확신으로 순례를 계속할 수 있는 용기를 얻는다. 이 창조 개념은 우주에 대한 이론에 그치지 않고 구체적인 삶의 상황에 대처하는 데 도움을 준다. "천지를 지으신"에서 "지으신"(עֹשֶׂה, 오세)은 동사 "만들다, 창조하다"(עָשָׂה, 아사)에서 파생된 분사형이다. 야웨는 자신이 창조하신 세계에 지대한 관심을 갖고 끊임없이 주시하며 지금도 지속적으로 필요한 것들을 채워주시는 창조의 하나님이시다. 이를 통해 피조물들의 생명을 유지하고 보호하신다. 여기서 "도움"(עֵזֶר, 에제르)은 특히 하나님의 도움을 가리키는 단어로서 보호와 인도와 축복의 의미를 갖는다.

2) 온종일 깨어서 지키시는 야웨(3-4절)

3 여호와께서

너를 실족하지 아니하게 하시며

너를 지키시는 이가 졸지 아니하시리로다.

4 이스라엘을 지키시는 이는

졸지도 아니하시고

주무시지도 아니하시리로다.

3-4절은 "온종일 깨어서 지키시는 야웨"에 대해 고백한다. 여기서 "너"는 예루살렘을 향해 가고 있는 시인 순례자이고, "화자"(話者)인 ("나")는 제사장 혹은 한 가정의 아버지(토비트 5:17), 그도 아니면 가까운 지인이거나 동행하는 또 다른 순례자일 수도 있다. 3절의 "지키다"(שָׁמַר, 샤마르)

는 이 시에서 여섯 번이나 사용된다. 이 단어는 타인을 향한 책임감을 의미한다. "샤마르" 동사는 분사형으로서 지속성을 강조한다.

> 여호와께서 가인에게 이르시되 "네 아우 아벨이 어디 있느냐?" 그가 이르되 "내가 알지 못하나이다. 내가 내 아우를 **지키는**(שֹׁמֵר, 샤마르) 자니이까?"(창 4:9)

> 여호와께서 집을 세우지 아니하시면
> 세우는 자의 수고가 헛되며
> 여호와께서 성을 **지키지**(שֹׁמֵר, 샤마르) 아니하시면
> 파수꾼의 깨어 있음이 헛되도다(시 127:1).

또한 이 단락에서는 야웨의 세 가지 특성이 언급된다. 첫째, 야웨는 순례자의 길을 보호하신다(3a절). 둘째, 야웨는 졸거나 방심하지 않는다(3b절). 셋째, 야웨는 한시도 주무시지 않고 늘 깨어서 순례자를 주목하고 계신다(4절).

하지만 고대 근동의 신들은 잠을 잔다. 잠은 신들의 특별한 권리였다. 신들은 방해받지 않고 잠을 잘 권리가 있었다. 아무런 걱정 없이 잠을 잘 수 있는 것은 신들만이 누릴 수 있는 특권이었다. 그러나 "이스라엘을 지키시는 이"(שׁוֹמֵר יִשְׂרָאֵל, 쇼메르 이스라엘)는 잠이라는 신적 권리를 포기하신다. 사실 야웨는 참된 하나님으로서 회복을 위한 잠을 필요로 하시지 않는다. 여기서 중요한 점은 "이스라엘을 지키시는 이"가 바로 "너를 지키시는 이"라는 점이다. 따라서 "공동체의 하나님"은 각 "개

인의 하나님"이기도 하다. 하나님은 어느 한순간도 쉬거나 주무시지 않고 영원히 깨어서 개별 순례자들의 길을 인도하시고 그들과 동행하신다.

3) 보호의 그늘이 되시는 야웨(5-6절)

5 여호와는 너를 지키시는 이시라.

여호와께서 네 오른쪽에서

네 그늘이 되시나니

6 낮의 해가 너를 상하게 하지 아니하며

밤의 달도 너를 해치지 아니하리로다.

5-6절은 "보호의 그늘이 되시는 야웨"에 대해 진술한다. 5절의 "그늘"은 고대 근동과 이집트에서 신과 왕이 활동하던 영역을 상징한다. 근동의 기후 조건에서 "그늘"은 생명 유지와 생활 보장에 필수적인 혜택을 준다. 그늘은 이스라엘의 뜨거운 기후에서도 더위를 식혀줌으로써 지친 몸을 재충전할 수 있는 쉼터의 기능을 한다.

지존자의 은밀한 곳에 거주하며

전능자의 **그늘** 아래에 사는 자여(시 91:1).

주는 포학자의 기세가

성벽을 치는 폭풍과 같을 때에

빈궁한 자의 요새이시며

환난 당한 가난한 자의 요새이시며

폭풍 중의 피난처시며

폭양을 피하는 **그늘**이 되셨사오니(사 25:4).

"네 오른쪽에서 네 그늘이 되시나니"에서 "오른쪽"에 있다는 것은 변호인, 보호자, 구원자가 된다는 뜻이다.

내가 여호와를 항상 내 앞에 모심이여,

그가 **나의 오른쪽**에 계시므로

내가 흔들리지 아니하리로다(시 16:8).

그가 **궁핍한 자의 오른쪽**에 서사

그의 영혼을 심판하려 하는 자들에게서 구원하실 것임이로다(시 109:31).

주의 오른쪽에 계신 주께서

그의 노하시는 날에 왕들을 쳐서 깨뜨리실 것이라(시 110:5).

6절의 "낮(מוֹי, 요맘)과 밤(לַיְלָה, 라일라)"은 극과 극의 경계를 거론하면서 전체("온종일")를 총칭하는 용법이다(merism). 이스라엘에서 타는 듯이 내리쬐는 햇빛에 직접 노출되는 것은 상당히 위험하다. 탈수와 뇌졸중을 일으킬 수도 있기 때문이다.

18 그 아이가 자라매 하루는 추수꾼들에게 나가서 그의 아버지에게 이르렀더니 **19** 그의 아버지에게 이르되 **"내 머리야, 내 머리야"** 하는지라. 그의 아버지가 사환에게 말하여 "그의 어머니에게로 데려가라" 하매 **20** 곧 어머니에게로 데려갔더니 낮까지 어머니의 무릎에 앉아 있다가 죽은지라(왕하 4:18-20; 참조. 사 49:10; 욘 4:8).

달빛이 비추는 밤은 어둠 속에 위험이 가득한 시간이다.

> 너는 **밤에 찾아오는 공포**와
> 낮에 날아드는 화살과(시 91:5).

> 다 칼을 잡고 싸움에 익숙한 사람들이라.
> **밤의 두려움**으로 말미암아 각기 허리에 칼을 찼느니라(아 3:8).

또한 바빌로니아에서 달 신은 학질, 열병, 나병, 실명, 간질 등과 같은 재앙을 주는 신으로 여겨졌다. 옛날부터 달빛은 정신적 장애를 일으키는 근원으로 간주되었다. "정신병자"(lunatic)라는 단어도 라틴어 루나(*luna*, 달[月])에서 파생되었다. 야웨는 낮과 밤의 온갖 위험으로부터 순례자를 지키는 보호의 그늘이 되어주셨다.

4) 인생의 모든 길을 지키시는 야웨(7-8절)

> **7** 여호와께서

너를 지켜 모든 환난을 면하게 하시며

또 네 영혼을 지키시리로다.

8 여호와께서

너의 출입을

지금부터 영원까지 지키시리로다.

7-8절은 "인생의 모든 길을 지키시는 야웨"에 대해 설명한다. 이 단락은
이 시의 절정이자 전체 내용을 요약하는 역할을 한다. 3-5절의 "지키시
는 이"(שׁמֵר, 쇼메르)로 쓰인 명사형 칭호는 동사형에서 파생된 분사인데,
이 단락에서는 동사 원형인 "지키다"(שָׁמַר, 샤마르)로 해석하는 것이 더 적
절하다. 이는 하나님의 활동력을 강조하는 진술이다. 야웨는 "모든 환
난"으로부터 시인을 보호하신다(7a절). 또한 야웨는 "네 영혼"(נֶפֶשׁ, 네페
쉬)을 지키신다(7b절). 여기서 "영혼"은 갈망과 희망을 의미한다. 하나님
은 순례자의 갈망과 희망을 후원하고 장려하신다.

8절의 "출입"(צֵאתְךָ וּבוֹאֶךָ, 체테카 우보에카)이라는 표현은 "일상의 모든
삶"을 가리킨다. 고대 도시의 일꾼은 아침에 안전한 경계인 성벽 밖에
있는 밭으로 가서 목장이나 농장의 일을 하고, 저녁에 일을 마친 다음 성
벽 안에 있는 자신의 안식처로 돌아온다.

네가 **들어와**(בֹא, 보)도 복을 받고

나가(יָצָא, 야차)도 복을 받을 것이니라(신 28:6).

그들에게 이르되 "이제 내 나이 백이십 세라. 내가 더 이상 **출입하지**(וְלָבוֹא

לָצֵאת, 라체트 베라보) 못하겠고 여호와께서도 내게 이르시기를 '너는 이 요단 을 건너지 못하리라' 하셨느니라"(신31:2).

모세가 나를 보내던 날과 같이 오늘도 내가 여전히 강건하니 내 힘이 그때 나 지금이나 같아서 싸움에나 **출입에**(וְלָצֵאת וְלָבוֹא, 베라체트 베라보) 감당할 수 있으니(수14:11).

하나님의 지키심은 시간과 공간의 제약을 받지 않는다. "출입"이 공간적 차원이라면, "지금부터 영원까지"는 시간적 차원이다. 하나님은 언제 어 디서나 인생의 모든 시공간을 초월하여 우리를 주목하고 보호하신다.

4. 메시지

시인은 예루살렘의 시온을 향해 순례를 떠나고 있다. 안락한 집을 떠 나 순례의 길을 나서는 것은 위험천만한 일이다. 이 시는 순례자의 신 앙과 신뢰의 고백이자 (순례) 여행을 떠나는 이들을 위한 축복의 기 도다. 독일 개신교 찬송가 뒤에 있는 "길 나서는 이를 위해 복을 비는 기 도"(Reisesegen)는 이 시에서 유래한 것으로 보인다.

주님이 그대 **앞**에 계셔서, 그대에게 바른길을 보이시기 바랍니다.
주님이 그대 **곁**에 계셔서, 그대를 껴안아 지키시기 바랍니다.
주님이 그대 **뒤**에 계셔서, 못된 사람들의 나쁜 계획에서 그대를 보존하시 기 바랍니다.

주님이 그대 **아래**에 계셔서, 그대가 떨어지면 받아주시고 그대를 덫에서 끄집어내시기 바랍니다.

주님이 그대 **안**에 계셔서, 그대가 슬퍼할 때에 그대를 위로하시기 바랍니다.

주님이 그대 **둘레**에 계셔서, 남들이 그대를 덮칠 때 막아주시기 바랍니다.

주님이 그대 **위**에 계셔서, 그대에게 복 주시기 바랍니다.

이처럼 그대에게 은혜로우신 하나님이 복 주시기 바랍니다.

야웨는 창조주(초월성)이자 생명의 부양자(내재성)로서 백성을 돕고 보존하심으로써 자신의 초월성과 내재성을 동시에 발현(發現)하신다. 하나님의 돌보심은 시온에 국한되지 않고 언제 어디서나 그분의 백성의 인생 여정에 늘 함께하신다. 여정 가운데서 생기는 상처는 불가피하다. 그러나 하나님의 도우심은 결코 고갈되지 않는다. 우리는 여행 중에 예기치 못한 문제에 직면할 때도 있다. 그러나 하나님의 보호하심은 그 순간에도 여전히 작동된다. 하나님의 보호하심은 장소와 순간을 가리지 않고 온종일 우리와 함께한다. 우리 하나님은 졸지도 주무시지도 아니하시면서 내 인생의 불침번을 서주시는 분이다.

122편

평화의 기초를 세우는 평화의 일꾼:
"네 가운데에 평안이 있을지어다"

1. 양식

시편 122편은 "시온시"(a psalm of zion)로 분류된다. 이 시는 "성전에 올라가는 노래"라는 열다섯 편의 순례시(시 120-134편) 중 세 번째 시다. 이 시는 "순례시"(pilgrimage psalm)에 속한 시온시로 볼 수 있으며, 이스라엘의 정치와 종교의 중심인 예루살렘의 영광을 노래하는 내용을 담고 있다.

2. 구조

1) 1-2절: 예루살렘 순례의 출발과 도착에 대한 회상
2) 3-5절: 예루살렘의 특수성에 대한 묘사
3) 6-9절: 예루살렘의 평화를 위한 중보기도

3. 내용

1) 예루살렘 순례의 출발과 도착에 대한 회상(1-2절)

1 사람이 내게 말하기를
"여호와의 집에 올라가자"할 때에
내가 기뻐하였도다.
2 예루살렘아,
우리 발이 네 성문 안에 섰도다.

1-2절은 순례자인 시인이 예루살렘 성전을 향한 순례길의 출발과 도착을 회상하는 부분이다. 1절의 첫 단어는 "내가 기뻐하였도다"(שָׂמַחְתִּי, 사마흐티)인데 이는 시의 나머지 어조를 결정하는 핵심어다. 특히 "여호와 앞" 즉 성소나 성전에서 누리는 기쁨과 즐거움은 예루살렘 순례 축제의 핵심적인 경험이다.

> 거기 곧 너희의 하나님 **여호와 앞에서** 먹고 너희의 하나님 여호와께서 너희의 손으로 수고한 일에 복 주심으로 말미암아 너희와 너희의 가족이 즐거워할지니라(신 12:7; 참조. 신 12:12, 18; 16:11, 14, 15; 26:11).

"여호와의 집에 올라가자"라는 표현은 모든 순례를 시작할 때 선포하는 정형화된 관용구로 보인다. 예루살렘은 지정학적으로 해발 750m 이상의 고지에 위치하기 때문에, 늘 오르는 장소로 표현된다.

> 많은 백성이 가며 이르기를
> "오라! 우리가 **여호와의 산에 오르며**
> 야곱의 **하나님의 전에 이르자.**
> 그가 그의 길을 우리에게 가르치실 것이라.
> 우리가 그 길로 행하리라" 하리니
> 이는 율법이 시온에서부터 나올 것이요
> 여호와의 말씀이 예루살렘에서부터 나올 것임이니라(사 2:3; 참조. 렘 31:6; 미 4:2).

2절은 순례자가 예루살렘을 발로 밟고 그 문을 입장하는 순간의 감동을
묘사한다.

2) 예루살렘의 특수성에 대한 묘사(3-5절)

3 예루살렘아,

너는 잘 짜여진 성읍과 같이 건설되었도다.

4 지파들 곧 여호와의 지파들이

여호와의 이름에 감사하려고

이스라엘의 전례대로 그리로 올라가는도다.

5 거기에 심판의 보좌를 두셨으니

곧 다윗의 집의 보좌로다.

3-5절은 예루살렘의 특수성에 대한 묘사다. "잘 짜여진 성읍과 같이
건설되었도다"(3절)라는 표현은 그곳이 안전한 장소라는 인상을 심어
준다. 고대 근동에서 성읍의 성벽은 침략군의 공격으로부터 거주민들을
보호하고 안식을 제공하는 역할을 했다. 예루살렘은 성벽을 중심으로
벽과 벽을 잇대어 견고하게 건설되었으며, 그곳의 성읍 역시 자연발생
적인 군집(群集)이 아니라 잘 갖추어지고 계획된 도시였다.

4절은 시인이 순례하는 본래 목적이 이스라엘의 전례대로 제의를
통해 하나님께 감사하고 야웨의 이름을 찬양하는 것임을 알린다. 순례
자들은 "여호와의 지파들"로 불린다. 또한 대가족 공동체와 지파 공동체
로 이해되는 이들은 한 가족 같은 공동체로 하나님을 예배한다. 예루살

렘은 이 공동체가 드리는 예배의 중심지다. 그곳에는 옳고 그름을 판결하는 "심판의 보좌"가 설치되었다(5절). "다윗의 집의 보좌"는 다윗이 예루살렘에 설치한, 정의 실현을 위한 재판 장소다.

> 다윗이 온 이스라엘을 **다스려** 다윗이 모든 백성에게 **정의**와 **공의**를 행할새(삼하 8:15).

> **2** 압살롬이 일찍이 일어나 성문 길 곁에 서서 어떤 사람이든지 **송사가 있어 왕에게 재판을 청하러 올 때**에 그 사람을 불러 이르되 "너는 어느 성읍 사람이냐?" 하니 그 사람의 대답이 "좋은 이스라엘 아무 지파에 속하였나이다" 하면 **3** 압살롬이 그에게 이르기를 "보라. 네 일이 옳고 바르다마는 네 송사를 들을 사람을 왕께서 세우지 아니하셨다" 하고 **4** 또 압살롬이 이르기를 "내가 이 땅에서 재판관이 되고 누구든지 송사나 재판할 일이 있어 내게로 오는 자에게 내가 정의 베풀기를 원하노라" 하고 **5** 사람이 가까이 와서 그에게 절하려 하면 압살롬이 손을 펴서 그 사람을 붙들고 그에게 입을 맞추니 **6** 이스라엘 무리 중에 왕께 재판을 청하러 오는 자들마다 압살롬의 행함이 이와 같아서 이스라엘 사람의 마음을 압살롬이 훔치니라(삼하 15:2-6).

솔로몬은 왕궁 안에 "심판을 위한 보좌의 주랑(柱廊)"을 설치하였다.

> 또 심판하기 위하여 보좌의 주랑 곧 **재판하는 주랑**을 짓고 온 마루를 백향목으로 덮었고(왕상 7:7).

그곳에서 왕은 최고의 재판관으로 통치하였다. 또한 지방의 법정에서 해결되지 못한 분쟁이나 소송이 있다면, 이 순례 기간 동안에 예루살렘의 왕립 재판소로 이송되어 최종 판결의 대상이 되었을 가능성이 크다.

> 8 네 성중에서 서로 피를 흘렸거나 다투었거나 구타하였거나 서로 간에 고소하여 네가 판결하기 어려운 일이 생기거든 너는 일어나 **네 하나님 여호와께서 택하실 곳으로 올라가서** 9 레위 사람 제사장과 당시 재판장에게 나아가서 물으라. 그리하면 그들이 어떻게 판결할지를 네게 가르치리니(신 17:8-9).

왕은 적절한 안전과 질서를 보장하는 법적 조정자였고, 예루살렘은 정치적, 사법적으로 중요한 기능을 집행하는 곳이었다.

요약하면 시인이 예루살렘을 찬양하는 이유는 세 가지다. 첫째, 예루살렘은 의도적으로 "잘 짜여진" 계획도시로서 공동체를 보호하는 피난처(안전)다(3절). 둘째, 예루살렘은 "여호와의 이름을 감사"하기 위해 집결하는 공동체적인 제의 장소(성스러운 공간)다(4절). 셋째, 예루살렘은 공정하고 공평한 판결을 통해 백성의 억울함을 풀어주는 정의의 장소(질서)다(5절).

3) 예루살렘의 평화를 위한 중보기도(6-9절)

> 6 예루살렘을 위하여 평안을 구하라.
> 예루살렘을 사랑하는 자는 형통하리로다.

7 네 성안에는 평안이 있고

네 궁중에는 형통함이 있을지어다.

8 내가 내 형제와 친구를 위하여 이제 말하리니

"네 가운데에 평안이 있을지어다."

9 여호와 우리 하나님의 집을 위하여

내가 너를 위하여 복을 구하리로다

6-9절은 예루살렘의 평화를 위한 중보기도를 묘사한다. 시인은 동료 순례자들에게 예루살렘에 평화(מֹלְשָׁ, 샬롬)가 깃들기를 간구하라고 권고한다(6a절). 이어서 예루살렘을 향해 직접 말한다. 6b절에서 시인은 예루살렘을 사랑하는 자들에게 형통이 있기를 기원한다.

7절의 "성"(חֵיל, 헤일)은 외부의 성벽을, "궁전"은 내부의 핵심을 뜻한다. 시인은 예루살렘의 외부 성벽과 내부 궁중에 "평안"(מֹלְשָׁ, 샬롬)과 "형통함"(מִלְשָׁ, 샬바)이 임하기를 소망한다. 예루살렘의 성벽과 궁전은 야웨께서 주시는 안전을 상징한다. 여기서 시인은 예루살렘이 평화와 평안으로 채워지고, 더 나아가 개개인이 그 일에 참여하기를 간절히 바란다.

8절에서는 그의 "형제들과 친구들"을 위해 그들의 "평화로운 공동생활"을 간구한다. 9절에서는 "여호와 우리 하나님의 집"을 위하여 그 하나님의 집에 "복"(טוֹב, 토브)이 임하기를 기대한다. 시인은 사회적(8절), 신학적(9절) 차원으로 샬롬(מֹלְשָׁ)에 접근한다.

4. 메시지

시인은 예루살렘 순례의 축제를 회상하면서 예루살렘의 특수성에 대해 서술한다. 예루살렘은 "예루"(עיר, "이르": 도시)와 "살렘"(שׁלם, "샬롬": 평화)의 결합어다. 이름에 담긴 이런 의미에 따라 예루살렘은 "평화가 깃든 도시"가 되어야 한다. 도시를 구성하는 기본 요소는 종교, 정치, 경제다. 성스러운 공간이 있고, 기본적인 치안이 유지되며, 자유로운 매매가 이루어지는 시장이 형성되는 곳은 도시로 존속하고 번영할 수 있다. 당시 예루살렘은 "잘 짜여진 성읍"으로 안전한 경제의 중심지였고(3절), "여호와의 이름을 감사"하려고 신앙인들이 모여드는 종교의 중심지였으며 (4절), "심판의 보좌"를 통해 정의를 실현하는 정치의 중심지인(5절), 그 야말로 완벽한 도시였다.

그런데 근본적인 요소인 평화가 무너진다면 이 모든 것들(종교, 정치, 경제)은 결코 존립할 수 없다. 예루살렘은 평화의 반석 위에 세워진 도시다. 시인은 예루살렘 순례를 통해 평화의 중요성을 깨닫는다. 예루살렘의 성읍과 성소가 평화의 전당이 되어야 공동체에 형통함이 임한다. 우리도 교회가 있고 하나님의 백성이 사는 주변 마을과 도시가 평화 위에 세워지도록 크고 작은 평화의 기초를 간구하며 놓는 평화의 일꾼들(peace-maker)이 되어야 한다.

123편

세상을 이기는 하나님의 은혜:

"우리의 눈이 여호와 우리 하나님을 바라보며"

1. 양식

시편 123편은 "공동체 탄원시"(a psalm of communal lament)로 분류된다. "성전에 올라가는 노래"라는 열다섯 편의 순례시(시 120-134편) 중 네 번째인 이 시는 "순례시"(pilgrimage psalm)에 속한 공동체 탄원시로 볼 수 있다. 또한 이 시는 조소와 멸시로 인해 고통받는 시인이 이 상황을 종식시켜달라고 애원하는 기도다.

2. 구조

　　1) 1-2절: 신뢰 고백(믿음)
　　2) 3-4절: 은혜에 대한 간구와 탄원(불평)

3. 내용

1) 신뢰 고백(믿음)(1-2절)

　　1 하늘에 계시는 주여,
　　내가 눈을 들어 주께 향하나이다.
　　2 상전의 손을 바라보는 종들의 눈같이,
　　여주인의 손을 바라보는 여종의 눈같이
　　우리의 눈이 여호와 우리 하나님을 바라보며
　　우리에게 은혜 베풀어주시기를 기다리나이다.

1-2절은 하나님에 대한 시인의 신뢰 고백이다. 1절을 히브리어 순서대로 직역하면, "당신께 내가 든다/내 눈을/그 하늘에 앉아 계신 분이여"가 된다. 여기서 첫 번째 단어인 "당신께"(אֵלֶיךָ, 엘레카)는 강조로서, 이는 엄밀히 말하면 "오직 당신께만"이라는 뜻이다. "하늘에 계시는 주"는 높은 하늘에 계시기 때문에 원하는 모든 일을 다 행하실 수 있는 분이다.

> 오직 우리 하나님은 **하늘에 계셔서**
> **원하시는 모든 것을 행하셨나이다**(시 115:3).

"내가 눈을 들어 향하나이다"는 "눈을 들어 보다"라는 성경적 관용구의 축약형이다.

> 이에 롯이 **눈을 들어** 요단 지역을 바라본즉 소알까지 온 땅에 물이 넉넉하니 여호와께서 소돔과 고모라를 멸하시기 전이었으므로 여호와의 동산 같고 애굽 땅과 같았더라(창 13:10).

> **눈을 들어 본즉** 사람 셋이 맞은편에 서 있는지라. 그가 그들을 보자 곧 장막 문에서 달려나가 영접하며 몸을 땅에 굽혀(창 18:2).

> 너희는 **눈을 높이 들어** 누가 이 모든 것을 창조하였나 보라. 주께서는 수효대로 만상을 이끌어내시고 그들의 모든 이름을 부르시나니 그의 권세가 크고 그의 능력이 강하므로 하나도 빠짐이 없느니라(사 40:26).

하늘을 향해 눈을 들어 하나님을 보는 것은 자신이 하나님을 절대적으로 신뢰하고 이 땅에는 그 어떤 구원자도 없음을 인정하는 행위다. 외부의 도움이 필요할 때 다른 사람을 찾지 않고 "하나님을 향하는 것"은 암시적으로 오직 하나님만이 자신의 문제를 해결하실 수 있음을 고백하는 것과 같다.

2절은 시인과 하나님의 관계를 "(남)종들"(עֲבָדִים, 아바딤)과 상전, "여종"(שִׁפְחָה, 쉬프하)과 여주인의 관계에 빗대어 묘사한다. 종들의 "눈"은 집 안에서 필요한 것을 제공해주는 주인의 "손"을 주목한다. "손"(יָד, 야드)은 상전이나 여주인의 행동과 명령을 대변한다. "눈"(עַיִן, 아인)은 그 사람이 가진 주의력이나 집중력 전부를 가리킨다. 이들의 주목은 신뢰에 바탕을 둔 반가움, 경외감, 의존, 자발적 순종을 의미한다.

주인은 생계에 필수적인 음식을 제공한다. 그래서 종들은 주인과 여주인을 늘 주시하면서 그들의 미세한 손놀림에 민감하게 반응한다. 구약에서 경건한 이들은 "종"(עֶבֶד, 에베드)에 비유되곤 한다. 그들의 모든 삶은 주인이신 하나님께 고스란히 맞추어져 있다. 그들은 하나님을 철저히 의존하고 있음을 스스로 인식한다. 시인도 경건한 자로서 야웨께 온전히 집중하고 있다. 시인은 종들이 상전과 여주인을 바라보듯이 자신의 주인이신 하나님께 시선을 고정시키고 그분이 은혜를 베풀어주실 때까지 잠잠히 기다리고 있다(시 145:15).

2) 은혜에 대한 간구와 탄원(불평)(3-4절)

3 여호와여,

우리에게 은혜를 베푸시고

또 은혜를 베푸소서.

심한 멸시가 우리에게 넘치나이다.

4 안일한 자의 조소와 교만한 자의 멸시가

우리 영혼에 넘치나이다.

3-4절은 은혜에 대한 간구와 탄원(불평)이다. 3a절에서 시인은 우리에게 은혜를 베풀어달라고 두 번씩이나 말한다.

하나님이여,

내게 은혜를 베푸소서.

내게 은혜를 베푸소서.

내 영혼이 주께로 피하되

주의 날개 그늘 아래에서

이 재앙들이 지나기까지 피하리이다(시 57:1).

3b-4절은 간구에 대한 이유이자 탄원 혹은 불평이다. 3b절은 "왜냐하면"(כִּי, 키, 개역개정에는 생략됨)으로 시작된다. "왜냐하면 심한 멸시가 우리에게 넘치나이다." "넘치나이다"(שָׂבַע, 사바)는 보통 "풍성하다, 넘치다, 만족하다, 충분하다"라는 뜻이다. 그러나 여기서는 "과도하게 가득 차 있다"는 부정적인 의미로 사용되었다. 시인은 지금 과도한 멸시를 받고 있다.

4절의 "안일한 자"(שַׁאֲנַן, 샤아난)는 경제적으로 부유한 사람을 뜻한다. "샤아난"(שַׁאֲנָן)은 아모스 6:1의 "화 있을진저. 시온에서 교만한 자와 사마리아 산에서 마음이 든든한 자 곧 백성들의 머리인 지도자들이여, 이스라엘 집이 그들을 따르는도다"에 나오는 "교만한 자"(שַׁאֲנָן, 샤아난)와 동일한 단어다. 아모스서의 "샤아난"(שַׁאֲנָן)은 부유한 자를 일컫는다.

> **4** 상아 상에 누우며
>
> 침상에서 기지개 켜며
>
> 양 떼에서 어린 양과
>
> 우리에서 송아지를 잡아서 먹고
>
> **5** 비파 소리에 맞추어 노래를 지절거리며
>
> 다윗처럼 자기를 위하여 악기를 제조하며
>
> **6** 대접으로 포도주를 마시며
>
> 귀한 기름을 몸에 바르면서
>
> 요셉의 환난에 대하여는 근심하지 아니하는 자로다(암 6:4-6).

여기서 거만하기 짝이 없는 부유층은 가난한 사람들을 학대한다. 이런 사람들은 제멋대로 살며, 특히 덜 가진 자들을 억압하거나 무시한다. "교만한 자"는 자격도 안 되는 주제에 남을 험담하고 비꼬는 자들을 뜻한다. 여기서 교만한 자의 오만은 경제적 부유함에서 비롯되었음이 암시된다. 그들은 하나님을 경외하는 자들과는 정반대의 태도를 취한다.

여호와를 경외하는 것은 악을 미워하는 것이라.

나는 **교만**과 거만과 악한 행실과 패역한 입을 미워하느니라(잠 8:13).

이들은 사회적 공감 능력이 없으며 하나님이 세우신 질서에 전혀 관심을 두지 않고 제멋대로 산다. 또한 하나님을 의식하지도 않고 이웃도 철저히 무시한다. 시인은 하나님도 무시하는 이런 교만한 압제자들의 조소와 멸시를 견뎌내야만 한다.

4. 메시지

이 시는 시종일관 "눈"(עַיִן, 아인)에 관해 이야기한다. "나"의 눈(1절), "종들"의 눈, "여종"의 눈, "우리"의 눈(2절)! 이 눈은 주의력이나 집중력을 상징한다. 지금 우리의 눈은 어디를 향하고 있는가! 시인의 눈은 땅의 것을 바라보지 않고 하늘에 계신 하나님을 향하고 있다. 이 시는 "은혜"를 세 번이나 언급한다(2-3절). 시인은 오직 하나님의 은혜를 간절히 바라면서 묵묵히 기다린다. 그는 자신의 삶을 멸시하고 조소하는 세상을 등진 채 은혜를 베푸시는 분께로 눈을 향한다. 시인은 자신의 무죄를 적극적으로 항변하거나 하나님의 즉각적인 개입을 요구하는 대신 조용히 눈을 들어 하늘을 바라본다. 이는 다른 모든 구원의 수단을 포기함을 암시한다.

눈을 들어 하늘 보좌에 앉으신 분을 바라보는 시인의 행동은 온갖 조소와 멸시에 대한 순례자들의 답변이다. 순례자들은 세상(땅)에서 찾을 수 없는 것을 하늘의 왕께 바라고 있다. 그것이 바로 은혜다. 흉악한 세상에서 하나님의 은혜만이 우리가 기댈 수 있는 유일한 소망일 때가 있다. 세상의 멸시로부터 눈을 돌려 그 세상을 다스리시는 분을 바라볼 때, 순례자들은 세상을 이기는 하나님의 은혜를 발견하게 된다.

124편

상처 속에서 하나님의 라파(치료)가:
"여호와께서 우리 편에 계시지 아니하셨더라면"

1. 양식

시편 124편은 "공동체 감사시"(communal psalm of thanksgiving)로 분류된다. 이 시는 "성전에 올라가는 노래"라는 열다섯 편의 순례시(시 120-134편) 중 다섯 번째 시로서, "순례시"(pilgrimage psalm)에 속한 공동체 감사시로 볼 수 있다. 또한 이 시는 회중이 경험한 하나님의 도우심에 대해 감사드리는 노래다.

2. 구조

> 1) 1-5절: 과거의 구원에 대한 회상
> 2) 6-7절: 구원에 대한 찬양
> 3) 8절: 구원에 대한 신뢰와 확신

3. 내용

1) 과거의 구원에 대한 회상(1-5절)

> 1 이스라엘은 이제 말하기를
> "여호와께서 우리 편에 계시지 아니하셨더라면
> 우리가 어떻게 하였으랴?
> 2 사람들이 우리를 치러 일어날 때에
> 여호와께서 우리 편에 계시지 아니하셨더라면

³ 그때에 그들의 노여움이 우리에게 맹렬하여

우리를 산 채로 삼켰을 것이며

⁴ 그때에 물이 우리를 휩쓸며

시내가 우리 영혼을 삼켰을 것이며

⁵ 그때에 넘치는 물이

우리 영혼을 삼켰을 것이라” 할 것이로다.

1-5절은 과거의 구원을 회상하는 내용이다. 1절은 회중을 향한 권고이며, 2-5절은 신뢰의 고백이다. 1절의 히브리어 원전은 “만약(개역개정에는 생략됨) 여호와께서 우리 편에 계시지 아니하셨더라면”으로 시작한다. “만약…아니하셨더라면”(לוּלֵי, 룰레)은 비현실적인 과거의 상황을 표현할 때만 사용된다. “이스라엘은 이제 말하기를”은 “이스라엘아, 이제 말해 보아라”는 의미로서 회중의 참여를 권고하는 말이다. 즉 한 사람이 예배에 참여한 회중들에게 신뢰 고백을 권유하는 상용구라 할 수 있다.

이제 이스라엘은 말하기를

“그의 인자하심이 영원하다” 할지로다(시 118:2).

이스라엘은 이제 말하기를

“그들이 내가 어릴 때부터 여러 번 나를 괴롭혔도다”(시 129:1).

2a절도 “만약 여호와께서 우리 편에 계시지 아니하셨더라면”이라고 시작한다. 이 구절은 1절에서 한 사람이 말한 내용을 회중이 받아서 다시

반복한 것이다. "사람들이 우릴 치러 일어날 때에"(2b절)에서 "사람들"은 히브리어로 "아담"(אָדָם)이다. 여기서 "사람"은 회중(이스라엘)에게 군사적인 위협을 가하는 이방 나라의 대적 또는 이스라엘 내의 대적을 가리킬 수도 있다. 대적은 외부와 내부에 모두 존재한다. 예를 들어 이방의 대적으로는 산헤립(왕하 18:13), 느부갓네살(왕하 24:10), 안티오코스 4세 에피파네스, 그 밖의 제국의 침입자 등이 있다.

그런데 여기서 대적을 "사람"으로 표현한 것은 매우 독특하다. "사람"(אָדָם, 아담)은 본디 흙이나 티끌로 만들어져서 쇠약한 곧 깨지기 쉬운 사람을 의미한다. 그래서 한마디로 하나님 백성의 대적인 "사람"(אָדָם, 아담)은 하나님과 상대가 될 수 없다는 것이다.

> 내가 하나님을 의지하였은즉
> 두려워하지 아니하리니
> **사람**(אָדָם, 아담)이 내게 어찌하리이까?(시 56:11)

> 여호와는 내 편이시라.
> 내가 두려워하지 아니하리니
> **사람**(아담)이 내게 어찌할까?(시 118:6)

대적이 제아무리 강하다고 우쭐대도 하나님 앞에서는 무기력하고 덧없는 한낱 티끌에 지나지 않는다.

3-5절 각 절은 "그때에"(אֲזַי, 아자이)라는 단어로 시작한다. 3절은 "맹수 이미지"를 사용한다. 이 구절에서 시인은 대적을 하나님의 백성을 산

채로 삼키는 굶주린 야생의 맹수로 묘사한다. 예를 들어 사자는 짐승이나 인간 같은 노획물을 습격하여 산 채로 집어삼키기도 한다. 예루살렘을 파괴한 바빌로니아의 행동이 이런 비유로 묘사된다.

> 이는 네 황폐하고 적막한 곳들과
> 네 파멸을 당하였던 땅이
> 이제는 주민이 많아 좁게 될 것이며
> **너를 삼켰던 자들**이 멀리 떠날 것이니라(사 49:19).

> 바벨론의 느부갓네살 왕이 **나를 먹으며** 나를 멸하며
> 나를 빈 그릇이 되게 하며
> 큰 뱀같이 나를 삼키며
> 나의 좋은 음식으로 그 배를 채우고
> 나를 쫓아내었으니(렘 51:34).

4-5절은 휘감는 "혼돈의 물 이미지"를 사용한다. "물이 우리를 휩쓸며"(4절)는 "그 물이 우리 위를 넘쳐흐르고"라는 의미로서 "홍수"의 상황과 관련된다. "넘치는 물"(5절)에서 "넘치는"(הַזֵּידוֹנִים, 하제도님)은 성경에서 단 한 번 사용된 단어(hapax legomenon)이며 "걷잡을 수 없이 거세다"는 뜻이다. 이것은 간혹 발생하는 돌발적인 "급류"와 관련된다. 이스라엘에서는 거의 일 년 내내 강바닥이 메말라 있다가 우기(雨期)가 되면 갑자기 물이 불어나 격렬한 홍수(Wadi)가 발생하곤 한다.

기손 강은 그 무리를 표류시켰으니

이 기손 강은 옛 강이라.

내 영혼아, 네가 힘 있는 자를 밟았도다(삿 5:21).

1 하나님이여,

나를 구원하소서.

물들이 내 영혼에까지 흘러 들어왔나이다.

2 나는 설 곳이 없는 깊은 수렁에 빠지며

깊은 물에 들어가니

큰물이 내게 넘치나이다(시 69:1-2).

갑자기 물이 불어나 미처 피하지 못한 사람이 급류에 휩쓸려 목숨을 잃는 경우가 종종 있었다.

이 단락은 사람이 어찌할 수 없는 무서운 힘이 닥쳐오는 상황을 묘사한다. 자신을 무참히 공격하는 사람들, 예기치 않게 달려들어 자신을 덮치는 야생 짐승들, 갑작스런 홍수나 급류와 같은 자연 재난 등은 하나님이 함께하지 아니하셨더라면 절대 피할 수 없는 치명적인 재난이다. 이는 시인이 경험했던 과거의 고난 상황이 이토록 위급했음을 알려 준다.

2) 구원에 대한 찬양(6-7절)

6 우리를 내주어

그들의 이에 씹히지 아니하게 하신

여호와를 찬송할지로다.

7 우리의 영혼이

사냥꾼의 올무에서 벗어난 새같이 되었나니

올무가 끊어지므로

우리가 벗어났도다.

6-7절은 구원에 대해 찬양하는 내용이다. 6절에서 시인은 대적에 의해
완전히 제거되지 않게 해주신 하나님을 찬양한다. 회중(하나님의 백성)이
대적에 의해 포위되어 괴멸 직전에 이르렀지만, 하나님은 그들이 대적
의 이에 씹히는 먹잇감이 되지 않게 하셨다. 또한 이 구절("그들의 이에 씹
히지 아니하게 하신")은 3절("우리를 산 채로 삼켰을 것이며")과 연결된다.

7절에는 사냥꾼의 올무에 잡힌 "새 이미지"가 등장한다. 하나님의
백성은 이미 대적이 쳐놓은 올무에 갇혀 오도 가도 못하는 신세가 되
었다. 그들은 오직 사냥꾼의 처분만 기다리고 있다. 이런 이미지는 두 가
지를 암시한다.

분명히 사람은 자기의 시기도 알지 못하나니

물고기들이 재난의 그물에 걸리고

새들이 올무에 걸림같이

인생들도 재앙의 날이 그들에게 홀연히 임하면

거기에 걸리느니라(전 9:12).

첫째, 외부의 도움이 절대적으로 필요하다. 올무에 붙잡힌 새는 혼자 힘으로는 도저히 빠져나올 수 없다. "올무가 끊어지므로 우리가 벗어났도다"에서 "끊어지다"(שבר, 샤바르)와 "벗어났도다"(מלט, 말라트)는 모두 니팔형(수동형)이다. 이 새는 외부의 힘에 의해 사냥꾼의 올무가 부서져야 도망칠 수 있다. 둘째, 기적에 의해 자유를 얻을 수 있다. 이 새는 올무에서 해방되자 재빨리 빠져나와 자유를 누리게 되었다.

3) 구원에 대한 신뢰와 확신(8절)

> 8 우리의 도움은
> 천지를 지으신 여호와의 이름에 있도다.

8절은 회중의 신뢰와 확신을 다룬다. 이 확신은 과거의 구원 체험을 지속적으로 유효한 현실로 변형시킨다. "천지를 지으신 여호와의 이름"에서 "지으신"(עשה, 오세)은 동사 "만들다"(עשה, 아사)에서 파생된 분사형이다. 이는 하나님의 창조 행위가 오늘날에도 계속 진행되고 있음(*creatio continua*, 지속적 창조)을 시사한다. 또한 "천지를 지으신 분"이라는 하나님의 칭호는, 피조물인 인간의 역사와 사회의 세력에 지나지 않는 대적으로 지칭된 "사람"과 창조주 야웨가 절대적으로 다르다는 사실을 강조한다. 시인은 여기서 시편 121:2("나의 도움은 천지를 지으신 여호와에게서로다")과 달리 "나의 도움은 천지를 지으신 여호와의 이름에 있도다"라고 선언한다. 이는 야웨가 그 이름에 걸맞게 자신의 백성을 책임져주신다는 뜻이다.

6 여호와께서 그의 앞으로 지나시며 선포하시되 "여호와라, 여호와라, 자비롭고 은혜롭고 노하기를 더디하고 인자와 진실이 많은 하나님이라. 7 인자를 천대까지 베풀며 악과 과실과 죄를 용서하리라. 그러나 벌을 면제하지는 아니하고 아버지의 악행을 자손 삼사 대까지 보응하리라"(출 34:6-7).

회중은 하나님에 대한 신뢰를 확고하게 어필한다. 창조자 하나님이 친구가 되어 주실 때 인간의 대적은 그 어떤 위협도 되지 않는다.

12 이르시되 "너희를 위로하는 자는 나 곧 나이니라.
너는 어떠한 자이기에 죽을 사람을 두려워하며
풀 같이 될 사람의 아들을 두려워하느냐?
13 하늘을 펴고 땅의 기초를 정하고
너를 지은 자 여호와를 어찌하여 잊어버렸느냐?
너를 멸하려고 준비하는 저 학대자의 분노를
어찌하여 항상 종일 두려워하느냐?
학대자의 분노가 어디 있느냐?"(사 51:12-13)

4. 메시지

하나님이 우리의 삶에 개입하지 않으셨더라면 우리는 어찌 되었을까? 우리는 짐승이 날 선 이빨을 들이대며 우리를 삼키려고 덤벼들거나(6절), 사냥꾼의 올무에 걸린 것처럼 이도 저도 못 하는 상황 앞에서 두려움과 무력감에 사로잡히기도 한다(7절). 그러나 하나님이 우리의 삶 속에 부재하시는 순간은 없다. 또한 하나님은 우리를 방치하시거나 아무것도 하시지 않는 수동적인 분이 아니다. 위험과 전혀 무관한 삶은 이 세상에 존재하지 않는다. 그래서 하나님은 그 어떤 위험 속에서도 그분의 백성을 방치하실 수 없다.

물론 그분의 백성을 공격하는 "사람"은 그 백성의 능력을 압도적으로 능가한다. 하지만 그런 침입자는 단지 "사람"(אָדָם, 아담)에 불과하다. 하나님은 곁에서 늘 그분의 백성을 지키시고 안전하게 보호하신다. 만물의 창조주는 그분의 백성이 필요로 하는 모든 것을 적절히 해결해주신다. 따라서 하나님의 백성이 문제로부터 구원되었던 과거를 기억하고 삶 속에 그 경험을 재소환하여 다시 활용한다면, 현재와 미래를 위한 신뢰를 쌓아가는 데 도움이 될 것이다.

하나님의 사람은 삶의 상흔을 통해 하나님을 신뢰하는 방식을 배운다. 상처 속에서 하나님의 치료(רָפָא, 라파)가 작동되고 있음을! 그래서 상처와 상흔(scar)은 별과 훈장(star)이 될 수 있다. 상처와 고통을 치료하시는 하나님을 놓치지 않고 붙들 수만 있다면!

125편

과제인 선물:

"선한 자들과 마음이 정직한 자들에게 선대하소서"

1. 양식

시편 125편은 "공동체 탄원시"(a psalm of communal lament)로 분류된다. 이 시는 "성전에 올라가는 노래"라는 열다섯 편의 순례시(시 120-134편) 중 여섯 번째 시다. 또한 "순례시"(pilgrimage psalm)에 속한 공동체 탄원 시로서, 억압된 상황에서 하나님이 구원해주실 것을 신뢰하며 간구하는 내용을 담고 있다.

2. 구조

1) 1-3절: 신뢰 고백
2) 4-5a절: 간구
3) 5b절: 축도

3. 내용

1) 신뢰 고백(1-3절)

¹ 여호와를 의지하는 자는
시온산이 흔들리지 아니하고 영원히 있음 같도다.
² 산들이 예루살렘을 두름과 같이
여호와께서 그의 백성을 지금부터 영원까지 두르시리로다.
³ 악인의 규가 의인들의 땅에서는 그 권세를 누리지 못하리니

이는 의인들로 하여금 죄악에 손을 대지 아니하게 함이로다.

1-3절은 하나님에 대한 시인의 신뢰 고백이다. 1절의 "의지하다"(תָּבַח, 바타흐)라는 단어는 신뢰와 의존을 뜻한다. 이 동사는 분사형으로 사용되었다. 이는 한 번의 개별 행동에 집중하기보다는 근본적인 인생관을 강조하기 위함이다. 하나님을 "늘" 신뢰하고 의존하며 사는 사람은 하나님의 보호의 상징인 시온산에 비유된다. 시온산은 땅의 근원에 뿌리를 깊게 내린 채 흔들림 없이 확고하게 서 있다.

2절에서 시인은 시온산성이 난공불락의 천연 요새임을 떠올린다. 시온산성은 겹겹이 이어진 험준한 산세 때문에 실제로 쉽사리 접근할 수 없는 곳에 있었다. 예루살렘 도성은 사방이 산으로 둘러싸여 있고 하나의 요새처럼 방어벽을 쌓은 성이다. 산들이 예루살렘을 빙 둘러싸서 보호하는 것처럼 야웨께서도 자기 백성을 품에 에워싸고 영원히 보호하신다.

> **19** 이스라엘 진 앞에 가던 하나님의 사자가 그들의 뒤로 옮겨 가매 구름 기둥도 앞에서 그 뒤로 옮겨 **20** 애굽 진과 이스라엘 진 사이에 이르러 서니 저쪽에는 구름과 흑암이 있고 이쪽에는 밤이 밝으므로 밤새도록 저쪽이 이쪽에 가까이 못하였더라(출 14:19-20).

여호와의 천사가 주를 경외하는 자를 **둘러 진 치고**
그들을 건지시는도다(시 34:7).

여호와의 말씀에 내가 **불로 둘러싼 성곽이 되며**

그 가운데에서 영광이 되리라(슥 2:5).

하나님의 백성이 지닌 견고함은 시온의 성벽 때문이 아니라 하나님이 자신의 백성을 에워싸고 있다는 사실에서 비롯된다. 하나님은 그분의 백성을 시온의 기반암(基盤巖)같이 "아래에서"(under, 1절), 예루살렘을 에워싼 산들과 같이 "빙 둘러서"(around, 2절) 지금부터 영원까지 보호하신다.

3절은 1-2절의 확신에 대한 실제적인 결론이다. "악인의 규"(3a절)에서 "규"(שֵׁבֶט, 쉐베트)는 지휘봉으로 "왕들의 홀(笏)"을 뜻한다.

규(שֵׁבֶט, 쉐베트)가 유다를 떠나지 아니하며

통치자의 지팡이가 그 발 사이에서 떠나지 아니하기를

실로가 오시기까지 이르리니

그에게 모든 백성이 복종하리로다(창 49:10; 참조. 민 24:17; 시 45:6; 암 1:5, 8).

"악인의 규"는 부정한 통치를 가리키는 상징이다. 이를 행하는 권력자는 중앙집권적인 악한 영향력을 통해 죄악의 영역을 확대한다. "의인들의 땅"에서 "땅"(גּוֹרָל, 고랄)은 이스라엘의 땅 분배 개념에서 비롯된 말이다. "고랄"(גּוֹרָל)은 이스라엘이 가나안에 들어와서 땅을 나눌 때 사용했던 "제비"를 가리키는 말이었다.

오직 그 땅을 **제비**(גּוֹרָל, 고랄) 뽑아 나누어 그들의 조상 지파의 이름을 따라

얻게 할지니라(민 26:55).

"고랄"은 자의적으로 나눈 땅이 아니라 제비를 뽑아서 공평하게 분배한 땅을 가리킨다.

여호와는 나의 산업(חֵלֶק, 헬레크)과
나의 잔의 소득이시니
나의 **분깃**(גּוֹרָל, 고랄: 제비)을 지키시나이다(시 16:5).

결국 "고랄"(גּוֹרָל)은 하나님의 소유지 또는 통치 영역을 강조하는 표현이다. 그런데 지금은 악한 세력이 의로운 사람의 땅을 지배하고 있는 상황으로 보인다. 이는 이스라엘 민족이 겪었던 여러 국가적 고난을 가리킬 수도 있고, 국내적으로 채무 때문에 노예가 되어 조상으로부터 물려받은 땅을 잃어버린 사람의 처지를 의미할 수도 있다. 아무튼 이 단락에는 부조리한 상황이 반영되어 있다.

악인들이 의인들을 오랫동안 다스리게 되면 부작용이 발생하기 마련이다. 악인들의 지배를 받는 의인들도 그들처럼 되고 싶다는 유혹을 받음으로써 악한 삶으로 빠져들 수 있는 위험이 주변에 산재해 있다(3b절). 시인은 하나님이 "유산"의 일부를 거룩한 백성의 "몫"으로 "뽑아내어" 한 "거주지"를 허락하셨기 때문에 하나님의 땅에 결코 악인들이 들어올 수 없다고 확신한다. 따라서 악인들이 이 땅에 영원히 남을 수는 없을 것이다.

2) 간구(4-5a절)

> **4** 여호와여,
>
> 선한 자들과 마음이 정직한 자들에게 선대하소서.
>
> **5a** 자기의 굽은 길로 치우치는 자들은
>
> 여호와께서 죄를 범하는 자들과 함께 다니게 하시리로다.

4-5a절은 시인의 간구다. 4절에서 그는 하나님이 선한 백성과 마음이 정직한 백성을 기억하고 보답해주시기를 기원한다. 5a절은 하나님이 행하시는 일에 대한 "진술"(NRSV, 개역개정)인지, 아니면 하나님이 그렇게 해주시기를 바라는 "간구"(NJPS, 새번역)인지 불분명하다. 문법적으로는 "진술"로 번역해야 하지만 문맥상 "간구"로 보는 것이 더 매끄럽다. 4-5a절은 전형적인 지혜 문학의 방식을 따르고 있다. 시인은 선("선한 자들"과 "마음이 정직한 자들")과 악("굽은 길로 치우치는 자들"과 "죄를 범하는 자들")의 두 가지 삶의 길을 제시하고 어떻게 살 것인지는 각자 선택하되, 지혜 문학에서 전통적으로 말하는 인과응보의 신학에 근거하여 하나님께 그에 대한 정당한 처분을 내려달라고 요청한다.

3) 축도(5b절)

> **5b** 이스라엘에게는 평강이 있을지어다.

5b절의 마지막 축도는 이 시편 전체의 요점이자 핵심인 이스라엘의 평

강(מֵשׁוֹ, 샬롬)을 언급한다. "이스라엘 위에 평강"(שָׁלוֹם עַל־יִשְׂרָאֵל, 샬롬 알-이
스라엘)은 하나님이 정직한 자와 사악한 자를 구별하여 판결하신 결
과다. 시인은 백성의 구원을 비는 축도로 이 시를 마무리한다.

> 네 자식의 자식을 볼지어다.
> 이스라엘에게 평강이 있을지로다(시 128:6).

4. 메시지

이 시는 상황이 아무리 어려워도 하나님의 백성은 그분의 보호 아래
있다고 강조한다. 하나님이 거하시는 시온산이 어떠한 상황에서도 요동
치 않는 것처럼 그들은 하나님의 보호 아래 영원히 거할 것이다. 단기적
으로는 악한 자가 우세해 보일지라도, 장기적으로는 자신의 안전을 하
나님 안에서 발견하고자 하는 의로운 자에게 진정한 평강이 주어진다.
    1-3절은 시온 신앙의 전통에 기초한다. 이 시온 신앙은 야웨의 완
전한 보호와 안전을 "약속"한다. 이 구절은 구원과 확신의 목소리다. 그
리고 4-5절은 시내산 전통에 기반한 토라의 삶을 "요구"하는 또 하나의
목소리로서, 암시적으로 선한 삶과 마음이 정직한 삶의 중요성을 강조
한다. 이 시에는 "약속"(구원과 확신)과 "요구"가 동시에 등장한다. 약속은
요구와 함께 주어진다. 모든 "선물"(Gabe)에 "과제"(Aufgabe)가 포함되어
있듯이 말이다. 이는 구원의 과정에 두렵고 떨리는 삶이 요구되듯이 축
복(선물)을 받은 다음에도 그에 합당한 삶을 살아야 한다는 뜻이다.

그러므로 나의 사랑하는 자들아, 너희가 나 있을 때뿐 아니라 더욱 지금 나 없을 때에도 항상 복종하여 **두렵고 떨림으로 너희 구원을 이루라**(빌 2:12).

하나님과 백성이 맺는 관계는 그분이 주시는 선물과 백성의 자유로운 응답이라는 상호 작용으로 표현된다. 그분을 신뢰하고 그분께 간구하며 그분이 기뻐하시는 삶을 살고자 애쓰는 자들에게 하나님의 은혜가 주어진다. 선물은 수용하는 동시에 과제가 된다. 따라서 "선물"은 곧 "과제"다.

8 너희는 그 은혜에 의하여 믿음으로 말미암아 구원을 받았으니 이것은 너희에게서 난 것이 아니요 하나님의 선물이라. **9** 행위에서 난 것이 아니니 이는 누구든지 자랑하지 못하게 함이라. **10** 우리는 그가 만드신 바라. 그리스도 예수 안에서 선한 일을 위하여 지으심을 받은 자니 이 일은 하나님이 전에 예비하사 우리로 그 가운데서 행하게 하려 하심이니라(엡 2:8-10).

126편

기억과 기대 사이의 협곡에서:

"눈물을 흘리며 씨를 뿌리는 자는 기쁨으로 거두리로다"

1. 양식

시편 126편은 "공동체 탄원시"(a psalm of communal lament)로 분류된다. 이 시는 "성전에 올라가는 노래"라는 열다섯 편의 순례시(시 120-134편) 중 일곱 번째 시로서, "순례시"(pilgrimage psalm)에 속한 공동체 탄원시로 볼 수 있다. 시인은 과거의 구원 역사를 회고하면서 현재의 억압된 상황에서 하나님이 구원해주실 것을 신뢰하며 간구한다.

2. 구조

1) 1-3절: 과거의 구원 역사에 대한 회고
2) 4절: 간구
3) 5-6절: 신뢰 고백

3. 내용

1) 과거의 구원 역사에 대한 회고(1-3절)

1 여호와께서 시온의 포로를 돌려보내실 때에
우리는 꿈꾸는 것 같았도다.
2 그때에 우리 입에는 웃음이 가득하고
우리 혀에는 찬양이 찼었도다.
그때에 뭇 나라 가운데에서 말하기를

"여호와께서 그들을 위하여 큰일을 행하셨다" 하였도다.

3 여호와께서 우리를 위하여 큰일을 행하셨으니

우리는 기쁘도다.

1-3절은 과거에 경험한 구원 역사를 회고하는 내용이다. 1a절의 "(시온의) 포로를 돌려보내실(שוב שבות, 슈브 쉬바트) 때"는 "(시온의 운명)을 원상으로 회복(restitutio in integrum)하실 때"라는 의미다.

이스라엘의 구원이 시온에서 나오기를 원하도다.

여호와께서 그의 백성을 포로된 곳에서 돌이키실 때에

야곱이 즐거워하고

이스라엘이 기뻐하리로다(시 14:7).

시온에서 이스라엘을 구원하여 줄 자 누구인가?

하나님이 자기 백성의 포로된 것을 돌이키실 때에

야곱이 즐거워하며

이스라엘이 기뻐하리로다(시 53:6).

여호와여,

주께서 주의 땅에 은혜를 베푸사

야곱의 포로 된 자들이 돌아오게 하셨으며(시 85:1).

이는 "예루살렘의 구원"을 암시한다. 그런데 아시리아의 산헤립이 예루살렘을 포위했던 상황에서의 구원(기원전 701년)인지, 포로로 끌려간 바빌로니아 유배지에서의 예루살렘 귀환(기원전 538년)을 암시하는 것인지, 그도 아니면 또 다른 구원 사건을 가리키는 것인지 분명하지 않다. 하지만 여기에서 분명한 것은 시인이 놀라운 구원 사건을 회고하고 있다는 점이다. 이런 회고는 삼중 반응을 유도한다.

첫째, 그들은 마치 꿈꾸는 것 같았다고 고백한다(1b절). 이 사건은 현실적으로 불가능한 것으로서, 일반적으로는 그런 상황을 기대할 수도 설명할 수도 없었다. 그래서 상상을 초월한 꿈같은 기적으로 간주된 것이다. 둘째, 그때 환희와 기쁨으로 가득한 이스라엘 백성들 사이에서 찬양이 터져 나왔다(2a절). 셋째, 다른 주변 나라들은 예루살렘의 기적 같은 회복을 목격하고 놀라움을 감추지 못했다. 이방 민족의 입에서 야웨 하나님이 행하신 일에 대한 인정과 고백이 흘러나왔다(2b절). 이방 민족들 역시 야웨의 위대하심을 인정했던 것이다.

> 여호와께서 **열방의 목전**에서 그의 거룩한 팔을 나타내셨으므로
> **땅끝까지도 모두 우리 하나님의 구원을 보았도다**(사 52:10).

3절은 "야웨께서 당신의 백성을 위하여 큰일을 행하셨다"고 말하는 이방 민족의 환호를 재확인하며 이 점을 다시 한번 강조한다. 시인은 과거의 구원 역사를 회고하면서 놀라움, 웃음, 기쁨의 반응을 기억에서 소환하고 재음미한다.

2) 간구(4절)

> **4** 여호와여,
>
> 우리의 포로를 남방 시내들같이 돌려보내소서.

4절은 간구다. 시인은 과거에서 현실로 이동한다. 여기서 "(우리의) 포로를 돌려보내소서(שוב, 슈브)"는 1절의 "(시온의) 포로를 돌려보내실(שוב, 슈브)"과 같은 단어다. 이처럼 시인은 과거의 구원 사건을 기억함으로써 이런 구원 행위가 지금 재현되기를 소망한다. 그는 포로의 상황에 놓여 있지만 과거의 구원 사실을 현재로 소환하여 그것을 현재와 미래에 있을 구원의 근거로 재활용한다. 시인은 "남방 시내들같이 돌려보내달라"고 간구한다. 팔레스타인의 "남방"(נגב, 네게브) 지역은 일 년 내내 거의 비가 내리지 않아서 이곳에 있는 시내들(wadi)은 항상 말라 있다. 그러나 겨울(우기)에 비가 내리면 신기하게도 순식간에 물이 불어나 범람할 정도가 된다. 즉 시인의 이런 간구는 어려운 형편이 한순간에 드라마틱하게 회복되기를 원하는 것이다. 그는 기대하지 않았던 갑작스러운 변화를 간구한다. 그에 대한 응답으로 바닥을 드러낸 말라붙은 시내가 하나님이 베푸시는 축복의 통로로 바뀌게 된다. 과거의 구원에 대한 기억과 현재의 긴급한 간구를 통해 운명을 바꾸시는 하나님의 기적이 발동(發動)된다.

3) 신뢰 고백(5-6절)

> 5 눈물을 흘리며 씨를 뿌리는 자는
>
> 기쁨으로 거두리로다.
>
> 6 울며 씨를 뿌리러 나가는 자는
>
> 반드시 기쁨으로 그 곡식 단을 가지고 돌아오리로다.

5-6절은 시인이 하나님에 대한 신뢰를 고백하는 내용이다. 두 구절에서 "눈물을 흘리며 씨를 뿌린다"는 표현이 반복된다. 전통적으로 씨를 뿌리는 것은 죽음을 상징하는 행위로 슬픔을 의미했다.

> 내가 진실로 진실로 너희에게 이르노니 **한 알의 밀이 땅에 떨어져 죽지 아니하면** 한 알 그대로 있고 죽으면 많은 열매를 맺느니라(요 12:24).

> 어리석은 자여, 네가 **뿌리는 씨가 죽지 않으면** 살아나지 못하겠고(고전 15:36).

땅을 파고 씨를 뿌리는 일은 죽은 사람을 땅에 매장하는 일과 유사하다. 씨 뿌리는 자는 씨를 땅에 묻으며 눈물을 흘린다. 그러나 씨를 뿌리는 수고와 고생의 눈물은 결국 수확의 기쁨으로 되돌아올 것이다. 고대의 문화는 씨 뿌리는 것을 슬픔과, 수확을 기쁨과 연관시키곤 한다.

2절의 "우리 혀에는 기쁨의 외침(רִנָּה, 리나, 개역개정에는 '찬양'으로 번역됨)이 찼었도다"에서 언급된 "기쁨의 외침"(רִנָּה, 리나)이라는 단어는 5절과 6절에서 "기쁨"(רִנָּה, 린나)이라는 표현으로 반복된다. 과거에 일어난 회복의 결과는 결국 기쁨의 외침이었다(2절). 마찬가지로 미래에 일어날 회복의 결과도 기쁨의 외침이 될 것이다(5-6절).

이 구절들은 뚜렷한 대조를 보여준다. "기억된 기쁨"(2절)과 "기대되는 기쁨"(5-6절)이 서로 대비된다. 예를 들면 "뿌리다"(sow)와 "거두다"(reap), "눈물을 흘리다"(weep)와 "기쁨으로"(shouts of joy), "나가다"(go out)와 "돌아오다"(come home) 등이 그러하다. 또한 여기서 "나가는 자"(הָלוֹךְ יֵלֵךְ, 할로크 옐레크: going he goes)는 "반복성"이나 "지속성"을 표현하며, "돌아오리로다"(בֹּא־יָבוֹא, 보-야보: coming he will come)는 "확실성"을 가리킨다. 시인은 고통을 감수하고 지속적으로 씨를 뿌리면 반드시 기쁨으로 추수할 것이라고 확신한다.

4. 메시지

믿음의 눈으로 볼 때 현재의 고난은 하나님의 영광의 기쁨으로 들어가는 필수적인 과정이다. 또한 고난과 죽음은 하나님이 하시는 구속 사업의 일환이다. 고난과 죽음은 은밀하게 싹을 틔우고 하나님이 축복하신 수확을 무르익게 하는 신성한 과정이다. 그래서 현재의 고난을 극복하는 방법 중 하나는 과거를 돌아보는 것이다. 과거에 분명 현재보다 더 힘들었던 삶의 경험이 있었을 것이다. 그런 고난을 극복했을 때의 고마움, 감격, 기쁨을 회고함으로써 지금과 앞으로의 삶을 잘 살아갈 수 있는 지혜를 얻는다. 과거에 기적을 행하셨던 하나님은 오늘도 여전히 우리 속에서 기적을 베푸신다. 하나님이 그때와 동일한 분임을 믿는다면 우리는 고난 중에서도 얼마든지 미래를 꿈꿀 수 있다.

파종하고 추수할 때까지, 즉 계속해서 기도의 씨를 뿌리고 하나님의 회복을 거두기까지 기다리는 시기가 반드시 존재한다. 씨가 건실하게 자라서 무르익은 수확물이 될 때까지 우리는 인내하며 기다려야 한다. 하나님이 우리의 간구에 응답하실 때까지 하나님에 대한 믿음을 부여잡고 신실함을 포기하지 않는 책임감이 필요하다.

그래서 모든 신앙인은 3절(기억)과 4절(기대) 사이에 서 있다. 우리는 하나님이 우리를 위해 과거에 하신 일을 "기억"하고 그 하나님이 우리를 위해 미래에 행하실 일을 "기대"하는 그 중간에 서 있다. 기억과 기대 사이에 놓인 협곡은 눈물의 씨앗을 지속적으로 뿌리는 장소다. 눈물의 씨앗은 지금도 자라고 있다. 하지만 때가 되면 반드시 기쁨으로 수확을 거두게 될 것이다.

127편

은혜인 인생:
"여호와께서 집을 세우지 아니하시면"

1. 양식

시편 127편은 "지혜시"(psalm of wisdom)로 분류된다. 이 시는 "성전에 올라가는 노래"라는 열다섯 편의 순례시(시 120-134편) 중 여덟 번째 시로서, "순례시"(pilgrimage psalm)에 속한 지혜시로 볼 수 있다. 왜냐하면 이 시는 일상(日常) 및 가정에 관해 교훈을 주는 잠언적 성격이 강하기 때문이다.

2. 구조

    1) 1-2절: 일상의 일에 대한 교훈
    2) 3-5절: 가정생활에 대한 교훈

3. 내용

1) 일상의 일에 대한 교훈(1-2절)

> 1 여호와께서 집을 세우지 아니하시면
> 세우는 자의 수고가 헛되며
> 여호와께서 성을 지키지 아니하시면
> 파수꾼의 깨어 있음이 헛되도다.
> 2 너희가 일찍이 일어나고 늦게 누우며
> 수고의 떡을 먹음이 헛되도다.

그러므로 여호와께서 그의 사랑하시는 자에게는 잠을 주시는도다.

1-2절은 일상의 일에 대한 교훈이다. 이 단락은 집을 짓는 일, 성읍을 지키는 일, 일상의 수고와 같은 인간의 노동 행위들은 하나님이 함께 하지 않으시면 모두 헛되다는 교훈을 전한다. 1절의 "집"(בַּיִת, 바이트)은 예루살렘 성전일 수 있지만, 여기서는 일반 사회의 가장 기본 단위인 "집"(house)을 상징한다.

> 성문에 있는 모든 백성과 장로들이 이르되 "우리가 증인이 되나니 여호와
> 께서 네 집에 들어가는 여인으로 이스라엘의 집을 세운 라헬과 레아 두 사
> 람과 같게 하시고 네가 에브랏에서 유력하고 베들레헴에서 유명하게 하시
> 기를 원하며"(룻 4:11).

"성읍"(עִיר, 이르)은 성벽과 성문에 의해 보호받는 거주지로서 여러 가정 이 함께 모여 사는 공동체와 사회를 일컫는다. 그러나 하나님의 협력 없 이 인간의 노력만으로 집을 짓고 사회를 지키는 것은 헛수고이자 무의 미한 일이다.

"수고의 떡"(2a절)에서 "수고"(עֶצֶב, 에체브)는 창세기 3:17의 "수 고"(עִצָּבוֹן, 이차본)와 동일한 어근을 가진 단어다.

> 아담에게 이르시되 "네가 네 아내의 말을 듣고 내가 네게 먹지 말라 한 나
> 무의 열매를 먹었은즉 땅은 너로 말미암아 저주를 받고 너는 네 평생에 수
> 고(עִצָּבוֹן, 이차본)하여야 그 소산을 먹으리라"(창 3:17).

수고의 떡은 하나님의 저주 속에서 이루어지는 고단한 인생의 수고를 연상시킨다. 이는 치열한 생존 경쟁을 암시한다. 하지만 일은 본질상 좋은 것이다. 노동은 창조 질서에 속한 거룩한 일이다.

> 여호와 하나님이 땅에 비를 내리지 아니하셨고 땅을 **갈**(עָבַד, 아바드: 일하다, 노동하다) 사람도 없었으므로 들에는 초목이 아직 없었고 밭에는 채소가 나지 아니하였으며(창 2:5).

> 여호와 하나님이 그 사람을 이끌어 에덴동산에 두어 그것을 **경작하며**(עָבַד, 아바드) 지키게 하시고(창 2:15).

그러나 일과 염려 사이의 조화 없이 팽팽한 긴장 속에서 부조화가 지속되면("수고의 떡") 일이 매우 고통스러워지므로, 시인은 이를 헛된 일이라고 칭한다.

2b절의 의미는 모호하다. 이 구절은 한편으로는 하나님이 근심하고 지친 자들에게 평안한 쉼으로서 잠을 주신다는 의미다. 잠은 축복이다. 인간은 번민과 걱정이 심하면 잠을 이루지 못한다.

> 그날 밤에 왕이 **잠이 오지 아니하므로** 명령하여 역대 일기를 가져다가 자기 앞에서 읽히더니(에 6:1; 참조. 단 2:1; 전 2:23).

잠은 휴식과 원기 회복에 필수적인 것이기 때문에, 하나님은 특히 노동하는 사람들에게 단잠을 주신다.

노동자는 먹는 것이 많든지 적든지 **잠을 달게 자거니와**

부자는 그 부요함 때문에 자지 못하느니라(전 5:12).

잠은 곧 하나님의 선물이다.

내가 누워 자고 깨었으니

여호와께서 나를 붙드심이로다(시 3:5).

내가 평안히 눕고 자기도 하리니

나를 안전히 살게 하시는 이는 오직 여호와이시니이다(시 4:8).

네가 누울 때에 두려워하지 아니하겠고

네가 누운즉 네 잠이 달리로다(잠 3:24).

다른 한편으로 이 구절은 수고한 자들이 잠을 자는 동안에 하나님이 필요한 것을 공급하신다는 뜻을 담고 있다. 하나님은 그분이 사랑하는 자가 잠을 자는 동안에도 복을 내려주신다. 즉 잠을 줄여 가며 일하지 않아도 하나님은 필요한 일이라면 그 사람이 잠자는 동안에 그 일을 이루어주신다는 것이다. 밤이 하루의 시작이라는 사실은 우리 삶이 우리의 손에 달려 있지 않음을 상기시켜 준다. 우리는 잠자리에 들지만 하나님은 밤에도 일하신다.

이스라엘을 지키시는 이는

졸지도 아니하시고

주무시지도 아니하시리로다(시 121:4).

그래서 우리는 염려하거나 쫓길 필요가 없다. 아침에 일어나 그분이 이미 시작한 일에 동참하기만 하면 되는 것이다.

우리는 이 단락을 통해 모든 것을 자신의 노력으로 다 해내고 완성할 수 있다는 생각이 하나님에 대한 잘못된 믿음과 그분의 능력에 대한 잘못된 확신에서 나온 결과임을 알 수 있다. 시인은 사람이 자신의 안전과 미래를 스스로 강구할 수 있다는 착각에 대해 비판한다. 하나님의 협력 없이 되는 일은 이 세상에 단 하나도 없다. 야웨는 모든 재능과 능력과 선물을 주시는 분이다.

17 그러나 네가 마음에 이르기를 "내 능력과 내 손의 힘으로 내가 이 재물을 얻었다" 말할 것이라. 18 네 하나님 여호와를 기억하라. **그가 네게 재물 얻을 능력을 주셨음이라.** 이같이 하심은 네 조상들에게 맹세하신 언약을 오늘과 같이 이루려 하심이니라(신 8:17-18).

15 모든 사람의 눈이 주를 앙망하오니

주는 때를 따라 그들에게 먹을 것을 주시며

16 손을 펴사

모든 생물의 소원을 만족하게 하시나이다(시 145:15-16).

2) 가정생활에 대한 교훈(3-5절)

> 3 보라, 자식들은 여호와의 기업이요
>
> 태의 열매는 그의 상급이로다.
>
> 4 젊은 자의 자식은
>
> 장사의 수중의 화살 같으니
>
> 5 이것이 그의 화살통에 가득한 자는 복되도다.
>
> 그들이 성문에서 그들의 원수와 담판할 때에
>
> 수치를 당하지 아니하리로다.

3-5절은 가정생활에 대한 교훈이다. 1-2절은 "집"(house)을 세우는 일에 관여하시는 하나님을, 3-5절은 "가정"(home, family)을 세우는 일에 개입하시는 하나님을 이야기한다. 전자가 하나님의 "세우심"(building), "지키심"(guarding), "잠을 주심"(giving sleep)을 언급한다면, 후자는 "자녀를 주심"(giving children)에 관해 다룬다. 구약의 사상에 따르면 자녀를 낳고 그 아이들을 통해 생명을 보존하는 사람들은 하나님으로부터 충만한 복을 받은 자들로 간주되었다. 3-4절은 격언의 형태로 묘사된다. 3절의 "기업"(נַחֲלָה, 나할라)은 자식이 부모에게 유산으로 물려받은 땅을 가리킨다.

> 그날에 모세가 맹세하여 이르되 "네가 내 하나님 여호와께 충성하였은즉 네 발로 밟는 땅은 영원히 너와 네 자손의 **기업**(נַחֲלָה, 나할라)이 되리라" 하였나이다(수 14:9; 참조. 수 14:13; 15:20; 16:5).

자녀 역시 땅과 같이 하나님께 물려받은 유산이다. "상급"(שָׂכָר, 사카르)은 일반적으로 보수나 보답을 의미한다. 자녀가 "하나님의 보수/보답"이라는 것은 하나님이 주신 땅에서 열심히 일하면서 그분을 섬기고 살아온 것에 대한 상급이라는 뜻이다. 왜냐하면 자녀는 노년의 부모를 책임지고 생계를 보장해야 하기 때문이다. 따라서 자녀는 하나님이 주신 가장 큰 유산이자 보답이며 선물이다.

> 여호와께서 너희를 곧 너희와 너희의 자손을
> 더욱 번창하게 하시기를 원하노라(시 115:14; 참조. 창 30:2; 룻 4:13; 삼상 1:27;
> 시 113:9).

시인은 4-5절에서 "용사 이미지"(장사, 화살, 화살통)를 사용하여 자녀들이 부모를 보호하는 선물임을 강조한다. 자녀들은 용사(장사)의 수중에 있는 화살들로 비유된다(4절). 화살은 방어와 공격에도 사용되는 든든한 무기다. 따라서 가정의 자녀들은 든든한 무기와 같다.

5절에 따르면 자녀들은 부모의 가장 믿음직한 지원군이 되어 옆에서 부모가 수치를 당하지 않도록 보호해야 할 의무가 있다. 고대 근동에서 "성문"(שַׁעַר, 샤아르)은 장로들과 재판관들의 회집 장소였다. 이들은 여기서 다툼을 해결하고 판결을 언도하며 공동체와 관련된 중요한 논의를 했다.

> 그러나 그 사람이 만일 그 형제의 아내 맞이하기를 즐겨하지 아니하면 그 형제의 아내는 그 **성문으로 장로들에게로** 나아가서 말하기를 "내 남편의

형제가 그의 형제의 이름을 이스라엘 중에 잇기를 싫어하여 남편의 형제된 의무를 내게 행하지 아니하나이다" 할 것이요(신 25:7; 참조. 신 21:19; 룻 4:1; 사 29:21; 암 5:12, 15).

"담판하다"(דָּבַר, 다바르)는 법정에서 옳고 그름을 판단하는 행위다.

다른 여자는 이르되 "아니라. 산 것은 내 아들이요 죽은 것은 네 아들이라" 하고 이 여자는 이르되 "아니라. 죽은 것이 네 아들이요 산 것이 내 아들이라" 하며 왕 앞에서 그와 같이 **쟁론하는지라**(דָּבַר, 다바르)(왕상 3:22).

시기심 강한 대적들이 법정 장소인 성문에서 일어난다 하더라도, 용감한 자녀들은 부모를 외면하지 않고 여러 거짓에 대응하여 부모를 변호하게 될 것이다. 자녀는 이처럼 부모를 보호해줄 뿐만 아니라 부모의 명망을 지켜냄으로써 부모가 명성을 얻을 수 있게 돕는다.

4. 메시지

이 시는 일, 염려, 스트레스와 잠(1-2절), 가족(3-5절)과 같은 인생의 기본에 대한 가르침을 전한다. 인간의 실존은 근본적으로 불안전하고 인간은 온갖 위험에 노출되어 있다. 이런 환경에서도 현재 우리의 존재와 소유는 하나님의 축복으로 얻은 결과다. 건강, 평안, 단잠, 일의 소득, 몸의 열매(자녀들) 모두 하나님의 선물이다.

많은 사람이 나름대로 업적을 성취하고 자신의 능력을 자랑한다(능력주의). 이들을 가리켜 보통 "자수성가한 사람"(a self-made man)이라고 부른다. 그러나 이런 말은 옳지 않다. 왜냐하면 한 사람의 성공에 많은 사회 구성원과 다양한 체제가 실질적인 도움을 제공했다는 사실이 간과된 표현이기 때문이다.

성공은 개인의 성실한 근면과 정직한 노력 이상이 작동한 결과다. 보이지 않지만 그중 가장 중요한 것은 하나님의 복 주심이다. 창조주의 협력과 공동체의 도움이 한 인간의 성공을 가능케 한 것이다. 힘 있고 잘나가는 사람들은 이 교훈을 마음 깊이 새김으로써 자만에 빠지지 않도록 조심해야 한다. 시인은 인간의 모든 업적이 사실상 창조주의 선물임을 강조하고 있다. 하나님의 제공하심과 보호하심은 인간의 삶에서 가장 필수적이고 근본적인 요소다. 하나님 없는 인간의 모든 노력과 근심은 다 헛된 일이다.

나는 포도나무요 너희는 가지라. 그가 내 안에, 내가 그 안에 거하면 사람이 열매를 많이 맺나니 **나를 떠나서는 너희가 아무것도 할 수 없음이라**(요 15:5).

따라서 이런 선물에 대한 올바른 반응은 감사다. 즉 "내가 한 것이 아니요 오직 나와 함께 하신 하나님의 은혜로라"(고전 15:10)고 고백하는 것뿐이다.

128편

하나님의 선물인
행복, 축복, 평강의 삶:
"네 자식의 자식을 볼지어다"

1. 양식

시편 128편은 "지혜시"(psalm of wisdom)로 분류된다. 이 시는 "성전에 올라가는 노래"라는 열다섯 편의 순례시(시 120-134편) 중 아홉 번째 시로서, "순례시"(pilgrimage psalm)에 속한 지혜시로 볼 수 있다. 왜냐하면 이 시는 시편 127편처럼 일상 및 가정과 관련하여 교훈을 주는 잠언적 성격이 강하기 때문이다.

2. 구조

　　1) 1-4절: 일과 가정에서의 행복에 관한 진술(행복 기원)
　　2) 5-6절: 복과 번영과 평강을 비는 기도(축복 기원)

3. 내용

1) 일과 가정에서의 행복에 관한 진술(행복 기원)(1-4절)

　　1 여호와를 경외하며

　　그의 길을 걷는 자마다

　　복이 있도다.

　　2 네가 네 손이 수고한 대로 먹을 것이라.

　　네가 복되고 형통하리로다.

　　3 네 집 안방에 있는 네 아내는 결실한 포도나무 같으며

네 식탁에 둘러앉은 자식들은 어린 감람나무 같으리로다.

4 여호와를 경외하는 자는

이같이 복을 얻으리로다.

1-4절은 일과 가정에서의 행복에 관해 진술한다. 이 단락은 봉투 형태를 취하고 있다. 1절은 경건한 삶이 좋은 삶을 가져온다는 원칙을 말하고, 2-3절은 행복한 삶의 두 가지 그림을 소개하며, 4절은 경건한 삶이 하나님에 의해서 축복을 받는다는 원칙을 언급한다. 1절과 4절에서는 3인칭을 사용함으로써 원칙을 보편적으로 표현했다면, 2-3절에서는 2인칭 기술을 통해 구체적이고 직접적으로 묘사했다.

1절의 첫 단어인 "복이 있도다"(אַשְׁרֵי, 아쉬레)는 행복을 공표하는 "행복 기원 공식"(beatitude, macarism)이다. 이 시는 진정으로 행복한 사람에 관한 일반적인 관찰로 시작한다. "여호와 경외(יָרֵא, 야레)"는 보통 두려움과 존경의 뜻을 동시에 품고 있다. 그러나 여기서 하나님 경외는 "하나님의 길을 걷는 것"과 평행을 이룬다. 이 경외는 두려움이 아닌 사랑과 존경의 태도다. 야웨를 두려워하는 것은 인생 전체를 야웨께 맡김으로써 오직 이 한 분에게만 희망을 걸고 인도하심을 온전히 따르는 것이다. 이런 삶의 스타일은 심오한 기쁨과 인생의 온전함(행복)을 선사한다.

2-3절은 행복한 삶에 대해 구체적으로 서술한다. 2절은 농경적인 용어를 사용한다. "네 손이 수고한 대로 먹을 것이다"라는 표현은 일을 하고 그 대가로 인생을 누리는 것을 말한다. 이는 경제적인 측면뿐만 아니라 사회적인 생활 보장도 포함한다.

3절은 가정의 용어를 사용한다. "내 집 안방"은 당시 가부장적 문화에서 아내의 전통적인 생활 영역이나 부부간의 친밀감과 성적 행복을 보장해주는 공간을 뜻한다. 여기서 아내는 "결실한 포도나무"로 비유된다. 포도가 주렁주렁 달린 포도나무는 풍성한 자녀를 상징한다. "식탁에 둘러앉은 자식들"이라는 표현은 다복(多福)과 가족의 친밀감을 강조한다. 또한 자녀들은 힘과 성장을 상징하는 감람나무(올리브 나무)로 비유된다. 포도나무와 감람나무는 이스라엘에서 가장 요긴한 유실수다(삿 9:8-14). 이 두 나무에서 나오는 포도주와 기름은 일상의 필수품인 동시에 축제의 삶을 선사하는 하나님의 선물로 간주된다.

> 사람의 마음을 기쁘게 하는 **포도주**와
> 사람의 얼굴을 윤택하게 하는 **기름**과
> 사람의 마음을 힘있게 하는 양식을 주셨도다(시 104:15).

이 비유는 각기 제자리에서 제 몫을 다하는 화목한 가정의 모습을 그린다. 또한 소위 "헛수고의 저주"가 철회되었음을 알려준다. 헛수고의 저주에 영향을 받으면 본인이 수고한 열매를 남이 취하게 된다.

> 내가 이같이 너희에게 행하리니 곧 내가 너희에게 놀라운 재앙을 내려 폐병과 열병으로 눈이 어둡고 생명이 쇠약하게 할 것이요 **너희가 파종한 것은 헛되리니 너희의 대적이 그것을 먹을 것임이며**(레 26:16).

예를 들면 본인과 결혼한 여인이 다른 남자와 잠자리를 한다.

네가 여자와 약혼하였으나 다른 사람이 그 여자와 같이 동침할 것이요, 집을 건축하였으나 거기에 거주하지 못할 것이요, 포도원을 심었으나 네가 그 열매를 따지 못할 것이며(신 28:30).

그리고 본인이 낳은 자식을 다른 사람에게 빼앗긴다.

네 자녀를 다른 민족에게 빼앗기고 종일 생각하고 찾음으로 눈이 피곤하여지나 네 손에 힘이 없을 것이며(신 28:32).

하지만 하나님을 경외하고 그분의 길을 걷는 자는 이런 헛수고의 저주와 상관이 없다.

4절은 "보라"(הִנֵּה, 힌네, 개역개정에는 생략됨)로 시작하면서 경건한 자의 행복한 삶을 재차 강조한다. 이 구절은 2-3절에서 묘사된 개별적인 사례들을 일반적인 진술로 다시 언급한다. 동시에 1절의 내용을 반복하면서 수미상관(inclusio)을 보여준다. 그렇지만 1절의 "복/행복"(אַשְׁרֵי, 아쉬레)을 "복/축복"(ברך, 바라크)으로 대체한다. 1절의 "복"(אַשְׁרֵי, 아쉬레)이 사람의 행복을 뜻한다면, 4절의 "복"(ברך, 바라크)은 하나님으로부터 오는 총애나 은총을 의미한다. 이 단락의 내용은 행복에서 축복으로 확장된다. 축복은 인간을 행복하게 만드는 일의 성공과 가정의 기쁨을 모두 포함한다. 또한 이 단락은 행복도 하나님이 주시는 선물(축복)이라고 가르친다.

2) 복과 번영과 평강을 비는 기도(축복 기원)(5-6절)

> 5 여호와께서 시온에서 네게 복(ברך, 바라크)을 주실지어다.
>
> 너는 평생에 예루살렘의 번영(טוב, 투브)을 보며
>
> 6 네 자식의 자식을 볼지어다.
>
> 이스라엘에게 평강(שלום, 샬롬)이 있을지로다.

5-6절은 복과 번영과 평강을 비는 기도다. 즉 이 단락에는 축복을 기원하는 내용이 담겨 있다. 이런 축복 기원은 제사장의 입을 통해 들려온다. 5a절의 시온은 하나님이 현존하시는 성소이며, 그분의 선물인 충만한 삶이 주어지는 출발점이다. 충만한 삶은 하나님이 주시는 축복(ברך, 바라크)이다. 5b절의 "번영(טוב, 투브)을 보다"는 "복된 상태"(the state of blessing)를 경험하는 것이며, "평생에 예루살렘의 번영을 보다"는 국가의 번영을 평생 경험한다는 뜻이다.

6절의 "자식의 자식을 보다"는 자신의 정체성이 계속 이어짐을 인식하고 목도하는 것을 의미한다. 손자, 손녀를 보는 것은 자신의 기본적인 생존의 한계를 뛰어넘어 지속적인 행복을 경험하는 것이다.

> **에브라임의 자손 삼대를 보았으며** 므낫세의 아들 마길의 아들들도 요셉의 슬하에서 양육되었더라(창 50:23).

> 그 후에 욥이 백사십 년을 살며 **아들과 손자 사 대를 보았고**(욥 42:16).

또한 손자와 손녀는 하나님이 자신의 인생을 이끄시는 축복의 유산을 실제로 보여주는 구체적인 증거가 된다.

손자는 노인의 면류관이요

아비는 자식의 영화니라(잠 17:6).

그래서 "절대 아이를 갖지 말아라, 손자와 손녀만 가져라"(Never have children, only grandchildren)는 말도 있다.

이 시는 모든 이스라엘을 향해 "평강"(מִלוֹשׁ, 샬롬)을 기원하는 "축도"(benediction)로 끝맺는다. 축복의 완성은 평강(מִלוֹשׁ, 샬롬)이라는 용어로 표현된다. 샬롬은 갈등과 전쟁의 부재를 포함하고 그것을 넘어서는 상태로서 하나님의 통치하에서 누리는 개인과 공동체의 건강하고 온전한 삶을 가리킨다. 개인의 행복은 하나님의 백성 전체가 평화 속에서 살아갈 때 생기는 것이다. "예루살렘의 번영"이라는 표현은 "복"(ברך, 바라크)을 공간적 차원에서 공동체로 확장하고, "네 자식의 자식"이라는 표현은 시간적 차원으로 확장한다. 이처럼 하나님의 복은 공간적, 시간적으로 긴밀하게 연결되어 있다.

4. 메시지

행복(אשׁרי, 아쉐레)은 하나님을 경외하고 그분의 길을 걸을 때 주어진다는 점에서 어느 정도 조건적인 특성을 지닌다.

1 **복**(אַשְׁרֵי, 아쉬레) 있는 사람은

악인들의 꾀를 따르지 아니하며

죄인들의 길에 서지 아니하며

오만한 자들의 자리에 앉지 아니하고

2 오직 여호와의 율법을 즐거워하여

그의 율법을 주야로 묵상하는도다(시 1:1-2).

인간의 행복은 매우 소박한 일상 속에서 경험된다. 노동의 대가가 정당하게 지불되고, 아내가 자녀들을 순산하며, 자녀들이 가족에 소속되어 친밀하고 건강하게 성장하는 곳에 참 행복이 깃든다. 이는 누구나 제 몫을 누리는 행복의 복이다. 그러나 진정한 행복이 이루어지려면 인간의 노력뿐만 아니라 "하나님의 축복"이 필요하다.

축복(בָּרַךְ, 바라크)은 하나님에 의해 무조건적으로 주어지는 것이다(4절). 하나님의 축복은 인생을 향상시켜 온전함에 이르도록 한다. 인생은 축복 없이는 완성되지 않고 만족스러운 상태에도 이를 수 없다. 축복은 "인간의 공로"라기보다는 "하나님의 선물"이다. 한 걸음 더 나아가 이런 축복도 하나님의 평강(שָׁלוֹם, 샬롬) 속에서 누릴 수 있는 은혜다. 하나님의 평화가 공동체(나라)적으로 주어질 때, 즐겁게 일을 할 수 있고 가정이 행복해지며 인생에서 좋은 것을 마음껏 누릴 수 있게 된다. 결국 행복, 축복, 평강은 모두 하나님으로부터 주어지는 선물이다.

129편

미래를 여는 감사:

"나를 괴롭혔으나 나를 이기지 못하였도다"

1. 양식

시편 129편은 "감사와 간구의 복합시"(psalm of a composite of thanksgiving and petition)로 분류된다. 이 시는 "성전에 올라가는 노래"라는 열다섯 편의 순례시(시 120-134편) 중 열 번째 시다. 시인은 과거의 위험을 이겨낸 하나님의 백성의 모습을 회상하면서 현재와 장래의 대적들을 물리칠 수 있게 해달라고 간구한다.

2. 구조

　　1) 1-4절: 과거의 삶에 대한 감사(쟁기질 이미지)
　　2) 5-8절: 현재와 미래를 위한 간구(추수 이미지)

3. 내용

1) 과거의 삶에 대한 감사(쟁기질 이미지)(1-4절)

> **1** 이스라엘은 이제 말하기를
> "그들이 내가 어릴 때부터 여러 번 나를 괴롭혔도다.
> **2** 그들이 내가 어릴 때부터
> 여러 번 나를 괴롭혔으나
> 나를 이기지 못하였도다.
> **3** 밭 가는 자들이 내 등을 갈아

그 고랑을 길게 지었도다.

4 여호와께서는 의로우사

악인들의 줄을 끊으셨도다.'

1-4절은 과거의 삶에 대한 감사를 표현한다. 1-2절은 이스라엘 역사를 요약한 것이다. 이스라엘의 역사는 일종의 수난 기사다. 그러나 이스라엘은 살아남았고 이제는 그 과거와 그들의 보호자를 회상한다. 1a절은 "이스라엘은 이제 말하기를"이라는 권유 공식으로 시작한다.

이제 이스라엘은 말하기를

"그의 인자하심이 영원하다" 할지로다(시 118:2).

이스라엘은 이제 말하기를

"여호와께서 우리 편에 계시지 아니하셨더라면

우리가 어떻게 하였으랴?"(시 124:1)

1b절의 "어릴 때"는 이스라엘이 한 나라로 출범한 초기를 의미한다.

거기서 비로소 그의 포도원을 그에게 주고

아골 골짜기로 소망의 문을 삼아 주리니

그가 거기서 응대하기를

어렸을 때와 애굽 땅에서 올라오던 날과 같이 하리라(호 2:15; 참조. 렘 2:2; 겔 23:3, 8).

"괴롭히다"는 물리적이고 심리적 차원을 모두 포함한다. 이스라엘 민족은 역사적으로 늘 고난을 경험해왔다(이집트의 억압, 아시리아의 지배, 바빌로니아 유배 등).

2절은 1절의 진술을 의도적으로 반복함으로써 강화하고 점층적으로 고조시킨다. 그러면서 대적들이 이스라엘을 이기지 못했음을 상기시킨다. 하나님은 억압당하는 자들의 울부짖음을 들으시고 종의 멍에로부터 그들을 해방시켜주셨다.

3-4절은 농업 이미지를 사용하여 이스라엘이 받은 압제의 가혹함을 전달한다. 여기서는 "쟁기질 이미지"가 사용된다. 3절의 이미지 역시 1-2절에 묘사된 억압을 비유적으로 표현한다. 이스라엘의 등은 갈리는 밭에 비유된다. 밭을 가는 자들이 땅에 고랑을 길게 파듯이 이스라엘의 등이 갈려서 깊은 고랑이 생겼다.

> 그 잔을 너를 괴롭게 하던 자들의 손에 두리라.
> 그들은 일찍이 네게 이르기를 "엎드리라.
> 우리가 넘어가리라" 하던 자들이라.
> 너를 넘어가려는 그들에게 **"네가 네 허리를 땅과 같게,**
> **길거리와 같게 하였느니라"** 하시니라(사 51:23).

"밭같이 갈린다"라는 표현은 깊은 상처와 폐허의 상태를 암시한다.

> 이러므로 너희로 말미암아
> 시온은 **갈아엎은 밭이 되고**

예루살렘은 무더기가 되고

성전의 산은 수풀의 높은 곳이 되리라(미 3:12; 참조. 렘 26:18).

이 비유는 이스라엘이 겪었던 잔인함을 아주 생생하게 표현한다.

4절에 나오는 "줄"(עֲבוֹת, 아보트)은 소의 목에 매어놓는 "멍에의 줄"을 가리킨다.

네가 능히 줄(עֲבוֹת, 아보트)로 매어 들소가 이랑을 갈게 하겠느냐?

그것이 어찌 골짜기에서 너를 따라 써레를 끌겠느냐?(욥 39:10)

야웨께서 이스라엘의 목에 걸린 속박의 멍에인 줄을 끊으셨다. 또한 "악인들"(רְשָׁעִים, 레샤임)이라는 개념은 보통 이스라엘 내부에 있는 의인과 대조적인 부류를 지칭하는 것으로서, 소작농을 착취하는 대지주를 암시하기도 한다. 시인은 의로우신 야웨께서 이런 착취와 억압을 부당하고 악한 일로 판단하시고 이를 바로 잡으신 것에 감사하고 있다.

2) 현재와 미래를 위한 간구(추수 이미지)(5-8절)

5 무릇 시온을 미워하는 자들은

수치를 당하여 물러갈지어다.

6 그들은 지붕의 풀과 같을지어다.

그것은 자라기 전에 마르는 것이라.

7 이런 것은 베는 자의 손과

묶는 자의 품에 차지 아니하나니

8 지나가는 자들도

"여호와의 복이 너희에게 있을지어다" 하거나

"우리가 여호와의 이름으로 너희에게 축복한다" 하지 아니하느니라.

5-8절은 현재와 미래를 위한 간구다. 5-6절은 문법적으로 "간구" 또는 "신뢰의 진술"일 수 있다. 여기서는 문맥상 간구로 이해하려고 한다. 아무튼 이 구절들은 대적들에 대한 저주의 분위기를 드러내고 있다. 5절에 와서야 비로소 악인들의 실체가 분명히 드러난다. 그들은 "시온을 미워하는 자들"이다. "시온을 미워하는 '모든' 자들"(כל שׂנאי ציון, 콜 손에 치온, 개역개정에는 "모든"이라는 단어가 생략됨)이라는 문구는 구약성경에서 여기 밖에 나오지 않기 때문에, 구체적으로 누구를 가리키는 표현인지 파악하기 어렵다. 아마도 이들은 하나님이 거하시는 시온을 공격하거나(이방인) 시온에 계시는 하나님의 뜻을 거역하는(이스라엘의 악인들) 무리를 지칭한 것으로 보인다. 시인은 이런 자들이 수치를 당하고 물러가기를 간구한다.

6-8절은 3-4절에서 시작된 농업적인 비유를 이어간다. 여기서는 "추수 이미지"가 사용된다. 시인은 6절에서 악인들이 지붕의 풀과 같이 갑작스럽게 사라지기를 기원한다. 수분이 부족한 환경에서 지붕 위에 난 풀은 뜨거운 뙤약볕을 견뎌내지 못하고 금방 말라버린다.

그러므로 그 주민들이 힘이 약하여 놀라며

수치를 당하여 들의 풀같이, 푸른 나물같이,

지붕의 풀같이, 자라지 못한 곡초같이 되었느니라(사 37:27).

따라서 "지붕 위의 풀"은 사실 연초에 피어나는 유용한 풀이나 아름다운 꽃이 아니라 제거되어야 하는 유해한 잡초에 해당된다.

7절에 따르면 악인들은 특히 풍성한 수확을 거둬야 하는 추수의 시기에 망신과 수치를 당한다. 또한 그들에게는 소득도 가치도 뿌리도 없기 때문에 희망찬 미래가 없다.

8절도 추수 이미지와 연결된다. 추수는 기쁨의 시간이자(시 126:6; 사 9:3) 하나님의 축복을 확인하는 시간이다. 추수는 야웨 하나님의 창조적인 축복을 드러내는 사건이다. 룻기 2:4에서 보아스는 그의 밭에 있는 추수꾼들에게 "여호와께서 너희와 함께하시기를 원하노라"라는 말로 인사하고, 그들은 "여호와께서 당신에게 복 주시기를 원하나이다"라고 대답한다. 추수 때가 되면 농사짓는 사람들은 하나님의 축복을 비는 덕담을 주고받으며 인사를 나누곤 한다. 하지만 악인들은 이런 복을 받을 자격이 없다.

4. 메시지

시인은 여기서 주저하지 않고 악인들을 저주한다. 원수를 사랑하고 박해하는 자를 위해 기도하라는 예수의 가르침(마 5:44) 때문에, 심판이 특히 부당한 피해자들을 도움으로써 정의를 세우는 것이라는 진실을 억제해서는 안 된다. 심판은 모든 것을 본래 상태로 회복시키려는 행위이며, 때로 회개를 통해 악인이 정의를 존중하는 방향으로 180도 시각을 전환하여 자신의 부정함에 직면할 수 있게끔 하는 장치로도 사용된다. 그래서 절대적인 부정, 무참한 학대와 고문 및 무시를 직면하는 그리스도인은 정의의 심판을 부르짖을 수밖에 없다.

공동체와 개인의 삶에도 일시적이지 않은 지속적인 걸림돌이 항상 존재한다. 그럼에도 불구하고 개인과 공동체가 완전히 쓰러지지 않는 이유는 오직 야웨의 도우심 때문이다(4절). 지난 시대에 베풀어주신 하나님의 도우심에 대한 기억이 현재를 견디고 더 나아가 다가올 미래에 대한 희망을 품게 한다. 과거의 구원 역사와 경험을 통해 우리는 고난의 캄캄한 터널 가운데서도 한줄기 구원의 빛이 비치고 있다는 사실을 감지하게 된다. 따라서 이미 주어진 일에 대한 감사가 앞으로 주어질 미래를 연다. 과거에 대한 감사 없이 미래의 구원은 요원하다. 감사가 미래를 연다.

130편

희망의 기다림:

"내가 깊은 곳에서 주께 부르짖었나이다"

1. 양식

시편 130편은 "개인 탄원시"(psalm of an individual lament)로 분류된다. 이 시는 "성전에 올라가는 노래"라는 열다섯 편의 순례시(시 120-134편) 중 열한 번째 시로서, 고대 교회 때부터 일곱 편의 "참회시"(penitential psalm, 시 6, 32, 38, 51, 102, 130, 143편) 중의 하나로 간주되어왔다. 그 이유는 이 시의 시인이 인간의 죄와 하나님의 용서를 잘 인식하고 있기 때문이다.

2. 구조

  1) 1절: 하나님을 향한 부름과 불평
  2) 2-4절: 간구
  3) 5-6절: 신뢰 고백
  4) 7-8절: 권면조의 찬양

3. 내용

1) 하나님을 향한 부름과 불평(1절)

  1 여호와여,
  내가 깊은 곳에서 주께 부르짖었나이다.

1절은 하나님을 향한 부름과 불평을 담고 있다. 시인은 "여호와"를 부르고, "내가 깊은 곳에서 주께 부르짖었다"고 말한다. "깊은 곳에서"(מִמַּעֲמַקִּים, 미마아마킴: 라틴어로 *de profundis*)는 고통에 빠져 있는 상황, 즉 깊이를 알 수 없는 환난의 바다에 삼켜져 가라앉는 모습을 비유한다.

> 나는 설 곳이 없는 깊은 수렁에 빠지며
> **깊은 물**에 들어가니
> 큰물이 내게 넘치나이다(시 69:2).

> 나를 수렁에서 건지사
> 빠지지 말게 하시고
> 나를 미워하는 자에게서와 **깊은 물**에서 건지소서(시 69:14).

> 세 번 태장으로 맞고 한 번 돌로 맞고 세 번 파선하고 일 주야를 **깊은 바다**에서 지냈으며(고후 11:25).

이 시인의 영혼은 심연의 고뇌로부터 하나님께로 올라간다. 하나님께 부르짖는 것은 그 자체가 하나님에 대한 믿음의 행위다.

2) 간구(2-4절)

> 2 주여,
> 내 소리를 들으시며
> 나의 부르짖는 소리에 귀를 기울이소서.

3 여호와여,

주께서 죄악을 지켜보실진대

주여 누가 서리이까?

4 그러나 사유하심이 주께 있음은

주를 경외하게 하심이니이다.

2-4절은 하나님을 향한 시인의 간구다. "나의 부르짖는 소리에 귀를 기울이소서"(2절)에서 "부르짖는"(תַּחֲנוּנָי, 타하눈)은 "간구"(supplication)라는 뜻이다. 이 명사는 "은혜를 베풀다", "호의를 보이다"라는 뜻의 동사 "하난"(חָנַן)에서 파생되었다. 시인은 하나님의 은혜로운 응답을 간절히 바란다.

3절에서 "죄악"(עָוֹן, 아본: 단수)은 "죄악들"(עֲוֹנוֹת, 아보노트: 복수)로 표기된다. "죄악들"(עֲוֹנוֹת, 아보노트)은 인간의 죄와 죄책(재앙)을 가리키는 핵심 개념이다. "주께서 죄악을 지켜보신다"는 표현은 바깥으로 드러난 모습뿐만 아니라 안에 감추어진 생각까지도 포함한다. 죄인은 자신이 저지른 죄로 인해 심판을 받아야 한다. 인간은 그 누구도 거룩하신 하나님 앞에 감히 설 수 없다. 살아 있는 그 어떤 인간도 그분 앞에서 의롭지 않기 때문이다. 그래서 "주여 누가 서리이까?"라는 물음의 밑바닥에는 무서운 죄의 권능과 그것에 매여 있을 때의 인간의 무력함에 대한 좌절 의식이 깔려 있다.

4a절의 "사유하심이 주께 있다"에서 "사유하심"(סְלִיחָה, 셀리하)이라는 단어는 하나님의 용서를 표현할 때만 쓰였고, 사람의 용서와 관련해서는 사용된 적이 없다. 이 문구는 하나님이 아닌 "사유하심"을 주어

로 사용하여 용서하심의 중요성을 강조하며, 동시에 오직 하나님만이 용서하실 수 있다는 점을 강조한다. 사실 "사유하심"은 하나님의 본질에 속한다.

주는 선하사 **사죄하기를 즐거워하시며**
주께 부르짖는 자에게 인자함이 후하심이니이다(시 86:5).

거역하며 주께서 그들 가운데에서 행하신 기사를 기억하지 아니하고 목을 굳게 하며 패역하여 스스로 한 우두머리를 세우고 종 되었던 땅으로 돌아가고자 하였나이다. 그러나 **주께서는 용서하시는 하나님이시라.** 은혜로우시며 긍휼히 여기시며 더디 노하시며 인자가 풍부하시므로 그들을 버리지 아니하셨나이다(느 9:17).

주 우리 하나님께는 긍휼과 **용서하심이 있사오니** 이는 우리가 주께 패역하였음이오며(단 9:9).

죄를 용서하신다는 점에서 우리는 하나님이 죄 자체보다 더 큰 능력을 지니신 분임을 알 수 있다. 또한 4b절은 하나님의 용서가 인간에게 미치는 영향을 보여준다. 용서가 경외보다 우선이다. 경외는 용서에 대한 반응이다. 인간은 용서를 요구할 공로나 권리가 없다. 용서는 전적으로 하나님이 베푸시는 은혜의 선물이다. 경외는 하나님의 용서를 겸허하게 인정하는 것으로, 용서받은 자의 합당한 태도다. 요약하면 경외는 용서의 결과이자 목적이다.

3) 신뢰 고백(5-6절)

5 나 곧 내 영혼은 여호와를 기다리며
나는 주의 말씀을 바라는도다.
6 파수꾼이 아침을 기다림보다
내 영혼이 주를 더 기다리나니
참으로 파수꾼이 아침을 기다림보다 더하도다

5-6절은 야웨에 대한 시인의 신뢰 고백이다. 5절은 직역하면 "내가 여호와를 기다렸고(קוה, 카바), 나의 영혼이 기다렸다(קוה, 카바). 그리고 나는 그의 말씀을 바랬다(יחל, 야할)"가 된다. 여기서는 동사 "기다리다"(קוה, 카바)가 두 번 반복되고, 그 단어와 동의어인 "바라다, 기대하다"(יחל, 야할)가 한 번 더 사용된다. 5절의 "카바"(קוה, 기다리다)는 기대에 부풀어 하나님을 갈망하며 그분에게 집중되어 있는 상태를 의미한다. 시인은 희망을 붙잡고 갈망하며 하나님의 말씀에 귀 기울인다. 여기서 "주의 말씀(דבר, 다바르)"은 1-2절의 부르짖음에 대한 응답으로서 구원 신탁을 뜻한다.

그가 **그의 말씀**을 보내어
그들을 고치시고
위험한 지경에서 건지시는도다(시 107:20).

다윗이 나단에게 이르되 "내가 여호와께 죄를 범하였노라" 하매 나단이 다윗에게 말하되 **"여호와께서도 당신의 죄를 사하셨나니 당신이 죽지 아니하려니와"**(삼하 12:13).

침상에 누운 중풍 병자를 사람들이 데리고 오거늘 예수께서 그들의 믿음을 보시고 중풍 병자에게 이르시되 **"작은 자야, 안심하라. 네 죄 사함을 받았느니라"**(마 9:2).

용서하시고 생명을 허락하신 야웨 하나님만이 오직 희망의 근거이자 희망의 내용이요 목적이 되신다.

6절에서 시인은 파수꾼이 아침을 기다리는 것보다 더 애끓는 마음으로 주의 말씀을 기다린다. 우리는 밤새 불침번을 서는 파수꾼이 얼마나 간절한 마음으로 날이 밝아오기를 기다리는지 안다. 밤은 하나님의 부재를 상징한다. 그는 어둠이 물러나고 여명이 오기를 기다린다. 그래서 아침은 곤경에 처한 당신의 백성을 위해 하나님이 개입하시는 시간으로 간주된다.

새벽에 여호와께서 불과 구름 기둥 가운데서 애굽 군대를 보시고 애굽 군대를 어지럽게 하시며(출 14:24; 참조. 시 30:5; 46:5; 사 37:36).

4) 권면조의 찬양(7-8절)

7 이스라엘아, 여호와를 바랄지어다.

여호와께서는 인자하심과

풍성한 속량이 있음이라.

8 그가 이스라엘을

그의 모든 죄악에서 속량하시리로다.

7-8절에서 시인은 권면의 형식으로 야웨를 찬양한다. 여기서 시인의 개인적인 경험(1-6절)이 공개적인 권면으로 이어진다(7-8절). 7절에서 시인은 이스라엘 공동체를 향해 야웨에게 희망을 두라고 촉구한다. 그 이유는 야웨의 "인자하심"(חֶסֶד, 헤세드)과 "속량"(פְּדוּת, 페두트) 때문이다. 야웨의 "인자하심"은 야웨와 그분의 백성 사이의 근본적인 관계에서 기인한다. 즉 하나님과 이스라엘 백성은 변함없는 신실한 사랑의 관계를 맺고 있다. "속량"은 대가를 치르고 누군가를 구원하는 것이다. 야웨는 참으로 인자하셔서 필요하다면 값을 치르면서까지 자기 백성을 구원하신다. "속량"이라는 단어는 하나님이 베푸시는 용서의 헤세드(חֶסֶד)가 얼마나 값진 것인지를 알려준다.

8절은 7절의 속량의 의미를 자세히 설명하고 있다. 야웨 하나님은 "신실한 사랑"(חֶסֶד, 헤세드)을 보이셔서, 자신이 저지른 죄로 인해 스스로 죄의 노예가 되고 죽음에 빠진 백성을 해방시켜주신다.

4. 메시지

현대 목회 지침서를 보면 사산, 유아 사망, 매장 등과 같은 인생의 어려운 사건을 겪은 성도를 위로할 때 이 시편을 사용하라고 한다. 왜냐하면 이 시는 심연의 고뇌에 빠진 사람의 영혼 깊은 곳에서 우러나오는 기도이기 때문이다. 루터는 이 시편이 복음의 가장 기본적인 진리를 가르치고 있다고 여겨 이 시편을 "성경의 참된 거장이자 의학 박사"(a proper master and doctor of Scripture)와 같다고 표현했다.

이 시는 참회, 용서, 경외, 희망을 제시하고 있다. 참회는 하나님의 거룩하심과 인간의 죄악 사이의 넘어갈 수 없는 간극을 인정하는 것이다. 그 간극을 메우려면 하나님이 인간의 죄를 용서하심으로써 직접 인간에게 넘어오시는 길밖에 없다. 하나님의 용서는 인간의 공로 때문이 아니라 그분의 인자하심과 속량하심 덕분에 이루어지는 것이다. 그 때 인간은 하나님을 경외하게 되면서 희망의 싹을 틔운다.

하나님을 경외하는 것은 인자와 속량의 하나님을 희망하는 것이다. 희망은 혼돈의 심연(de profundis)에서 새로운 시작으로의 이동을 가능하게 해준다. 따라서 우리의 희망은 하나님 앞에서 보여드릴 우리의 공로에 있지 않고, 우리에게 주어지는 하나님의 과분하신 자비에 있다. 하나님을 경외하는 자라면 자비의 하나님을 기다리며 희망을 꽉 붙잡을 수밖에 없다. 희망의 기다림도 신앙의 중요한 표현 중 하나다.

131편

하나님 앞에서의 겸손한 만족:
"젖 뗀 아이가 그의 어머니 품에 있음 같게 하였나니"

1. 양식

시편 131편은 "개인 신뢰시"(psalm of an individual trust)로 분류된다. 이 시는 "성전에 올라가는 노래"라는 열다섯 편의 순례시(시 120-134편) 중 열두 번째 시로서, "순례시"(pilgrimage psalm)에 속한 개인 신뢰시로 볼 수 있다.

2. 구조

1) 1-2절: 신뢰 고백
2) 3절: 공동체를 향한 권면

3. 내용

1) 신뢰 고백(1-2절)

1 여호와여,
내 마음이 교만하지 아니하고
내 눈이 오만하지 아니하오며
내가 큰일과 감당하지 못할 놀라운 일을 하려고 힘쓰지 아니하나이다.
2 실로 내가 내 영혼으로 고요하고 평온하게 하기를
젖 뗀 아이가 그의 어머니 품에 있음 같게 하였나니
내 영혼이 젖 뗀 아이와 같도다.

1-2절은 야웨에 대한 시인의 신뢰 고백이다. 시인은 세 가지의 부정 선언(לֹא, 로, "아니다")으로 고백을 시작한다.

> 내 마음이 교만하지 **아니하고**(לֹא, 로),
> 내 눈이 오만하지 **아니하오며**(לֹא, 로),
> 내가 큰일과 감당하지 못한 놀라운 일을 하려고 힘쓰지 **아니하나이다**(לֹא, 로).

히브리어에서 "마음"(לֵב, 레브)은 인간의 지성이나 의지가 거하는 기관으로 영어의 mind와 같다. 마음은 감각에서 비롯된 인상을 쌓아 두고 결정을 내리며 말과 손과 발로 실행되는 모든 행동을 착수시키는 기관이다. 시인의 마음이나 의지는 정상적인 이치를 벗어나지 않는다. "내 눈(עַיִן, 아인)이 오만하지 아니하오며"는 직역하면 "내 눈이 높지 않다"가 된다. 눈을 높이는 것은 교만의 표시다.

> 곧 **교만한 눈**과 거짓된 혀와
> 무죄한 자의 피를 흘리는 손과(잠 6:17).

> **눈이 심히 높으며**
> 눈꺼풀이 높이 들린 무리가 있느니라(잠 30:13).

또한 시인의 눈은 다른 이들을 건방지게 내려다보지도 않는다. "마음"과 "눈"을 언급한 것은 속사람과 겉 사람의 태도를 반영하기 위함이다. 이에 따라 시인은 자신의 속사람과 겉 사람이 교만하지 않다고 고백한다.

"놀라운 일들"(נִפְלָאוֹת, 니플라오트)은 구약성경의 출애굽 사건처럼 인간의 능력과 조종(操縱)을 뛰어넘는 하나님의 권능이 드러난 행위를 말한다.

> 이는 여호와께서 행하신 것이요
> 우리 눈에 **기이한 바**(נִפְלָאת, 니플라트)로다(시 118:23).

> 내가 주께 감사하옴은
> 나를 지으심이 심히 기묘하심이라.
> 주께서 하시는 일이 **기이함**(נִפְלָאִים, 니플라임)을 내 영혼이 잘 아나이다(시 139:14).

이런 놀라운 일은 유일하게 하나님만이 행하실 수 있다.

> 홀로 큰 **기이한 일들**(נִפְלָאוֹת, 니플라오트)을 행하시는 이에게 감사하라.
> 그 인자하심이 영원함이로다(시 136:4).

자신의 능력을 벗어나는 일들("감당하지 못할 놀라운 일")에 집착하는 것은 인간의 오만한 행위다. 이는 사람이 마땅히 해야 하는 일을 넘어서는 것이다. 예를 들어 과도한 부를 추구하고, 선을 넘는 향락을 누리며, 무모한 힘을 과시하고, 지나친 명성을 탐하며, 대적에게 보복하려고 하는 것은 인간이 추구해서는 안 되는 일이다. 이와 대조적으로 인간이 추구해야 하는 것에는 삶, 건강, 일용할 양식 등이 있다. 인간은 하나님 앞에서 겸허하게 자신의 한계를 인정해야 한다.

2절은 1절의 부정적인 진술과는 대조적으로 긍정적인 용어를 사용하여 하나님 앞에서의 겸손한 상태를 표현한다. 시인은 "자신의 영혼이 젖 뗀 아이와 같다"고 고백한다. 그의 영혼은 배가 고파 엄마 가슴에 파고들면서 큰 소리로 우는 젖먹이가 아니라, 젖을 충분히 먹고 엄마의 품에서 흡족히 쉬며 행복을 맘껏 누리는 젖 뗀 아이와 같다. 이 아기는 엄마에게 안겨 배불리 먹고 만족스러움을 느끼며 평화롭게 자고 있다. 시인은 하나님의 품 안에서 이와 같은 평온과 고요를 찾는다. 각 개인에게 가까이 다가가서서 필요를 채워주시는 하나님은 아이를 살뜰히 보살피고 양육하는 엄마와 같다. 실제로 구약에서 하나님은 종종 모성적 이미지로 묘사된다.

> 너를 **낳은** 반석을 네가 상관하지 아니하고
> 너를 **내신**(산고를 겪는) 하나님을 네가 잊었도다(신 32:18).

> 여인이 어찌 그 **젖 먹는 자식**을 잊겠으며
> **자기 태**에서 난 아들을 긍휼히 여기지 않겠느냐?
> 그들은 혹시 잊을지라도
> 나는 너를 잊지 아니할 것이라(사 49:15).

> **어머니가 자식을 위로함같이**
> 내가 너희를 위로할 것인즉

너희가 예루살렘에서 위로를 받으리니(사 66:13).

시인은 분(分)에 넘치는 위대한 것을 얻기 위해 박차를 가하는 대신 하나님을 가까이하는 것에 만족한다.

하나님께 가까이함이 내게 복이라.
내가 주 여호와를 나의 피난처로 삼아
주의 모든 행적을 전파하리이다(시 73:28).

세상은 창조주께서 인간에게 정해놓은 한계를 벗어나면서까지 무리하게 활동하라고 충동질하지만, 하나님의 백성은 오직 그분 안에서 고요함과 평온함을 추구하고 누려야 한다. 시인은 사람의 몸을 구성하고 있는 기관인 "마음"(לֵב, 레브), "눈"(עַיִן, 아인), "영혼"(נֶפֶשׁ, 네페쉬)을 활용하여 하나님에 대한 신뢰를 고백하고 있다.

2) 공동체를 향한 권면(3절)

3 이스라엘아,
지금부터 영원까지 여호와를 바랄지어다.

3절은 공동체를 향한 권면이다. 시인은 이제 시선을 이스라엘 공동체로 돌린다. 이것은 "깨달음의 공간적 확장"이라고 할 수 있다. 이와 더불어 그는 "지금부터 영원까지"를 덧붙여서 "깨달음의 시간적 확장"도 선포한다. "여호와를 바랄지어다"에서 "바랄지어다"(חל, 야할)는 "수동적인 바람"이 아닌 "능동적인 기대"를 나타낸다. 시인은 자기 자신에게 기대지 않고 오직 하나님만 의지하겠다고 선언한다. 그는 제의 공동체인 이스라엘을 향해 믿음을 가지고 하나님을 희망하라고 요청함으로써 이 시를 마무리한다.

4. 메시지

시인은 아이가 엄마의 품 안에 안겨 있는 것같이 하나님의 가슴에 안겨 그분과의 친밀한 교제 속에서 행복감을 누린다. 하나님을 바라보는 사람의 심령은 고요하고 평온하다. 이는 분주하고 치열한 삶의 현장을 살아가면서도 마치 엄마의 품에 안겨 있을 때의 심정을 느끼는 것과 같다. 시인이 젖을 뗀 아이의 이미지를 사용한 의도는 유치한(childish) 아이가 되라는 뜻이 아니라, 하나님 안에서 "순수하고 겸손한 만족"(자족)을 누리는 아이같이(childlike) 되라는 의미다.

이런 자족(自足)은 야망으로 박차를 가하기보다 하나님께 헌신할 때 비로소 도달할 수 있는 상태다. 남을 하찮게 보고 자신이 잘났다고 여기며 크고 기이한 업적을 추구하려는 헛된 야망을 품는 사람은 하나님을 의지할 때 얻게 되는 고요함과 평온함을 누리지 못한다. 교만과 오만은 더 많이 소유하고 더 큰 성공을 이뤄야 한다고 우리를 충동하지만, 하나님은 그런 것에 집착하지 말고 자신의 위치를 겸손히 받아들이고 그 안에서 자족하라고 말씀하신다.

6 그러나 **자족하는 마음이 있으면** 경건은 큰 이익이 되느니라. **7** 우리가 세상에 아무것도 가지고 온 것이 없으매 또한 아무것도 가지고 가지 못하리니 **8** 우리가 먹을 것과 입을 것이 있은즉 **족한 줄로 알 것이니라**(딤전 6:6-8).

하나님의 백성은 자신의 욕구가 하나님에게 가까이 가는 것보다 더 커지도록 방치하면 안 된다.

여호와 앞에 잠잠하고
참고 기다리라.
자기 길이 형통하며
악한 꾀를 이루는 자 때문에 불평하지 말지어다(시 37:7; 참조. 시 73:28).

우리는 맹목적으로 타인의 관심과 시선을 사로잡는 부와 업적을 추구할 것이 아니라, 하나님과 활력 넘치는 관계를 만들어감으로써 만족과 행복을 찾아야 한다. 인생의 궁극적인 목적은 하나님을 영화롭게 하고 하나님으로 인해 영원히 즐거워하는 것이다. 즉 하나님 앞에서 겸손한 만족을 갈망하고 누리다 보면, 어느 순간 하나님의 고요함과 평온함이 따사로운 봄날의 햇살처럼 살포시 우리를 감싸 안는 선물로 주어진다.

축복(祝福)이 박복(薄福)한 자에게
흘러들어 만복(萬福)으로:

"풍족히 복을 주고 떡으로
그 빈민을 만족하게 하리로다"

1. 양식

시편 132편은 "제왕시"(royal psalm)로 분류된다. 이 시는 "성전에 올라가는 노래"라는 열다섯 편의 순례시(시 120-134편) 중 열세 번째 시이며, 그 시편들 가운데 가장 길다. "순례시"(pilgrimage psalm)에 속한 제왕시로 볼 수 있는 이 시는 다윗과 시온의 선택에 대해 이야기하고 있다.

2. 구조

1) 1-5절: 다윗의 맹세
2) 6-10절: 법궤의 발견과 예배 때 회중의 간구
3) 11-12절: 야웨의 맹세
4) 13-18절: 시온과 다윗 왕조에 대한 하나님의 약속

3. 내용

1) 다윗의 맹세(1-5절)

¹ 여호와여,

다윗을 위하여 그의 모든 겸손을 기억하소서.

² 그가 여호와께 맹세하며

야곱의 전능자에게 서원하기를

³ "내가 내 장막 집에 들어가지 아니하며

132편 / 축복(祝福)이 박복(薄福)한 자에게 흘러들어 만복(萬福)으로

내 침상에 오르지 아니하고

4 내 눈으로 잠들게 하지 아니하며

내 눈꺼풀로 졸게 하지 아니하기를

5 여호와의 처소

곧 야곱의 전능자의 성막을 발견하기까지 하리라" 하였나이다.

1-5절은 다윗의 맹세를 전한다. 이 시는 야웨께 다윗의 모든 겸손을 기억해달라는 간구로 시작한다(1절). "하나님이 기억하신다"는 것은 곧 하나님이 은혜를 베푸신다는 의미다.

> 내 하나님이여, 내가 이 백성을 위하여 행한 모든 일을 **기억하사 내게 은혜를 베푸시옵소서**(느 5:19; 참조. 느 13:14, 22, 31).

"그의 모든 겸손(inian-bə, 콜-운노토)"은 "모든 고생, 노고"를 뜻한다. 이는 야웨가 거하실 처소를 마련하려는 다윗의 온갖 노고를 가리킨다.

> 내가 환난 중에 여호와의 성전을 위하여 금 십만 달란트와 은 백만 달란트와 놋과 철을 그 무게를 달 수 없을 만큼 심히 많이 준비하였고 또 재목과 돌을 준비하였으나 너는 더할 것이며(대상 22:14).

다윗은 성전 건축을 가장 중요한 일로 여겨, 왕실의 호사를 비롯한 만사를 제쳐두고 오직 그 일에만 전념하였다(대상 22:1-19). 따라서 이런 "모든 고생 혹은 노고"라는 표현은 전체성을 지칭한다. 다윗의 노고는 한

번에 그친 일회적 행위가 아니라 반복적이고 지속적이며 집중적인 행위였다.

2절은 성전 건축의 중요성을 강조한다. 다윗은 "야곱의 전능자"(אֲבִיר יַעֲקֹב, 아비르 야아코브)에게 맹세했다(2절). "야곱의 전능자"는 야곱의 하나님을 가리키는 옛 칭호다.

> 요셉의 활은 도리어 굳세며 그의 팔은 힘이 있으니 이는 **야곱의 전능자** 이스라엘의 반석인 목자의 손을 힘입음이라(창 49:24).

> 내가 너를 억압하는 자들에게 자기의 살을 먹게 하며
> 새 술에 취함같이 자기의 피에 취하게 하리니
> 모든 육체가 나 여호와는 네 구원자요 네 구속자요 **야곱의 전능자**인 줄 알리라(사 49:26; 참조. 사 60:16).

이 칭호는 온 이스라엘을 포괄한다. 다윗의 맹세는 자신을 넘어 이스라엘 전체의 하나님을 향한다.

3-5절은 야웨에 대한 다윗의 맹세를 인용한다. 다윗은 야웨와 법궤가 시온에서 적합한 거주지를 찾기 전에는 자신도 왕궁에 들어가지 않겠다고 맹세한다(3절). 고대 근동의 관습에 의하면, 왕은 신전을 계획하고 건축하는 주체로서 모든 힘과 시간을 성전 건축이라는 과업에 집중해야만 그 일을 성취할 수 있었고, 무엇보다 해당 신이 이를 수용해야만 했다. 다윗은 성전을 건축하는 일이 완성되기 전에는 잠도 자지 않겠다고 굳게 맹세한다(4절). 그에게는 성전 건축이 무엇보다도 시급한

현안이었다.

5절은 다윗이 계획하는 것이 성막 건립이 아니라 성전 건축임을 분명히 밝힌다. "여호와의 처소"(מקום ליהוה, 마콤 라야웨)에서 "처소"(מקום, 마콤)는 성전의 장소를 가리키는 전문 용어다.

> 여호와의 산에 오를 자가 누구며
> 그의 거룩한 곳(מקום, 마콤)에 설 자가 누구인가?(시 24:3)

> 여호와여, 내가 주께서 계신 집과
> 주의 영광이 머무는 곳(מקום, 마콤)을 사랑하오니(시 26:8).

"야곱의 전능자의 성막"에서 "성막"(משכנות, 미쉬카노트)은 개역개정에서 단수형으로 번역되었지만 히브리어 원문에는 복수형으로 되어 있다. 이는 곧 "거주지들"이라는 뜻으로서, 성전의 복합 건물들을 의미한다. "발견하다"(מצא, 마차)는 잃은 것을 찾는 것이 아니라 적합한 장소를 정한다는 뜻이다. 다윗은 야웨가 영원히 거하실 건축 구조물을 세울 장소를 물색하려고 한다. 여기서 성전 건축을 위한 다윗의 노고가 재차 강조된다.

2) 법궤의 발견과 예배 때 회중의 간구(6-10절)

> ⁶ 우리가 그것이 에브라다에 있다 함을 들었더니
> 나무밭에서 찾았도다.
> ⁷ 우리가 그의 계신 곳으로 들어가서

그의 발등상 앞에서 엎드려 예배하리로다.

8 여호와여,

일어나사 주의 권능의 궤와 함께

평안한 곳으로 들어가소서.

9 주의 제사장들은 의를 옷 입고

주의 성도들은 즐거이 외칠지어다.

10 주의 종 다윗을 위하여

주의 기름 부음 받은 자의 얼굴을 외면하지 마옵소서.

6-10절은 법궤의 발견과 예배 때 회중이 아뢴 간구를 담고 있다. 이 단락은 기럇여아림에서 예루살렘으로 법궤를 옮기는 다윗의 이야기를 예전적으로 노래하고 있다. 6절의 "우리"는 시인을 포함한 예배 회중을 가리킨다. 6a절을 문자적으로 번역하면, "보라, 우리는 그것을 에브라다에서 들었다"가 된다. 에브라다는 베들레헴 근처의 작은 지역으로서 다윗의 고향이기도 하다.

> 다윗은 유다 **베들레헴 에브랏** 사람 이새라 하는 사람의 아들이었는데 이새는 사울 당시 사람 중에 나이가 많아 늙은 사람으로서 여덟 아들이 있는 중(삼상 17:12).

6b절의 "나무밭"은 "야아르의 밭"(שְׂדֵי־יָעַר, 세데-야아르)을 의역한 것이다. "야아르"는 구약성경에 단 한 번 등장하는 단어(hapax legomenon)로서, 지명인 "기럇여아림"의 시적 축약형으로 보인다.

전령들을 기럇여아림 주민에게 보내어 이르되 "블레셋 사람들이 여호와의 궤를 도로 가져왔으니 너희는 내려와서 그것을 너희에게로 옮겨 가라"(삼상 6:21).

¹ 기럇여아림 사람들이 와서 여호와의 궤를 옮겨 산에 사는 아비나답의 집에 들여놓고 그의 아들 엘리아살을 거룩하게 구별하여 여호와의 궤를 지키게 하였더니 **²** 궤가 기럇여아림에 들어간 날부터 이십 년 동안 오래 있은지라. 이스라엘 온 족속이 여호와를 사모하니라(삼상 7:1-2).

회중은 에브라다에서 법궤가 기럇여아림에 있다는 소식을 듣고 그곳에서 법궤를 모셔온 것이다.

7절의 "발등상"은 법궤를 표현한다.

이에 다윗 왕이 일어서서 이르되 "나의 형제들, 나의 백성들아, 내 말을 들으라. 나는 여호와의 **언약궤** 곧 **우리 하나님의 발판**을 봉안할 성전을 건축할 마음이 있어서 건축할 재료를 준비하였으나"(대상 28:2).

법궤는 운송이 용이한 작고 가벼운 상자 형태로 되어 있다. 법궤는 본래 전쟁의 수호신인 야웨의 전쟁 참전을 매개(媒介)하는 역할을 했다.

백성이 진영으로 돌아오매 이스라엘 장로들이 이르되 "여호와께서 어찌하여 우리에게 오늘 블레셋 사람들 앞에 패하게 하셨는고? **여호와의 언약궤**를 실로에서 우리에게로 가져다가 우리 중에 있게 하여 그것으로 우리를 우리 원수들의 손에서 구원하게 하자" 하니(삼상 4:3).

그 후 법궤는 보좌에 앉아 계신 하나님이 발을 올려놓으시는 발등상이 되었다. 예배 공동체는 보좌에 앉아 계신 하나님 앞에 엎드려 경배한다. 8a절의 "여호와여, 일어나사"는 법궤에 대한 구호였다.

> **궤가 떠날 때**에는 모세가 말하되 **"여호와여, 일어나사** 주의 대적들을 흩으시고 주를 미워하는 자가 주 앞에서 도망하게 하소서" 하였고(민 10:35).

즉 이는 법궤의 참전을 요구할 때 외치는 구호다. 이 간구는 법궤 의식의 한 부분에서 차용해온 장엄한 기도다. 그런데 8b절의 "주의 권능의 궤와 함께 평안한 곳으로 들어가소서"에서 "평안한 곳"(מְנוּחָה, 메누하)이라는 단어는 예루살렘의 성전을 가리키는 이 시편만의 독특한 표현이다.

> 이에 다윗 왕이 일어서서 이르되 "나의 형제들, 나의 백성들아, 내 말을 들으라. 나는 여호와의 언약궤 곧 우리 하나님의 발판을 봉안할 **성전**(מְנוּחָה, בֵּית, 베트 메누하: "쉴 집")을 건축할 마음이 있어서 건축할 재료를 준비하였으나"(대상 28:2).

> 여호와께서 이와 같이 말씀하시되
> "하늘은 나의 보좌요
> 땅은 나의 발판이니
> 너희가 나를 위하여 무슨 집을 지으랴?

내가 **안식할**(מְנוּחָה, 메누하) 처소가 어디랴?"(사 66:1)

이 구절은 법궤를 전쟁터가 아니라 이제 "평안한 곳" 즉 영구적인 성전 안으로 모시게 되었음을 표현한다.

9절의 "의를 옷 입고"에서 "의"는 "체데크"(צֶדֶק)다. 여기서 "체데크"(צֶדֶק)는 16절에서와 같이 "구원"을 의미한다.

> 여호와 하나님이여, 일어나 들어가사 주의 능력의 궤와 함께 주의 평안한 처소에 계시옵소서. 여호와 하나님이여, 원하옵건대 주의 제사장들에게 구원을 입게 하시고 또 주의 성도들에게 은혜를 기뻐하게 하옵소서(대하 6:41).

제사장은 구원의 옷을 입고 있는 구원의 운반자다. 그에게는 하나님의 구원 신탁이 주어진다. 성도들은 예배의 자리에서 기뻐하며 찬양한다. 9절은 성전이 완공되고 예배가 온전히 실행되기를 간구하는 시인의 소망을 보여준다.

10절의 "주의 기름 부음 받은 자"는 다윗의 후손을 가리킨다. 이 간구는 "주의 종 다윗을 위하여" 미래의 다윗의 후손들을 거절하지 말라는 뜻이다. 이 간구는 다윗의 충성된 행동을 기억해주길 바라는 1절의 간구와 수미상관을 이룬다.

3) 야웨의 맹세(11-12절)

11 여호와께서 다윗에게 성실히 맹세하셨으니
변하지 아니하실지라.
이르시기를 "네 몸의 소생을 네 왕위에 둘지라.
12 네 자손이 내 언약과 그들에게 교훈하는 내 증거를 지킬진대
그들의 후손도 영원히 네 왕위에 앉으리라" 하셨도다.

11-12절은 다윗에 대한 야웨의 맹세를 다룬다. 이는 야웨에 대한 다윗의 맹세에 상응하는 야웨의 응답이다(11절). 이 야웨의 맹세는 나단의 약속(신탁)을 시적으로 모방하고 개작한 것이다.

12 "네 수한이 차서 네 조상들과 함께 누울 때에 내가 네 몸에서 날 네 씨를 네 뒤에 세워 그의 나라를 견고하게 하리라. 13 **그는 내 이름을 위하여 집을 건축할 것이요 나는 그의 나라 왕위를 영원히 견고하게 하리라.** 14 **나는 그에게 아버지가 되고 그는 내게 아들이 되리니** 그가 만일 죄를 범하면 내가 사람의 매와 인생의 채찍으로 징계하려니와 15 내가 네 앞에서 물러나게 한 사울에게서 내 은총을 빼앗은 것처럼 그에게서 빼앗지는 아니하리라. 16 **네 집과 네 나라가 내 앞에서 영원히 보전되고 네 왕위가 영원히 견고하리라 하셨다"** 하라(삼하 7:12-16).

나단의 약속과 이곳에서 언급된 야웨의 맹세는 조금 다르다. 전자는 "집 비유"("그는 내 이름을 위하여 집을 건축할 것이요 나는 그의 나라 왕위를 영원히

견고하게 하리라", 삼하 7:12)와 "아버지-아들 비유"("나는 그에게 아버지가 되고 그는 내게 아들이 되리니", 삼하 7:14)를 사용한다. 그리고 후자는 "왕의 토라 선생 비유"를 사용한다. 12절의 "그들에게 교훈하는 내 증거"는 "내가 그들에게(다윗 계통의 왕들) 가르칠 이 증거"다. 여기서 야웨는 왕에게 토라를 가르치는 선생으로 묘사된다.

가장 중요한 차이는 전자가 다윗 계통의 왕들의 무조건적인 영원성을 강조했다면("네 집과 네 나라가 내 앞에서 영원히 보전되고 네 왕위가 영원히 견고하리라", 삼하 7:16), 후자는 왕위의 영원성을 조건적으로 언급한다("네 자손이 내 언약과 그들에게 교훈하는 내 증거를 지킬진대", 12절)는 점이다. 따라서 다윗 언약은 맹목적으로 영원히 유효한 것이 아니다. 언약이 유지되려면 조건이 충족되어야 한다. 다윗의 후손들은 다윗과 같이 지속적으로 하나님의 "언약"(בְּרִית, 베리트)과 "증거"(עֵדוּת, 에두트)를 지켜야 한다. 다윗의 후손들이 언약에 충실하고 청종하는 것이 바로 하나님의 약속이 성취되기 위한 조건이다.

4) 시온과 다윗 왕조에 대한 하나님의 약속(13-18절)

> 13 여호와께서 시온을 택하시고
> 자기 거처를 삼고자 하여 이르시기를
> 14 "이는 내가 영원히 쉴 곳이라.
> 내가 여기 거주할 것은
> 이를 원하였음이로다.
> 15 내가 이 성의 식료품에 풍족히 복을 주고

떡으로 그 빈민을 만족하게 하리로다.

16 내가 그 제사장들에게 구원을 옷 입히리니

그 성도들은 즐거이 외치리로다.

17 내가 거기서 다윗에게 뿔이 나게 할 것이라.

내가 내 기름 부음 받은 자를 위하여 등을 준비하였도다.

18 내가 그의 원수에게는 수치를 옷 입히고

그에게는 왕관이 빛나게 하리라" 하셨도다.

13-18절은 시온과 다윗 왕조에 대한 하나님의 약속을 다루고 있으며, 이 단락은 세 부분으로 나뉜다. 13절은 도입부이고, 14-16절은 시온의 선택에 관한 하나님의 말씀이며, 17-18절은 다윗 왕조의 미래에 대한 하나님의 말씀이다. 13절은 시편 78:68-70과 같이 "시온의 선택"을 "다윗의 선택"보다 앞세우고 있다.

68 오직 유다 지파와

그가 사랑하시는 **시온산을 택하시며**

69 그의 성소를 산의 높음같이,

영원히 두신 땅같이 지으셨도다.

70 또 그의 종 **다윗을 택하시되**

양의 우리에서 취하시며(시 78:68-70).

시온과 다윗의 선택은 전적으로 "야웨의 사랑"(시 78:68) 및 "야웨의 감정적인 애정"("삼고자", 13절; "원하였음이로다", 14절)에 의한 것이다.

14절은 하나님의 시온 거주가 인간의 결정이 아니라 하나님이 자발적으로 선택하신 결과임을 강조한다. 다윗이 하나님을 위해 온갖 노고를 다 기울였지만, 결국 일을 주도하고 성취하신 분은 하나님이시다.

15절은 하나님의 거주지인 시온이 축복의 장소임을 밝힌다. 이 구절에는 야웨가 왕이시라는 개념이 잘 반영되어 있다. 야웨는 시온의 왕이시다. 이런 개념이 3중적으로 표현된다.

첫째, "내가 이 성의 식료품에 풍족히 복을 주고"는 법궤의 축복 모티프와 밀접하게 연결된다.

11 여호와의 궤가 가드 사람 오벧에돔의 집에 석 달을 있었는데 여호와께서 오벧에돔과 그의 온 집에 복을 주시니라. 12 어떤 사람이 다윗 왕에게 아뢰어 이르되 **"여호와께서 하나님의 궤로 말미암아 오벧에돔의 집과 그의 모든 소유에 복을 주셨다"** 한지라. 다윗이 가서 하나님의 궤를 기쁨으로 메고 오벧에돔의 집에서 다윗 성으로 올라갈새(삼하 6:11-12).

이처럼 법궤가 있는 시온은 축복의 진원지다.

둘째, "떡으로"는 약자를 돌보는 선한 왕의 임무와 관련된다.

12 그는 **궁핍한 자**가 부르짖을 때에 건지며
도움이 없는 가난한 자도 건지며
13 그는 **가난한 자**와 **궁핍한 자**를 불쌍히 여기며
궁핍한 자의 생명을 구원하며(시 72:12-13).

진정한 왕은 특히 약자를 돌본다.

셋째, "그 빈민을 만족하게 하리로다"는 사회적 약자들이 제사 식사에 함께 참여하는 것과 연관된다.

> **22** 너는 마땅히 매년 토지 소산의 십일조를 드릴 것이며 **23** 네 하나님 여호와 앞 곧 여호와께서 그의 이름을 두시려고 택하신 곳에서 네 곡식과 포도주와 기름의 십일조를 먹으며 또 네 소와 양의 처음 난 것을 먹고 네 하나님 여호와 경외하기를 항상 배울 것이니라. **24** 그러나 네 하나님 여호와께서 자기의 이름을 두시려고 택하신 곳이 네게서 너무 멀고 행로가 어려워서 네 하나님 여호와께서 그 풍부히 주신 것을 가지고 갈 수 없거든 **25** 그것을 돈으로 바꾸어 그 돈을 싸가지고 네 하나님 여호와께서 택하신 곳으로 가서 **26** 네 마음에 원하는 모든 것을 그 돈으로 사되 소나 양이나 포도주나 독주 등 네 마음에 원하는 모든 것을 구하고 거기 네 하나님 여호와 앞에서 너와 네 권속이 함께 먹고 즐거워할 것이며 **27 네 성읍에 거주하는 레위인은 너희 중에 분깃이나 기업이 없는 자이니 또한 저버리지 말지니라**(신 14:22-27).

여기서 시인은 성전에 바치는 성전세를 언급하는 대신 아량 있는 집주인인 야웨가 거하시면서(시 23편) 가난한 자들을 돕는 곳이 성전이라고 이야기한다. 성전은 "세금을 걷는 곳"이라기보다는 "빈민을 돕는 곳"이다. 하나님이 거하시는 성전은 그야말로 "축복의 저수지"다.

16절은 9절의 간구가 하나님에 의해 성취됨을 알린다. 제사장들과 성도들은 시온에 속한 신분으로 언급된다("그 제사장들과 그 성도들"). 9절에서 하나님의 제사장들과 성도들("주의 제사장들과 주의 성도들")은 소속이 변경된다. 야웨가 직접 제사장의 성직을 임명하신다. "의의 옷"은 명시적으로 "구원의 옷"으로 바뀐다. 이제부터 제사장은 구원의 도구가 된다. 성도들의 축하 행동은 동사의 반복으로 더욱 강조된다. 16절의 "그 성도들은 즐거이 외치리로다"는 "정녕 기뻐 외칠 것이다"라는 뜻이다. 이 절은 9절보다 동사를 더 반복함으로써 기쁨을 강조한다.

17-18절에서 시인은 다윗의 왕권으로 눈을 돌린다. 17절의 "뿔"은 힘과 강함의 상징이다.

> 나의 성실함과 인자함이 그와 함께하리니
> 내 이름으로 말미암아 그의 **뿔**이 높아지리로다(시 89:24; 참조. 삼상 2:10).

"등" 비유는 다윗 왕조의 계통이 영원히 꺼지지 않을 것이라는 암시다.

> 그의 아들에게는 내가 한 지파를 주어서 내가 거기에 내 이름을 두고자 하여 택한 성읍 예루살렘에서 내 종 다윗이 항상 내 앞에 **등불**을 가지고 있게 하리라(왕상 11:36; 참조. 왕상 15:4; 왕하 8:19).

18절은 "옷 비유"를 통해 대적자들이 야웨에 의해 수치를 당할 것이라고 말한다. 이와 대조적으로 다윗 계통의 왕들은 빛나게 될 것이다.

4. 메시지

예배 공동체의 "우리"는 다윗 이야기를 역사적 과거에서 예전적 현재 속으로 들여오기도 하고, 예배의 회중을 현재의 예배 상황에서 그와 동일한 역사적 과거 속으로 내보내는 역할을 하기도 한다. 예배의 자리는 과거와 현재가 서로 교차함으로써 현재가 과거로, 과거가 현재로 들어와 함께 어우러져 시공간을 공유하는 장소가 되며, 이는 현재와 미래로도 확장된다. 따라서 예배의 자리는 현재에서 미래로, 미래에서 현재로, 또한 현재가 미래로, 미래가 현재로 들어와 양쪽이 함께 만나며 서로 드나드는 통로가 된다. 즉 예배의 자리는 과거와 현재와 미래가 모두 만나는 은혜의 자리라고 할 수 있다. 이처럼 예배는 생명을 이어주고 현존과의 만남을 선사하는 신비한 행위다.

　　예배의 핵심 장소인 시온은 하나님의 임재의 장소이자 축복의 성소로 선택되었다. 하나님이 임재하시는 성소는 축복을 공급해주는 장소다. 이런 축복은 특히 약자에게 떡을 주고 빈민을 만족시키는 행위를 통해 발휘되고 경험된다. 예배의 자리는 "하늘의 축복"을 경험하고, 그 축복을 박복(薄福)한 사람들에게 흘려보내는 곳이다. 그리하여 교회는 이 땅이 만복(萬福)으로 가득한 하나님 나라가 되도록 기도하고 나누며 헌신하는 장소다. 이를 요약하면 교회는 "축복"(祝福)이 "박복"(薄福)한 자에게 흘러가 "만복"(萬福)이 이루어지기를 꿈꾸며 실천하는 곳이라 할 수 있다.

133편

축복과 생명을 불러오는 연합:

"형제가 연합하여 동거함이 어찌 그리 선하고 아름다운고"

1. 양식

시편 133편은 "지혜시"(wisdom psalm)로 분류된다. 이 시는 "성전에 올라가는 노래"라는 열다섯 편의 순례시(시 120-134편) 중 열네 번째 시로서, 이중 134편과 함께 가장 짧은 시에 속한다. 또한 잠언과 같은 지혜적인 권면에 해당되기 때문에 "순례시"(pilgrimage psalm)에 속한 지혜시로 볼 수 있다.

2. 구조

1) 1절: 형제의 연합을 권고
2) 2-3a절: 기름과 이슬의 흘러내림에 대한 은유
3) 3b절: 연합한 형제에게 주어진 약속

3. 내용

1) 형제의 연합을 권고(1절)

> ¹ 보라, 형제가 연합하여 동거함이
> 어찌 그리 선하고 아름다운고!

1절은 형제 간의 연합을 권고한다. 시인은 "보라"(הִנֵּה, 힌네)라는 감탄사를 통해 형제의 연합이 참으로 선하고 아름답다는 점을 강조한다. 이 구절은 본래 결혼한 형제들에게 계속해서 부모의 집에서 함께 살도록 권고한 지혜 격언이었던 것으로 보인다.

> **형제들이 함께 사는데** 그중 하나가 죽고 아들이 없거든 그 죽은 자의 아내는 나가서 타인에게 시집가지 말 것이요 그의 남편의 형제가 그에게로 들어가서 그를 맞이하여 아내로 삼아 그의 남편의 형제 된 의무를 그에게 다 행할 것이요(신 25:5).

이 구절은 형제들의 평화로운 공동생활을 높이 평가한 사회 윤리적인 가르침으로 볼 수 있다.

"형제들"(אחים, 아힘, 복수형)은 매우 다양한 의미를 지닌 단어로서, 같은 부모에게서 태어난 자들(형제들)을 포함하여 훨씬 더 넓은 범위의 연합체(동료들, 지파들, 북 왕국과 남 왕국, 고국과 디아스포라 등)에도 적용될 수 있다.

"연합하여"(גם־יחד, 감-야하드)는 "함께 공동체를 이룬다"라는 뜻이다. 그리고 "동거하다"(ישב, 야샤브)는 "오랜 기간 함께 산다"는 의미를 내포한다. 아우구스티누스(기원후 354-430년)는 이 본문을 근거로 수도원이 탄생되었다고 주장하기도 했다. 다양한 사람들이 서로의 차이를 극복하고 함께 모여 하나의 공동체를 이루어 같은 비전을 추구하며 사는 것은 참으로 선하고 아름다운 일이다.

2) 기름과 이슬의 흘러내림에 대한 은유(2-3a절)

> **2** 머리에 있는 보배로운 기름이 수염
>
> 곧 아론의 수염에 흘러서 그의 옷깃까지 내림 같고
>
> **3a** 헐몬의 이슬이 시온의 산들에 내림 같도다.

2-3a절은 형제의 연합을 기름과 이슬의 흘러내림에 대한 은유로 표현한다. 2절은 "기름 은유"다. 특히 올리브 기름(감람유)은 달콤한 향신료와 혼합하여 머리(전 9:8)와 피부(암 6:6; 미 6:15)를 보호하는 데 사용되었다. 방문자가 집에 들어올 때 행하는 환대의 기본 행동은 방문자의 발을 씻기고 그 머리에 기름을 부어 기분을 부드럽고 상쾌하게 해주는 것이다.

> **44** 그 여자를 돌아보시며 시몬에게 이르시되 "이 여자를 보느냐? 내가 네 집에 들어올 때 너는 내게 발 씻을 물도 주지 아니하였으되 이 여자는 눈물로 내 발을 적시고 그 머리털로 닦았으며 **45** 너는 내게 입맞추지 아니하였으되 그는 내가 들어올 때로부터 내 발에 입 맞추기를 그치지 아니하였으며 **46** 너는 **내 머리에 감람유도 붓지 아니하였으되** 그는 향유를 내 발에 부었느니라"(눅 7:44-46).

좋은 기름을 머리에 부어 수염까지 흐르도록 하는 것은 손님을 환영하는 방법 중 하나였다.

주께서 내 원수의 목전에서

내게 상을 차려 주시고

기름을 내 머리에 부으셨으니

내 잔이 넘치나이다(시 23:5).

의인이 나를 칠지라도 은혜로 여기며

책망할지라도 **머리의 기름같이 여겨서**

내 머리가 이를 거절하지 아니할지라.

그들의 재난 중에도 내가 항상 기도하리로다(시 141:5).

"머리"에 부어진 기름은 남자들의 "수염"까지 흘러내렸다. 아론의 머리에 부은 기름이 수염을 지나 그의 옷깃까지 흘러내리는 모습은 하나님이 복을 흘러넘치게 주셨음을 암시한다. 하나님의 백성이 하나가 되면 아론의 머리에 거룩한 기름으로 안수하셔서 복을 주신 것처럼 그들에게도 동일한 복을 주실 것이다. 이 기름은 "축복의 기름"이다.

　　3a절은 "이슬 은유"다. 지중해에서 몰려오는 구름이 높은 산(헐몬산, 해발 3,000m)을 미처 넘지 못하고 이슬이 되다 보니, 헐몬(חֶרְמוֹן, 헤르몬)산에는 건기(4-8월)에도 항상 물과 초원이 있다. 이슬은 특히 비가 내리지 않는 여름(건기)에 비를 대신하여 물을 보충해준다. 헐몬산의 이슬은 생명과 풍요와 원기 회복의 상징이었다. 그래서 이 구절에서 이슬은 하나님이 인간의 정신과 몸에 새로운 원기를 북돋아주시기 위해 수분을 공급하신다는 긍정적인 의미로 사용되었다.

내가 이스라엘에게 **이슬**과 같으리니

그가 백합화같이 피겠고

레바논 백향목같이 뿌리가 박힐 것이라(호 14:5).

또한 이슬은 새 생명을 창조하고 죽음을 극복하는 힘을 가리킨다.

주의 죽은 자들은 살아나고

그들의 시체들은 일어나리이다.

티끌에 누운 자들아,

너희는 깨어 노래하라.

주의 이슬은 빛난 이슬이니

땅이 죽은 자들을 내놓으리로다(사 26:19).

즉 이슬은 "생명의 이슬"이다. "헐몬의 이슬이 시온의 산들에 내림 같도다"라는 표현은 신학적 지형학의 관점을 담은 시문이지, 기상학이나 지리학을 반영한 진술이 아니다. 그래서 헐몬의 이슬이 실제로 그토록 멀리 떨어진(200km 가량) 예루살렘의 산에 어떻게 도달했는지를 고민할 필요는 없다.

3) 연합한 형제에게 주어진 약속(3b절)

3b 거기서 여호와께서 복을 명령하셨나니 곧 영생이로다.

3b절은 연합한 형제에게 주어진 약속이다. "거기서 여호와께서 복을 명령하셨나니 곧 영생이로다"에서 "거기서"(שָׁם, 샴)는 앞에 언급된 축복의 장소인 시온을 지칭하기도 하고(3a절), 더 나아가 형제들이 이룩한 연합을 가리키기도 한다(1절). 시온은 하나님이 세우신 축복의 장소이자 하나님의 백성이 연합하여 "영원한 생명"(חַיִּים עַד־הָעוֹלָם, 하임 아드-하올람)을 얻는 곳이다.

2-3a절에서는 "흘러내리다"(יָרַד, 야라드)라는 단어가 "아론의 수염에 흘러서(יָרַד, 야라드)", "그의 옷깃까지 내림(יָרַד, 야라드)", "시온의 산들에 내림(יָרַד, 야라드)"에서 총 세 번 사용되었다. 이와 마찬가지로 하나님의 복도 위에서 아래로 내려와 연합한 형제 공동체에게 임한다. 시인은 하나님의 백성이 시온에서 형제 공동체를 이루면 그들의 삶에 항상 복이 넘치고 생명이 풍성할 것이라고 한다. 그것도 영원히! 이 시편이 추구하는 형제 공동체의 중심에는 늘 야웨께 드리는 예배(시온)가 있다.

4. 메시지

모든 복을 위에서 아래로 흘려보내는 분은 하늘 보좌에 앉으신 하나님이다. 하나님의 백성은 형제와의 연합을 통해 하늘이 주시는 풍성한 복을 얻을 수 있다. 형제가 연합하여 공동체를 형성하고 소외된 이들 없이 모두 함께 시온에 계신 하나님 앞에 설 때 하늘의 복을 골고루 누리게 된다. 하나님을 예배하는 형제 공동체가 되어야 "축복의 기름"과 "생명의 이슬"을 위로부터 받을 수 있다. 형제 공동체는 개인의 욕구나 집단의 이익보다 공동의 유익이나 공동선(common good)을 먼저 추구한다. 공동체의 유익을 추구할 때 개인의 인생을 풍요롭게 하는 하늘의 축복이 찾아온다.

　연합은 서로의 다름을 존중하는 것이다. 서로 다른 모습은 광적인 증오의 원인이 아니라 커다란 축복임을 알아야 한다. 대상이 없는 사랑은 없다. 새로운 대상은 새로운 사랑을 약속한다. 각자의 차이점으로 인해 발생한 다름은 우리에게 계속해서 새로운 모습과 다양한 방식의 사랑을 보장한다. 시인은 서로의 다름이 더욱 크고 다양한 사랑을 만들어 내기 위한 하나님의 선물이라는 사실을 일찍이 깨달았다. 형제 간의 연합은 축복과 생명을 불러온다. 이처럼 연합은 축복과 생명을 끌어들이는 반면, 반목은 축복과 생명을 밀어낸다.

예배의 축복과 온전한 일상:
"시온에서 네게 복을 주실지어다"

1. 양식

시편 134편은 "찬양시"(hymn of praise)로 분류된다. 이 시는 "성전에 올라가는 노래"라는 열다섯 편의 순례시(시 120-134편) 중 마지막 시로서 133편과 함께 가장 짧은 시로 분류되며, "순례시"(pilgrimage psalm)에 속한 찬양시로 볼 수 있다. "여호와를 송축하라"는 표현이 등장하는 것은 찬양시의 두드러진 특징이다.

2. 구조

  1) 1-2절: 하나님에 대한 찬양 촉구
  2) 3절: 축복의 말씀

3. 내용

1) 하나님에 대한 찬양 촉구(1-2절)

  ¹ 보라, 밤에 여호와의 성전에 서 있는 여호와의 모든 종들아,

  여호와를 송축하라.

  ² 성소를 향하여

  너희 손을 들고 여호와를 송축하라.

1-2절에서 시인은 사람들을 향해 하나님을 찬양하라고 촉구한다. 1절

의 첫 단어인 "보라"(הִנֵּה, 힌네)는 감탄을 표현하는 불변화사다. 이는 보통 "보라"(look)로 번역되는데, 여기서는 "지금"(now)이라는 의미로 번역하는 것이 더 적절하다. 예배자들은 종종 성소에서 밤을 새우곤 했다.

> 내가 **누워 자고** 깨었으니
> 여호와께서 나를 붙드심이로다(시 3:5).

> 너희가 거룩한 절기를 지키는 **밤에** 하듯이 노래할 것이며
> 피리를 불며 여호와의 산으로 가서
> 이스라엘의 반석에게로 나아가는 자같이 마음에 즐거워할 것이라(사 30:29).

"여호와의 성전에 서 있는"에서 동사 "서다"(עָמַד, 아마드)는 주어가 단순한 방문객이나 관광객이 아니라 적극적인 참여자이자 순례자임을 나타낸다. 이 단어는 특히 제사장과 레위인들이 하나님을 섬기는 모습을 표현할 때 주로 사용된다.

> 그때에 여호와께서 레위 지파를 구별하여 여호와의 언약궤를 메게 하며 여호와 앞에 **서서**(עָמַד, 아마드) 그를 섬기며 또 여호와의 이름으로 축복하게 하셨으니 그 일은 오늘까지 이르느니라(신 10:8).

> 제사장마다 매일 **서서**(עָמַד, 아마드) 섬기며 자주 같은 제사를 드리되 이 제사는 언제나 죄를 없게 하지 못하거니와(히 10:11; 참조. 대상 23:30; 대하

29:11).

이는 예배를 위한 대기와 준비 상태를 강조하는 표현이다.

"여호와의 종"은 보통 성전에서 야웨의 일을 하는 레위인이나 제사장들을 일컫는 말이지만, 시편에서는 야웨의 임재를 바라며 예배드리는 사람들을 뜻하기도 한다.

> 주의 얼굴을 **주의 종**에게 비추시고
>
> 주의 사랑하심으로 나를 구원하소서(시 31:16).

> 여호와께서 **그의 종들**의 영혼을 속량하시나니
>
> 그에게 피하는 자는 다 벌을 받지 아니하리로다(시 34:22; 참조. 시 35:27 등).

여기서 "송축하라"는 문자적으로 보면 "축복하라"(ברך, 바라크)는 뜻이다. 시인은 하나님을 "축복하라"고 권고한다. 하나님도 그분의 피조물인 인간의 축복을 필요로 하신다는 점이 놀랍다. 야웨 역시 약해지실 수 있고, 예배 공동체가 드리는 축복의 찬양을 통해 새로운 능력을 받으실 수도 있는 존재라고 한다. 그러나 정확히 말해 예배의 맥락에서 하나님을 축복하는 것은 하나님을 찬양하고 그분께 감사하는 것을 뜻한다. 하나님은 모든 축복의 근원이 되신다.

> **27** 하나님이 자기 형상 곧 하나님의 형상대로 사람을 창조하시되 남자와 여자를 창조하시고 **28** 하나님이 **그들에게 복을 주시며** 하나님이 그들에게 이

르시되 "생육하고 번성하여 땅에 충만하라, 땅을 정복하라, 바다의 물고기와 하늘의 새와 땅에 움직이는 모든 생물을 다스리라" 하시니라(창 1:27-28).

인간은 개인적, 사회적, 국가적으로 하나님의 축복을 의지할 수밖에 없다.

2절에 언급된 "성소를 향하여 손을 드는 행위"는 기도하는 자세(시 28:2; 141:2; 왕상 8:38)나 찬양하는 자세를 묘사한 표현이다(시 63:4).

> 내가 주의 지성소를 향하여 **나의 손을 들고**
> 주께 부르짖을 때에 **나의 간구하는 소리를 들으소서**(시 28:2).

> 이러므로 나의 평생에 **주를 송축하며**
> 주의 이름으로 말미암아 **나의 손을 들리이다**(시 63:4).

시인은 "여호와의 성전"(בֵית־יְהוָה, 베트-야웨, 1절)과 "성소"(קֹדֶשׁ, 코데쉬, 2절)를 구분한다. 전자는 "성전 지역"을, 후자는 "성전 건물"을 뜻한다.

> 오직 나는 주의 풍성한 사랑을 힘입어 주의 **집**(בַית, 베트)에 들어가
> 주를 경외함으로 **성전**(הֵיכַל־קָדְשְׁךָ, 헤칼-코드쉐카)을 향하여 예배하리이다(시 5:7).

시인은 성전 지역으로 들어와 성전 건물을 향해 기도와 찬양을 드리라고 권면한다.

2) 축복의 말씀(3절)

3 천지를 지으신 여호와께서 시온에서 네게 복을 주실지어다.

3절은 축복의 말씀이다. 이 시의 배경을 제의라고 가정한다면, 이는 제사장의 축복 기도(축도)로 볼 수 있다.

여호와께서 시온에서 네게 **복을 주실지어다.**
너는 평생에 예루살렘의 번영을 보며(시 128:5).

여호와는 네게 **복을 주시고**
너를 지키시기를 원하며(민 6:24).

이 구절은 순례자들이 시온을 떠날 때 그들에게 선포된 축복의 말씀이다. 이 시는 예배의 시작과 마침을 모두 포함하고 있다. 밤 기도의 입장(1절)과 축복이 동반된 퇴장(3절)이 함께 언급된다. 민수기 6:24의 아론의 축복은 약속의 땅으로 들어갈 준비를 하는 이스라엘 백성에게 주어진 말씀이었다. 이에 반해 시편 134:3의 말씀은 예루살렘 성전을 떠나 각자의 집으로 돌아갈 준비를 하는 이스라엘 순례자들에게 주어진 말씀이다. 이처럼 예배의 자리에 함께한 모든 예배자에게도 축복이 주어진다.

구약에서 축복은 누군가에 대해 좋게 말하거나 칭찬하는 것을 의미한다. 인간은 하나님의 위대하심과 선하심을 칭찬하고 찬양한다(1-

2절). 하나님은 선하고 귀한 선물을 수여하심으로써 인간을 격려하고 칭찬하신다(3절). 따라서 하나님은 인간의 축복(칭찬)을 받으시는 객체(the object)이자 인간에게 축복을 주시는 주체(the subject)가 된다. 이 시에는 백성이 야웨를 축복하고(1-2절) 야웨가 백성을 축복하는 쌍방 간의 축복이 묘사되어 있다(3절).

"천지를 지으신 여호와께서"에서 "지으신"(עֹשֵׂה, 오세)은 동사 "만들다, 창조하다"(עָשָׂה, 아사)의 분사형이다. 이는 하나님의 "지속적이고 계속되는 창조 행위"(creatio continua)를 강조하는 표현이다. 또한 "하늘(天)과 땅(地)"은 피조물 전체를 포괄하는 총칭 용법(merism)이다. 하나님의 창조 행위는 태초의 창조(creatio originale)로 멈춘 것이 아니라 지금도 계속되고 있다. 창조주의 창조 행위는 영원히 멈추지 않는다. 시인은 천지 창조와 시온을 연결시킴으로써, 이런 축복을 우주적인 차원까지 확대한다. 하나님의 축복은 전 우주를 포괄한다. 축복의 목적은 예배 중에 하나님의 임재를 체험한 신앙 공동체로 하여금 삶 속에서 지속적으로 온전함을 추구해나가도록 독려하는 것이다. 순례시는 이와 같은 축복이 창조주로부터 비롯된 것이라는 사실을 신앙 공동체에게 계속 강조한다.

4. 메시지

시편 134편에서는 "축복의 상호성"이 강조된다. 신앙 공동체는 야웨를 축복하라는 요청을 받는다. 피조물인 우리에게는 당연히 창조주 하나님의 축복이 절대적으로 필요하다. 그런데 창조주 하나님도 피조물 예배자들의 축복이 필요하다. 하나님도 상처받기 쉽고 여린 존재다(창 6:6).

시인의 영성 3

하나님도 피조물의 축복을 통해 힘을 얻으신다. 특히 예배 가운데 울려 퍼지는 찬양은 축복을 전달하는 통로가 된다.

이 시편은 야웨의 축복이 백성에게 임하게 해달라고 간구하는 기도로 끝난다. 창조주 야웨는 시온에 강력하게 현존해 계신다. 야웨는 그 시온에서 축복을 베풀어주신다. 시온은 일명 "축복 발전소"다. 야웨는 축복하고, 신앙 공동체는 그 축복을 찬양한다. 하나님의 축복은 세상에서 충만한 삶을 살게 하는 원동력이 된다. 이는 하나님의 임재로 가능하다.

축복 기도는 능력 있는 유익한 말씀이다. 또한 축복 기도는 성소 예배에서 하나님과의 영적인 만남을 통해 주어지는 새로운 힘을 남은 인생 속으로 불어넣어 주는 역할을 한다. 축복 기도는 예배의 권능을 세상의 삶 속에 이식시킨다. 하나님의 전에서 드려지는 예배는 매우 감동적인 경험으로서 우리는 예배할 때 세상에서 잠시 물러나 새롭게 변화된다. 그러나 우리는 성소에 영원히 머물 수 없다. 불충분하고 불안정한 세상으로 되돌아가야 한다. 기독교 전통에서는 예배가 끝날 때마다 인도자가 축복 기도를 한다. 이는 회중이 예배당을 떠나 세상으로 돌아갔을 때 낙심하지 않도록 준비시키는 마무리 말이다. 예배의 자리에서 주어진 축복은 세상을 감당케 하는 힘이자 일상을 감당할 수 있는 양식이 된다. 깨닫고 보면 예배의 축복 없이 온전한 일상은 불가능한 것이다.

135편

참된 예배자 vs 우상숭배자:
"우리 주는 모든 신들보다 위대하시도다"

1. 양식

시편 135편은 "찬양시"(hymn of praise)로 분류된다. "여호와의 이름을 찬송하라"는 찬양 권고는 찬양시의 두드러진 특징이다.

2. 구조

1) 1-4절: 야웨를 찬양하라는 권고
2) 5-18절: 찬양의 이유(야웨의 위대하심)
  (1) 5-7절: 창조에 나타난 야웨의 위대하심
  (2) 8-14절: 역사에 나타난 야웨의 위대하심
  (3) 15-18절: 열국의 우상들의 무능함
3) 19-21절: 야웨를 송축하라는 권고

3. 내용

1) 야웨를 찬양하라는 권고(1-4절)

1 할렐루야.
여호와의 이름을 찬송하라.
여호와의 종들아 찬송하라.
2 여호와의 집,
우리 여호와의 성전

곧 우리 하나님의 성전 뜰에 서 있는 너희여,

3 여호와를 찬송하라.

여호와는 선하시며

그의 이름이 아름다우니

그의 이름을 찬양하라.

4 여호와께서 자기를 위하여

야곱 곧 이스라엘을 자기의 특별한 소유로 택하셨음이로다.

1-4절은 야웨를 찬양하라는 권고다. 이 시는 "할렐루야"로 시작하여(1절) "할렐루야"로 끝남으로써(21절) 수미상관(inclusio)을 이룬다. "여호와의 이름"은 "하나님의 성품" 또는 "고유한 그분의 가치"를 의미한다

6 여호와께서 그의 앞으로 지나시며 선포하시되 "여호와라, 여호와라, 자비롭고 은혜롭고 노하기를 더디하고 인자와 진실이 많은 하나님이라. 7 인자를 천대까지 베풀며 악과 과실과 죄를 용서하리라. 그러나 벌을 면제하지는 아니하고 아버지의 악행을 자손 삼사 대까지 보응하리라"(출 34:6-7).

그리고 "여호와의 종들"에는 제사장들과 레위인들뿐만 아니라 찬양 대원들도 포함된다.

2절에 따르면 이들은 지금 "여호와의 집" 곧 "우리 하나님의 성전 뜰"에 서 있다. 이들은 성전에서 하나님을 찬양하려고 준비 중이다.

3절을 직역하면 "할렐루야. 여호와는 선하시다. 그의 이름을 찬송하라. 이것은 즐겁다"가 된다. 이 진술에 따르면 하나님은 객관적으로도

선한 분이시다. 또한 그분의 이름을 찬송하는 것은 주관적으로 즐거운 일이다. 즉 하나님의 선한 성품은 찬양의 이유가 되며, 이를 찬양하는 것은 예배자들에게도 본질적으로 복되고 즐거운 일이다.

4절은 하나님의 선하심을 입증하는 핵심적인 본보기로 하나님과 백성 사이의 특별한 관계를 지목한다. 여기서 "특별한 소유"(סְגֻלָּה, 세굴라)는 개인의 사적 재산에서 특히 가치 있는 "보배로운 재산"을 의미한다.

> 은 금과 왕들이 소유한 **보배**(סְגֻלָּה, 세굴라)와
> 여러 지방의 보배를 나를 위하여 쌓고
> 또 노래하는 남녀들과
> 인생들이 기뻐하는 처첩들을 많이 두었노라(전 2:8).

> 성전을 위하여 준비한 이 모든 것 외에도 내 마음이 내 하나님의 성전을 사모하므로 내가 **사유**(סְגֻלָּה, 세굴라)한 금, 은으로 내 하나님의 성전을 위하여 드렸노니(대상 29:3).

이 용어는 하나님의 백성을 가리키는 데 사용되기도 한다.

> 세계가 다 내게 속하였나니 너희가 내 말을 잘 듣고 내 언약을 지키면 너희는 모든 민족 중에서 내 **소유**(סְגֻלָּה, 세굴라)가 되겠고(출 19:5).

> 너는 여호와 네 하나님의 성민이라. 네 하나님 여호와께서 지상 만민 중에서 너를 자기 **기업**(סְגֻלָּה, 세굴라)의 백성으로 택하셨나니(신 7:6).

그러나 너희는 택하신 족속이요 왕 같은 제사장들이요 거룩한 나라요 그의 **소유**(περιποίησις, 페리포이에시스/סְגֻלָּה, 세굴라)가 된 백성이니 이는 너희를 어두운 데서 불러 내어 그의 기이한 빛에 들어가게 하신 이의 아름다운 덕을 선포하게 하려 하심이라(벧전 2:9).

이스라엘은 야웨의 소유로서 특별한 지위를 갖는다. 이런 하나님의 호의는 이스라엘이 노력하여 얻은 것이 아니라 전적으로 하나님이 주신 은혜로운 선물이다. 하나님은 이스라엘을 선택하시고 그분의 특별한 소유로 삼으셨다. 이런 사실이 찬양의 이유이자 내용이 된다.

2) 찬양의 이유(5-18절)

> 5 내가 알거니와
> 여호와께서는 위대하시며
> 우리 주는 모든 신들보다 위대하시도다.
> 6 여호와께서 그가 기뻐하시는 모든 일을
> 천지와 바다와
> 모든 깊은 데서 다 행하셨도다.
> 7 안개를 땅끝에서 일으키시며
> 비를 위하여 번개를 만드시며
> 바람을 그 곳간에서 내시는도다.
> 8 그가 애굽의 처음 난 자를
> 사람부터 짐승까지 치셨도다.

9 애굽이여,

여호와께서 네게 행한 표적들과 징조들을

바로와 그의 모든 신하들에게 보내셨도다.

10 그가 많은 나라를 치시고

강한 왕들을 죽이셨나니

11 곧 아모리인의 왕 시혼과 바산 왕 옥과

가나안의 모든 국왕이로다.

12 그들의 땅을 기업으로 주시되

자기 백성 이스라엘에게 기업으로 주셨도다.

13 여호와여,

주의 이름이 영원하시니이다.

여호와여,

주를 기념함이 대대에 이르리이다.

14 여호와께서 자기 백성을 판단하시며

그의 종들로 말미암아 위로를 받으시리로다.

15 열국의 우상은 은금이요

사람의 손으로 만든 것이라.

16 입이 있어도 말하지 못하며

눈이 있어도 보지 못하며

17 귀가 있어도 듣지 못하며

그들의 입에는 아무 호흡도 없나니

18 그것을 만든 자와 그것을 의지하는 자가

다 그것과 같으리로다.

5-18절은 찬양의 이유를 보다 상세하게 제시한다. 이 단락은 세 가지 내용으로 나뉜다. 첫 번째는 창조에 나타난 야웨의 위대하심이고(5-7절), 두 번째는 역사에 나타난 야웨의 위대하심이며(8-14절), 세 번째는 열국 우상들의 무능함(15-18절)이다.

먼저 첫 번째 단락(5-7절)을 살펴보고자 한다. 5절은 "왜냐하면"(כִּי, 키: 개역개정에는 생략됨)으로 시작함으로써 찬양의 이유를 진술한다. 5a절의 "내가 알거니와 여호와께서는 위대하시며"라는 언급은 모세의 장인인 이드로가 한 말과 맥을 같이한다.

> **이제 내가 알았도다. 여호와는 모든 신보다 크시므로** 이스라엘에게 교만하게 행하는 그들을 이기셨도다(출 18:11).

"내가 알거니와"(יָדַעְתִּי אֲנִי, 아니 야다티)는 "내가 참으로 잘 안다"(I truly know)는 뜻이다. 여기서 생략 가능한 인칭대명사 "나"(אֲנִי, 아니)를 사용한 까닭은 잘 알고 있는 "자기 자신"을 강조하기 위함이다. 이는 이 땅의 모든 신들보다 뛰어나신 야웨의 우월성을 표현한다.

> 주여,
> **신들 중에 주와 같은 자 없사오며**
> 주의 행하심과 같은 일도 없나이다(시 86:8).

우리 주는 모든 신들보다 위대하시다(5b절). 시인이 찬양하는 주된 이유는 야웨가 위대하시기 때문이다.

6-7절은 창조에 나타난 야웨의 위대하심을 묘사한다. 하나님은 그분이 기뻐하시는 일(하고자 하시는 일)을 하늘과 땅, 바다와 모든 깊은 곳에서 제한받지 않고 모두 행하신다(6절). 즉 야웨는 "기뻐하시는 모든 일을 하늘과 땅에 행하시는 분"이다. 이 구절은 창조주의 주권적 자유를 나타낸다.

> 오직 우리 하나님은 하늘에 계셔서
> **원하시는 모든 것을 행하셨나이다**(시 115:3).

야웨는 그 어떤 권력에도 예속되시지 않고, 자신 이외의 어떤 것에도 제한받으시지 않는다. 야웨는 전적으로 자율적이며 주체적인 존재다. 창조주는 "하늘과 땅"뿐만 아니라 "땅 아래 있는 혼돈의 물"까지도 지배하고 계신다. "하늘과 땅"은 총칭 용법(merism)으로서 창조된 모든 세계를 포괄하며, "바다와 모든 깊은 데"는 혼돈의 세력을 상징한다. 야웨는 "모든 세계"뿐만 아니라 "혼돈의 세계"도 다스리신다.

7절에 따르면 천지를 창조하신 하나님은 안개, 비, 번개, 바람을 주관하신다.

> 하나님이여,
> 주께서 흡족한 **비**를 보내사
> 주의 기업이 곤핍할 때에
> 주께서 그것을 견고하게 하셨고(시 68:9).

시인은 하나님과 창조세계의 인과 관계에 대해 세 가지 모델을 제시한다. 첫 번째 모델은 야웨가 자연적 과정을 통해 일하고 계심을 나타낸다("안개를 땅끝에서 일으키시며"). 두 번째 모델은 야웨가 자연의 연계성에 맡기지 않고 각각의 자연 현상을 직접 챙기신다는 사실을 보여준다("비를 위하여 번개를 만드시며"). 세 번째 모델은 필요할 때 사용할 목적으로 창고에 다수의 자원을 저장하고 있는 집주인으로 야웨를 묘사한다("바람을 그 곳간에서 내시는도다"). 특히 근동 기후에서 날씨를 조정하는 것은 가장 중요한 신의 능력이었다.

> 길르앗에 우거하는 자 중에 디셉 사람 엘리야가 아합에게 말하되 "내가 섬기는 이스라엘의 하나님 여호와께서 살아 계심을 두고 맹세하노니 **내 말이 없으면 수년 동안 비도 이슬도 있지 아니하리라**" 하니라(왕상 17:1).

시인은 6절에서 하나님의 사역 공간을 네 가지(하늘, 땅, 바다, 깊은 곳)로 언급한 것처럼, 날씨를 관장하시는 하나님의 일도 안개, 비, 번개, 바람의 네 가지 요인을 사용하여 제시한다. 숫자 4는 총체성과 포괄성을 상징한다. 따라서 이 표현은 하나님의 창조 행위에 담긴 총체성과 포괄성을 암시한다고 볼 수 있다.

두 번째 단락(8-14절)은 역사에 나타난 야웨의 위대하심을 묘사하면서 야웨가 역사의 주이심을 찬양한다. 8-9절은 하나님이 이집트를 벌하실 때 그분의 역사적 주권을 강하게 드러냈던 사건을 기술한다. 8절에서 이 시는 "창조의 지평"(6-7절)에서 "역사의 지평"으로 초점을 이동한다. 이는 "보편적인 지평"에서 "특수한 지평"으로의 전환을 말한다. 이

절에서 언급된 야웨께서 "애굽의 처음 난 자"를 치신 사건은 열 번째 재앙을 가리킨다. 이 재앙은 이집트에 결정적인 타격을 입힌 사건이었기 때문에 열 가지 재앙 중 대표로 언급된다.

9절의 "표적들과 징조들"은 야웨가 자연의 주권자이자 모든 요소의 지배자임을 입증한다. 또한 출애굽 사건 그 자체는 무소불위한 창조주의 연출이었다. 이스라엘의 해방을 위해 홍해의 물을 가른 것은 야웨가 혼돈의 물을 지배하는 창조주이심을 증명한 것이다. 이처럼 구속은 창조의 연장이다.

10-12절은 가나안을 정복하시는 과정에서 또 한 번 드러난 야웨의 역사적 주권을 보여준다. 이 단락은 이스라엘의 땅 정착 사건을 개괄한다. 야웨는 신적 전사(divine warrior)로서 이방 나라들과 그들의 강한 왕들을 무너뜨리셨다(10절).

11a절의 "아모리인의 왕 시혼과 바산 왕 옥"은 요단 동쪽 국가의 왕들이다. 11b절의 "가나안의 모든 국왕"은 요단 서쪽 나라의 왕들이다. 이 구절은 민수기 21장에서 시작된 요단 동쪽 국가의 정복을 언급하면서, 여호수아서에서 종결된 요단 서쪽 도시 및 왕국의 정복을 이야기하며 끝난다.

야웨는 직접 선택하신 백성인 이스라엘에게 이방 민족의 땅을 기업으로 넘겨주셨다(12절). 하늘과 땅, 그 안의 모든 만물의 주인이시며 그것을 다스리는 통치권을 소유하신 야웨 하나님은 그분의 백성에게 그 땅을 기업으로 주실 수 있는 분이다.

13-14절은 백성을 보살피시는 모습을 통해 야웨의 역사적 주권을 확인한다. 13절의 "주의 이름이 영원하시니이다"는 표현은 과거에 야웨

자신을 계시하셨던 출애굽기 3:15의 내용을 떠오르게 한다.

> 하나님이 또 모세에게 이르시되 "너는 이스라엘 자손에게 이같이 이르기
> 를 '너희 조상의 하나님 여호와 곧 아브라함의 하나님, 이삭의 하나님, 야
> 곱의 하나님께서 나를 너희에게 보내셨다' 하라. 이는 **나의 영원한 이름**
> 이요 대대로 기억할 나의 칭호니라"(출 3:15).

이 부분을 직역하면 "여호와여, 당신의 이름이 영원하며, 여호와여, 당신
의 기억이 대대로 이르리이다"가 된다. 사실 이 문장은 동사가 없는 명
사 문장이다. 여기서는 명사만 쭉 나열되어 있기 때문에 문장의 시제를
파악하기가 어렵다. 초월적인 의미와 영원한 의미를 포함한 그 상황을
진술하는 내용인 것이다. 이를 통해 시인은 하나님의 이름과 기억이 과
거와 마찬가지로 현재와 미래에도 불변하며 영원하심을 강조한다. 하나
님의 성품과 기억은 어제, 오늘, 심지어 미래에도 변함없이 동일하다.

14절은 신명기 32:36을 인용한 것이다.

> 참으로 여호와께서 자기 백성을 판단하시고
> 그 종들을 불쌍히 여기시리니
> 곧 그들의 무력함과 갇힌 자나 놓인 자가 없음을 보시는 때에로다(신
> 32:36).

이 문장을 직역하면 "이는 여호와께서 그의 백성을 판단하시고, 그의 종
들을 위로하실 것이기 때문이다"가 된다. 하나님은 그분의 백성을 끝까

지 보살피시는 분으로서 찬양받기에 합당하신 존재다.

세 번째 단락(15-18절)은 열국 우상의 무능함을 명시하며 조롱한다. 열국의 우상들의 무능함을 비교함으로써 야웨의 독보적인 위대하심을 강조한다. 이 단락은 "우리 주는 모든 신들보다 위대하시도다"라는 5절의 확언을 확장하고 있다.

15절은 열국의 우상들의 본질을 말한다. 그 어떤 우상도 기껏해야 그것을 만든 재료인 은과 금 이상이 될 수 없다. 그것은 그저 사람들이 손으로 만든 수공예품이기 때문에, 절대로 초월적이고 신적인 존재가 될 수 없다. 즉 우상들은 창조의 신(神)이 아니라 피조물인 인간이 만든 짝퉁 피조물에 불과하다.

우상들은 입이 있어도 말하지 못하고, 눈이 있어도 보지 못한다(16절). 귀가 달려 있어도 듣지 못하고, 입이 있어도 그 안에 호흡이 없다(17절). 시인은 우상의 눈, 코, 입, 귀라는 네 가지 감각 기관을 언급하면서 총체성 혹은 포괄성의 상징인 숫자 4를 사용함으로써 우상의 전적인 무능함을 강조한다. 이는 하나님의 사역 공간(하늘과 땅, 바다와 모든 깊은 데)과 날씨 조정(안개, 비, 번개, 바람) 능력을 언급할 때 사용한 숫자 4와도 대조된다. 이로써 야웨의 주권적 권능과 우상들의 무능이 극명하게 대비된다. 즉 절대 능력과 절대 무능이 서로 비교된다. 아무것도 할 수 없는 무능한 우상은 자신이 기뻐하시는 일을 능력대로 마음껏 행하실 수 있는 야웨와 완전히 다르다.

18절은 유한한 가치를 좇는 이들의 유한성을 다시 한번 역설적으로 보여준다. 무력한 우상을 만들어 그것을 전폭적으로 의지하는 이들은 유한성의 무력함에 지배받을 수밖에 없다. 누구나 숭배하는 존재를 닮게 되어 있다. 우상을 따르는 자는 결국 우상과 같게 된다.

> 우상들을 만드는 자들과
>
> 그것을 의지하는 자들이
>
> **다 그와 같으리로다**(시 115:8).

3) 야웨를 송축하라는 권고(19-21절)

> **19** 이스라엘 족속아,
>
> 여호와를 송축하라.
>
> 아론의 족속아,
>
> 여호와를 송축하라.
>
> **20** 레위 족속아,
>
> 여호와를 송축하라.
>
> 여호와를 경외하는 너희들아,
>
> 여호와를 송축하라.
>
> **21** 예루살렘에 계시는 여호와는
>
> 시온에서 찬송을 받으실지어다.
>
> 할렐루야.

19-21절은 야웨를 송축하라는 권고다. 19절의 "이스라엘 족속"은 일반 백성을, "아론의 족속"은 제사장들을 뜻한다.

20a절의 "레위 족속"은 성전 성가대원과 제사장이 아닌 성전 종사

자들을 일컫는다. 20b절의 "여호와를 경외하는 자들"은 이방인 개종자들을 의미한다.

> ¹ 가이사랴에 고넬료라 하는 사람이 있으니 이달리야 부대라 하는 군대의
> 백부장이라. ² 그가 경건하여 온 집안과 더불어 **하나님을 경외하며** 백성을
> 많이 구제하고 하나님께 항상 기도하더니(행 10:1-2; 참조 행 13:16; 16:14).

즉 "모든 사람들"(이스라엘 백성, 제사장들, 성전 종사자들, 이방인 개종자들)이 하나님을 찬양하라는 권고를 받고 있는 것이다. 여기서는 다양한 집단이 예배에 참석하고 있다. 그 누구도 제외되지 않고 전능하신 야웨를 섬기는 데 참여할 수 있음이 부각된다. 이처럼 하나님을 경배하고 찬양하는 특권이 모든 사람에게 주어졌다.

21절의 "시온"은 종교적인 개념이고 "예루살렘"은 정치-사회적인 개념이다. 이 구절은 이스라엘 공동체를 총체적으로 아우르고 있다. 따라서 이 마지막 송축은 온 이스라엘을 초대하는 것이다. 이 시는 "할렐루야"(야웨를 찬양하라)라는 처음의 권고를 마지막 절에서 다시 반복함으로써 끝을 맺는다(수미상관).

4. 메시지

시인은 야웨의 선하심과 위대하심을 찬양하라고 요청한다. 야웨의 위대하심은 창조와 역사 속에서 입증된다. 창조와 역사 속에서 드러난 야웨의 위대하심은 기도자의 현재와 미래를 위한 정체성 확립에 결정적인

근거가 되고, 무능한 열방의 우상에 대한 진술과 확연한 대조를 보인다.

인간은 절대 가치를 부여하고 숭배하는 대상을 닮아가게 된다. 우상을 닮아가다가 망하든지, 아니면 하나님을 닮아가면서 회복되든지, 이 두 가지의 선택이 우리 앞에 놓여 있다. 본질적으로 선하고 위대하신 하나님과, 실상은 무능하지만 현실적으로는 매혹적인 우상이 인간의 선택을 재촉한다. 우리는 "참된 예배자"인가, 아니면 허상을 좇는 "우상숭배자"인가? 눈에 보이지 않는 "전능자"(全能者)를 따를 것인가, 아니면 눈에 보이는 "무능자"(無能者)를 따를 것인가? 선택은 오직 나에게 달려 있다!

136편

현재와 미래의 에너지를 충전시키는 감사 찬양:

"그 인자하심이 영원함이로다"

1. 양식

시편 136편은 "찬양시"(hymn of praise)로 분류된다. 이 시는 야웨의 행하신 바를 기억하면서 그것을 감사하는 찬양이며, 과거에 대한 회상을 주내용으로 삼기 때문에 "역사시"(historical psalm)로 분류되기도 한다.

2. 구조

    1) 1-3절: 야웨께 감사하라는 권고
    2) 4-22절: 감사의 내용 및 이유
      (1) 4-9절: 창조
      (2) 10-15절: 출애굽
      (3) 16-22절: 광야 인도와 가나안 정착
    3) 23-25절: 이스라엘의 구원자와 모든 피조물의 부양자
    4) 26절: 야웨께 감사하라는 결론적인 권고

3. 내용

1) 야웨께 감사하라는 권고(1-3절)

1 여호와께 감사하라.

그는 선하시며 그 인자하심이 영원함이로다.

2 신들 중에 뛰어난 하나님께 감사하라.

그 인자하심이 영원함이로다.

3 주들 중에 뛰어난 주께 감사하라.

그 인자하심이 영원함이로다.

1-3절은 야웨께 감사하라는 시인의 권고다. 이 시는 짧은 찬양 공식으로 시작한다. 1a절은 감사의 권고를("여호와께 감사하라"), 1b절은 감사의 내용과 이유를 밝힌다("왜냐하면 그는 선하시며 그 인자하심이 영원하기 때문이다"). 특히 "그 인자하심이 영원함이로다"(키 레올람 하스도)라는 문구는 모든 절에서 빠지지 않고 후렴구같이 언급된다.

2절의 "신들 중에 뛰어난 하나님"(אֱלֹהֵי הָאֱלֹהִים, 엘로헤 하엘로힘)과 3절의 "주들 중에 뛰어난 주"(אֲדֹנֵי הָאֲדֹנִים, 아도네 하아도님)는 최상급의 칭호로서 야웨께서 열방의 모든 신을 뛰어넘는 최고의 주권자이심을 드러내는 표현이다.

> 너희의 하나님 여호와는 신 가운데 신이시며 **주 가운데 주**시요 크고 능하시며 두려우신 하나님이시라. 사람을 외모로 보지 아니하시며 뇌물을 받지 아니하시고(신 10:17).

> 왕이 대답하여 다니엘에게 이르되 "너희 하나님은 참으로 **모든 신들의 신**이시요 모든 왕의 주재시로다. 네가 능히 이 은밀한 것을 나타내었으니 네 하나님은 또 은밀한 것을 나타내시는 이시로다"(단 2:47).

> 그 옷과 그 다리에 이름을 쓴 것이 있으니 만왕의 왕이요 **만주의 주**라 하였

더라(계 19:16).

2) 감사의 내용 및 이유(4-22절)

(1) 창조(4-9절)

4 홀로 큰 기이한 일들을 행하시는 이에게 감사하라.

그 인자하심이 영원함이로다.

5 지혜로 하늘을 지으신 이에게 감사하라.

그 인자하심이 영원함이로다.

6 땅을 물 위에 펴신 이에게 감사하라.

그 인자하심이 영원함이로다.

7 큰 빛들을 지으신 이에게 감사하라.

그 인자하심이 영원함이로다.

8 해로 낮을 주관하게 하신 이에게 감사하라.

그 인자하심이 영원함이로다.

9 달과 별들로 밤을 주관하게 하신 이에게 감사하라.

그 인자하심이 영원함이로다.

4-22절은 감사의 내용 및 그 이유에 대해 상세히 진술하며, 내용상 창조 사건(4-9절), 출애굽 사건(10-15절), 광야로의 인도와 가나안 땅 정착 사건(16-22절)으로 나뉜다.

우선 4-9절은 감사의 내용과 그 이유로 "야웨의 창조"를 언급한다. 4-6절은 우주의 전체적인 구조물로서의 하늘과 땅의 창조를 말하고,

7-9절은 이 우주적 구조물 안에 큰 빛들인 낮을 주관하는 해, 밤을 주관하는 달과 별들이라는 장비들이 설치되었다고 이야기한다. 특히 4a절("홀로 큰 기이한 일들을 행하시는 이에게 감사하라")은 이 단락(4-25절)의 중심 주제에 해당된다. "기이한 일들"(נִפְלָאוֹת, 니플라오트)은 권능과 사랑에 대해 감탄을 자아내는 야웨의 창조, 해방 및 구속 행위를 총체적으로 지칭하는 개념이다. "홀로"는 야웨 하나님의 유일신적인 면을 강조하는 단어다.

5절에 따르면 세계는 창조주의 의식적이고 지적인 행위의 결과다.

> **19** 여호와께서는 **지혜로 땅에 터를 놓으셨으며**
> **명철로 하늘을 견고히 세우셨고**
> **20** **그의 지식으로 깊은 바다를 갈라지게 하셨으며**
> 공중에서 이슬이 내리게 하셨느니라(잠 3:19-20).

야웨는 우주적인 생명과 생활 공간의 건립자이자 보존자로서 그분의 창조물들을 사랑(חֶסֶד, 헤세드)으로 영원히 돌보신다("그 인자하심이 영원함이로다"). 창조는 하나님과 인류가 관계를 맺는 역사의 출발점이다. 하나님의 창조로 인해 모든 역사가 펼쳐질 수 있는 기초와 무대가 마련되었다. 따라서 역사는 창조의 무대인 셈이다.

(2) 출애굽(10-15절)

> **10** 애굽의 장자를 치신 이에게 감사하라.
> 그 인자하심이 영원함이로다.

11 이스라엘을 그들 중에서 인도하여 내신 이에게 감사하라.

그 인자하심이 영원함이로다.

12 강한 손과 펴신 팔로 인도하여 내신 이에게 감사하라.

그 인자하심이 영원함이로다.

13 홍해를 가르신 이에게 감사하라.

그 인자하심이 영원함이로다.

14 이스라엘을 그 가운데로 통과하게 하신 이에게 감사하라.

그 인자하심이 영원함이로다.

15 바로와 그의 군대를 홍해에 엎드러뜨리신 이에게 감사하라.

그 인자하심이 영원함이로다.

10-15절은 감사의 내용과 그 이유로 "출애굽 사건"을 언급한다. 야웨는 이스라엘을 이집트에서 구원하기 위해 이집트의 장자를 치셨다(10절). 그렇게 해서 이집트로부터 이스라엘을 인도하셨다(11절). 야웨는 권능의 상징인 "강한 손과 펴신 팔"로 그들을 이끌어내셨다(12절). 홍해를 가르시고(13절), 이스라엘을 그 가운데로 지나가게 하시며(14절), 파라오와 이집트 군대를 홍해에 빠뜨리셨다(15절). 이에 따르면 인류의 역사는 하나님의 섭리의 외부 작업(outworking)으로 간주된다.

(3) 광야 인도와 가나안 정착(16-22절)

16 그의 백성을 인도하여 광야를 통과하게 하신 이에게 감사하라.

그 인자하심이 영원함이로다.

17 큰 왕들을 치신 이에게 감사하라.

그 인자하심이 영원함이로다.

18 유명한 왕들을 죽이신 이에게 감사하라.

그 인자하심이 영원함이로다.

19 아모리인의 왕 시혼을 죽이신 이에게 감사하라.

그 인자하심이 영원함이로다.

20 바산 왕 옥을 죽이신 이에게 감사하라.

그 인자하심이 영원함이로다.

21 그들의 땅을 기업으로 주신 이에게 감사하라.

그 인자하심이 영원함이로다.

22 곧 그 종 이스라엘에게 기업으로 주신 이에게 감사하라.

그 인자하심이 영원함이로다.

16-22절은 감사의 내용과 그 이유로 "광야에서의 인도와 가나안 정착"을 이야기한다. 16절은 광야에서의 인도를, 17-20절은 요단강 동쪽에서 만난 "큰 왕들", "유명한 왕들", "아모리인들의 왕 시혼", "바산 왕 옥"을 쳐서 죽이신 야웨를 언급한다(민 21:21-35; 신 33:1-7). 야웨는 그들의 땅을 그분의 종인 이스라엘에게 기업으로 주셨다(21-22절). 야웨와 이스라엘 사이의 관계는 주인과 종의 관계이자 돌봄과 보호의 관계다.

3) 이스라엘의 구원자와 모든 피조물의 부양자(23-25절)

23 우리를 비천한 가운데에서도

기억해주신 이에게 감사하라.

그 인자하심이 영원함이로다.

24 우리를 우리의 대적에게서 건지신 이에게 감사하라.

그 인자하심이 영원함이로다.

25 모든 육체에게 먹을 것을 주신 이에게 감사하라.

그 인자하심이 영원함이로다.

23-25절은 감사의 내용과 그 이유로 야웨가 "이스라엘의 구원자와 모든 피조물의 부양자"라는 사실을 언급한다. 23-24절은 한 집단의 특별한 야웨 체험을 다루고, 25절은 모든 피조물의 야웨 체험으로 지평을 확대한다. 23절에서 갑자기 1인칭 복수 "우리"라는 청자(聽者)가 등장하는데, 그 이유는 이 시의 초점이 지난 과거의 회상에서 현재의 사건에 대한 해석으로 이동하기 때문이다. 야웨는 공동체가 비천한 상태에 놓여 있을 때 그들을 기억하신다(23절). "기억하다"(זכר, 자카르)는 종종 인간에 대한 긍휼을 의미한다.

네 모든 소제를 기억하시며(זכר, 자카르)

네 번제를 받아주시기를 원하노라. (셀라)(시 20:3)

여호와여,

내 젊은 시절의 죄와 허물을 기억하지 마시고

주의 인자하심을 따라 주께서 나를 **기억하시되**(זכר, 자카르)

주의 선하심으로 하옵소서(시 25:7).

옛적부터 얻으시고 속량하사

주의 기업의 지파로 삼으신 주의 회중을 **기억하시며**(רָכַז, 자카르)

주께서 계시던 시온산도 생각하소서(시 74:2).

야웨는 스스로 낮춰 비천한 곳에 임하시고 그곳에서 억압받는 자들을 구원하시는 분이시다.

6 스스로 낮추사

천지를 살피시고

7 가난한 자를 먼지 더미에서 일으키시며

궁핍한 자를 거름 더미에서 들어 세워

8 지도자들

곧 그의 백성의 지도자들과 함께 세우시며

9 또 **임신하지 못하던 여자**를 집에 살게 하사

자녀들을 즐겁게 하는 어머니가 되게 하시는도다. 할렐루야(시 113:6-9).

그리고 그들을 적들로부터 건지신다(24절).

그러나 야웨 하나님의 권능과 사랑은 이스라엘에게만 국한되지 않는다. 야웨는 "모든 육체"(כָּל-בָּשָׂר, 콜-바사르)에게 먹을 것을 주신다(25절). 그분은 모든 피조물을 차별 없이 먹이시는 하나님이자 모든 피조물의 창조주로서 모든 것을 다 책임지신다.

29 하나님이 이르시되 "내가 온 지면의 씨 맺는 모든 채소와 씨 가진 열매

맺는 모든 나무를 너희에게 주노니 **너희의 먹을거리가 되리라.** ³⁰ 또 땅의 모든 짐승과 하늘의 모든 새와 생명이 있어 땅에 기는 모든 것에게는 내가 모든 푸른 풀을 **먹을거리로 주노라**" 하시니 그대로 되니라(창 1:29-30; 참조. 시 104:24-27).

야웨는 창조주이시기 때문에 당신의 피조물들을 돌보시는 것이다. 하나님은 때를 따라 그들에게 "하늘의 양식"을 먹이신다.

그때에 여호와께서 모세에게 이르시되 "보라. 내가 너희를 위하여 **하늘에서 양식**을 비같이 내리리니 백성이 나가서 일용할 것을 날마다 거둘 것이라. 이같이 하여 그들이 내 율법을 준행하나 아니하나 내가 시험하리라"(출 16:4).

그들에게 만나를 비같이 내려 먹이시며
하늘 양식을 그들에게 주셨나니(시 78:24).

따라서 야웨는 이스라엘의 구원자이자 모든 피조물의 부양자가 되신다.

4) 야웨께 감사하라는 결론적인 권고(26절)

26 하늘의 하나님께 감사하라.
그 인자하심이 영원함이로다.

26절은 야웨께 감사하라는 결론적인 권고다. 이 구절은 1절과 수미상관 (inclusio)을 이룬다. 1절의 신명(神名)인 "여호와"가 여기서는 포로기 이후에 주로 사용되는 "하늘의 하나님"(אֵל הַשָּׁמַיִם, 엘 하샤마임)으로 대체되었다.

> **하늘의 하나님**(אֱלֹהֵי הַשָּׁמַיִם, 엘로헤 하샤마임) 여호와께서 나를 내 아버지의 집과 내 고향 땅에서 떠나게 하시고 내게 말씀하시며 내게 맹세하여 이르시기를 "이 땅을 네 씨에게 주리라" 하셨으니 그가 그 사자를 너보다 앞서 보내실지라. 네가 거기서 내 아들을 위하여 아내를 택할지니라(창 24:7).

> 바사 왕 고레스가 이같이 말하노니 "**하늘의 신**(אֱלֹהֵי הַשָּׁמַיִם, 엘로헤 하샤마임) 여호와께서 세상 만국을 내게 주셨고 나에게 명령하여 '유다 예루살렘에 성전을 건축하라' 하셨나니 너희 중에 그의 백성된 자는 다 올라갈지어다. 너희 하나님 여호와께서 함께하시기를 원하노라" 하였더라(대하 36:23).

> 왕이 내게 이르시되 "그러면 네가 무엇을 원하느냐?" 하시기로 내가 곧 **하늘의 하나님**(אֱלֹהֵי הַשָּׁמַיִם, 엘로헤 하샤마임)께 묵도하고(느 2:4).

"하늘의 하나님"은 이스라엘의 하나님이자 모든 피조물의 하나님이시다. 야웨 하나님은 역사 속에 임재하시면서 동시에 역사를 초월하신다. 그래서 야웨는 "역사의 주"이자 "창조의 주"가 되신다.

4. 메시지

시인은 감사 찬양을 통해 과거의 역사를 현재로 불러들인다. 야웨 하나
님은 창조의 주이자 역사의 주다. 시인은 창조주의 역사하심을 기억하
고 해석함으로써 자신의 현재와 연결시킨다. 일반 역사가에게 역사는
인물, 우연 및 필연적 사건의 혼합 작품이지만, 신앙인에게 역사는 하
나님이 인간의 경험에 그분의 목적과 성품을 새기는 과정이다. 즉 하나
님이 인간의 삶 속에 개입하신 흔적들을 차곡차곡 축적한 것이 바로 역
사다.

　시인은 감사 찬양으로 하나님이 과거에 행하셨던 역사를 현재화
한다. 감사 찬양은 과거를 현재로 소환한다. 그렇게 함으로써 과거에 창
조(*creatio prima*: 태초의 창조)하신 하나님이 지금도 우리의 삶 속에서 여전
히 창조(*creatio continua*: 지속적 창조)하고 계심을 깨닫게 한다. 그리고 과거
에 구원하신 하나님이 지금도 우리의 삶 속에서 변함없이 우리를 구원
하고 계심을 간파하게 한다. 또한 과거에 돌보신 하나님이 지금도 우리
의 삶 속에서 우리를 끊임없이 돌보고 계심을 경험하게 한다. 예배의 감
사 찬양은 하나님의 창조와 구원 행위를 현재로 강력하게 불러들임으
로써 과거를 현재화하고 현재와 미래를 향한 우리의 에너지를 충전해
준다.

137편

희망을 잉태하는 신앙적인 분노:

"네 어린 것을 바위에 메어치는 자는 복이 있으리로다"

1. 양식

시편 137편은 "공동체 탄원시"(a psalm of communal lament)로 분류된다. 이 시는 하나님의 진노가 대적에게 임하기를 간구하는 내용을 담고 있어서 "저주시"(imprecatory psalm)로 분류되기도 하며, 시편 전체에서 유일하게 바빌로니아 유배라는 역사적 상황을 언급하고 있다.

2. 구조

    1) 1-4절: 시온으로 인한 탄원(과거)
    2) 5-6절: 조건부 자기 저주를 통한 예루살렘에 대한 신뢰 고백(현재)
    3) 7-9절: 대적에 대한 저주 간구(미래)

3. 내용

1) 시온으로 인한 탄원(과거)(1-4절)

> 1 우리가 바벨론의 여러 강변 거기에 앉아서
> 시온을 기억하며 울었도다.
> 2 그중의 버드나무에
> 우리가 우리의 수금을 걸었나니
> 3 이는 우리를 사로잡은 자가
> 거기서 우리에게 노래를 청하며

우리를 황폐하게 한 자가 기쁨을 청하고

자기들을 위하여 시온의 노래 중 하나를 노래하라 함이로다.

4 우리가 이방 땅에서

어찌 여호와의 노래를 부를까?

1-4절은 시온을 기억하며 탄원하는 내용이다. 공동체는 바빌로니아 유배 시절의 비극을 회고한다(1절). 바빌로니아는 유프라테스강과 티그리스강이 합쳐지는 지점에 위치해 있었으며, 그곳에는 이 강들로부터 파생되어 나온 수많은 수로가 있었다. 유다 사람들은 그 여러 수로 중 하나인 그발 강가에 살았다.

> 서른째 해 넷째 달 초닷새에 내가 **그발 강가** 사로잡힌 자 중에 있을 때에 하늘이 열리며 하나님의 모습이 내게 보이니(겔 1:1; 참조. 겔 3:15).

그들은 "바벨론의 여러 강변"에 모여 최근 본국에서 발생한 시온의 멸망을 기억하며 충격과 고통 속에서 애도하는 모임을 가지면서, 한 강변에 있는 버드나무에 수금들을 걸어두었다(2절). 수금은 일반적으로 기쁨의 찬양을 드릴 때 사용하는 악기였다.

> **수금으로** 여호와께 감사하고
> 열 줄 비파로 찬송할지어다(시 33:2; 참조. 시 43:4; 대상 13:8; 15:16; 느 12:27).

그런데 지금 수금이 버드나무에 걸려 있다. 이 행위는 기쁨의 노래가 중

단되거나 거부되었음을 상징한다. 따라서 이는 바빌로니아 포로 공동체의 절망감을 보여주는 장면이라 할 수 있다.

3절은 노래가 중단 또는 거부된 이유를 제시한다. "우리를 사로잡은 자들" 및 "우리를 황폐하게 한 자들"(바빌로니아 사람)이 유다의 유배자들(아마도 특히 성전의 성가대와 악사 출신)에게 "시온의 노래"를 청하였기 때문이다. "시온의 노래"는 어떤 특별한 찬송이라기보다는 예루살렘 성전에서 야웨를 찬양할 때 불렀던 일반적인 찬송을 가리킨다. 따라서 이런 요구는 포로들의 하나님을 모욕하려는 의도를 갖고 "네 하나님이 어디 있느냐?"라며 조롱하는 것이다.

> 사람들이 종일 내게 하는 말이
> **"네 하나님이 어디 있느뇨?" 하오니**
> 내 눈물이 주야로 내 음식이 되었도다(시 42:3, 참조. 시 42:10; 79:10; 115:2).

1절과 3절에서 "거기에"(םָשׁ, 샴)를 반복 사용한 것은 이 시의 배경이 되는 과거의 유배 장소를 소환하며 강조하기 위함이다.

4절은 이 시를 이끄는 중심 내용이다. "우리가 이방 땅에서 어찌 여호와의 노래를 부를까?" "어찌"(ךיֵא, 에크)는 슬픔을 표현하기 시작할 때 흔히 사용되는 단어다.

> **오호라**(ךיֵא, 에크), 두 용사가 전쟁 중에 엎드러졌도다. 요나단이 네 산 위에서 죽임을 당하였도다(삼하 1:25).

에브라임이여,

내가 **어찌**(קِיא, 에크) 너를 놓겠느냐?

이스라엘이여,

내가 **어찌**(קِיא, 에크) 너를 버리겠느냐?

내가 어찌 너를 아드마같이 놓겠느냐?

어찌 너를 스보임같이 두겠느냐?

내 마음이 내 속에서 돌이키어

나의 긍휼이 온전히 불붙듯 하도다(호 11:8).

시인은 이방의 땅에서 "여호와의 노래"를 부를 수 없음을 수사 의문문으로 표현한다. 유다의 유배자들은 시온의 멸망을 외면하거나 잊으려 하지 않고 공개적으로 탄식하며 공동체의 기억을 보존하려 한다. 이런 행동은 시온과 야웨에 대한 신뢰를 고수하면서 동시에 바빌로니아로 인한 굴욕과 소외에 저항하는 것이다. 이 단락에서는 시온과 바빌로니아가 대조되고 있다.

2) 조건부 자기 저주를 통한 예루살렘에 대한 신뢰 고백(현재)(5-6절)

5 예루살렘아,

내가 너를 잊을진대

내 오른손이 그의 재주를 잊을지로다.

6 내가 예루살렘을 기억하지 아니하거나

내가 가장 즐거워하는 것보다 더 즐거워하지 아니할진대

내 혀가 내 입천장에 붙을지로다.

5-6절은 조건부 자기 저주를 통한 예루살렘에 대한 신뢰 고백이다. 1-4절이 과거의 상황을 회고하고 있다면, 5-6절은 현재의 상황을 다룬다. 여기서는 예루살렘이 중심이 되고 의인화된다. 시인은 예루살렘을 망각하면 "오른손"이 재주를 잊을 것이며(5절), "혀"가 입천장에 붙을 것이라고 자기 스스로를 저주한다. 그러면서 예루살렘을 늘 기억하겠다고 굳게 맹세한다(6절). 이는 일종의 자기 저주를 통해 예루살렘에 대한 변치 않는 신뢰를 고백하는 것이다. 여기서 "오른손"과 "혀"는 행동과 말을 가리키는 환유(換喩)적인 표현이다. 행동과 말은 기억이 실행으로 나타난 결과다. 따라서 예루살렘을 기억하지 못하면 어떤 행동이나 말을 할 수 없다. 이는 예루살렘이 삶의 중심에서 멀어진다면 차라리 죽는 것이 더 나을 것이라는 자기 고백이다.

시인은 예루살렘을 기억하는 것이 최고의 즐거움이라고 말한다. 기억은 오랜 기간 유지되고 회복의 연료가 되는 강력한 무기다. "사로잡은 자"나 "황폐하게 한 자"라 할지라도 포로 공동체의 기억과 상상력을 억압하거나 조정할 수는 없다. 기억은 외부의 강한 통제에서 벗어나게 하는 힘이 된다. 그래서 시인은 조건부 자기 저주의 맹세를 통해 끝까지 시온을 마음에 새기고 기린다.

3) 대적에 대한 저주 간구(미래)(7-9절)

7 여호와여,

예루살렘이 멸망하던 날을 기억하시고

에돔 자손을 치소서. 그들의 말이

"헐어버리라.

헐어버리라.

그 기초까지 헐어버리라" 하였나이다.

8 멸망할 딸 바벨론아,

네가 우리에게 행한 대로 네게 갚는 자가

복이 있으리로다.

9 네 어린 것들을 바위에 메어치는 자는

복이 있으리로다.

7-9절은 대적인 에돔과 바빌로니아에 대한 저주가 임하길 간구하는 내용이다. 7절은 에돔을 향한 저주다. 예루살렘이 멸망하던 날 에돔 자손은 앞장서서 바빌로니아 사람들을 도왔다.

10 네가 네 형제 야곱에게 행한 포학으로 말미암아

부끄러움을 당하고 영원히 멸절되리라.

11 네가 멀리 섰던 날

곧 이방인이 그의 재물을 빼앗아가며

외국인이 그의 성문에 들어가서

예루살렘을 얻기 위하여 제비 뽑던 날에

너도 그들 중 한 사람 같았느니라.

12 네가 형제의 날

곧 그 재앙의 날에 방관할 것이 아니며

유다 자손이 패망하는 날에 기뻐할 것이 아니며

그 고난의 날에 네가 입을 크게 벌릴 것이 아니며

13 내 백성이 환난을 당하는 날에

네가 그 성문에 들어가지 않을 것이며

환난을 당하는 날에 네가 그 고난을 방관하지 않을 것이며

환난을 당하는 날에 네가 그 재물에 손을 대지 않을 것이며

14 네거리에 서서 그 도망하는 자를 막지 않을 것이며

고난의 날에 그 남은 자를 원수에게 넘기지 않을 것이니라(옵 1:10-14).

시인은 "그날 그들이 한 발언"을 뼛속 깊이 기억하고 있다. "헐어버리라. 헐어버리라. 그 기초까지 헐어버리라." 그들은 예루살렘 도시의 모든 건물과 성벽 및 그 기초까지도 초토화시키라고 요청함으로써 유다와 예루살렘을 역사 속에서 완전히 지워버리려고 한다.

8-9절은 바빌로니아를 향한 저주다. 그들은 예루살렘을 침공하여 성전을 파괴하고 거주민들을 포로로 잡아갔다. 이 두 구절은 행복 기원 공식(אַשְׁרֵי, 아쉬레: "복이 있으리로다")으로 시작한다. "딸 바벨론"은 바빌로니아 도시를 의인화한 표현이다. 도시와 땅은 생산성을 상징하기 때문에 여성으로 의인화되곤 한다. 그래서 이 표현은 "바빌로니아의 여성"이 아니라 "바빌로니아의 모든 사람"을 지칭하는 것이다. 시인은 동태복수법의 원칙에 따라 바빌로니아가 행한 대로 똑같이 돌려받기를 간구한다.

9절의 내용은 매우 당혹스럽다. 이것이 과연 하나님의 백성의 입

에서 나올 수 있는 말인지 상당히 의아하다. 이는 성경에 나오는 "가장 잔혹한 축복"(행복 선언)이기도 하다. 어린 것들을 바위에 메어치는 행위는 다음 세대를 말살시키기 위해 전시에 흔히 행해지던 끔찍한 관행이었다.

> 하사엘이 이르되 "내 주여, 어찌하여 우시나이까?" 하는지라. 대답하되 "네가 이스라엘 자손에게 행할 모든 악을 내가 앎이라. 네가 그들의 성에 불을 지르며 장정을 칼로 죽이며 **어린 아이를 메치며** 아이 밴 부녀를 가르리라 하니"(왕하 8:12; 참조. 사 13:16; 호 10:14; 13:16; 나 3:10; 눅 19:44).

시인은 바빌로니아가 유다에게 저지른 것처럼 그들의 아이들도 동일하게 학살을 당해 후대가 완전히 사라지기를 기원한다.

4. 메시지

시편 137편은 가장 사랑받는 문장으로 시작되지만(1절), 가장 충격적인 문장으로 마무리된다(9절). 그러나 이 간구가 권력자가 아닌 희생자들의 입에서 나온 "정의를 갈망하는 외침"이라는 점을 결코 간과해서는 안 된다. 자신의 어린 자식이 바위에 메어침을 당한 부모의 입에서 나올 수 있는, 아니 그렇게라도 외쳐야 살인적인 분노를 가라앉힐 수 있는 처절한 절규다. 이는 고통의 신음이며 오직 말로 하는 가장 최소한의 보복 행위다. 그들은 이를 통해 내면에 가득 찬 살기를 외부로 표출한다. 시인은 야웨 하나님께 예루살렘이 멸망하던 날을 꼭 기억하시고 정의를 실행해달라고 간절히 애원한다. 시인은 과거를 기억하고(1-4절), 현재를 기억 속에 새기며(5-6절), 하나님의 기억을 자극함으로써 원하는 것이 미래에 반드시 성취되리라 기대하고 있다(7-9절).

이 시편은 하나님께 드리는 진심 어린 탄원이자 절대적인 고통과 절망에 직면하여 하나님의 정의를 간구하는 시다. 이 시는 부당하고 억울하게 대우받았을 때 인간이 느끼는 복수에 대한 기본적인 열망을 상기시킨다. 저주는 하나님께 드리는 기도다. 감춰진 행동 계획이 아니다. 이런 저주는 "분을 내어도 죄를 짓지 말라"(엡 4:26)는 말씀에 입각하여 분노를 표현한 것뿐이다.

혼돈은 창조질서를 집어삼킨다. 남는 것은 오직 슬픔과 고통의 상처뿐이다. 이 시는 슬픔과 고통과 적의를 표현한다. 하나님은 그런 감정을 무조건 억누르기보다는 허심탄회하게 털어놓음으로써 가슴에 있는 모든 응어리를 드러내라고 요구하신다. 기탄없이 말하는 가운데 우리는 고통과 절망의 감정과 끓어오르는 분노를 쏟아내게 된다. 그 분노를 하나님 앞에 남김없이 토해낸다. 시편 137편은 유배민들의 "신앙적인 분노"를 담고 있다. 시인은 이런 분노를 하나님께 토로한다. 하나님의 정의가 속히 실행되기를 믿고 기대하면서 말이다. 이때 비로소 희망이 고개를 든다. 이처럼 신앙적인 분노는 희망을 잉태한다.

138편

하나님의 오른손:
"내 영혼에 힘을 주어 나를 강하게 하셨나이다"

1. 양식

시편 138편은 "개인 감사시"(a psalm of individual thanksgiving)로 분류된다. 이 시의 시인은 간구에 응답하시는 하나님께 감사를 드린다. 또한 이 시는 제5권에 속한 "다윗 모음집"(시 138-145편) 중 첫 번째 노래다.

2. 구조

1) 1-3절: 감사의 선포와 감사의 이유
2) 4-6절: 감사의 확대
3) 7-8절: 신뢰의 고백

3. 내용

1) 감사의 선포와 감사의 이유(1-3절)

1 내가 전심으로 주께 감사하며
신들 앞에서 주께 찬송하리이다.
2 내가 주의 성전을 향하여 예배하며
주의 인자하심과 성실하심으로 말미암아
주의 이름에 감사하오리니
이는 주께서 주의 말씀을
주의 모든 이름보다 높게 하셨음이라.

3 내가 간구하는 날에

주께서 응답하시고

내 영혼에 힘을 주어 나를 강하게 하셨나이다.

1-3절은 감사를 선포하고 감사의 이유를 진술한다. 1절의 "내가 당신께(주께) 감사하며(אוֹדְךָ, 오데카)"라는 첫 단어는 이 시 전체의 성격을 규정한다. 시인은 "전심으로" 감사의 노래를 한다.

내가 **전심으로** 여호와께 감사하오며

주의 모든 기이한 일들을 전하리이다(시 9:1; 참조. 시 119:10; 렘 32:41).

"신들 앞에서 주께 찬송하리이다"는 이방 신들 앞에서 야웨 하나님을 찬송한다는 뜻이다. 이는 이방의 우상 신들을 부정하고, 야웨 하나님이 참 신이심을 공개적으로 드러내는 행위다.

주여,

신들 중에 주와 같은 자 없사오며

주의 행하심과 같은 일도 없나이다(시 86:8; 참조. 시 96:4; 135:5; 사 40:18-20).

"주의 성전을 향하여 예배하며"(2a절)는 하나님께 순종하고 감사함을 공개적으로 표현하는 행동을 가리킨다. 시인은 "주의 인자하심과 성실하심" 때문에 "주의 이름"에 감사한다. "인자하심"(חֶסֶד, 헤세드)은 하나님이 그분의 백성과 맺으신 관계를 근거로 그들을 선하게 대하시는 것을 의미한다. "성실하심"(אֱמֶת, 에메트)은 하나님이 참으로 변치 않고 꾸준하신 분이심을 뜻한다. 이 두 가지는 하나님의 중요한 속성이다(출 34:6). 2b 절의 "이는"은 "왜냐하면"(כִּי, 키)으로, 다시 한번 감사의 근거를 제시하는 절을 이끈다. 즉 주께서 주의 말씀을 주의 모든 이름보다 높게 하셨기 때문에 감사를 드린다는 의미다. 여기서 "말씀"(אִמְרָה, 이므라)은 고통 중에서 도움을 요청하는 이에게 주어지는 "구원 신탁"을 말한다.

> 여호와여 주의 **말씀**(אִמְרָה, 이므라)대로 주의 인자하심과
>
> 주의 구원을 내게 임하게 하소서(시 119:41).

하나님의 이름을 근거로 자신의 기대보다 하나님이 더 많은 것을 행하셨기 때문에 감사가 터져 나오는 것이다.

3절은 2절에서 언급한 "말씀"(구원 신탁)의 내용을 구체적으로 표현한다. 시인은 감사의 근거로 자신이 경험했던 지난 과거의 구원 경험을 진술한다. 이것은 감사시의 전형적인 요소다. "간구"와 "응답"이 짝을 이루어 등장하는 것은 시편의 일반적인 패턴이다.

> 내가 나의 목소리로 여호와께 **부르짖으니**
>
> 그의 성산에서 **응답하시는도다**. (셀라)(시 3:4; 참조. 시 22:2; 86:7)

하나님은 기도자의 간구에 응답하셔서 기도자가 이전에 알지 못했던 새로운 힘을 그의 영혼에 부어주신다.

2) 감사의 확대(4-6절)

> **4** 여호와여,
>
> 세상의 모든 왕들이 주께 감사할 것은
>
> 그들이 주의 입의 말씀을 들음이오며
>
> **5** 그들이 여호와의 도를 노래할 것은
>
> 여호와의 영광이 크심이니이다.
>
> **6** 여호와께서는 높이 계셔도
>
> 낮은 자를 굽어살피시며
>
> 멀리서도 교만한 자를 아심이니이다.

4-6절은 감사의 범위를 확대하고 있다. 우선 4a절에서 감사의 범위가 확장된다. 시인은 "세상의 모든 왕들"을 향해 야웨에게 감사하라고 요청한다. 4b절은 "왜냐하면"(כִּי, 키, 개역개정에는 생략됨)으로 시작함으로써 감사의 이유를 제시한다. 세상의 모든 왕들이 "하나님의 입의 말씀(אִמְרֵה, 이므라)"을 들었다. 이 말씀과 2절의 말씀은 동일한 단어다. 세상의 모든 왕들도 "하나님의 구원 신탁"을 듣는다. 야웨의 구원은 이스라엘뿐만 아니라 모든 세계에 유효하다. 이스라엘을 본보기로 삼아 경험하게 한 사건은 세계적으로도 통용된다. 또한 세상의 모든 왕들은 "여호와의 도"를 노래할 것이다(5a절). 여기서 말하는 "도"(דֶּרֶךְ, 데레크: "길")는 야웨의 계획하심과 역사하심을 의미한다.

내가 참으로 주의 목전에 은총을 입었사오면 원하건대 주의 **길**(דֶּרֶךְ, 데레크)

을 내게 보이사 내게 주를 알리시고 나로 주의 목전에 은총을 입게 하시며 이 족속을 주의 백성으로 여기소서(출 33:13).

5b절도 "왜냐하면"(כִּי, 키, 개역개정에는 생략됨)으로 시작한다. 그들이 노래하는 이유는 "여호와의 영광"이 크시기 때문이다.

6절도 "왜냐하면"(כִּי, 키, 개역개정에는 생략됨)으로 시작하면서 그들이 노래하는 이유를 설명한다. 바로 야웨의 왕권 통치가 찬양의 근거가 된다. "여호와의 높이 계심"은 야웨의 초월적인 왕권을 상징한다.

시온에 계시는 여호와는 위대하시고
모든 민족보다 높으시도다(시 99:2).

여호와는 **모든 나라보다 높으시며**
그의 영광은 하늘보다 높으시도다(시 113:4).

또한 야웨 하나님은 내재적으로 낮은 자를 굽어살피신다. 그분은 멀리서도 교만한 자들을 알아보신다. 이처럼 야웨 하나님은 초월적이면서 내재적인 분이다.

지극히 존귀하며
영원히 거하시며
거룩하다 이름하는 이가
이와 같이 말씀하시되

"내가 높고 거룩한 곳에 있으며

또한 통회하고 마음이 겸손한 자와 함께 있나니

이는 겸손한 자의 영을 소생시키며

통회하는 자의 마음을 소생시키려 함이라"(사 57:15).

야웨는 높이 계신 하늘의 하나님이시지만 땅에서 살아가고 있는 사람들, 그중에서도 특히 낮은 자에게 특별한 관심을 갖고 계신다. 세상의 모든 왕이 하나님이 노래해야 할 이유는 그분이 높은 곳에서도 낮은 자들을 굽어살피시고 먼 곳에서도 교만한 자를 간파하시기 때문이다.

여호와께서 하늘에서 인생을 굽어살피사

지각이 있어 하나님을 찾는 자가 있는가 보려 하신즉(시 14:2; 참조. 시 33:13-14; 102:19-20; 113:5-9).

3) 신뢰의 고백(7-8절)

7 내가 환난 중에 다닐지라도

주께서 나를 살아나게 하시고

주의 손(단수)을 펴사 내 원수들의 분노를 막으시며

주의 오른손이 나를 구원하시리이다.

8 여호와께서 나를 위하여 보상해주시리이다.

여호와여,

주의 인자하심이 영원하오니

주의 손(복수)으로 지으신 것을 버리지 마옵소서.

7-8절은 신뢰를 고백하는 내용으로서, 이 시의 대미(大尾)를 장식한다. 시인은 자신이 비록 지속적인 환란의 상태에 놓여 있지만 하나님의 도 우심으로 환란을 극복할 수 있다고 고백한다(7a절). 그는 자신의 삶이 "하나님의 손"(단수)에 달려 있음을 확신한다. "하나님의 손"과 "하나님 의 오른손"은 하나님의 구체적인 현실 개입을 묘사하는 상징이다. 하나 님의 손이 단수로 표현될 경우에는 "출애굽 사건"과 관련된다.

> 너는 기억하라. 네가 애굽 땅에서 종이 되었더니 네 하나님 여호와가 강한 손(단수)과 편 팔로 거기서 너를 인도하여 내었나니 그러므로 네 하나님 여 호와가 네게 명령하여 안식일을 지키라 하느니라(신 5:15).

> 너는 네 아들에게 이르기를 "우리가 옛적에 애굽에서 바로의 종이 되었 더니 여호와께서 권능의 손(단수)으로 우리를 애굽에서 인도하여 내셨나 니"(신 6:21).

단수로 표현된 하나님의 손은 "구원의 손"을 가리킨다.

> **2** 주께서 **주의 손**(단수)으로 뭇 백성을 내쫓으시고
> 우리 조상들을 이 땅에 뿌리 박게 하시며
> 주께서 다른 민족들은 고달프게 하시고
> 우리 조상들은 번성하게 하셨나이다.

3 그들이 자기 칼로 땅을 얻어 차지함이 아니요

그들의 팔이 그들을 구원함도 아니라.

오직 **주의 오른손**(단수)과 주의 팔과

주의 얼굴의 빛으로 하셨으니

주께서 그들을 기뻐하신 까닭이니이다(시 44:2-3).

주의 팔에 능력이 있사오며

주의 손(단수)은 강하고

주의 오른손은 높이 들리우셨나이다(시 89:13).

거기서도 **주의 손**(단수)이 나를 인도하시며

주의 오른손이 나를 붙드시리이다(시 139:10).

시인은 하나님의 구원의 손이 함께하심을 굳게 믿고 있다(7b절).

　　8절에서 그는 자신을 구원하신 그 손이 "창조의 손"임을 감지한다.
하나님의 손이 복수로 표현될 경우에는 "창조 사건"과 관련된다.

주의 손(복수)으로 만드신 것을 다스리게 하시고

만물을 그의 발아래 두셨으니(시 8:6).

주께서 옛적에 땅의 기초를 놓으셨사오며

하늘도 **주의 손**(복수)으로 지으신 바니이다(시 102:25).

주의 손(복수)이 나를 만들고

세우셨사오니

내가 깨달아

주의 계명들을 배우게 하소서(시 119:73).

내가 옛날을 기억하고

주의 모든 행하신 것(출애굽 사건)을 읊조리며

주의 손(복수)이 행하는 일(창조 사건)을 생각하고(시 143:5).

단수로 표현된 하나님의 손은 "구원의 손"을, 복수로 표현된 하나님의 손은 "창조의 손"을 가리킨다. 시인은 주의 손으로 지으신 것을 버리지 말아달라고 간곡히 애원한다. 여기서 시인은 "출애굽 사건" 같은 특수한 구원 사건에 의존하기보다는 보편적인 "창조 사건"에 근거하여 기도한다.

시인은 창조주가 그분의 모든 피조물(이스라엘과 이방 나라)을 책임져 주신다는 점을 강조하고 있다. 여기에 나오는 "이방의 신들"(1절)과 "이방의 모든 왕들"(4절)에 대한 언급은 주목할 만하다. 이 시는 세계적이고 보편적인 차원을 지향한다. 이스라엘의 시인과 세상의 모든 왕들은 온 피조물들을 향한 하나님의 인자하심이 영원함을 믿고 이에 호소하며 산다.

4. 메시지

시인은 자신의 간구에 응답하시는 하나님을 직접 체험하고 하나님께 감사한다. 하지만 이미 구원받은 자들도 여전히 불확실하고 위험한 인생을 살 수밖에 없다. 시편에 언급된 적은 다양하고 많다. 시편 138편도 예외가 아니다. 시인이 구원을 경험했다고 모든 위험이 완전히 사라진 것은 아니다. 그는 여전히 또 다른 환난과 확신 사이에 서 있다.

그러나 고난 중에서 하나님의 오른손이 보여주는 구원의 능력을 맛보고 하나님과의 돈독한 신뢰 관계를 경험한 사람의 심령은 강해진다. 한번 구원받은 경험은 다시 다가올 고난도 능히 물리칠 수 있다는 확신을 주기 때문이다. 또한 하나님의 도우심은 일회용이 아니다. 하나님은 문제를 제거하시기보다는 우리에게 문제를 감당할 수 있는 힘을 부여해 주신다.

> **사람이 감당할 시험 밖에는 너희가 당한 것이 없나니** 오직 하나님은 미쁘사 너희가 감당하지 못할 시험 당함을 허락하지 아니하시고 시험 당할 즈음에 또한 피할 길을 내사 너희로 능히 감당하게 하시느니라(고전 10:13).

> 그의 영광의 힘을 따라 **모든 능력으로 능하게 하시며 기쁨으로 모든 견딤과 오래 참음에 이르게 하시고**(골 1:11).

즉 내 심령에 힘을 주어 강하게 하심으로써 내가 문제를 감당하고 해결해나갈 수 있는 능력을 키우게 하신다. 자신이 주의 손(복수)으로 지음

받았음을 믿고 주의 오른손(단수)을 체험한 사람은 문제가 발생했을 때 그것을 피하지 않고 담대하게 맞선다. 하나님의 강한 오른손의 능력을 기대하며.

139편

신앙의 시력(視力):

"주께서 나를 아시나이다"

1. 양식

시편 139편은 "개인 신뢰시"(a psalm of individual trust)로 분류된다. 사실
이 시를 특정 양식으로 분류하기는 어렵다. 왜냐하면 이 시에 대한 학
자들의 양식 분류도 일치하지 않기 때문이다. 그래도 하나님을 향한 신
뢰가 내용의 대부분을 차지하고 있기 때문에 개인 신뢰시로 보는 것이
가장 무난하다. 이 시는 제5권의 "다윗 모음집"(138-145편) 중 두 번째
시로, 이 모음집에서 가장 유명한 노래이기도 하다.

2. 구조

>   1) 1-6절: 공언(하나님의 전지하심)
>   2) 7-12절: 수사학적 질문(하나님의 편재하심)
>   3) 13-18절: 고백(하나님의 창조하심)
>   4) 19-24절: 간구(하나님의 심판하심)

3. 내용

1) 공언(하나님의 전지하심)(1-6절)

> 1 여호와여,
>
> 주께서 나를 살펴보셨으므로
>
> 나를 아시나이다.
>
> 2 주께서 내가 앉고 일어섬을 아시고

멀리서도 나의 생각을 밝히 아시오며

3 나의 모든 길과 내가 눕는 것을 살펴보셨으므로

나의 모든 행위를 익히 아시오니

4 여호와여,

내 혀의 말을 알지 못하시는 것이

하나도 없으시니이다.

5 주께서 나의 앞뒤를 둘러싸시고

내게 안수하셨나이다.

6 이 지식이 내게 너무 기이하니 높아서

내가 능히 미치지 못하나이다.

1-6절은 하나님의 전지하심(omniscience)에 대한 공언이다. 1절은 원칙을 "진술"하고, 2-4절은 그 원칙을 "설명"하며, 5-6절은 그 원칙을 "적용"한다.

1절의 "주께서 나를 아시나이다"는 이 시편의 전체 주제다. 이 시의 주요 주제는 하나님의 "아심"(יָדַע, 야다)이다. 이 단락에는 "알다"(יָדַע, 야다)라는 단어가 일곱 번 나온다(1, 2, 4, 6[지식, 명사형], 14, 23절[두 번]). "살펴보셨으므로"(חָקַר, 하카르)는 "철저한 검증"을 의미한다.

사람은 어둠을 뚫고 모든 것을 끝까지 **탐지하여**(חָקַר, 하카르)

어둠과 죽음의 그늘에 있는 광석도 탐지하되(욥 28:3).

법적 상황에서 이 단어는 "재검증"이라는 뜻을 갖는다.

송사에서는 먼저 온 사람의 말이 바른 것 같으나

그의 상대자가 와서 **밝히느니라**(חָקַר, 하카르)(잠 18:17).

이런 철저한 조사 행위를 통해 하나님은 사람을 완벽하고 상세히 아시게 된다. 이는 곧 "하나님의 전지하심"이다.

2절의 "앉고"(יָשַׁב, 야샤브)와 "일어섬"(קוּם, 쿰)에서 전자는 "개인 생활"을, 후자는 "사회생활"을 가리킨다.

네 자녀에게 부지런히 가르치며 집에 **앉았을 때**(יָשַׁב, 야샤브)에든지 길을 갈 때에든지 누워 있을 때에든지 **일어날 때**(קוּם, 쿰)에든지 이 말씀을 강론할 것이며(신 6:7).

또 그것을 너희의 자녀에게 가르치며 집에 **앉아 있을 때**(יָשַׁב, 야샤브)에든지, 길을 갈 때에든지, 누워 있을 때에든지, **일어날 때**(קוּם, 쿰)에든지 이 말씀을 강론하고(신 11:19).

너희가 일찍이 **일어나고**(קוּם, 쿰)

늦게 **누우며**(יָשַׁב, 야샤브) 수고의 떡을 먹음이 헛되도다.

그러므로 여호와께서 그의 사랑하시는 자에게는 잠을 주시는도다(시 127:2).

이런 총칭 용법(merism)은 한 사람의 모든 생활을 총괄한다. 하나님은 한 사람의 인생을 A에서 Z까지 속속들이 알고 계신다. 또한 "멀리서도" 곁으로 드러나지 않는 사람의 "생각"까지 분간하신다.

3절의 "나의 모든 길"에서 "모든"은 원문에 없는 단어로 삭제되어야 한다. "나의 길"(דְרָכָי, 데라카이)은 공적 생활을, 내가 "눕는 것"(רִבְעִי, 라바)은 사적 생활을 가리킨다. 이 또한 사람의 모든 생활을 포괄하는 총칭 용법이다. 특히 "눕다"로 번역된 동사 "라바"(רבע)에는 "성교하다"라는 의미가 포함되어 있다.

> 너는 짐승과 교합하여 자기를 더럽히지 말며 여자는 짐승 앞에 서서 그것과 **교접하지**(רבע, 라바) 말라. 이는 문란한 일이니라(레 18:23).

> 여자가 짐승에게 가까이 하여 **교합하면**(רבע, 라바) 너는 여자와 짐승을 죽이되 그들을 반드시 죽일지니 그들의 피가 자기들에게로 돌아가리라(레 20:16).

하나님은 사람의 은밀한 사생활(성생활)도 눈여겨보신다. "나의 모든 행위를 익히 아시오니"는 하나님이 사람의 모든 생활을 다 알고 계심을 다시 한번 확증하는 표현이다.

4절은 직역하면 "내가 혀로 말을 하지 않아도 여호와는 모든 것을 아신다"가 된다. 하나님은 사람이 말을 하기도 전에 그가 말하려고 하는 바가 무엇인지 간파하신다.

5절의 "나의 앞뒤를 둘러싸시고"에서 "둘러싸다"(צור, 추르)는 보통 포위 공격을 일컫는다.

만일 너와 화평하기를 거부하고 너를 대적하여 싸우려 하거든 너는 그 성읍을 **에워쌀 것이며**(צוּר, 추르)(신 20:12).

그 해가 돌아와 왕들이 출전할 때가 되매 다윗이 요압과 그에게 있는 그의 부하들과 온 이스라엘 군대를 보내니 그들이 암몬 자손을 멸하고 랍바를 **에워쌌고**(צוּר, 추르) 다윗은 예루살렘에 그대로 있더라(삼하 11:1).

이에 잇사갈 족속 아히야의 아들 바아사가 그를 모반하여 블레셋 사람에게 속한 깁브돈에서 그를 죽였으니 이는 나답과 온 이스라엘이 깁브돈을 **에워싸고**(צוּר, 추르) 있었음이더라(왕상15:27).

여기서 "내게 안수하셨나이다"라는 표현은 "마음대로 움직이지 못하게 통제한다"는 뜻으로 이해된다.

곧 주의 손을 내게 대지 마시오며
주의 위엄으로 나를 두렵게 하지 마실 것이니이다(욥 13:21).

이 구절은 사람이 하나님 앞에서 아무것도 숨길 수 없고 가릴 수도 없음을 강조한다.

6절에 따르면 사람은 전적으로 하나님에 의해서만 온전히 드러나고, 하나님의 본질을 능히 파악할 수 없는 미미한 존재다. 사람은 하나님에 의해 완전히 파악되지만, 하나님은 인간에게 철저히 가려진 존재다.

구원자 이스라엘의 하나님이여,

진실로 **주는 스스로 숨어 계시는 하나님이시니이다**(사 45:15).

이는 내 생각이 너희의 생각과 다르며

내 길은 너희의 길과 다름이니라.

여호와의 말씀이니라(사 55:8).

하나님이 각각의 개인을 모두 알고 계신다는 사실이 그저 기이할 뿐이다. 시인은 사람의 유한함과 하나님의 무한함을 극명하게 대조시킴으로써 하나님의 전지하심을 더욱 강조한다. 하나님은 "전지"(全知)하신 분인 반면, 사람은 "무지"(無知)한 존재다.

2) 수사학적 질문(하나님의 편재하심)(7-12절)

7 내가 주의 영을 떠나 어디로 가며

주의 앞에서 어디로 피하리이까?

8 내가 하늘에 올라갈지라도 거기 계시며

스올에 내 자리를 펼지라도 거기 계시니이다.

9 내가 새벽 날개를 치며

바다 끝에 가서 거주할지라도

10 거기서도 주의 손이 나를 인도하시며

주의 오른손이 나를 붙드시리이다.

11 내가 혹시 말하기를 흑암이 반드시 나를 덮고

나를 두른 빛은 밤이 되리라 할지라도

12 주에게서는 흑암이 숨기지 못하며

밤이 낮과 같이 비추이나니

주에게는 흑암과 빛이 같음이니이다.

7-12절은 수사학적 질문을 통해 하나님의 편재하심(omnipresence)에 대해 이야기한다. 1-6절의 구조와 동일하게 7절은 원칙을 "진술"하고, 8-10절은 그 원칙을 "설명"하며, 11-12절은 그 원칙을 "적용"한다.

7절의 주의 "영"(רוּחַ, 루아흐)은 주의 "앞 혹은 얼굴"(פָּנֶיךָ, 파님)과 평행을 이루며, 야웨의 강력한 임재를 가리킨다. 시인은 어떤 상황에서도 하나님의 얼굴을 피할 수 없다고 고백한다. 이는 "하나님의 편재하심"(무소부재하심)을 드러낸다.

하나님은 "가장 높은 곳"(하늘)에도 계시고 "가장 낮은 곳"(스올)에도 계신다(8절). 야웨는 "하늘의 하나님"이시다.

하늘의 하나님께 감사하라.

그 인자하심이 영원함이로다(시 136:26).

또한 스올도 하나님 앞에서는 열려 있다.

하나님 앞에서는 스올도 벗은 몸으로 드러나며

멸망도 가림이 없음이라(욥 26:6).

이는 하나님의 편재하심을 "수직적 차원"에서 진술하는 표현이다. 사실 "하나님이 스올에도 계신다"는 진술은 매우 이례적인 개념이다. 대부분의 시편에서 스올은 하나님이 부재하시는 곳으로 간주되기 때문이다.

> 내가 **무덤에** 내려갈 때에
> 나의 피가 무슨 유익이 있으리요?
> 진토가 어떻게 주를 찬송하며
> 주의 진리를 선포하리이까?(시 30:9)

> 죽은 자 중에 던져진 바 되었으며
> 죽임을 당하여 **무덤에** 누운 자 같으니이다.
> 주께서 그들을 다시 기억하지 아니하시니
> 그들은 주의 손에서 끊어진 자니이다(시 88:5).

그런데 이제 스올도 하나님의 임재에서 예외가 아니다. 이 구절은 하나님의 편재하심을 강조하고 있다.

또한 하나님은 "새벽 날개 치는 곳"에도 계시고 "바다 끝"에도 계신다(9절). "새벽 날개"는 새벽에 동이 터오는 가장 먼 "동쪽 지평선"을 지칭한다. "바다 끝"은 지중해를 말하며 해가 지는 "서쪽 수평선"을 가리킨다. 이는 하나님의 편재하심을 "수평적 차원"으로 표현한 것으로서, 온 세상이 모두 하나님의 시야 안에 있다는 점을 부각시킨다.

10절의 "거기서도"(מִשָּׁם, 감-샴)는 "동쪽 끝"이나 "서쪽 끝"이라는 극단적 상황이나 상태를 시사한다. 어떤 상황에서도 모든 곳에 편재하시는 하나님은 사람을 인도하고 붙드신다.

11절에서 시인은 자신의 상황을 "암흑"에 비유한다. 암흑은 창조 질서의 반대 개념으로 혼돈을 상징한다. 시인은 자신이 혼돈의 암흑 속에 방치되어 있다고 느낀다.

그러나 하나님은 혼돈의 흑암까지도 꿰뚫어 보신다(12절). 하나님은 흑암 속에서도 빛을 내시는 분이다. 하나님의 눈에는 흑암과 빛이 다르지 않다. 야웨 하나님은 모든 상황에서 우리와 함께하신다. 하나님이 부재하는 공간과 시간은 존재하지 않는다. 하나님은 그 어떤 상황 가운데서도 여전히 우리의 모든 현장을 지키시고 우리와 늘 동행하신다.

3) 고백(하나님의 창조하심)(13-18절)

13 주께서 내 내장을 지으시며
나의 모태에서 나를 만드셨나이다.
14 내가 주께 감사하옴은
나를 지으심이 심히 기묘하심이라.
주께서 하시는 일이 기이함을 내 영혼이 잘 아나이다.
15 내가 은밀한 데서 지음을 받고
땅의 깊은 곳에서 기이하게 지음을 받은 때에
나의 형체가 주의 앞에 숨겨지지 못하였나이다.
16 내 형질이 이루어지기 전에
주의 눈이 보셨으며
나를 위하여 정한 날이 하루도 되기 전에

주의 책에 다 기록이 되었나이다.

17 하나님이여,

주의 생각이 내게 어찌 그리 보배로우신지요?

그 수가 어찌 그리 많은지요?

18 내가 세려고 할지라도 그 수가 모래보다 많도소이다.

내가 깰 때에도 여전히 주와 함께 있나이다.

13-18절은 하나님의 창조하심에 대한 고백이다. 이 단락에서 시인은 외부에서 내부로 시선을 옮기고, 큰 스케일에서 작은 스케일로 이동한다. 시인은 창조 중에서도 구체적으로 자기 자신의 창조에 대해 묵상하면서 창조주 하나님의 본성을 점차 깨달아간다. 하나님의 전지하심(1-6절)과 편재하심(7-12절)은 하나님의 창조하심에서 비롯된 것이다.

13a절의 "주께서 내 내장을 지으시며"에서 "내장"(כִּלְיוֹת, 킬요트, 복수)은 "콩팥들"을 뜻한다. 구약에서 "콩팥"은 감정과 정서를 관장하는 장기다.

> 만일 네 입술이 정직을 말하면
>
> 내 속(כִּלְיוֹת, 킬요트: 콩팥, 신장)이 **유쾌하리라**(잠 23:16).

하나님은 사람을 단순히 육체만 가진 존재가 아니라 감정과 정서를 지닌 완전한 존재로 창조하셨다. 13b절의 "나의 모태에서 나를 만드셨나이다"에서 "만들다"(סָכַךְ, 사카크)는 "짜다", "직조하다", "형성하다"라는 뜻이다.

피부와 살을 내게 입히시며

뼈와 힘줄로 나를 **엮으시고**(סָכַךְ, 사카크)(욥 10:11).

이는 하나님이 옷감을 짜듯이 섬세한 공정에 따라 심혈을 기울여 사람을 만드셨음을 뜻한다.

14절의 "심히"(נוֹרָאוֹת, 노라오트)는 너무나도 경이로워 "두려움"(fear)을 자아낸다는 뜻이다. "기묘하심"(נִפְלֵיתִי, 니플레티)은 "놀라움"(wonder)을 가리킨다. 이 둘을 합치면 "두려움을 자아내는 놀라운 일"이 된다.

그는 함의 땅에서 **기사**(נִפְלָאוֹת, 니플라오트)와

홍해에서 **놀랄 만한 일**(נוֹרָאוֹת, 노라오트)을 행하신 이시로다(시 106:22).

5 주의 존귀하고 영광스러운 위엄과

주의 **기이한 일들**(נִפְלְאוֹת, 니플레오트)을 나는 작은 소리로 읊조리리이다.

6 사람들은 주의 **두려운 일**(נוֹרְאוֹת, 노레오트)의 권능을 말할 것이요,

나도 주의 위대하심을 선포하리이다(시 145:5-6).

한마디로 참으로 "신묘막측하다"(개역한글 번역)는 것이다. 시인은 강렬한 언어로 하나님의 창조 신비를 묘사한다. 인간은 창조주께서 만들어낸 하나의 "제품"(product)이라기보다 심혈을 기울여 만드신 "명품"(masterpiece)에 가깝다.

15절의 "형체"(עֹצֶם, 오쳄)는 성경에서 단 한 번 사용된 단어(hapax legomenon)로서 "뼈들"을 뜻한다. 사람은 "은밀한 데" 곧 "땅의 깊은 곳"

에서 생성되었고, 그 출원지(出原地)는 베일에 가려져 있다. 하지만 인간의 출원지는 그를 직접 창조하신 하나님의 눈에 밝히 드러난다.

16절의 "형질"(םׁלֶג, 골렘)도 성경에서 단 한 번 사용된 단어(hapax legomenon)다. 이 단어는 "일정한 형태가 없는(formless) 덩어리" 곧 "아직 완성되지 못한 형체"를 뜻하며, 아마도 "태아"(embryo)를 가리키는 것 같다. 하나님은 태아가 온전히 형성되기도 전에 이 태아가 생장하는 모습을 눈으로 직접 보셨다. 더구나 하나님은 태아가 어머니의 배 속에서 사람의 모습을 갖추기 전부터 그의 수명을 정하셨고, 태어나기도 전에 그의 생의 모든 날들을 이미 하나님의 책에 기록해두셨다.

> **32** 그러나 이제 그들의 죄를 사하시옵소서. 그렇지 아니하시오면 원하건대 주께서 **기록하신 책**에서 내 이름을 지워버려 주옵소서. **33** 여호와께서 모세에게 이르시되 "누구든지 내게 범죄하면 내가 **내 책**에서 그를 지워버리리라"(출 32:32-33; 참조. 시 56:8; 69:28; 단 12:1; 말 3:16).

17-18절은 하나님의 전지하심(1-6절)과 편재하심(7-12절) 및 창조하심(13-16절)에 대한 시인의 반응이다. 시인의 반응을 한마디로 요약하면 놀람과 확신이라 할 수 있다.

17절의 "주의 생각"(עַר, 레아, 복수)은 2절의 "나의 생각"(עַר, 레아, 단수)과 같은 단어다. "인간의 생각"은 단수인 데 반해, "하나님의 생각"은 복수로 표현된다.

18a절에서 시인은 자신을 향한 하나님의 "생각들"이 감히 헤아릴 수 없을 정도로 크고 깊다는 사실에 놀라움을 감추지 못한다. 하나님의

생각들은 바닷가의 모래알보다 많다. 모래는 종종 셀 수 없는 큰 수효를 표현할 때 흔히 사용된다.

> 내가 네게 큰 복을 주고 네 씨가 크게 번성하여 하늘의 별과 같고 바닷가의 **모래**와 같게 하리니 네 씨가 그 대적의 성문을 차지하리라(창 22:17; 참조. 창 32:12; 41:49; 수 11:4 등).

18b절의 "깰 때에"라는 표현은 "아침" 곧 "구원의 순간"을 의미한다.

> 그의 노염은 잠깐이요
> 그의 은총은 평생이로다.
> 저녁에는 울음이 깃들일지라도
> **아침**에는 기쁨이 오리로다(시 30:5).

> 하나님이 그 성중에 계시매
> 성이 흔들리지 아니할 것이라.
> **새벽**에 하나님이 도우시리로다(시 46:5).

시인은 구원의 순간에 하나님이 자신과 지속적으로 함께하실 것임을 확신한다.

> 내가 누워 자고 **깨었으니**
> 여호와께서 나를 붙드심이로다(시 3:5).

나는 의로운 중에 주의 얼굴을 뵈오리니

깰 때에 주의 형상으로 만족하리이다(시 17:15).

4) 간구(하나님의 심판하심)(19-24절)

19 하나님이여,

주께서 반드시 악인을 죽이시리이다.

피 흘리기를 즐기는 자들아, 나를 떠날지어다.

20 그들이 주를 대하여 악하게 말하며

주의 원수들이 주의 이름으로 헛되이 맹세하나이다.

21 여호와여,

내가 주를 미워하는 자들을 미워하지 아니하오며

주를 치러 일어나는 자들을 미워하지 아니하나이까?

22 내가 그들을 심히 미워하니

그들은 나의 원수들이니이다.

23 하나님이여,

나를 살피사 내 마음을 아시며

나를 시험하사 내 뜻을 아옵소서.

24 내게 무슨 악한 행위가 있나 보시고

나를 영원한 길로 인도하소서.

19-24절은 간구다. 19절은 새로운 상황을 지시하는데, 지금까지 언급된 하나님과 시인이라는 두 중심인물 외에 제3의 인물인 "악인"이 새롭

게 등장한다. 하나님의 전능하심(omnipotence: 전지하심+편재하심+창조하심)을 확신하는 자들 앞에 여전히 악인들이 활개치고 다니는 현실은 이해할 수 없는 수수께끼와 같다. 19a절에서 시인은 하나님의 전능하심에 상응하여, 하나님이 악인을 제거해주시기를 간절히 바란다.

죄인들을 땅에서 소멸하시며
악인들을 다시 있지 못하게 하시리로다.
내 영혼아,
여호와를 송축하라. 할렐루야(시 104:35).

19b절에서 시인은 악인 곧 "피 흘리기를 즐기는 자들"(אַנְשֵׁי דָמִים, 아느쉐 다밈; "피의 사람들")에게 직접 자신을 떠나라고 명령한다. 그는 악인과 거리를 두려고 한다.

복 있는 사람은
악인들의 꾀를 따르지 아니하며
죄인들의 길에 서지 아니하며
오만한 자들의 자리에 앉지 아니하고(시 1:1).

20절은 피 흘리기를 즐기는 악인들의 특성을 폭로하는 부분이다. 그들은 악한 의도를 갖고 하나님을 부른다. 또 허위로 하나님께 맹세하기도 한다. 여기서 시인은 악인들이 단순히 시인 개인의 원수가 아니라고 지적한다. 이는 악인들이 하나님의 원수라는 사실을 강조함으로써 하나님이 직접 개입하셔야 할 문제라고 간곡히 호소하는 것이다.

21절에서 시인은 수사학적 질문을 통해 자신과 하나님이 강력하게 하나로 묶여 있음을 표현한다. 시인은 피 흘리는 문제에 관해서는 중립적인 관찰자가 아니다. 그는 하나님을 대적하는 자들로부터 숨거나 회피하지 않고 하나님의 편에 서 있는 용감하고 대담한 옹호자다.

22절에 따르면 시인은 하나님을 미워하고 대적하는 자들을 감정적으로 싫어하고 역겨워한다. 이는 예언자의 가르침을 따르는 태도이기도 하다(암 5:15). 시인은 하나님의 원수를 자신의 원수로 여긴다.

이 시편의 진정한 간구는 마지막 23-24절에서야 처음으로 등장한다. 23절에서 시인은 이 노래를 시작했던 진술("나를 살펴보셨으므로 나를 아시나이다", 1절)을 다시 받아서 이를 명령형으로 바꾸고("하나님이여, 나를 살피사 내 마음을 아시며"), 내용을 더 첨부하여("나를 시험하사 내 뜻을 아옵소서") 사용한다.

24절에서 시인은 자신의 결백을 확신하고 하나님이 자신을 바른 길("영원한 길")로 인도해주시기를 기원한다. "영원한 길"은 예로부터 하나님 앞에서 타당한 길 곧 "하나님의 계명의 길"을 의미해왔다.

32 주께서 내 마음을 넓히시면

내가 **주의 계명들의 길**로 달려가리이다.

33 여호와여, 주의 율례들의 도를 내게 가르치소서.

내가 끝까지 지키리이다.

34 나로 하여금 깨닫게 하여 주소서.

내가 주의 법을 준행하며 전심으로 지키리이다.

35 나로 하여금 **주의 계명들의 길**로 행하게 하소서.

내가 이를 즐거워함이니이다(시 119:32-35).

4. 메시지

하나님의 눈은 아직 다 형성되지 않은 우리의 본체(형체와 형질)까지 이미 보고 계셨다. 우리 각자는 기묘하고 경이로우며 기이하고 놀랍게, 즉 인간이 말로 설명할 수 없는 방식으로 만들어졌다. 모든 사람은 하나님이 손수 짜서 맞추신 신묘막측한 걸작품이다. 그런데 시인처럼 우리는 종종 자신이 절대 고립(흑암)의 상태에 놓였다고 여긴다. 실제로 그런 상황에 빠질 수도 있다. 더 나아가 악과 죽음에 직면할 수도 있다. 그러나 그럴 때 하나님의 눈을 기억하면 여전히 무한하신 하나님의 보호 속에 있음을 깨닫게 된다.

하나님은 언제 어디서나, 우리가 어떤 상황에 있든 늘 임재하시고 우리와 동행하신다. 다만 고통스러운 상황에 잠시 눈먼 우리가 그것을 보지 못할 뿐이다. 이때 하나님의 전지하심, 편재하심, 창조하심을 바라보는 눈이 우리에게 절실히 필요하다. 이를 놓치지 않고 통찰하는 눈이 바로 신앙의 시력(視力)이다. 신앙의 시력이 있다면 우리의 눈은 우리를 주목하고 계신 하나님의 시선과 마주칠 것이다.

건강한 기도(간구+탄원+희망):
"전쟁의 날에 주께서 내 머리를 가려주셨나이다"

1. 양식

시편 140편은 "개인 탄원시"(a psalm of individual lament)로 분류된다. 이 시는 원수들의 음흉한 흉계에 빠져 고통을 겪으며 하나님의 보호하심과 도우심을 요청하는 한 개인의 탄원시다. 이 시에서 가장 두드러지는 부분은 원수가 불행하게 되기를 바라는 간구다(9-11절). 이 때문에 이 시는 "저주시"(imprecatory psalms)로 분류되기도 한다(시 59, 69, 70, 109, 137, 140편).

2. 구조

1) 1-5절: 하나님을 향한 부름과 탄원(현재)
2) 6-7절: 신뢰 고백(과거)
3) 8-11절: 간구
4) 12절: 신뢰 고백(미래)
5) 13절: 찬양

3. 내용

1) 하나님을 향한 부름과 탄원(현재)(1-5절)

1 여호와여, 악인에게서 나를 건지시며
포악한 자에게서 나를 보전하소서.

2 그들이 마음속으로 악을 꾀하고

싸우기 위하여 매일 모이오며

3 뱀같이 그 혀를 날카롭게 하니

그 입술 아래에는 독사의 독이 있나이다. (셀라)

4 여호와여, 나를 지키사

악인의 손에 빠지지 않게 하시며

나를 보전하사

포악한 자에게서 벗어나게 하소서.

그들은 나의 걸음을 밀치려 하나이다.

5 교만한 자가 나를 해하려고

올무와 줄을 놓으며

길 곁에 그물을 치며 함정을 두었나이다. (셀라)

1-5절은 야웨 하나님을 향한 부름과 탄원의 내용이다. 시인은 현재 적들로 인해 위험에 처해 있다고 호소한다. 그는 하나님을 부르며("여호와여") 시작한다(1절). "포악한 자"에서 "포악"(חָמָס, 하마스)은 육체적인 행동과 공격뿐만 아니라 악한 의도를 내포한다. 시인은 자신의 힘으로 도저히 빠져나올 수 없는 곤경에 처해 있다. 이 단락은 전체적으로 간구의 형식을 갖추고 있지만 탄원이나 불평의 내용을 담고 있다. 시인은 "악인"(אָדָם רָע, 아담 라)과 "포악한 자"(אִישׁ חֲמָסִים, 이쉬 하마심)에게 붙잡혀 있다.

2절은 위험한 상황을 전체적으로 묘사한다(계획→실행→결과). 그들은 마음으로 악을 "계획"한다(2a절). 그리고 그 악을 매일 "실행"한다(2b절). 이처럼 그들은 매일 폭력적인 충돌을 유발하고 있으며, 단 하루도 싸우지 않고 지나가는 날이 없다.

> 6 내가 화평을 미워하는 자들과 함께
>
> 오래 거주하였도다.
>
> 7 나는 화평을 원할지라도
>
> **내가 말할 때에**
>
> **그들은 싸우려 하는도다**(시 120:6-7).

악인과 포악한 자의 공격은 집요하고 지속적이며 악독하다.

3절은 2절에 이어서 그들이 끼친 치명적인 "결과"를 묘사한다. 그들의 입은 뱀같이 날카롭고 그들의 공격은 독사의 독처럼 매우 치명적이다. 독사 이미지는 숨어 있는 위험과 공격이 완비된 상태를 의미한다. 입은 가공할 만한 무기가 될 수 있다. 중상모략은 사람의 사회적 명성과 지위를 한순간에 파멸로 몰고 갈 수 있기 때문이다. 시인은 물리적 폭력이 아닌 언어폭력으로 고난을 겪고 있다.

4절에서 시인은 "악인의 손"으로부터 자신을 지켜달라고 간구한다. 여기서 "악인"(רָשָׁע, 라샤)이라는 단어는 내적 표현으로 그들의 불신앙을 드러내고, "손"(יָד, 야드)은 외적 표현으로 악인의 행동과 싸움을 가리킨다. 그들의 의도는 시인을 실족시키는 것이다. 실족은 치명적인 추락이나 붕괴를 뜻한다.

> 주께서 내 생명을 사망에서 건지셨음이라.
>
> 주께서 나로 하나님 앞,

생명의 빛에 다니게 하시려고

실족하지 아니하게 하지 아니하셨나이까?(시 56:13)

주께서 내 영혼을 사망에서,

내 눈을 눈물에서,

내 발을 넘어짐에서 건지셨나이다(시 116:8).

너는 나를 밀쳐 넘어뜨리려 하였으나

여호와께서는 나를 도우셨도다(시 118:13).

또한 "포악한 자에게서 벗어나게 하소서"는 1절의 "포악한 자에게서 나를 보전하소서"와 동일한 표현이다. 이는 시인이 포악한 자에게 붙잡혀 있는 상황을 반복적으로 표현함으로써 자신의 급박함을 강조하는 것이다.

5절은 사냥 비유를 통해 시인의 위험한 처지를 더욱 생생하게 묘사한다. "함정을 두는 것"은 시편에서 공격을 나타내는 일반적인 비유다.

이방 나라들은 자기가 **판 웅덩이**에 **빠짐**이여,

자기가 **숨긴 그물**에 자기 발이 걸렸도다(시 9:15; 참조. 시 31:4; 35:7; 141:9-10).

농경 사회에서 동물과 새를 포획하기 위해 판 함정은 사람들에게 매우 친숙한 도구로서, 갑작스럽고 예측하지 못한 적의를 나타내는 명백한

상징으로 자주 사용되었다.

2) 신뢰 고백(과거)(6-7절)

> 6 내가 여호와께 말하기를
> "주는 나의 하나님이시니
> 여호와여,
> 나의 간구하는 소리에 귀를 기울이소서" 하였나이다.
> 7 내 구원의 능력이신 주 여호와여,
> 전쟁의 날에 주께서 내 머리를 가려주셨나이다.

6-7절은 신뢰 고백이다. 6절의 첫 단어인 "내가 여호와께 말하기를"(אָמַרְתִּי, 아마르티)은 "간구"에서 "고백"으로의 전환을 명확히 보여주는 표시다. 시인은 "주는 나의 하나님이시니"라고 신앙고백을 함으로써 하나님과 맺은 개인적인 관계를 강조한다. 그는 과거에 경험했던 자신의 간구("여호와여, 나의 간구하는 소리에 귀를 기울이소서")를 회상한다.

이어서 7절에서는 야웨의 응답("주께서 내 머리를 가려주셨나이다")을 떠올린다. "주께서 내 머리를 가려주셨나이다(סָכַך, 사카크)"라는 표현은 어미 새가 새끼 새를 깃털로 덮어서 보호해주는 모습을 떠오르게 한다.

> 그가 너를 그의 깃으로 덮으시리니
> 네가 **그의 날개 아래에 피하리로다.**
> 그의 진실함은 방패와 손 방패가 되시나니(시 91:4).

이처럼 과거에 경험했던 일(간구와 응답)이 현재 어려움을 겪고 있는 시인에게 믿음과 확신의 근거가 되고 있다.

3) 간구(8-11절)

8 여호와여,

악인의 소원을 허락하지 마시며

그의 악한 꾀를 이루지 못하게 하소서.

그들이 스스로 높일까 하나이다. (셀라)

9 나를 에워싸는 자들이 그들의 머리를 들 때에

그들의 입술의 재난이 그들을 덮게 하소서.

10 뜨거운 숯불이 그들 위에 떨어지게 하시며

불 가운데와 깊은 웅덩이에

그들로 하여금 빠져 다시 일어나지 못하게 하소서.

11 악담하는 자는 세상에서 굳게 서지 못하며

포악한 자는 재앙이 따라서 패망하게 하리이다.

8-11절은 간구다. 8절에서는 악인의 전체 행동이 묘사된다. 악인의 내적 욕구("악인의 소원을 허락하지 마시며")에서, 계획의 실행("악한 꾀를 이루지 못하게 하소서")으로 인한 결과("그들이 스스로 높일까")까지 언급된다. 시인은 악인의 욕구와 실행 및 결과를 막아달라고 하나님께 간구한다.

시인은 지금까지 악인들로부터 자신을 구원해달라는 "소극적인 자세"를 취했으나, 9절에 와서 하나님께 원수들("나를 에워싸는 자들")을 벌

해달라는 "공격적인 자세"로 변한다. "그들의 입술의 재난이 그들을 덮게 하소서"는 그들이 말로 저지른 온갖 죄악(3절)이 부메랑이 되어 그들에게 되돌아가기를 바라는 저주다.

> 하나님이여,
> 그들을 정죄하사 **자기 꾀에 빠지게 하시고**
> 그 많은 허물로 말미암아 그들을 쫓아내소서.
> 그들이 주를 배역함이니이다(시 5:10; 참조. 시 7:15; 잠 26:27; 전 10:8).

10절의 "뜨거운 숯불", "불", "깊은 웅덩이"는 구약성경에서 하나님의 심판을 묘사할 때 주로 사용되는 이미지다.

> 악인에게 그물을 던지시리니
> 불과 유황과 태우는 바람이
> 그들의 잔의 소득이 되리로다(시 11:6; 참조. 창 19:24; 겔 38:22).

시인은 악인들에게 하나님의 정의의 심판이 내려지기를 애원한다.

11절의 "악담하는 자"는 문자적으로는 "혀의 사람"(אִישׁ לָשׁוֹן, 이쉬 라숀)이 된다. 이 단어는 3절의 "혀"(לָשׁוֹן, 라숀)를 지시한다. "포악한 자"는 문자적으로 "폭력의 사람"(אִישׁ־חָמָס, 이쉬-하마스)이다. 이 단어는 1절과 4절의 "포악한 자"(אִישׁ חֲמָסִים, 이쉬 하마심)를 가리킨다. "포악한 자는 재앙이 따라서 패망하게 하리이다"를 히브리어에 맞추어 직역하면 "포악한 자를 악이 빨리 사냥하게 하십시오"가 된다. 시인을 사냥하려고 올무,

줄, 그물, 함정을 두었던(5절) 이들이 이 땅에 발을 붙이지 못하고 오히려 사냥감이 되기를 간청한다. 시인은 많은 것을 바라지 않는다. 하나님이 악한 자들을 공평하게 대해 주시기만을 바랄 뿐이다. 그는 "응보적 정의"(retributive justice)가 실현되기를 간구하고 있다.

4) 신뢰 고백(미래)(12절)

> **12** 내가 알거니와
> 여호와는 고난당하는 자를 변호해주시며
> 궁핍한 자에게 정의를 베푸시리이다.

12절은 신뢰 고백이다. 12절의 첫 단어인 "내가 알거니와"(יָדַעְתִּי, 야다티)는 "간구"에서 다시 "신뢰 고백"으로의 전환을 알리는데, 이는 고백을 유도하여 시인의 굳건한 확신을 표현하기 위함이다. "고난당하는 자"는 히브리어로 "아니"(עָנִי)다. 이 단어는 본래 "가난한 자"(poor)를 의미한다.

> 악인이 칼을 빼고 활을 당겨
> **가난하고**(עָנִי, 아니) 궁핍한 자를 엎드러뜨리며
> 행위가 정직한 자를 죽이고자 하나(시 37:14).

하나님은 가난한 자와 궁핍한 자에게 정의를 베푸신다. 이 구절은 이 시의 핵심적인 신학을 드러낸다.

5) 찬양(13절)

13 진실로 의인들이 주의 이름에 감사하며
정직한 자들이 주의 앞에서 살리이다.

13절은 찬양이다. 13절의 첫 단어 "진실로"(אַךְ, 아크)는 의인들과 정직한 자들이 구원될 것이라는 시인의 확신에 찬 희망을 강조한다. "의인들"(צַדִּיקִים, 차디킴)과 "정직한 자들"(יְשָׁרִים, 예샤림)은 주의 이름을 찬양하며 주의 앞에서 살 것이다.

여호와는 의로우사 **의로운 일**(צְדָקָה, 체다카)을 좋아하시나니
정직한 자(יָשָׁר, 야샤르)는 그의 얼굴을 뵈오리로다(시 11:7; 참조. 시 32:11; 33:1; 64:11; 97:11).

시인은 암흑 속에서 시작한 시를 희망의 찬란한 빛으로 끝맺는다.

4. 메시지

이 시에 따르면 하나님은 분노에 찬 입을 무조건 닫으라고 하시지 않는다. 하나님은 고난의 때에 자애롭게 우리에게 다가오셔서 전적으로 우리 편이 되어 주신다. 그분은 우리에게 적을 무조건 축복하라고 강요하시지 않는다. 그저 우리의 모든 탄원을 기꺼이 들어주신다. 하나님은 삶의 극심한 고난으로 인해 터져 나오는 모든 탄원에 귀를 기울여주

신다. 그래야만 우리가 다시 마음을 정리하고 살 힘을 얻을 수 있음을 아시기 때문이다. 분노는 제때 표출되어야 한다. 때를 놓치면 병이 된다.

물론 우리는 악과 부정과 탄압에 단호히 맞서야 한다. 왜냐하면 하나님이 그것들을 미워하시기 때문이다. 이런 관점에서 시인이 품은 복수에 대한 열망은 자신뿐만 아니라 사회 안의 정의와 공의에 대한 열망으로 바뀐다. 이 시에는 시인의 분노가 표현되었다. 그러나 행동이 아니라 기도로 표출되었기 때문에 하나님께 온전히 맡겨졌다. 그러므로 이 격렬하면서도 폭력적으로 들리는 기도는 사실상 "비폭력적 행위"라 할 수 있다. 분노는 기도로 승화되어야 한다. 그래야 파괴적인 폭력성이 힘을 잃는다.

이 시는 기도자가 간구(저주), 탄원, 희망(신뢰 고백) 모두를 통과할 수 있도록 이끈다. 고통받는 자는 이 세 가지 면을 모두 표현해야 할 필요가 있다. "희망"만 드러내는 것은 비현실적이다. 이는 고통의 현실을 무시하거나 외면하는 것이다. 또한 "간구"만 하는 것도 하나님과의 밀접한 관계를 무시하는 행동이다. 하나님은 우리의 형편과 처지를 누구보다도 잘 알고 계시기 때문이다.

이는 다 이방인들이 구하는 것이라. 너희 하늘 아버지께서 **이 모든 것이 너희에게 있어야 할 줄을 아시느니라**(마 6:32).

그렇다고 "탄원"(불평)만 하는 것은 자신의 고통에만 묶여 사는 것과 같다. 이 시는 기도의 세 가지 요소를 통해 균형을 맞추라고 권면한다. 고통받는 자들은 이런 기도를 함으로써 안전하게 하나님 앞으로 나올 수 있다. 간구와 탄원과 희망이 적절히 교차하는 기도가 건강한 기도다.

141편

인격과 신앙의 훈련:
"그들의 진수성찬을 먹지 말게 하소서"

1. 양식

시편 141편은 "개인 탄원시"(a psalm of individual lament)로 분류된다. 이 시는 악한 일과 유혹에 빠지지 않기를 간구하는 한 개인의 탄원시다.

2. 구조

　　1) 1-4절: 하나님을 향한 부름과 첫 번째 간구
　　2) 5-7절: 신뢰 고백
　　3) 8-10절: 마지막 간구

3. 내용

1) 하나님을 향한 부름과 첫 번째 간구(1-4절)

　　1 여호와여,

　　내가 주를 불렀사오니

　　속히 내게 오시옵소서.

　　내가 주께 부르짖을 때에

　　내 음성에 귀를 기울이소서.

　　2 나의 기도가 주의 앞에 분향함과 같이 되며

　　나의 손 드는 것이 저녁 제사 같이 되게 하소서.

　　3 여호와여,

내 입에 파수꾼을 세우시고

내 입술의 문을 지키소서.

4 내 마음이 악한 일에 기울어

죄악을 행하는 자들과 함께

악을 행하지 말게 하시며

그들의 진수성찬을 먹지 말게 하소서.

1-4절은 하나님을 향한 부름과 간구다. 1절의 "속히 내게 오시옵소서"는 긴박함과 절박함을 드러내는 표현이다. 시인은 야웨를 부르자마자 자신의 기도에 바로 응답해달라고 간청한다. 이는 "초월하신 하나님"께 "임재하신 하나님"이 되어달라는 기도다.

2절에서 시인은 자신의 기도가 분향함이 되기를 바란다. 분향은 제단에서 아침과 저녁에 실행되었다(출 30:7-8). 그는 희생제사의 연기가 자신의 기도를 하늘에 계신 하나님께로 운반하는 장면을 상상한다.

향연이 성도의 기도와 함께 천사의 손으로부터 **하나님 앞으로 올라가는 지라**(계 8:4).

"손을 드는 것"은 기도하는 행위다(스 9:5). "저녁 제사"는 아침, 점심, 저녁에 규칙적으로 올려지는 기도의 시간을 반영한다.

저녁과 아침과 정오에

내가 근심하여 탄식하리니

여호와께서 내 소리를 들으시리로다(시 55:17).

시인은 날마다 하나님과의 신실한 관계가 지속되기를 원한다.

3절에서 시인은 말(입과 입술)에 관심을 보인다. 그는 자신의 입에 파수꾼을 세워서 입술의 문을 지켜달라고 간구한다. 왜냐하면 입은 악이 출입하는 장소가 될 수 있기 때문이다. 입은 마음과 행동을 이어주는 제일 취약한 문이다. 그래서 입은 성경의 지혜문학에서 인간의 가장 중요한 기관으로 취급된다(잠 15:4; 21:23; 23:16). 입은 다른 기관과 비교하면 확실히 "내적 자아"(the inner self)의 표현에 익숙하다. 따라서 말은 인간의 모든 행위의 기초가 되어서 인생을 세우기도 하고 허물기도 한다.

죽고 사는 것이 혀의 힘에 달렸나니

혀를 쓰기 좋아하는 자는

혀의 열매를 먹으리라(잠 18:21).

4절에서 시인은 자신의 마음이 악한 일에 빠지지 않도록 도와달라고 하나님께 애원한다. 마음(לֵב, 레브)은 말을 행동으로 옮기기 전에 일을 계획하는 곳이다. 대부분의 탄원시는 외부의 적으로부터의 보호를 요청하는 내용을 담고 있다. 그러나 이 시는 내부의 적인 마음에 주목한다. "그들의 진수성찬"에서 "진수성찬"(מַנְעַמִּים, 만아밈)은 구약성경에서 단 한 번 나오는 단어(Hapax legomenon)로서 산해진미를 의미한다. "진수성찬을 먹지 말게 하소서"라는 표현은 악인들과의 교제를 멀리하는 것을 암시한다.

내가 신뢰하여 내 떡을 나눠 먹던 나의 가까운 친구도

나를 대적하여 그의 발꿈치를 들었나이다(시 41:9).

또한 이는 선하지 않은 고관이나 상류층과의 교제를 피하라는 뜻일 수
도 있다.

악한 눈이 있는 자의 음식을 먹지 말며

그의 맛있는 음식을 탐하지 말지어다(잠 23:6).

너는 악인의 형통함을 부러워하지 말며

그와 함께 있으려고 하지도 말지어다(잠 24:1).

시인은 악한 무리를 피할 수 있게 해달라고 기도한다. 지혜문학에서도
나쁜 무리에 대한 경고가 많이 나온다(잠 22:24; 23:17-18; 24:1, 19-20).
"말"(שָׂפָה, 사파: 3절), "마음"(לֵב, 레브: 4a절), "행동"(עֲלִילָה, 알릴라: 4b절)은 죄
를 지을 수 있는 모든 영역을 함축한 것이다. 이 셋은 하나님의 거룩한
백성으로 살아가기 위해 반드시 다스려야 하는 영역이다.

2) 신뢰 고백(5-7절)

5 의인이 나를 칠지라도 은혜로 여기며

책망할지라도 머리의 기름같이 여겨서

내 머리가 이를 거절하지 아니할지라.

그들의 재난 중에도 내가 항상 기도하리로다.

6 그들의 재판관들이 바위 곁에 내려 던져졌도다.

내 말이 달므로 무리가 들으리로다.

7 사람이 밭 갈아 흙을 부스러뜨림같이

우리의 해골이 스올 입구에 흩어졌도다.

5-7절은 시인의 신뢰 고백이다. 불행하게도 이 단락은 현재의 본문으로
는 해석이 거의 불가능하다. 따라서 학자들마다 이 단락을 다양하게 해
석하고 있다. 우선 5a절의 "머리의 기름"은 호의와 축복의 표시다.

주께서 내 원수의 목전에서

내게 상을 차려주시고

기름을 내 머리에 부으셨으니

내 잔이 넘치나이다(시 23:5).

시인은 의인의 책망을 "우의적(友誼的) 충고"(*correctio fraterna*)로 받아들이
겠다고 한다. 시인은 악한 사람들의 유혹(4절)에 대한 균형추가 되는 의
로운 사람들의 책망을 반긴다. 책망은 일반적으로 반갑기보다는 고통스
러운 말이지만, 실제로는 성숙에 도움이 되고 신뢰할 수 있는 사랑의 조
언이다.

친구의 아픈 책망은 충직으로 말미암는 것이나

원수의 잦은 입맞춤은 거짓에서 난 것이니라(잠 27:6).

사람을 경책하는 자는

혀로 아첨하는 자보다

나중에 더욱 사랑을 받느니라(잠 28:23).

5b절은 "그들(죄악을 행하는 자들)의 악(악한 행동)에도 내가 항상 기도하리로다"로 번역된다. 이는 악을 선으로 보답하는 행위를 뜻한다(시 35:12; 38:20; 109:4-5). 또한 이 구절은 시인이 스스로 악한 행동을 피하기 위해 지속적으로 기도함을 의미할 수도 있다.

　6절은 악인에게 임할 심판에 대한 묘사이자 기도자 자신이 인정받으리라는 확신으로 보인다. "그들의 재판관들은 바위 곁에 내려 던져졌도다"라는 완료형의 표현은 "확신의 완료형"(perfect of confidence)으로서 악인들의 재판관들이 하나님의 심판을 받게 될 것을 확신하는 표현이다. "바위"(סֶלַע, 셀라)는 하나님에 대한 은유이며, 이 재판관들은 하나님의 손에 의해 심판을 받게 될 것이다(사 8:14; 시 94:20-23). 이와 대조적으로 시인은 자신의 말이 무리에 의해 인정받게 되리라고 믿는다.

　7절은 악인들이 처한 고통스러운 상황을 묘사한 것으로 보인다. 여기서 "우리"는 악인들을 지칭한다. 시인은 악인들이 부르짖는 소리를 인용하여 묘사한다. "사람이 밭 갈아 흙을 부스러뜨림같이"라는 표현은 농부가 땅을 경작할 때 불필요한 돌을 주변으로 던져버리는 행위를 말한다. 악인들은 버려진 돌 취급을 당한다. "우리의 해골이 흩어졌도다"라는 표현은 해골이 방치된 상태를 뜻한다.

　그들이 두려움이 없는 곳에서 크게 두려워하였으니

너를 대항하여 진 친 **그들의 뼈를 하나님이 흩으심이라.**

하나님이 그들을 버리셨으므로

네가 그들에게 수치를 당하게 하였도다(시 53:5; 참조. 겔 37:1-11).

여기서 "스올 입구"는 죽음의 세계를 의미한다.

그러므로 **스올**이 욕심을 크게 내어

한량없이 **그 입**을 벌린즉

그들의 호화로움과 그들의 많은 무리와

그들의 떠드는 것과 그중에서 즐거워하는 자가

거기에 빠질 것이라(사 5:14; 참조. 민 16:30-33).

"스올의 입구"에서 "입구"(기, 페)는 문자적으로 "입"을 뜻한다. "입"을 잘못 사용하면(3절) "스올의 입"으로 끌려간다. 이 구절은 악인들이 끔찍하게 죽음을 맞이하고 매장되지 못하는 비참한 운명에 처하게 될 것임을 시사한다.

3) 마지막 간구(8-10절)

8 주 여호와여,

내 눈이 주께 향하며

내가 주께 피하오니

내 영혼을 빈궁한 대로 버려두지 마옵소서.

9 나를 지키사

그들이 나를 잡으려고 놓은 올무와

악을 행하는 자들의 함정에서 벗어나게 하옵소서.

10 악인은 자기 그물에 걸리게 하시고

나만은 온전히 면하게 하소서.

8-10절은 시인의 마지막 간구다. 8절에서 시인은 자신의 눈을 스올의 입구에서 돌려 하나님께 향하고 그분께 구원을 요청한다. 그는 암시적으로 자신의 생명을 스스로 구할 수 없는 무능을 인정한다("내 영혼을 빈궁한 대로 버려두지 마옵소서"). 그 대신 재앙의 때에 자신을 안전하게 구해 줄 수 있는 하나님을 의지한다.

9절에서 시인은 자신을 동물처럼 사냥하려는 악인들의 올무와 함정에서 지켜달라고 하나님께 매달린다(시 140:5). 악인들은 "유혹자"일 뿐만 아니라(4절) "추적자" 또는 "박해자"다.

10절에서 시인은 하나님의 응보적(應報的) 정의를 기원한다. 그래서 악한 사람들이 쳐놓은 그물이 부메랑이 되어 그들 자신이 걸리게 되기를 바란다(잠 26:27; 시 5:10; 7:16; 9:15). 시인은 악인이 자멸하고 자신은 생존하게 되기를 하나님께 간구한다.

4. 메시지

이 시는 다른 대부분의 시편에 비해 훨씬 더 자기 성찰적이고 사색적인 어조가 강하다. 시인은 인생에서 신실함과 불신실함의 경계가 항상 모호하다는 사실을 자인한다. 그는 인생의 길이 얼마나 유혹적일 수 있는지를 깨닫는다. 그 유혹은 내면(마음)과 외면(악인들)에서 자기 자신을 향하고 있다.

> 근신하라. 깨어라. 너희 대적 마귀가 우는 사자같이 두루 다니며 삼킬 자를 찾나니(벧전 5:8).

시인은 악의에 찬 말과 악한 행동으로 기우는 마음의 경향으로부터 자신을 구원해달라고 간구한다. 그가 묘사하는 의로운 사람은 "말"과 "행동"에 대해 항상 주의하며 악으로 이끄는 "마음"을 피하려고 애쓴다.

마음과 말과 행동이 유혹에 넘어가는 순간 인생이 와르르 무너진다. 유혹에서 완전히 자유로운 사람은 세상에 단 한 명도 없다. 유혹에 넘어가지 않으려면 지속적인 노력이 필요하다. 즉 매일 기도하고(2절), 입술을 지키며(3절), 마음을 바로잡고(4a절), 행동을 조심하며(4b절), 오직 거룩하신 하나님께 시선을 고정하고 그분만 의지해야 한다(8절). "우리를 시험에 들게 하지 마시옵소서. 다만 악에서 구하시옵소서"(마 6:13). 이런 주의 기도가 "주문"(呪文)이 아닌 간절한 "삶"이 되어야 한다. 인격과 신앙의 훈련 없이는 의로운 삶을 살 수 없다.

142편

폭풍 속에서 무지개를 보다:
"주께서 내 길을 아셨나이다"

1. 양식

시편 142편은 "개인 탄원시"(a psalm of individual lament)로 분류된다. 이 시는 억울함을 당하고 버림받은 한 사람의 격정에 찬 탄원 기도다.

2. 구조

> 1) 1-4절: 탄원
> 2) 5절: 신뢰 고백
> 3) 6-7절: 간구와 확신

3. 내용

1) 탄원(1-4절)

> ¹ 내가 소리 내어 여호와께 부르짖으며
> 소리 내어 여호와께 간구하는도다.
> ² 내가 내 원통함을 그의 앞에 토로하며
> 내 우환을 그의 앞에 진술하는도다.
> ³ 내 영이 내 속에서 상할 때에도
> 주께서 내 길을 아셨나이다.
> 내가 가는 길에
> 그들이 나를 잡으려고 올무를 숨겼나이다.

4 오른쪽을 살펴보소서.

나를 아는 이도 없고

나의 피난처도 없고

내 영혼을 돌보는 이도 없나이다.

1-4절은 시인이 탄원하는 내용이다. 1a절의 "부르짖다"(זָעַק, 자아크)는 하나님을 향해 도움을 요청할 때 쓰는 전형적인 단어다(시 22:5; 삿 3:9, 15; 삼상 7:9). 이 부르짖음은 심령으로부터 터져나온 고뇌에 찬 탄식이다. 1b절의 "간구하다"(חָנַן, 하난)는 "불쌍히 여겨주기를 호소한다"는 뜻이다.

여호와여,

내가 주께 부르짖고

여호와께 **간구하기를**(חָנַן, 하난)(시 30:8).

그들이 서로 말하되 "우리가 아우의 일로 말미암아 범죄하였도다. 그가 우리에게 **애걸할**(חָנַן, 하난) 때에 그 마음의 괴로움을 보고도 듣지 아니하였으므로 이 괴로움이 우리에게 임하도다"(창 42:21; 참조. 신 3:23; 왕상 8:33).

시인은 고통 가운데서 야웨께 부르짖고 간절히 호소한다. "여호와께"(אֶל־יְהוָה, 엘-야웨)라는 표현이 두 번이나 반복되는 것은 그의 부르짖는 소리가 어디를 향하는지 분명히 보여준다.

2절에서 시인은 원통함을 토로하고 자신의 우환을 숨김없이 드러낸다. "토로하다"(שָׁפַךְ, 샤파크)는 "쏟다", "붓다"라는 뜻으로, 가슴속의 한

맺힌 고통과 상처를 하나님 앞에서 모두 토해내는 것을 가리킨다.

> 백성들아, 시시로 그를 의지하고
> 그의 앞에 마음을 **토하라**(שָׁפַךְ, 샤파크).
> 하나님은 우리의 피난처시로다. (셀라)(시 62:8; 참조. 시 102편의 표제어)

이런 토설(吐說) 기도는 야웨 앞에서 상처로 문드러진 심정을 토해낸 한 나의 기도와 같은 것이다.

> 한나가 대답하여 이르되 "내 주여, 그렇지 아니하니이다. 나는 마음이 슬픈 여자라. 포도주나 독주를 마신 것이 아니요, 여호와 앞에 내 심정을 **통한 것뿐이오니**"(שָׁפַךְ, 샤파크)(삼상 1:15).

"원통함"(שִׂיחַ, 시아흐)은 깊은 분노와 근심을 나타낸다.

> "당신의 여종을 악한 여자로 여기지 마옵소서. 내가 지금까지 말한 것은 나의 **원통함**(שִׂיחַ, 시아흐)과 격분됨이 많기 때문이니이다" 하는지라(삼상 1:16; 참조. 욥 7:13; 10:1; 21:4).

"우환"(צָרָה, 차라)은 감금되거나 함정에 빠져 옴짝달싹할 수 없는 상태다.

> 하나님은 우리의 피난처시요 힘이시니
> **환난**(צָרָה, 차라) 중에 만날 큰 도움이시라(시 46:1).

사망의 줄이 나를 두르고

스올의 고통이 내게 이르므로

내가 **환난**(צָרָה, 차라)과 슬픔을 만났을 때에(시 116:3).

이는 감금된 상태에서 심한 고통을 느끼는 일종의 정서적 폐소 공포증을 가리킨다. "그의 앞에"(לְפָנָיו, 레파나브)라는 표현도 두 번이나 반복되는데, 이 역시 기도의 자리가 하나님 앞이라는 사실을 강조한다.

"내 영이 내 속에서 상할 때"(3절)에서 "상하다"(עָטַף, 아타프)는 자기의 주도성과 결단성이 완전히 소진된 일종의 공황 장애 상태를 뜻한다.

내가 하나님을 기억하고 불안하여

근심하니 내 심령이 **상하도다**(עָטַף, 아타프). (셀라) (시 77:3)

주리고 목이 말라

그들의 영혼이 그들 안에서 **피곤하였도다**(עָטַף, 아타프)(시 107:5).

그러나 시인은 이 순간 "주께서 내 길을 아셨나이다"라고 고백한다. 이는 하나님이 시인의 형편과 품행을 잘 알고 계신다는 점을 상기한 것이다(시 119:105; 139:1-3). 그의 인생길은 험난하다. 익명의 대적들이 그의 길에 의도적으로 올무를 숨겨놓았다(시 140:5; 141:9).

4절은 시인이 올무에 걸린 상황을 진술한다. 시인은 하나님께 자신의 오른쪽을 살펴보아달라고 탄원한다. "오른쪽"은 변호인과 그를 돕는 자가 서 있는 자리다.

내가 여호와를 항상 내 앞에 모심이여,

그가 나의 오른쪽에 계시므로

내가 흔들리지 아니하리로다(시 16:8; 참조. 시 63:8; 109:31; 110:5; 121:5).

이어서 시인은 삼중 부재(三重 不在)를 다음과 같이 통고한다. ① 자신을 아는 이도 없고, ② 자신을 보호해줄 피난처도 없으며, ③ 자신의 생명 (שֶׁפֶנ, 네페쉬)을 돌보아줄 이도 없다. 그를 지켜줄 사람이 있어야 할 오른쪽은 완전히 텅 비어 있다. 시인은 주변을 아무리 둘러보아도 자신을 도와줄 사람이 없고, 피할 장소도 없으며, 자신을 지켜줄 이조차 없음을 깨닫고 탄식한다. 그야말로 고립무원(孤立無援)의 절망적인 상황이다.

2) 신뢰 고백(5절)

5 여호와여,

내가 주께 부르짖어 말하기를

"주는 나의 피난처시오

살아 있는 사람들의 땅에서 나의 분깃이시라" 하였나이다.

5절은 하나님을 향한 시인의 깊은 신뢰를 담은 고백이다. 시인은 죽음의 고통에서 구원의 유일한 가능성을 발견한다. 그것은 바로 하나님이 "나의 피난처"임을 고백하는 것이다(시 62:7-8; 71:7; 73:28). 또한 그는 하나님이 "살아 있는 사람들의 땅에서 나의 분깃"이 되신다고 고백한다. 시편 여러 곳에서 하나님을 "나의 분깃"으로 고백하는 구절이 자주 등장한다.

내 육체와 마음은 쇠약하나

하나님은 내 마음의 반석이시오

영원한 **분깃**이시라(시 73:26; 참조. 시 119:57; 참조. 애 3:24).

약속의 땅에서 레위 지파는 땅을 분배받지 못한 대신 야웨를 유일한 "분깃"(חֵלֶק, 헬레크)으로 받았다.

> 여호와께서 또 아론에게 이르시되 "너는 이스라엘 자손의 땅에 기업도 없겠고 그들 중에 아무 **분깃**(חֵלֶק, 헬레크)도 없을 것이나 내가 이스라엘 자손 중에 네 분깃이요 네 기업이니라"(민 18:20).

> 그러므로 레위는 그의 형제 중에 분깃(חֵלֶק, 헬레크)이 없으며 기업이 없고 네 하나님 여호와께서 그에게 말씀하심같이 여호와가 그의 기업이시니라 (신 10:9).

레위 지파의 특권은 야웨 자신이 그들의 삶의 토대가 되어주신다는 사실에 있다. 이런 사고와 고백이 야웨 신앙 공동체에도 확대 적용된다. 시인도 하나님이 자신의 삶과 존재의 기반임을 깨닫고 이 점을 고백한다.

3) 간구와 확신(6-7절)

> 6 나의 부르짖음을 들으소서.

> 나는 심히 비천하니이다.

나를 핍박하는 자들에게서 나를 건지소서.

그들은 나보다 강하니이다.

7 내 영혼을 옥에서 이끌어내사

주의 이름을 감사하게 하소서.

주께서 나에게 갚아주시리니

의인들이 나를 두르리이다.

6-7절은 시인의 간구와 확신이다. 시인은 4절에서의 삼중적 탄원에
상응하여 ① "나의 부르짖음을 들으소서"(6a절), ② "나를 건지소서"(6b
절), ③ "내 영혼을 옥에서 이끌어내소서"(7a절)라는 삼중적 간구로 응대
한다. 첫 번째 간구에서 시인은 자신이 심히 비천하게 되었다고 한다.
"비천하다"(דלל, 달랄)는 "궁핍하다"(삿 6:6), "가련하다"(시 79:8; 116:6)라
는 의미를 갖고 있다. 두 번째 간구에서 시인은 강한 대적들로부터 자신
을 방어할 수 없다고 자백한다.

나를 강한 원수와 미워하는 자에게서 건지셨음이여,

그들은 나보다 힘이 세기 때문이로다(시 18:17).

세 번째 간구에서 시인은 "내 영혼을 옥에서 이끌어내사"라고 말한다.
여기서 "영혼"은 히브리어 "네페쉬"(נֶפֶשׁ)를 번역한 것으로서 "생명", "몸"
을 뜻한다. "옥"(מַסְגֵּר, 마스게르)은 재판 전에 사람을 가두어 두는 곳(레
24:12; 민 15:34), 포로로 끌려가 갇혀 있는 상태(사 42:7), 온갖 속박을 받
는 상황에 대한 비유다(시 88:8; 애 3:7). 이 간구의 근거는 하나님의 이름

을 찬양하기 위함이다. "주께서 나에게 갚아주시리니 의인들이 나를 두르리이다"(7b절)에서 "의인들"(מִצַדִּיקִים, 차디킴)은 "야웨의 신앙 공동체"를 말한다. 시인은 죽음의 고립 상태로부터 해방되어 신앙 공동체의 연대적 삶 속으로 들어가게 될 것이라고 확신한다. 그의 운명은 "홀로 고립된 삶"(4절)에서 "연대적인 친교의 삶"으로 바뀔 것이다.

4. 메시지

이 시는 한 시인의 고립된 상황을 반영한다. 시인은 마치 죽음의 그늘 아래 처절한 고립감과 우울감에 함몰되어 있다. 억울한 함정에 빠졌음에도 불구하고 모두가 철저히 그를 외면하고 돌보지 않는다. 시인의 억울함에 절망을 더하는 것은 그를 변호해줄 사람이 한 명도 없다는 사실이다. 원래 억울한 일을 당할 때 곁에 아무도 없는 "1인칭의 외로움"을 홀로 직면하는 것이 가장 힘들다. 그러나 시인은 폭풍 속에서 무지개를 본다. 그는 자신이 처한 길을 하나님이 알고 계신다는 점을 깨달음으로써 탄원의 강을 건너 신뢰의 확신으로 넘어간다. 시인은 하나님이 자신의 피난처이자 분깃이 되심을 새롭게 배운다. 하나님 없이 혼자 내버려지는 순간은 없다.

내가 너희를 고아와 같이 버려두지 아니하고 너희에게로 오리라(요 14:18).

하나님은 우리가 극심한 고난과 처절한 고독에 처했을 때 가장 가까이 계시기 때문이다.

시인의 영성 3

두려워하지 말라. 내가 너와 함께 함이라.

놀라지 말라. 나는 네 하나님이 됨이라.

내가 너를 굳세게 하리라.

참으로 너를 도와주리라.

참으로 나의 의로운 오른손으로 너를 붙들리라(사 41:10).

이제 시인은 하나님의 이끄심으로 신앙(의인) 공동체 안에서 그분을 찬양할 날을 기대하고 기다리며 기도한다. 신앙 공동체 안에서는 한 지체의 구원이 모두의 승리로 간주된다.

만일 한 지체가 고통을 받으면 모든 지체가 함께 고통을 받고 한 지체가 영광을 얻으면 모든 지체가 함께 즐거워하느니라(고전 12:26).

주님은 또한 나와 우리 모두의 길을 알고 계신다. 이 깨달음은 험한 폭풍을 뚫고 희망의 무지개를 보여주는 특수 안경과 같다. 하나님에 대한 신뢰가 있다면 우리는 폭풍 속에서도 무지개를 볼 수 있다.

주인의 은혜로 사는 비천한 종:
"주의 눈앞에는 의로운 인생이 하나도 없나이다"

1. 양식

시편 143편은 "개인 탄원시"(a psalm of individual lament)로 분류된다. 이 시는 일상에서 원수로 인해 애환과 핍박과 분노를 경험하고 하나님께 도움을 요청하는 미천한 주의 종의 기도로서, 전체 시편 모음집 중 마지막 탄원시에 속하며, 일곱 개의 참회시(penitential psalms) 중 마지막 시편에 해당된다(시 6, 32, 38, 51, 102, 130, 143편).

2. 구조

1) 1-2절: 하나님을 향한 부름과 서론적 간구
2) 3-4절: 탄원
3) 5-6절: 신뢰 확신
4) 7-12절: 마지막 간구

3. 내용

1) 하나님을 향한 부름과 서론적 간구(1-2절)

1 여호와여,
내 기도를 들으시며
내 간구에 귀를 기울이시고
주의 진실과 의로 내게 응답하소서.

2 주의 종에게 심판을 행하지 마소서.

주의 눈앞에는 의로운 인생이 하나도 없나이다.

1-2절은 하나님을 향한 부름과 서론적 간구에 해당한다. 시인은 "들으시며", "귀를 기울이시고", "응답하소서"라는 세 번의 간구로 시작함으로써 절박함을 드러낸다. 그는 하나님의 "신실하심"(אֱמוּנָה, 에무나)과 "의로우심"(צְדָקָה, 체다카)에 호소한다.

2절에서 시인은 자신을 "주의 종"이라 칭한다. 이는 명예로운 표현이 아니라 자신을 아주 낮추는 것이다. 그는 하나님과의 관계에서 자신이 미천한 종이라는 사실을 인지하고, 자신을 심판하지 말아달라고 간구한다. 하나님 앞에서는 그 누구도 의롭지 못하기 때문이다.

다 치우쳐 함께 더러운 자가 되고
선을 행하는 자가 없으니 하나도 없도다(시 14:3).

사람이 어찌 하나님보다 의롭겠느냐?
사람이 어찌 그 창조하신 이보다 깨끗하겠느냐?(욥 4:17; 참조. 욥 9:2; 욥 15:14; 25:4)

일반적으로 다른 시편에서는 시인이 자신의 무죄를 확신하고 철저한 심판을 당당히 요청한다.

여호와께서 만민에게 심판을 행하시오니

여호와여,

나의 의와 나의 성실함을 따라 나를 심판하소서(시 7:8).

¹ 내가 나의 완전함에 행하였사오며

흔들리지 아니하고

여호와를 의지하였사오니

여호와여,

나를 판단하소서.

² 여호와여,

나를 살피시고 시험하사

내 뜻과 내 양심을 단련하소서(시 26:1-2).

그러나 여기서는 다르다. 시인은 자신의 결백을 주장하지 않고 인간의
보편적 죄성에 의지하여 호소한다.

그러므로 **율법의 행위로 그의 앞에 의롭다 하심을 얻을 육체가 없나니** 율
법으로는 죄를 깨달음이니라(롬 3:20).

사람이 의롭게 되는 것은 율법의 행위로 말미암음이 아니요 오직 예수 그
리스도를 믿음으로 말미암는 줄 알므로 우리도 그리스도 예수를 믿나니 이
는 우리가 율법의 행위로써가 아니고 그리스도를 믿음으로써 의롭다 함을
얻으려 함이라. **율법의 행위로써는 의롭다 함을 얻을 육체가 없느니라**(갈
2:16).

이는 모든 사람에게 문제가 있는 것이 아니냐는 무례한 변명이 아니라, 의로운 하나님 앞에서 자신의 의롭지 못함을 솔직하게 자백하는 행위다. 시인은 겸손하게 하나님의 은혜를 구한다. 이 시는 이런 죄 고백 때문에 교회 전통에서 참회시로 분류되었다.

2) 탄원(3-4절)

> 3 원수가 내 영혼을 핍박하며
> 내 생명을 땅에 엎어서
> 나로 죽은 지 오랜 자같이
> 나를 암흑 속에 두었나이다.
> 4 그러므로 내 심령이 속에서 상하며
> 내 마음이 내 속에서 참담하니이다.

3-4절에는 시인의 두 가지 탄원이 나온다. 3절은 "원수와 관련한 탄원"(Feind-Klage)이다. "나를 암흑 속에 두었나이다"에서 "암흑"(מַחֲשָׁךְ, 마흐샤크)은 죽음의 영역을 암시한다.

> 주께서 나를 깊은 웅덩이와
> **어둡고**(מַחֲשָׁךְ, 마흐샤크) 음침한 곳에 두셨사오며(시 88:6).

시인은 원수의 핍박으로 인해 극도로 쇠약해져서 죽은 자처럼 몸이 경직됨을 느끼기에 이른다.

나를 어둠 속에 살게 하시기를

죽은 지 오랜 자 같게 하셨도다(애 3:6).

그리고 4절은 "자신과 관련한 탄원"(Ich-Klage)이다. "내 심령이 속에서 상하며"에서 "심령"(רוּחַ, 루아흐)은 생기와 결단력을 가리킨다.

내가 하나님을 기억하고 불안하여

근심하니 내 **심령**(רוּחַ, 루아흐)이 상하도다. (셀라)(시 77:3)

내 **영**(רוּחַ, 루아흐)이 내 속에서 상할 때에도

주께서 내 길을 아셨나이다.

내가 가는 길에 그들이 나를 잡으려고

올무를 숨겼나이다(시 142:3).

"상하다"(עָטַף, 아타프)는 "무기력하다", "압도되다"라는 의미를 갖고 있다. "내 마음이 내 속에서 참담하니이다"라는 표현은 내면에 치명상을 입은 상태를 일컫는다. 내면은 이성적이고 감정적인 모든 자극을 느끼고 처리하는 자리다. 시인은 바닥으로 내동댕이쳐진 것 같다고 느끼며 탈진과 자포자기의 상태에 빠졌다.

3) 신뢰 확신(5-6절)

⁵ 내가 옛날을 기억하고

주의 모든 행하신 것을 읊조리며

주의 손(복수)이 행하는 일을 생각하고

6 주를 향하여 손을 펴고

내 영혼이 마른 땅같이 주를 사모하나이다. (셀라)

5-6절에서 시인은 하나님을 향한 신뢰를 표현한다. 5절의 첫 단어 "내가 기억하다(זכר, 자카르)"는 현재의 고통에서 과거에 대한 기억으로 주제를 전환한다. 여기서 시인은 과거의 구원 역사(Heilsgeschichte)를 기억하고 숙고한다. "주의 모든 행하신 것"은 "출애굽의 구원 행위"를 말한다.

11 곧 여호와의 일들을 기억하며

주께서 옛적에 행하신 기이한 일을 기억하리이다.

12 또 주의 모든 일을 작은 소리로 읊조리며

주의 행사를 낮은 소리로 되뇌이리이다.

15 주의 팔로 주의 백성

곧 야곱과 요셉의 자손을 속량하셨나이다. (셀라) (시 77:11-12, 15)

그리고 "주의 손이 행하는 일"에서 "주의 손"은 복수("손들")로 되어 있다. 복수로 표현된 "주의 손"은 "하나님의 창조 행위"를 가리킨다.

주의 손(복수)으로 만드신 것을 다스리게 하시고

만물을 그의 발아래 두셨으니(시 8:6).

시인은 하나님이 행하신 일 곧 구원 행위와 창조 행위를 기억하고 읊조리며 생각한다(묵상한다).

6절에서 시인은 하나님께 간절히 기도한다. 시인이 자신을 추스르고 하나님께 기도하게 된 가장 큰 이유는 하나님이 과거에 그를 어떻게 대하셨고 어떤 은혜를 베푸셨는가를 떠올렸기 때문이다. "하나님을 향해 편 손"은 애타게 그리워하고 열망하며 갈구하는 인간의 자아를 표현하는데, 이는 기도를 묘사하는 전형적인 표현이다.

> **너희가 손을 펼 때에**
> 내가 내 눈을 너희에게서 가리고
> 너희가 많이 기도할지라도
> 내가 듣지 아니하리니
> 이는 너희의 손에 피가 가득함이라(사 1:15; 참조. 렘 4:31; 애 1:17).

그의 삶은 하나님이 내려주시는 비를 갈망하는 "마른 땅"과 같다.

> 하나님이여,
> **사슴이 시냇물을 찾기에 갈급함같이**
> 내 영혼이 주를 찾기에 갈급하니이다(시 42:1).

> 하나님이여,
> 주는 나의 하나님이시라.
> 내가 간절히 주를 찾되

물이 없어 마르고

황폐한 땅에서 내 영혼이 주를 갈망하며

내 육체가 주를 앙모하나이다(시 63:1).

사실 고통은 온 마음을 다 빼앗는다. 그래서 고통의 순간 머리가 하얘지고 앞이 보이지 않게 된다. 그러나 시인은 다르다. 그는 하나님이 과거에 하신 일을 기억하고, 이를 통해 현재 하나님을 신뢰하기에 이른다. 이처럼 구원의 역사는 핍박을 받는 자에게 위로와 신뢰의 씨앗이 된다. 그는 옛날에 입은 은혜를 회상하면서 자신에게 비쳐오는 한 가닥의 빛을 보게 된다.

4) 마지막 간구(7-12절)

7 여호와여,

속히 내게 응답하소서.

내 영이 피곤하니이다.

주의 얼굴을 내게서 숨기지 마소서.

내가 무덤에 내려가는 자 같을까 두려워하나이다.

8 아침에 나로 하여금

주의 인자한 말씀을 듣게 하소서.

내가 주를 의뢰함이니이다.

내가 다닐 길을 알게 하소서.

내가 내 영혼을 주께 드림이니이다.

9 여호와여,

나를 내 원수들에게서 건지소서.

내가 주께 피하여 숨었나이다.

10 주는 나의 하나님이시니

나를 가르쳐 주의 뜻을 행하게 하소서.

주의 영은 선하시니

나를 공평한 땅에 인도하소서.

11 여호와여,

주의 이름을 위하여 나를 살리시고

주의 의로 내 영혼을 환난에서 끌어내소서.

12 주의 인자하심으로 나의 원수들을 끊으시고

내 영혼을 괴롭게 하는 자를 다 멸하소서.

나는 주의 종이니이다.

7-12절은 마지막 간구다. 이 단락은 매우 절박한 일련의 호소들로 빠르게 전개된다. 시인은 하나님의 도우심이 절실하다. "응답하소서"와 "숨기지 마소서"(7절), "듣게 하소서"와 "알게 하소서"(8절), "건지소서"(9절), "가르쳐주소서"와 "인도하소서"(10절)라는 표현이 연이어 나온다.

7절의 첫 단어인 "속히"(מַהֵר, 마헤르)는 다급함을 한층 더 고조시킨다. "내 영이 피곤하니이다"에서 "피곤하다"(כָּלְתָה, 칼라)는 "끝장나다", "끊어지다"라는 뜻을 내포하고 있다. 시인은 4절의 "무기력한 심령(רוּחַ, 루아흐)"에서 "끊어지는 영(רוּחַ, 루아흐)"의 상태로 악화되었다. "무덤에 내려가는 자"는 죽을 만큼 힘든 상황을 가리킨다. 시인은 하나님이 속히 응답하셔서 자신의 영이 끊어지지 않길 원한다. 또한 그는 하나님께 얼굴을 숨기지 말고 자신이 죽음으로 내려가지 않게 해달라고 간구한다.

8절의 "아침"(רֶקֶב, 보케르)은 공포와 고통의 밤을 몰아내는 하나님의 응답과 구원의 시간으로 간주된다.

> 그의 노염은 잠깐이요
> 그의 은총은 평생이로다.
> 저녁에는 울음이 깃들일지라도
> **아침**에는 기쁨이 오리로다(시 30:5).

> 하나님이 그 성중에 계시매
> 성이 흔들리지 아니할 것이라.
> **새벽**에 하나님이 도우시리로다(시 46:5).

> 여호와의 사자가 나가서 앗수르 진중에서 십팔만 오천인을 쳤으므로 **아침**에 일찍이 일어나 본즉 시체뿐이라(사 37:36).

"내 영혼을 드림이니다"라는 표현은 내 "영혼"(נֶפֶשׁ, 네페쉬)을 하나님께 "들어 올리다"(נָשָׂא, 나사)라는 뜻이다. 이는 3절의 "원수가 내 영혼(נֶפֶשׁ, 네페쉬)을 핍박하다(רָדַף, 라다프)"를 염두에 둔 표현이다. 원수는 "내 영혼"을 "핍박"하지만, 하나님은 "내 영혼"을 "들어 올려주실 것"이다.

또한 9절도 3절의 "원수와 관련된 탄원"에 대응한 표현이다. 시인은 하나님께 피하겠으니 자신을 원수들로부터 구해달라고 애원한다.

10절에서 시인은 "주는 나의 하나님이시다"라는 신조(credo)를 언급한다(시 140:6; 145:1). 그는 주의 뜻을 행하도록 자신을 학생같이 가르쳐 달라고 간구한다. "주의 영은 선하시니 나를 공평한 땅에 인도하소서"라는 표현은 "당신의 선한 영(רוּחֲךָ טוֹבָה, 루하카 토바)으로 나를 평탄한 땅으로 인도하소서"라고 번역할 수도 있다. 하나님은 "선한 영"으로 당신의 백성을 이끄신다.

> 또 주의 **선한 영**(רוּחֲךָ הַטּוֹבָה, 루하카 하토바)을 주사 그들을 가르치시며 주의 만나가 그들의 입에서 끊어지지 않게 하시고 그들의 목마름을 인하여 그들에게 물을 주어(느 9:20).

시인의 "상한 심령(רוּחַ, 루아흐)"(무기력한 영, 4절)과 "피곤한 영(רוּחַ, 루아흐)"(끊어지는 영, 7절)을 하나님의 "선한 영(רוּחַ, 루아흐)"이 맞대응하신다. 또한 하나님의 선한 영은 인간의 상한 영과 피곤한 영을 치료하신다. "공평한 땅"에서 "공평한"(מִישׁוֹר, 미쇼르)이라는 단어는 문제가 없는 삶을 일컫는 비유다.

> 내 발이 **평탄한**(מִישׁוֹר, 미쇼르) 데에 섰사오니
> 무리 가운데에서 여호와를 송축하리이다(시 26:12).

> 여호와여,
> 주의 도를 내게 가르치시고
> 내 원수를 생각하셔서

평탄한(מִישׁוֹר, 미쇼르) 길로 나를 인도하소서(시 27:11).

이는 어떠한 장애물도 없는 평탄한 인생길을 말한다. 시인은 죽음의 "마른 땅"(6절)에서 하나님이 인도하시는 "공평한 땅"으로 향하게 되기를 기원한다.

11절의 "주의 이름을 위하여"와 "주의 의"는 상당히 중요한 표현이다. 시인은 자신이 의롭지 못함을 이미 인정한 바 있다(2절). 그는 간구를 위한 합당한 근거를 스스로 가지고 있지 않다. 그래서 "하나님의 명성"(주의 이름)과 "하나님의 의"(주의 의)에 의지하여 기도한다.

12절에서 시인은 "주의 인자하심(חֶסֶד, 헤세드)"으로 원수들이 제거되기를 간청한다. 이 시는 "나는 주의 종이니이다"라는 고백으로 끝난다. 하나님의 종이라는 시인의 마지막 고백은 자신의 인생이 하나님의 손안에 놓여 있다는 사실을 인정하는 겸손함을 보여준다.

4. 메시지

우리는 이 시에서 의로우신 하나님 앞에서 인간은 부족하고 죄인이라는 사실을 근본적으로 인식하고 고백하는 시인의 모습을 눈여겨볼 필요가 있다. 인간의 이런 부족함과 죄성은 하나님의 끊임없는 애정(은총)과 올바른 품행으로 이끄시는 심도 있는 가르침을 통해서만 극복될 수 있다. 이 지점에서는 행위와 결과의 원칙도 적용되지 않는다. 인간의 노력에는 분명 한계가 있다. 우리는 하나님의 의에 의한 판단에 자신을 맡기고, 전적으로 하나님의 은총을 기다릴 뿐이다. 시인은 자신이 보잘것없는 종이자 죄인임을 깨닫고 겸손하게 자비를 베풀어주시기만을 간구한다.

신앙인은 자신의 노력의 결과로 얻어진 자격이 아닌 하나님의 은혜로 산다. 이 시의 시인은 우리 모두 의로운 인생이 되지 못함에도 불구하고, 아니 그렇기 때문에 더욱 "나의 하나님"을 부르며(10절), 하나님의 긍휼하심을 간절히 간구해야 한다고 말한다. 내세울 것 없는 하나님의 비천한 종은 오직 주인의 처분과 은혜만을 바라본다.

> 상전의 손을 바라보는 종들의 눈같이,
> 여주인의 손을 바라보는 여종의 눈같이
> 우리의 눈이 여호와 우리 하나님을 바라보며
> 우리에게 은혜 베풀어주시기를 기다리나이다(시 123:2).

주인(하나님)의 은혜가 없으면 종은 살 수 없다.

하나님의 복인 무탈(無頉)한 일상:

"여호와를 자기 하나님으로 삼는 백성은 복이 있도다"

1. 양식

시편 144편은 "제왕시"(a royal psalm)로 분류된다. 또한 이 시는 열한 개의 제왕시 중 마지막 제왕시로서(시 2, 18, 20, 21, 45, 72, 89, 101, 110, 132, 144편), 왕이 하나님께 드리는 기도다(2, 10절).

2. 구조

1) 1-2절: 하나님을 향한 찬양
2) 3-4절: 자기 고백을 통한 간접적인 신뢰 고백
3) 5-8절: 간구
4) 9-11절: 찬양 맹세와 간구
5) 12-15절: 행복의 기대

3. 내용

1) 하나님을 향한 찬양(1-2절)

1 나의 반석이신 여호와를 찬송하리로다.
그가 내 손을 가르쳐 싸우게 하시며
손가락을 가르쳐 전쟁하게 하시는도다.
2 여호와는 나의 사랑이시오
나의 요새이시오

나의 산성이시오

나를 건지시는 이시오

나의 방패이시니

내가 그에게 피하였고

그가 내 백성을 내게 복종하게 하셨나이다.

1-2절은 하나님을 향한 찬양이다. 1절은 소위 "축복 공식"(Baruch-Formel)으로 시작한다. "여호와를 찬송하리로다"(יהוה בָּרוּךְ, 바루크 야웨)는 문자적으로 "야웨에게 축복이 있기를"(blessed be Yahweh)이라는 뜻이다. 하지만 "바라크"(ברך, 축복하다) 동사의 목적어가 하나님일 경우에는 "찬양하다"라는 뜻을 내포한다. 따라서 이는 "하나님이 찬양받기를"이라는 의미가 된다. 1절에서 하나님은 왕을 위해 그리고 왕을 통해 전쟁을 하시는 분으로 묘사된다(시 18:34).

2절은 이 시가 제왕시로 규정될 수 있는 결정적인 근거가 되는 구절이다. 시인은 야웨가 자신을 보호하시는 여러 가지 방식을 열거한다. 특히 2a절의 "요새", "산성", "건지시는 이", "방패"는 모두 군사적인 비유다. 야웨는 전쟁에서 승리를 이끄시는 분이다. 2b절의 "내 백성을 내게 복종하게 하셨나이다"는 이방 민족에 대해 승리를 얻었다는 뜻이 아니라, 하나님이 자기 백성 내부의 다툼에 개입하셔서 문제를 해결해주심으로써 그의 왕위가 보존되었음을 가리킨다.

주께서 나를 백성의 다툼에서 건지시고

여러 민족의 으뜸으로 삼으셨으니

내가 알지 못하는 백성이 나를 섬기리이다(시 18:43).

2) 자기 고백을 통한 간접적인 신뢰 고백(3-4절)

3 여호와여,

사람(אָדָם, 아담)이 무엇이기에 주께서 그를 알아주시며

인생(בֶּן־אֱנוֹשׁ, 벤-에노쉬)이 무엇이기에 그를 생각하시나이까?

4 사람은 헛것 같고

그의 날은 지나가는 그림자 같으니이다.

3-4절은 시인이 자기 고백을 통해 하나님에 대한 간접적인 신뢰를 드러내는 내용이다. 시인은 왕이지만 하나님 앞에서 겸손한 자세를 보인다. 3절은 시편 8:4을 참조한 것이다.

사람(בֶּן־אָדָם, 벤-아담)이 무엇이기에

주께서 그를 생각하시며

인자(אֱנוֹשׁ, 에노쉬)가 무엇이기에

주께서 그를 돌보시나이까?(시 8:4)

"사람"(אָדָם, 아담)은 흙으로 빚어진 존재가 되어 이 땅에서 잠시 살다가 사라지는 "인간의 허무함"을, "인생"(בֶּן־אֱנוֹשׁ, 벤-에노쉬)은 풀과 같이 연약한 "인간의 허약함"을 뜻한다. 하나님은 보잘것없는 인간도 알아주시고(יָדַע, 야다) 생각해주신다. 여기서 "생각하다"(חָשַׁב, 하샤브)는 "존중히 여

기다"라는 의미를 담고 있다. 즉 인간은 태생적인 약점에도 불구하고 하나님에 의해 귀한 존재로 간주된다는 것이다.

4a절의 "사람은 헛것(הֶבֶל, 헤벨) 같고"라는 표현은 전도서의 인간학을 상기시킨다.

> 전도자가 이르되 **헛되고**(הֶבֶל, 헤벨) **헛되며**(הֲבָלִים, 하발림)
> **헛되고**(הֶבֶל, 헤벨) **헛되니**(הֲבָלִים, 하발림)
> 모든 것이 **헛되도다**(הֶבֶל, 하벨)(전 1:2; 참조. 전 12:8; 시 39:5-6, 11; 62:9; 94:11).

4b절의 "그의 날은 지나가는 그림자 같으니이다"는 욥기에서 많이 언급되는 표현이다.

> 우리는 어제부터 있었을 뿐이라.
> 우리는 아는 것이 없으며
> 세상에 있는 날이 **그림자와 같으니라**(욥 8:9; 참조. 욥 14:2; 17:7; 시 102:11; 109:23).

이 단락은 지혜를 담은 성찰에서 나온 고백이다. 시편 8편이 인간의 하찮음을 우주의 광대한 "공간(space)의 맥락"에서 묵상하고 있다면(시 8:3-4), 이 시는 인간의 하찮음을 "시간(time)의 맥락"에서 바라보고 있다. 이 부분은 인간의 존엄, 심지어 왕의 존엄조차도 하나님 앞에서는 아무런 의미를 갖지 못한다는 고백이다.

3) 간구(5-8절)

> 5 여호와여,
>
> 주의 하늘을 드리우고 강림하시며
>
> 산들에 접촉하사 연기를 내게 하소서.
>
> 6 번개를 번쩍이사 원수들을 흩으시며
>
> 주의 화살을 쏘아 그들을 무찌르소서.
>
> 7 위에서부터 주의 손을 펴사
>
> 나를 큰물과 이방인의 손에서 구하여 건지소서.
>
> 8 그들의 입은 거짓을 말하며
>
> 그의 오른손은 거짓의 오른손이니이다.

5-8절은 간구다. 이 단락은 야웨를 "전쟁의 용사"(divine warrior)로 묘사한다. 시인은 3-4절에서 자신의 약함을 고백하고, 여기서는 강력한 하나님의 개입을 간구한다. 5절은 신현(theophany)의 광경을 묘사한다. 하나님이 하늘로부터 내려오시면 산들 위에 불이 타오르고 연기가 자욱해진다.

> 1 원하건대 주는 하늘을 가르고 강림하시고
>
> 주 앞에서 산들이 진동하기를
>
> **2 불이 섶을 사르며**
>
> **불이 물을 끓임 같게 하사**
>
> 주의 원수들이 주의 이름을 알게 하시며

이방 나라들로 주 앞에서 떨게 하옵소서(사 64:1-2).

6절도 신현 현상을 묘사한다. 번개가 번쩍이고 하나님의 **화살**들이 쏟아진다. 구약에서 번개는 하나님의 화살로 묘사되기도 한다.

> **그의 화살**을 날려 그들을 흩으심이여,
> **많은 번개**로 그들을 깨뜨리셨도다(시 18:14).

> **날아가는 주의 화살의 빛**과
> **번쩍이는 주의 창의 광채**로 말미암아
> 해와 달이 그 처소에 멈추었나이다(합 3:11).

시인은 생생한 이미지를 제시하며 하나님의 백성을 위협하는 적들을 궤멸시켜달라고 간청한다.

7절에서 시인은 "하나님의 손(복수)"을 펴서 "큰물"과 "이방인들의 손"에서 구해달라고 간구한다. "큰물"은 우주적인 대적을, "이방인들의 손"은 역사적인 대적을 가리킨다. 특히 시편에서 "하나님의 손"(단수)과 "하나님의 손들"(복수)은 구별되어 사용된다.

> **7** 내가 환난 중에 다닐지라도
> 주께서 나를 살아나게 하시고
> 주의 손을 펴사
> 내 원수들의 분노를 막으시며

주의 오른손(단수)이 나를 구원하시리이다.

8 여호와께서 나를 위하여 보상해주시리이다.

여호와여,

주의 인자하심이 영원하오니

주의 손(복수)으로 지으신 것을 버리지 마옵소서(시 138:7-8).

단수인 "하나님의 손"은 "구원의 손"으로서 출애굽 사건에서 주로 언급된다.

2 주께서 **주의 손**(단수)으로 뭇 백성을 내쫓으시고

우리 조상들을 이 땅에 뿌리 박게 하시며

주께서 다른 민족들은 고달프게 하시고

우리 조상들은 번성하게 하셨나이다.

3 그들이 자기 칼로 땅을 얻어 차지함이 아니요

그들의 팔이 그들을 구원함도 아니라.

오직 **주의 오른손**(단수)과 주의 팔과 주의 얼굴의 빛으로 하셨으니

주께서 그들을 기뻐하신 까닭이니이다(시 44:2-3; 참조. 시 89:13; 138:7; 139:10; 신 5:15; 6:21).

복수인 "하나님의 손들"은 "창조의 손"으로 창조 사건에서 나타난다.

주의 손(복수)으로 만드신 것을 다스리게 하시고

만물을 그의 발아래 두셨으니(시 8:6).

주께서 옛적에 땅의 기초를 놓으셨사오며

하늘도 **주의 손**(복수)으로 지으신 바니이다(시 102:25).

주의 손(복수)이 나를 만들고 세우셨사오니

내가 깨달아 주의 계명들을 배우게 하소서(시 119:73).

여호와께서 나를 위하여 보상해주시리이다.

여호와여,

주의 인자하심이 영원하오니

주의 손(복수)으로 지으신 것을 버리지 마옵소서(시 138:8).

여기서 "큰물"(מַיִם רַבִּים, 마임 라빔)은 창조와 관련된 원시의 혼돈을 암시하는 "혼돈의 물"을 지칭한다. 창조주의 손들은 혼돈의 물로 상징된 우주적인 대적뿐만 아니라 역사적인 대적들인 "이방인들의 손"도 상대한다. "이방인들"(בְּנֵי נֵכָר, 베네 네카르)은 비(非)이스라엘 출신의 이방 민족을 일컫는 전문 용어다. "창조와 구원의 손들"인 "하나님의 손들"과 "파괴와 명망의 손"인 "이방인들의 손" 사이의 극명한 대조가 인상적이다.

8절에 따르면 거짓을 말하는 이방의 대적들은 모든 수단("입"과 "오른손")을 총동원하여 다윗 계통의 왕을 몰아내려고 한다.

4) 찬양 맹세와 간구(9-11절)

9 하나님이여,

내가 주께 새 노래로 노래하며

열 줄 비파로 주를 찬양하리이다.

10 주는 왕들에게 구원을 베푸시는 자시오

그의 종 다윗을 그 해하려는 칼에서 구하시는 자시니이다.

11 이방인의 손에서 나를 구하여 건지소서.

그들의 입은 거짓을 말하며

그 오른손은 거짓의 오른손이니이다.

9-11절은 찬양 맹세와 간구다. 9절의 "새 노래"는 신곡(新曲)이 아니라 구원을 경험한 다음에 부르는 감사의 노래다.

새 노래

곧 우리 하나님께 올릴 찬송을 내 입에 두셨으니

많은 사람이 보고 두려워하여

여호와를 의지하리로다(시 40:3).

시인은 이전에 볼 수 없었던 하나님의 놀라운 구원을 미리 감사하며 찬양하기로 맹세한다.

10절은 찬양의 이유와 내용을 밝힌다. 하나님만이 왕들에게 승리를 주실 수 있다.

16 많은 군대로 구원 얻은 왕이 없으며

용사가 힘이 세어도 스스로 구원하지 못하는도다.

17 구원하는 데에 군마는 헛되며

군대가 많다 하여도

능히 구하지 못하는도다.

18 여호와는 그를 경외하는 자

곧 그의 인자하심을 바라는 자를 살피사

19 그들의 영혼을 사망에서 건지시며

그들이 굶주릴 때에 그들을 살리시는도다(시 33:16-19).

오직 그분만이 그의 종 다윗 계통의 왕을 구원해주시기 때문이다.

11절은 7-8절의 간구를 되풀이한다. 현재 시인은 이스라엘을 파괴하려는 엄청난 대적들에게 여전히 포위되어 있는 절박한 상황이다. 하지만 구원이 성취되면 새 노래를 부를 것이라고 다짐한다.

5) 행복의 기대(12-15절)

12 우리 아들들은 어리다가 장성한 나무들과 같으며

우리 딸들은 궁전의 양식대로 아름답게 다듬은 모퉁잇돌들과 같으며

13 우리의 곳간에는 백곡이 가득하며

우리의 양은 들에서 천천과 만만으로 번성하며

14 우리 수소는 무겁게 실었으며

또 우리를 침노하는 일이나

우리가 나아가 막는 일이 없으며

우리 거리에는 슬피 부르짖음이 없을진대

시인의 영성 3

15 이런 백성은 복이 있나니

여호와를 자기 하나님으로 삼는 백성은 복이 있도다.

12-15절은 행복을 기대하는 모습을 그린다. 이 시는 찬양 맹세와 간구의 어조를 띠고 있다가 12절에서 갑자기 기대로 바뀐다. 또한 1인칭 단수 "나"(1-11절)에서 1인칭 복수 "우리"(12-14절)로 바뀐다. 12절에서 "아들들"은 "장성한 나무들"로, "딸들"은 "아름답게 다듬은 모퉁잇돌들"로 비유된다. 이는 자녀의 번성을 나타낸다. 시인은 이와 같은 "자녀의 복"을 기대한다. 13절은 곡식과 가축들이 넘쳐나는 현실을 묘사한다. 이는 풍성한 추수와 풍부한 가축을 뜻한다. 14a절의 "우리 수소는 무겁게 실었으며 또 우리를 침노하는 일이나 우리가 나아가 막은 일이 없으며"는 그 의미가 불분명하다. 이 히브리어 원문 자체를 정확히 번역하는 것은 불가능하지만, "우리가 먹이는 소들은 살이 찌고, 낙태하는 일도 없고, 잃어버리는 일도 없으며"(우리말 새번역)라는 번역이 가장 적절해 보인다. 이는 소들의 건강한 출산을 말한다. 13-14a절은 풍성한 추수의 복과 풍부한 가축 떼라는 "물질의 복"을 기원한다. "아들들", "딸들", "곡식", "양", "수소"는 고대 근동의 가정에서 중요한 자산이었다. 사람, 곡식, 가축의 번성이라는 목록의 순서는 신명기 28:4과 놀라울 정도로 비슷하다.

네 **몸의 자녀**와 네 **토지의 소산**과 네 **짐승의 새끼**와 **소와 양의 새끼**가 복을 받을 것이며(신 28:4).

14b절의 "우리 거리에는 슬피 부르짖음이 없을진대"는 더 이상 전쟁이 없는 평화로운 현실을 떠올리게 한다. 이는 마을과 도시의 평화를 기원하는 말이다. 시인은 "공동체의 복"을 기대한다. 특히 농경 사회에서 국가적인 평화와 농업의 번성은 따로 분리될 수 없다.

15절은 이중의 행복 기원 공식으로 끝난다. 15a절의 "이런 백성은 복(אַשְׁרֵי, 아쉬레)이 있나니"라는 첫 번째 행복 기원 공식은 12-14절의 진술을 총괄한다. 즉 이런 번영(자녀의 복과 물질의 복)과 평화의 삶(공동체의 복)을 누리는 백성은 행복하다는 뜻이다. 15b절의 "여호와를 자기 하나님으로 삼는 백성은 복(אַשְׁרֵי, 아쉬레)이 있도다"라는 두 번째 행복 기원 공식은 첫 번째 공식에서 끌어온 결정적인 교훈을 제시한다. 이처럼 행복한 백성의 운명은 야웨 하나님과의 관계를 통해 결정된다.

> 여호와를 자기 하나님으로 삼은 나라
> 곧 하나님의 기업으로 선택된 백성은 복이 있도다(시 33:12).

이런 행복은 모두 하나님의 주권에 의한 것들이다. 그래서 하나님의 백성은 "그분의 복"으로 인해서뿐만 아니라 "그분의 자녀"됨으로 인해 그 안에서 즐거워하고 기뻐하게 될 것이다.

> 하나님께 가까이 함이 내게 복이라.
> 내가 주 여호와를 나의 피난처로 삼아
> 주의 모든 행적을 전파하리이다(시 73:28).

4. 메시지

이 시는 하나님 찬송(בָּרוּךְ, 바루크)으로 시작하여(1절), 야웨를 자기 하나님으로 삼는 백성에 대한 축복(אַשְׁרֵי, 아쉬레)으로 끝난다(15절). 시인은 모든 복의 수여자이신 하나님으로부터 오는 선물인 웰빙(well-being)을 상상한다. 이 시는 웰빙의 신학적 용어인 "축복"(בָּרוּךְ, 바루크)에서 출발하여, 물질적 번성과 평안(평화)을 의미하는 "행복"(אַשְׁרֵי, 아쉬레)으로 종결된다. 즉 "바루크"(בָּרוּךְ, 축복)로 시작하여 "아쉬레"(אַשְׁרֵי, 행복)로 끝난다.

하나님의 행위는 독특하고 드라마틱한 구원이나, 한 개인의 생명을 살리는 일에만 국한되지 않는다. 자녀가 무탈하게 성장하고, 해와 비가 적절히 공급되어 곡식들이 익어가며, 가축들이 건강하게 자라고, 사회가 안정적으로 유지되는 것 모두 하나님이 하시는 일이다. 이는 조용하지만 지속적이고 일상적인 하나님의 행위로 인한 결과들이다. 이런 일상의 선물은 복을 선사하는 하나님의 일과로 인해 얻어지는 것이다. 일상의 행복도 하나님이 주시는 것이다. 자칫 무료해 보일 수도 있는 무탈(無頉)한 일상은 하나님이 우리에게 주시는 복이다.

145편

모든 피조물이 창조주를 찬양할 때까지:

"모든 육체가 그의 거룩하신 이름을 영원히 송축할지로다"

1. 양식

시편 145편은 "찬양시"(a psalm of praise)로 분류된다. 이 시는 "다윗의 시"라는 표제가 들어가 있는 제5권의 시들(시 138-145편) 중 맨 마지막 시에 해당된다. 이 시는 A부터 Z까지(히브리어 알렙[א]-타브[ת])를 일컬음으로써 하나님을 온전히 찬양하며 총체성과 포괄성을 강조하는 일명 알파벳 아크로스틱 시다. 따라서 시인의 찬양은 모든 것을 포함한다. 또한 이 시는 표제에 "찬송시"(תְּהִלָּה, 테힐라: 찬양시)가 직접 표기된 유일한 시편이다.

2. 구조

1) 1-2절: 시인 개인의 찬양(하나님의 이름)
2) 3-9절: 하나님의 속성에 대한 찬양(위대하심, 능하심, 존귀, 영광, 위엄, 선하심, 의로우심, 은혜로우심, 긍휼하심, 오래 참으심, 인자하심)
3) 10-13절: 성도들의 찬양(하나님의 업적[능하심], 하나님 나라의 위엄, 영광, 영원하심)
4) 14-20절: 하나님의 호의에 대한 찬양
5) 21절: 시인과 모든 육체의 찬양(하나님의 거룩하신 이름)

3. 내용

1) 시인 개인의 찬양(하나님의 이름)(1-2절)

> 1 왕이신 나의 하나님이여,
>
> 내가 주를 높이고
>
> 영원히 주의 이름을 송축하리이다.
>
> 2 내가 날마다 주를 송축하며
>
> 영원히 주의 이름을 송축하리이다.

1-2절은 시인 개인의 찬양이다. 1절은 이 시의 주제를 표현하는 구절이다. 시인은 하나님을 "왕이신 나의 하나님"이라고 부른다. "왕이신 하나님의 위대하심"을 찬양하는 것이 이 시의 주제다. "하나님이 왕이시다"라는 개념은 시편 여러 곳에 등장한다.

> **여호와께서 다스리시니**(여호와는 왕이시다)
>
> 스스로 권위를 입으셨도다.
>
> 여호와께서 능력의 옷을 입으시며
>
> 띠를 띠셨으므로
>
> 세계도 견고히 서서 흔들리지 아니하는도다(시 93:1; 참조. 시 95:3; 96:10 등).

하지만 시인이 정관사(ה, 하)를 붙여서 하나님을 "그 왕"(הַמֶּלֶךְ, 하멜레크)으로 칭하는 부분은 이곳과 시편 98:6밖에 없다.

나팔과 호각 소리로

왕(하멜레크: "그 왕")이신 여호와 앞에 즐겁게 소리칠지어다(시 98:6).

이는 야웨 외에는 세상에 참 왕이 없다는 뜻이다. "높이다"(רום, 룸)는 하나님의 이름을 치켜세우는 것, 하나님을 증언하는 것을 의미한다. "영원히 주의 이름을 송축하리이다"라는 고백은 이 시의 처음(1절)과 끝(21절)을 장식하면서 시 전체를 감싸고 있다. 이 시는 1, 10, 21절에서 "송축하다"(ברך, 바라크: "축복하다")라는 표현을 사용함으로써 서곡(prelude)-간주곡(interlude)-후주곡(postlude)의 구조를 형성한다. 이런 구조는 야웨에 대한 송축이 "개인의 찬양"(1-2절), "성도들의 찬양"(10절), "모든 육체의 찬양"(21절)으로 점층적으로 이어지고 있음을 보여준다.

2절의 "송축하다"(ברך, 바라크)라는 동사는 무릎과 관계되는데, 이는 하나님의 복을 인정하며 무릎을 꿇는 것이다. 시인은 "날마다"(בכל־יום, 베콜-욤)를 첨부하여 찬양의 시간적 범위를 구체화한다.

2) 하나님의 속성에 대한 찬양(위대하심, 능하심, 존귀, 영광, 위엄, 선하심, 의로우심, 은혜로우심, 긍휼하심, 오래 참으심, 인자하심)(3-9절)

3 여호와는 **위대하시니** 크게 찬양할 것이라.

그의 위대하심을 측량하지 못하리로다.

4 대대로 주께서 행하시는 일을 크게 찬양하며

주의 **능한 일**을 선포하리로다.

5 주의 **존귀**하고 **영광**스러운 **위엄**과

주의 기이한 일들을

나는 작은 소리로 읊조리리이다.

6 사람들은 주의 두려운 일의 권능을 말할 것이요

나도 주의 **위대하심**을 선포하리이다.

7 그들이 주의 크신 **은혜**를 기념하여 말하며

주의 의를 노래하리이다.

8 여호와는 **은혜로우시며**

긍휼이 많으시며

노하기를 더디 하시며

인자하심이 크시도다.

9 여호와께서는 모든 것을 **선대**하시며

그 지으신 모든 것에 **긍휼**을 베푸시는도다.

3-9절은 하나님의 속성에 대한 찬양이다. 3-6절은 주로 하나님의 "위대하심"(greatness)과 관련된 것들을 노래한다. 3절은 하나님의 "위대하심"(גְּדֻלָּה, 게둘라)을 찬양한다. 왕이신 하나님의 "위대하심"은 인간의 인식과 표현을 넘어서기 때문에 그 정도를 정확히 측량할 수 없다. 유한한 인간은 그분의 위대하심이 영향을 미치는 범위를 다 파악할 수 없다. 여기서는 시인과 다른 세대들이 함께 하나님을 찬양한다.

4절에서는 "세대들"(דּוֹר לְדוֹר, 도르 레도르: "대대로")이 하나님의 "능하심"(גְּבוּרָה, 게부라)을 찬송한다. 주의 "능한 일"은 "능하심"을 의미하고, "주께서 행하신 일(מַעֲשֶׂה, 마아세)"은 창조 행위를 가리킨다.

여호와께서 나를 위하여 보상해주시리이다.

여호와여,

주의 인자하심이 영원하오니

주의 손으로 **지으신 것**(מַעֲשֵׂה, 마아세)을 버리지 마옵소서(시 138:8).

내가 주께 감사하옴은

나를 **지으심**(מַעֲשֵׂה, 마아세)이 심히 기묘하심이라.

주께서 하시는 일이 기이함을 내 영혼이 잘 아나이다(시 139:14).

내가 옛날을 기억하고

주의 모든 행하신 것을 읊조리며

주의 손이 **행하는 일**(מַעֲשֵׂה, 마아세)을 생각하고(시 143:5).

이처럼 "하나님의 능하심"은 이 세상을 창조하신 그분의 놀라운 창조 행위를 일컫는다.

5절에서 시인은 하나님의 "존귀와 영광과 위엄"을 찬양한다.

주의 구원이 그의 **영광**을 크게 하시고

존귀와 **위엄**을 그에게 입히시나이다(시 21:5).

"기이한 일들"(נִפְלָאוֹת, 니플레오트)은 하나님이 보여주신 기적적인 역사의 행위를 뜻한다. "작은 소리로 읊조리다"(שִׂיחַ, 시아흐)는 감사와 찬양을 곁들여 묵상하는 것이다.

또 주의 모든 일을 작은 소리로 읊조리며(하가)

주의 행사를 낮은 소리로 **되뇌이리이다**(שִׂיחַ, 시아흐)(시 77:12).

6절에서는 "세대들"("사람들")이 "하나님의 두려운 일의 권능"을 말하며, 시인도 "하나님의 위대하심"을 선포한다.

7-9절은 주로 하나님의 "선하심"(goodness)과 관련된 찬양이다. 7절은 세대들("그들")의 찬양을 묘사한다. "주의 크신 은혜를 기념하여"는 문자적으로 "당신의 한량없는 선하심의 기억"(זֵכֶר רַב־טוּבְךָ, 제케르 라브-투베카)이라는 뜻이다. "말하며"(נבע, 나바)는 "분수같이 콸콸 솟다/쏟아내다"라는 의미로서 "자주 그리고 열정적으로 선포하다"로 해석된다.

날은 날에게 **말하고**(נבע, 나바)

밤은 밤에게 지식을 전하니(시 19:2).

내가 입을 열어 비유로 말하며

예로부터 감추어졌던 것을 **드러내려 하니**(נבע, 나바)(시 78:2).

주께서 율례를 내게 가르치시므로

내 입술이 주를 **찬양하리이다**(נבע, 나바)(시 119:171).

세대들은 하나님의 한량없는 "선하심"(טוּב, 투브)에 대한 기억을 줄기차게 쏟아낸다. 또한 그들은 "하나님의 의(צְדָקָה, 체다카: 의로우심)"를 환호하며 외친다.

8-9절은 세대들의 찬양 내용을 전한다. 특히 8절은 하나님의 속성에 대한 소위 "은혜 공식 어구"(Gnadenformel)를 인용한다.

여호와께서 그의 앞으로 지나시며 선포하시되 "여호와라, 여호와라, **자비롭고**(רַחוּם, 라훔) **은혜롭고**(חַנּוּן, 하눈) **노하기를 더디하고**(אֶרֶךְ אַפַּיִם, 에레크 앞파임) **인자**(חֶסֶד, 헤세드)와 **진실**(אֱמֶת, 에메트)이 많은 하나님이라"(출 34:6).

그들은 하나님의 "은혜로우심"(חַנּוּן, 하눈), "긍휼하심"(רַחוּם, 라훔), "오래 참으심"(אֶרֶךְ אַפַּיִם, 에레크 아파임), "인자하심"(חֶסֶד, 헤세드)을 찬양한다. "노하기를 더디 하다"는 문자적으로 해석하면 "긴 코를 가지다"(אֶרֶךְ אַפַּיִם, 에레크 아파임)라는 뜻이다. 히브리 사람들은 화가 나면 코에서 열이 난다고 여겼다. 그래서 코가 길면 그만큼 열을 식힐 수 있는 공간이 넓어서 화를 더디 낸다고 생각했던 것이다.

9절은 하나님의 은혜의 대상을 이스라엘에서 모든 피조물로 확대한다. 하나님은 모두에게 "선하시다"(טוֹב, 토브). 또한 하나님은 자신이 만드신 모든 것에 "긍휼"(רַחֲמִים, 라하밈)을 베푸신다.

3) 성도들의 찬양(하나님의 업적[능하심], 하나님 나라의 위엄, 영광, 영원하심)(10-13절)

10 여호와여,
주께서 지으신 모든 것들이 주께 감사하며
주의 성도들이 주를 송축하리이다.

11 그들이 주의 나라의 영광을 말하며

주의 **업적**을 일러서

12 주의 **업적**과 **주의 나라의 위엄** 있는 **영광**을

인생들에게 알게 하리이다.

13 주의 나라는 **영원한 나라**이니

주의 통치는 대대에 이르리이다.

10-13절은 성도들의 찬양이며 이 부분은 1-13절의 절정으로 보인다. 10a절은 "하나님이 지으신 모든 것들"(כָּל־מַעֲשֶׂיךָ, 콜-마아세)이 하나님을 찬양함을 말한다. 그리고 10b절은 하나님의 성도들이 그분을 송축함을 전한다. 즉 모든 피조물이 야웨를 찬양하는 것이 성도들의 찬양으로 시작된다는 선언이다. 모든 열방이 야웨를 찬양하는 것은 성도들의 찬양이 의도하는 궁극적 목적이기도 하다. "성도들"(חֲסִידִים, 하시딤)은 야웨 하나님을 전적으로 의지하는 신실하고 경건한 사람들을 지칭한다.

성도들은 "하나님 나라의 영광"을 말한다(11a절). "나라"(מַלְכוּת, 말쿠트)는 본래 정치적으로 조직된 공동체 혹은 군주 체제를 갖춘 통치 국가를 의미한다. 이 단어는 11-13절에서 네 번이나 등장함으로써 야웨의 왕적 통치를 강조한다. 또한 성도들은 "하나님의 업적(능하심)"을 전한다(11b절). "업적"(גְּבוּרָה, 게부라)은 4절의 "능하심"(הַרְבִּגְ, 게부라: "능한 일")과 동일한 단어다. 따라서 "업적"은 하나님의 창조 행위를 말한다. 성도들은 하나님의 창조 행위를 선포한다.

12절은 성도들이 찬양하는 의도를 분명히 밝힌다. 성도들은 "인생들"(בְּנֵי הָאָדָם, 베네 하아담: "그 사람의 아들들")에게 하나님의 능하심(업적)과

하나님 나라의 위엄 있는 영광을 알리기 위해 찬양한다. 성도들은 다음 세대("그 사람의 아들들")에게 하나님의 창조 행위와 하나님 나라를 계속해서 가르치고 계승시켜야 하는 사명이 있다.

13절에 따르면 하나님의 나라는 "무한히 영원한"(כָּל־עֹלָמִים, 콜-올라밈) 나라이며, 하나님의 통치는 "모든 세대에"(בְּכָל־דּוֹר וָדוֹר, 베콜-도르 바도르) 이른다. 이런 하나님 나라와 통치에 대한 선포와 고백 및 전달이 영원히 지속되어야 한다. 또한 이런 선포, 고백, 전달은 모든 세대의 성도들에게 주어진 사명이다. 이는 다니엘서에서도 이방인 왕들의 고백을 통해 언급된다.

참으로 크도다. 그의 이적이여,
참으로 능하도다. 그의 놀라운 일이여,
그의 나라는 영원한 나라요
그의 통치는 **대대에**(דָּר וְדָר, 다르 베다르) 이르리로다(단 4:3; 참조. 단 4:34; 6:26).

고대 근동 국가들은 제한된 영역에 안치된 각각의 지역 신들을 섬겼다. 이에 비해 야웨 하나님은 왕으로서 모든 공간과 시간을 초월하여 제한 없이 모든 사람을 영원히 통치하신다.

4) 하나님의 호의에 대한 찬양(14-20절)

14 여호와께서는 모든 넘어지는 자들을 붙드시며
비굴한 자들을 일으키시는도다.

15 모든 사람의 눈이 주를 앙망하오니

주는 때를 따라 그들에게 먹을 것을 주시며

16 손을 펴사

모든 생물의 소원을 만족하게 하시나이다.

17 여호와께서는 그 모든 행위에 의로우시며

그 모든 일에 은혜로우시도다.

18 여호와께서는 자기에게 간구하는 모든 자

곧 진실하게 간구하는 모든 자에게 가까이 하시는도다.

19 그는 자기를 경외하는 자들의 소원을 이루시며

또 그들의 부르짖음을 들으사 구원하시리로다.

20 여호와께서 자기를 사랑하는 자들은 다 보호하시고

악인들은 다 멸하시리로다.

14-20절은 하나님의 호의에 대한 찬양이다. 이 단락은 하나님 나라의 통치가 어떻게 작동하는지를 구체적으로 설명한다. 14a절에 의하면 공간과 시간의 한계를 넘어서는 초월적인 하나님이 "모든(כֹּל, 콜) 넘어지는 자들"을 붙드신다.

악인의 팔은 부러지나

의인은 여호와께서 **붙드시는도다**(시 37:17).

그는 넘어지되

아주 엎드러지지 아니함은

여호와께서 그의 손으로 **붙드심이로다**(시 37:24).

14b절에 의하면 하나님은 "모든(כֹּל, 콜: 개역개정에는 생략됨) 비굴한 자들"을 일으키신다. "모든 비굴한 자들을 일으키시는도다"라는 말은 구약성경에서 유일하게 나오는 표현이다. 이와 유사한 구절이 시 146:8에서 한 번 더 등장한다.

여호와께서 맹인들의 눈을 여시며

여호와께서 비굴한 자들을 일으키시며

여호와께서 의인들을 사랑하시며(시 146:8).

"비굴한 자들"(כְּפוּפִים, 케푸핌)은 문자적으로 "엎드린 사람들"을 뜻한다. 이는 남들의 억압에 의해 "낮아진/짓눌린 자들"이다. 하나님의 위대하심은 백성과 거리를 두고 멀리 떨어져 있는 데서 나오는 것이 아니다. 하나님의 통치는 소외된 연약하고 짓눌린 사람들을 보살피는 것이고, 거기서 그분의 위대하심이 드러난다.

15-16절은 시편 104:27-28을 자유롭게 인용한 것이다.

27 이것들은 다 주께서 때를 따라

먹을 것을 주시기를 바라나이다.

28 주께서 주신즉 그들이 받으며

주께서 손을 펴신즉 그들이 좋은 것으로 만족하다가(시 104:27-28).

15a절의 "모든 사람의 눈"(עֵינֵי־כֹל, 에네-콜)은 "만물의 눈/모두의 눈"으로 번역하는 것이 더 정확하다. 이는 모든 피조물이 창조주께서 자신들에게 먹을 것을 주시기를 기대에 찬 눈으로 간절히 바라보는 것을 뜻하며, 창조주 하나님을 향한 피조물의 전적 의존성과 순종을 생각나게 한다.

> 이것들은 다 주께서 때를 따라
> 먹을 것을 주시기를 바라나이다(시 104:27).

15b절에서는 모든 피조물을 돌보시는 창조주 하나님의 성품을 "때를 따라"(בְּעִתּוֹ, 베이토: in his time) 먹을 것을 공급해주시는 것으로 설명한다. 이 구절 때문에 이 시는 고대 교회의 점심시간에 노래로 불리기도 했다.

16절은 15절의 하나님의 공급에 대한 일반적인 진술을 보다 구체화한다. "모든 생물"(כָל־חָי, 콜-하이)은 "살아 있는 모든 존재/모든 피조물"을 의미한다. 하나님은 모든 피조물을 위해 기꺼이 축복의 손을 펴신다. 아까워하는 마음 없이 언제나 베풀어주실 준비를 하고 계시는 하나님은 모든 피조물의 소원을 만족시켜주신다.

17절은 하나님의 행동 원칙을 제시한다. 하나님의 모든 행위는 "의롭고"(צַדִּיק, 차디크), 모든 일은 "은혜롭다"(חָסִיד, 하시드). 하나님은 공정하고 합법적이며 은혜롭고 자비로우신 분이다.

18-20절은 하나님의 행동 원칙을 상세히 설명한다. 18절에 따르면 하나님은 그분께 진심으로 간구하는 모든 자의 가까이에 계신다.

여호와는 마음이 상한 자를 가까이하시고

시인의 영성 3

충심으로 통회하는 자를 구원하시는도다(시 34:18).

모든 피조물 위에 "초월하신"(transcendent) 하나님은 간구하는 자 가까이에 "임재하신다"(immanent).

또한 하나님은 자신을 경외하는 자들의 소원에 응답해주시며 도움을 청하는 간구를 들으시고 그들을 구원해주신다(19절).

20절에 의하면 야웨는 그분을 사랑하는 "모든"(כל, 콜) 사람들을 지켜주시는 반면, "모든"(כל, 콜) 악인들은 멸하신다.

5) 시인과 모든 육체의 찬양(하나님의 거룩하신 이름)(21절)

21 내 입이 여호와의 영예를 말하며
모든 육체가 그의 거룩하신 이름을 영원히 송축할지로다.

21절은 야웨에 대한 시인과 모든 육체의 찬양이다. 이 시는 시인의 독창(solo)으로 시작했으나,(1절) 우주적 합창단의 찬양 심포니(symphony)를 기대하며 끝난다. 21a절의 "내 입이 여호와의 영예를 말하며"에서 "영예"(תהלה, 테힐라)는 "찬양"을 뜻한다. 시인은 자신의 입으로 하나님께 찬양을 드릴 것이라고 다짐한다. 10절에서는 신앙 공동체("주의 성도들")가 하나님을 찬양하는 데 참여하였다. 이 시의 마지막에는 "모든 피조물"(כל־בשר, 콜-바사르: "모든 육체")이 하나님의 거룩하신 이름을 영원히 찬양하도록 초청된다.

21b절은 이 시 전체의 주제를 다시 선언한다. 마지막 절에서 시인

은 모든 피조물이 야웨 하나님의 우주적인 왕권을 영원히 찬양하기를 원한다. 따라서 1절의 "송축하리이다"(ברך, 바라크)와 21절의 "송축할지어다"(ברך, 바라크)는 수미상관(inclusio)을 이룬다.

4. 메시지

탈무드는 "이 다윗의 테힐라(תהלה, 찬양)를 하루에 세 번 부르는 자는 모두 장차 다가오는 하나님 나라의 백성임을 확신해도 좋다"고 말한다. 이는 이 시의 포괄적인 찬양 범위 때문이다. 이 시는 처음부터 끝까지 왕이신 하나님을 찬양한다. 이 시에는 "콜"(כל, 모든, 모두, 다)이라는 단어가 무려 17번 등장한다(2절, 9절[2번], 10절, 13절[2번], 14절[2번], 15절, 16절, 17절[2번], 18절[2번], 20절[2번], 21절). 이는 하나님의 선하심이 "모든" 피조물을 향하고 있음을 강조하는 동시에, 우주의 주님(Lord)이신 야웨에 대한 "모든" 피조물의 찬양을 요구한다.

하나님은 "모든" 피조물을 선대하신다. 이런 선하심은 "모든" 약자들을 돌보시고(14절), "모든" 굶주린 자들을 먹이시며(15절), "모든" 피조물들의 필요를 채우시고(16절), 진심으로 간구하는 "모든" 자들을 가까이하시며(18절), 그분을 경외하는 자들의 소원과 간구를 듣고 구원하시고(19절), 그분을 사랑하는 "모든" 자들을 보호하시는 모습을 통해 드러난다(20a절). 그러나 하나님은 악인들을 반드시 심판하신다(20b절). 왕이신 하나님은 동시에 준엄한 심판주가 되시기 때문이다. 하나님은 은혜롭고 의로우신 분이다(17절).

세상의 모든 피조물은 야웨가 창조주이자 왕이심을 늘 고백하고 찬양하며, 다음 세대에게 이처럼 행해야 함을 반드시 전해야 한다. 모든 피조물이 창조주 하나님을 찬양할 때까지 성도들의 찬양과 고백과 전달은 한시라도 멈출 수 없다.

146편

약자를 외면하면 악인이다:
"여호와께서 나그네들을 보호하시며 고아와 과부를 붙드시고"

1. 양식

시편 146편은 "개인 찬양시"(a psalm of individual praise)로 분류된다. 이 시는 시편 전체에 대한 "축도" 역할을 하는 다섯 개의 할렐루야 시편들("최종 할렐 시편" 혹은 "작은 할렐 시편") 중 첫 번째 시편에 해당한다. "할렐루야 시편"은 할렐루야로 시작하여 할렐루야로 끝나는 시편을 말한다.

2. 구조

   1) 1-2절: 서론적 찬양 요청
   2) 3-4절: 권면
   3) 5-9절: 찬양의 이유
   4) 10절: 결론적 찬양

3. 내용

1) 서론적 찬양 요청(1-2절)

   1 할렐루야.
   내 영혼아, 여호와를 찬양하라.
   2 나의 생전에 여호와를 찬양하며
   나의 평생에 내 하나님을 찬송하리로다.

1-2절은 서론적인 찬양 요청이다. 시인은 가장 먼저 자신의 "영혼"(נֶפֶשׁ, 네페쉬)에게 "여호와를 찬양하라"라고 권고한다(1절).

2절에서 시인은 찬양에 대한 각오를 1인칭 의지형(cohortative) 동사인 "내가 찬양하겠습니다"와 "내가 노래하겠습니다"로 표현한다. 시편 145:1의 "주의 이름을 송축하리이다"에서 "송축하다"(ברך, 바라크)는 제사장의 제의적인 상태를 나타낸다. 이에 반해 시편 146:2의 "찬양하다"(הלל, 할랄)는 레위인과 일반 성도들이 성전 음악을 연주하거나 찬송을 부르는 모습을 진술한다. 시인의 찬양은 일회적인 이벤트가 아니라 지속적인 라이프 스타일("나의 생전에"와 "나의 평생에")에 가깝다(시 104:33).

2) 권면(3-4절)

> ³ 귀인들을 의지하지 말며
>
> 도울 힘이 없는 인생도 의지하지 말지니
>
> ⁴ 그의 호흡이 끊어지면 흙으로 돌아가서
>
> 그날에 그의 생각이 소멸하리로다.

3-4절은 권면이다. 3a절의 "귀인들을 의지하지 말며"에서 "귀인들"(נְדִיבִים, 네디빔)은 "탁월한 사람"(les hommes excellents) 곧 모든 인간적인 힘을 상징한다. 또한 "의지하다"(בָּטַח, 바타흐)는 하나님에 대한 신뢰를 표현할 때 사용되는 표준적인 동사다. 따라서 제아무리 강력한 힘을 가진 사람이더라도 하나님을 신뢰하거나 의지하듯이 매달려서는 안 된다

는 말이다. 3b절의 "도울 힘이 없는 인생도 의지하지 말지니"에서 "도
울 힘"(תְּשׁוּעָה, 테슈아)은 "구원"(salvation)을 의미한다. 또한 "인생"은 히브
리어로 "벤-아담"(בֶּן־אָדָם: 사람의 아들, 인자[人子])이다. "벤-아담"(בֶּן־אָדָם)은
죽을 수밖에 없는 "덧없는 인간"을 가리킨다(시 8:4). 탁월한 힘을 지닌
사람 역시 결국 덧없는 인간이므로 그에게는 하나님의 구원이 결코 있
을 수 없다는 것이다.

4절에 따르면 "귀인들"이나 "인생" 모두 언젠가 호흡이 끊어져 결국
흙으로 돌아가며 그들의 생각은 그날로 이 세상에서 소멸된다. "벤-아
담"(בֶּן־אָדָם: 인생, 인자)은 결국 "아다마"(אֲדָמָה: 흙)로 돌아간다(창 3:19a). 즉
모든 "인간"(humans)은 "부식토"(腐植土, humus)로 귀환한다. 이 시는 지도
자의 존재가 전혀 무용하다고 말하는 것이 아니라, 그들에게 진정한 구
원을 기대하지 말라고 경고하는 것이다.

3) 찬양의 이유(5-9절)

> 5 야곱의 하나님을 자기의 도움으로 삼으며
>
> 여호와 자기 하나님에게 자기의 소망을 두는 자는 복이 있도다.
>
> 6 여호와는 천지와 바다와
>
> 그중의 만물을 지으시며
>
> 영원히 진실함을 지키시며
>
> 7 억눌린 사람들을 위해 정의로 심판하시며
>
> 주린 자들에게 먹을 것을 주시는 이시로다.
>
> 여호와께서는 갇힌 자들에게 자유를 주시는도다.

8 여호와께서 맹인들의 눈을 여시며

여호와께서 비굴한 자들을 일으키시며

여호와께서 의인들을 사랑하시며

9 여호와께서 나그네들을 보호하시며

고아와 과부를 붙드시고

악인들의 길은 굽게 하시는도다.

5-9절은 찬양의 이유다. 5절은 "행복 기원 공식"(אַשְׁרֵי, 아쉬레: "복이 있도다")으로 문을 연다. 5a절의 "야곱의 하나님"은 "환난의 날에 응답하시며 당신의 백성과 함께 동행하시는 하나님이다"(창 35:3; 시 20:1). 이 호칭은 "보호자로서의 하나님"의 속성을 강조한다.

만군의 여호와께서 우리와 함께하시니

야곱의 하나님은 우리의 피난처시로다. (셀라)(시 46:7)

5b절은 "여호와 자기 하나님"이라는 호칭을 통해 야웨라는 신명(神名)을 언급함으로써 야웨의 구원하심을 의도적으로 부각시킨다.

6절은 "창조의 하나님"을 묘사한다. 창조 개념은 하나님의 무제한적인 절대 권력을 가리킨다. 이 구절을 직역하면 다음과 같다.

여호와는 **하늘과 땅과**

바다와 그것들 안에 있는 모든 것을 지으시며

영원히 진실함을 지키시며(직역 사역).

야웨 하나님은 보통 "하늘과 땅의 창조주"로 묘사된다(창 1:1; 시 115:15; 121:2; 124:8; 134:3). 그러나 여기서는 "바다"가 첨부된다.

> **24** 여호와여, 주께서 하신 일이 어찌 그리 많은지요?
> 주께서 지혜로 그들을 다 지으셨으니
> 주께서 지으신 것들이 땅에 가득하니이다.
> **25** 거기에는 **크고 넓은 바다**가 있고
> 그 속에는 생물 곧 크고 작은 동물들이 무수하니이다(시 104:24-25).

하나님의 창조 영역이 세 단계로 구분(하늘, 땅, 바다)된 세계로 확대된다. 그리고 "그것들(하늘과 땅과 바다) 중의 만물"이 한 번 더 추가된다. 이는 창조의 영역이 제한 없이 무한함을 뜻한다. 하나님의 세상 통치(gubernatio mundi)에서 벗어난 사각지대는 없다. 하나님은 모든 창조물을 영원히 진실하게 지키신다.

7-9절은 이런 야웨의 통치와 진실함이 어떻게 실행되는지를 구체적으로 묘사한다. 이 시는 "창조의 하나님"(creator: 6절)에서 "돌봄의 하나님"(care giver: 7-9절)으로 초점을 이동한다. 이 단락은 하나님의 주된 관심사를 보여준다.

7절에 따르면 하나님은 "억눌린 사람들"에게 공정한 판결을 베푸시고, "주린 사람들"에게 먹을 것을 주시며, "갇힌 사람들"을 풀어주신다.

8절에 의하면 하나님은 "시각 장애인들"의 눈을 뜨게 하시고, "짓눌린 사람들"(개역개정에는 "비굴한 자들"로 번역됨)을 일으키신다. "짓눌린 사람들"(כְּפוּפִים, 케푸핌)은 구약 전체에서 이곳과 시편 145:14에만 등장한다.

여호와께서는 모든 넘어지는 자들을 붙드시며

비굴한 자들(כְּפוּפִים, 케푸핌)을 일으키시는도다(시 145:14).

그리고 야웨 하나님은 "의인들"을 사랑하신다. 여기서 "의인들"(צַדִּיקִים, 차디킴)은 약자들을 일으키시는 야웨의 사역에 적극 협력하는 자들이다. 따라서 약자를 돌보는 이들이 곧 의인이다.

9절에서 야웨 하나님은 정착민이 아니라 여러 가지 이유로 이주해 온 "나그네들"을 보호하시고, 잦은 전쟁으로 양산된 "고아와 과부"를 돌보신다. 그러나 "악인들의 길"은 굽게 하신다. 여기서 "악인들"(רְשָׁעִים, 레샤임)은 야웨가 약자를 돌보심에 무관심하거나, 이렇게 행하라는 야웨의 명령을 거역하는 자들이다. 이 점에서 악인들은 반-야웨적(anti-Yahweh), 반-창조적(anti-creation), 반-사회적(anti-society)인 존재다. 이런 악인들은 망하게 되어 있다.

무릇 의인들의 길은 여호와께서 인정하시나

악인들(רְשָׁעִים, 레샤임)의 길은 망하리로다(시 1:6).

약자를 외면하는 자는 곧 악인이며, 이들의 길은 결국 파국이다.

4) 결론적 찬양(10절)

¹⁰ 시온아, 여호와는 영원히 다스리시고

네 하나님은 대대로 통치하시리로다.

할렐루야.

10절은 야웨의 왕권 통치를 말하는 "여호와께서 왕으로 영원히 다스리신다"로 시작한다(10a절). 야웨의 창조 행위(6절)와 구원 행위(7-9절)는 상위 개념인 왕권 통치에 수렴된다. 10b절의 "시온"은 예배 공동체를 지칭한다. 야웨의 통치(다스림)는 시간에 제한을 받지 않고 "대대로" 지속된다. 마지막 할렐루야는 1절의 할렐루야와 수미상관(inclusio)을 이룬다.

4. 메시지

야웨를 찬양하는 것은 그분의 생명 돌봄의 가치관을 수용하고 따르는 것이다. 야웨는 창조와 역사를 통해 생명 살림과 약자 돌봄(정의)을 실현하셨다. 하나님에 대해 말하고(찬양) 그분께 직접 말하는 행위(기도)는 우리의 성품과 태도를 형성한다. 따라서 하나님을 찬양하는 것은 그분처럼 살게 해달라는 간구인 동시에 그렇게 살겠다는 공개적인 다짐이다. 그것은 또한 세상의 세력가들을 의지하거나 동경하길 멈추고, 관심을 받지 못하는 변두리의 사람들을 돌보며 살겠다는 엄중한 고백이자 숭고한 다짐이기도 하다. 억눌리고 주리고 갇힌 사람들, 장애인들, 나그네, 고아, 과부를 돌보는 일이야말로 하나님을 찬양하고 그분을 닮아가려는 노력이다. 약자에 대한 태도는 의인과 악인을 나누는 기준이 된다. 따라서 하나님의 주된 관심사인 약자를 잘 돌보면 의인이고, 약자를 외면하면 악인이라 할 수 있다.

147편

까마귀를 생각하라!:

"우는 까마귀 새끼에게 먹을 것을 주시는도다"

1. 양식

시편 147편은 "공동체 찬양시"(a psalm of communal praise)로 분류된다. 이 시는 시편 전체에 대한 "축도" 역할을 하는 할렐루야 시편("최종 할렐 시편" 혹은 "작은 할렐 시편", 시 146-150편: 할렐루야로 시작하여 할렐루야로 끝남) 중 두 번째 시편이다.

2. 구조

1) 1-6절: 첫 번째 찬양 요청과 찬양의 이유
2) 7-11절: 두 번째 찬양 요청과 찬양의 이유
3) 12-20절: 세 번째 찬양 요청과 찬양의 이유

3. 내용

1) 첫 번째 찬양 요청과 찬양의 이유(1-6절)

1 할렐루야.
(왜냐하면) 우리 하나님을 찬양하는 일이 선함이여,
찬송하는 일이 아름답고 마땅하도다.
2 여호와께서 예루살렘을 세우시며
이스라엘의 흩어진 자들을 모으시며
3 상심한 자들을 고치시며

그들의 상처를 싸매시는도다.

4 그가 별들의 수효를 세시고

그것들을 다 이름대로 부르시는도다.

5 우리 주는 위대하시며

능력이 많으시며

그의 지혜가 무궁하시도다.

6 여호와께서 겸손한 자들은 붙드시고

악인들은 땅에 엎드러뜨리시는도다.

1-6절은 첫 번째 찬양 요청과 찬양의 이유다. 시인은 1절에서 "할렐루야"라고 이 시의 포문을 연 다음 또 한 번의 찬양을 분명하게 요청하지 않고 곧바로 "왜냐하면"(כִּי, 키: 개역개정에는 생략됨)으로 찬양의 내용과 이유를 자세히 설명한다. 그는 하나님을 찬양하는 것이 본질적으로 "선하고"(טוב, 토브), 감정적으로 "아름다운 일"(נָעִים, 나임)이며, 윤리적으로 "마땅한 일"(נָאוָה, 나베)이라고 한다.

너희 의인들아,

여호와를 즐거워하라.

찬송은 정직한 자들이 **마땅히 할 바로다**(נָאוָה, 나베)(시 33:1).

이 시는 독특하게 찬양 그 자체를 찬송하며 출발한다.

2-6절은 찬양의 이유로서, 하나님을 찬양하는 것이 구체적으로 왜 선하고 아름다우며 마땅한 일인지를 분사형 찬양으로 상술한다. 시인은

행동의 지속성을 나타내는 분사형을 사용함으로써 하나님의 행동이 지금도 동일하게 계속되고 있음을 보인다. 2절은 예루살렘을 재건하시고 유배된 자들을 고향으로 모으시는 야웨의 구원 행위를 구체적으로 묘사한다. 또한 3절에 따르면 하나님은 의사처럼 마음이 상한 자들을 치료하시고 그들의 상처들을 싸매어주신다.

> **여호와께서 자기 백성의 상처를 싸매시며**
> **그들의 맞은 자리를 고치시는 날에는**
> 달빛은 햇빛 같겠고
> 햇빛은 일곱 배가 되어 일곱 날의 빛과 같으리라(사 30:26).

4절에서 하나님은 별들의 수를 모두 세시고 그 이름을 일일이 불러주신다. 이를 통해 온 세상에 대한 그분의 주권과 다스리심을 보여주신다.

> 너희는 눈을 높이 들어
> 누가 이 모든 것을 창조하였나 보라.
> **주께서는 수효대로 만상을 이끌어내시고**
> **그들의 모든 이름을 부르시나니**
> 그의 권세가 크고
> 그의 능력이 강하므로
> 하나도 빠짐이 없느니라(사 40:26).

5절은 하나님의 위대하심("위대하시며 능력이 많으시며")과 무궁한 지혜("지

혜가 무궁하시도다")를 찬양한다. 여기서 "지혜"(תְּבוּנָה, 테부나: understanding)
는 "기술"(skill)적 뉘앙스를 갖는다.

> 그는 능력으로 바다를 잔잔하게 하시며
> **지혜**(תְּבוּנָה, 테부나)로 라합을 깨뜨리시며(욥 26:12).

> 이에 그가 그들을 자기 마음의 완전함으로 기르고
> 그의 손의 **능숙함**(תְּבוּנָה, 테부나)으로 그들을 지도하였도다(시 78:72).

하나님이 행하시는 기술은 사람이 도저히 헤아릴 수 없다.

6절은 위대하신 하나님이 겸손한 자들을 일으켜 세우시고 악인들
을 땅바닥까지 낮추신다고 한다. 높은 곳에 계신 초월자께서 이 땅에 내
려오셔서 눌린 자를 붙드시고 악인들을 낮추신다.

2) 두 번째 찬양 요청과 찬양의 이유(7-11절)

> 7 감사함으로 여호와께 노래하며
> 수금으로 하나님께 찬양할지어다.
> 8 그가 구름으로 하늘을 덮으시며
> 땅을 위하여 비를 준비하시며
> 산에 풀이 자라게 하시며
> 9 들짐승과
> 우는 까마귀 새끼에게 먹을 것을 주시는도다.

10 여호와는 말의 힘이 세다 하여 기뻐하지 아니하시며

사람의 다리가 억세다 하여 기뻐하지 아니하시고,

11 여호와는 자기를 경외하는 자들과

그의 인자하심을 바라는 자들을 기뻐하시는도다.

7-11절은 두 번째 찬양 요청과 이유다. 이제 명령형 찬양으로 바뀌면서 새로운 단락을 이끈다. 시인은 야웨께 감사함으로 화답하고 수금으로 찬양하라고 명령한다. 전자가 찬양의 "내면적 양상"이라면("감사함으로 응답하고"), 후자는 찬양의 "외면적 양상"("수금으로 찬양하라")이다. 이처럼 찬양이란 하나님을 향한 "전(全)인간적 화답"이어야 한다.

8-9절은 하나님이 자연 세계를 돌보시고 계심을 언급한다. 하나님은 하늘을 구름들로 덮으시고, 땅에 비를 준비하시며, 산들에 풀을 자라게 하신다(8절). 자연이 현재 그곳에 그 상태로 있는 것은 당연한 현상이 아니라 하나님이 자연을 지속적으로 보살피고 계신 결과다.

그가 가축을 위한 풀과

사람을 위한 채소를 자라게 하시며

땅에서 먹을 것이 나게 하셔서(시 104:14).

하나님은 짐승과 우는 까마귀 새끼들에게도 먹이를 주신다(9절). 수많은 짐승 중 유독 "까마귀 새끼"를 언급하는 것은 매우 특이하다. 구약에서 까마귀는 흔히 부정하고 하찮은 짐승으로 취급된다(레 11:15; 신 14:14). 그런데 먹이시고 입히시는 은총이 부정하고 하잘것없는 까마귀 새끼에

게도 임한다(욥 38:41; 눅 12:24). 이는 하나님의 자비로운 보호하심을 강조하는 것이다. 하나님의 공급은 인간에게만 국한되지 않는다. 그분의 돌보심은 터부시되는 까마귀 새끼를 비롯한 세상의 미물에게까지 미친다.

> **참새 두 마리**가 한 앗사리온에 팔리지 않느냐? 그러나 **너희 아버지께서 허락하지 아니하시면** 그 하나도 땅에 떨어지지 아니하리라(마 10:29).

하나님의 돌보심은 상상을 초월할 정도로 광범위하고(extensive) 놀라울 정도로 철두철미하다(intensive).

> "하물며 이 큰 성읍 니느웨에는 좌우를 분변하지 못하는 자가 십이만여 명이요 가축도 많이 있나니 **내가 어찌 아끼지 아니하겠느냐?**" 하시니라(욘 4:11).

10-11절은 하나님이 사람의 어떤 모습을 기뻐하시는지를 분명하게 진술한다. 하나님은 "말의 힘"(the strength of the horse)과 "용사(사람)의 다리"를 기쁘게 여기시지 않는다(10절). 고대 사회에서 말(馬)은 강력한 군사적 자산이었다(시 20:7; 렘 8:16; 합 1:8). 따라서 말과 용사로 무장된 군사력 획득은 전쟁이 빈번했던 고대 사회에서 뿌리치기 어려운 유혹이었다(사 31:1-3). 그러나 하나님은 이런 것을 전혀 기뻐하시지 않는다. 11절에 따르면 하나님은 "그분을 경외하는 자들"과 "그분의 인자하심에 희망을 두는 자들"을 기뻐하신다.

여호와는 **그를 경외하는 자**

곧 그의 인자하심을 바라는 자를 살피사(시 33:18).

하나님은 인간이 하나님을 경외하고 그분의 인자하심을 희망할 때 기뻐하신다. 사람과 하나님은 힘(권력)을 평가하는 기준이 다르다. 군사적 힘과 기량을 신뢰하는 것은 하나님을 경외하고 그분의 인자하심을 희망하는 것과 대립된다.

3) 세 번째 찬양 요청과 찬양의 이유(12-20절)

12 예루살렘아, 여호와를 찬송할지어다.

시온아, 네 하나님을 찬양할지어다.

13 (왜냐하면) 그가 네 문빗장을 견고히 하시고

네 가운데에 있는 너의 자녀들에게 복을 주셨으며

14 네 경내를 평안하게 하시고

아름다운 밀로 너를 배불리시며

15 그의 명령을 땅에 보내시니

그의 말씀이 속히 달리는도다.

16 눈을 양털같이 내리시며

서리를 재같이 흩으시며

17 우박을 떡 부스러기같이 뿌리시나니

누가 능히 그의 추위를 감당하리요?

18 그의 말씀을 보내사 그것들을 녹이시고

바람을 불게 하신즉 물이 흐르는도다.

19 그가 그의 말씀을 야곱에게 보이시며

그의 율례와 규례를 이스라엘에게 보이시는도다.

20 그는 어느 민족에게도 이와 같이 행하지 아니하셨나니

그들은 그의 법도를 알지 못하였도다.

할렐루야.

12-20절은 세 번째 찬양 요청과 이유다. 12절에서 시인은 예루살렘과 시온을 향해 찬양하라고 명령한다. 아마도 그곳에 모인 신앙 공동체가 찬양 요청의 대상일 것이다.

13절은 찬양의 내용 또는 이유를 밝힌다. 13a절은 하나님이 예루살렘 성문의 빗장을 굳게 지켜 시온을 보호하고 계신다고 언급한다. 성문의 빗장은 도시의 출입구를 단단히 잠금으로써 대적과 들짐승의 공격을 막는다. 따라서 "성문들의 빗장들"은 성읍의 안전을 지키는 데 결정적이고 중요한 도구가 된다(시 107:16; 삿 16:3; 느 3:3, 6 등). 13b절은 하나님이 예루살렘 성안의 자녀들을 지켜주신다고 말한다.

14a절은 하나님이 주시는 복으로 "경내"의 "평안"(מֹלוֹם, 샬롬)을 언급한다. "경내"(גְּבוּל, 게불)는 "경계"(border)를 뜻한다(시 104:9; 잠 15:25; 22:28; 23:10). 하나님은 성의 경계를 평안하게 지켜주신다(시 127:1). 14b절은 구체적으로 "아름다운 밀"을 통해 예루살렘 성 전체가 배부른 현실을 묘사한다. 여기서 "아름다운 밀"(חֵלֶב חִטִּים, 헬레브 히팀)은 문자적으로 "기름진 밀" 곧 "최고로 질이 좋은 밀"을 가리킨다(신 32:14; 시 81:16). 하나님은 "최고급의 밀"로 그들을 먹이실 것이다. 이는 기아와 고통의 시간이 풍

성한 추수로 인해 종식되었음을 시사한다. 예루살렘은 풍요로운 곳이
된다.

15-18절은 자연에 임하는 하나님의 말씀의 능력을 진술한다. 15a
절의 "그의 명령"에서 "명령"(אִמְרָה, 이므라)의 문자적 의미는 "말씀"이다.
하나님은 당신의 말씀을 땅에 보내시는 분이다. 15b절은 하나님의 "말
씀"(דָּבָר, 다바르)이 빠르게 달리는 모습을 묘사한다. 하나님의 말씀은 하
나님의 계획을 실행하는 대리인의 역할을 한다.

> **10** 이는 비와 눈이 하늘로부터 내려서
>
> 그리로 되돌아가지 아니하고
>
> 땅을 적셔서 소출이 나게 하며
>
> 싹이 나게 하여
>
> 파종하는 자에게는 종자를 주며
>
> 먹는 자에게는 양식을 줌과 같이,
>
> **11 내 입에서 나가는 말도**
>
> 이와 같이 헛되이 내게로 되돌아오지 아니하고
>
> 나의 기뻐하는 뜻을 이루며
>
> 내가 보낸 일에 형통함이니라(사 55:10-11).

그분의 말씀은 주께서 이 세상과 관계하시는 효과적인 힘이다.

"눈"과 "서리" 같은 기상 현상도 하나님의 지시에 따라 발생한다
(16절). 눈(雪)은 예루살렘에서 보기 드문 기상 현상으로서 고대인의 신
비감과 경외감의 대상이었다.

네가 눈 곳간에 들어갔었느냐?

우박 창고를 보았느냐?(욥 38:22)

그런데 하나님은 그런 눈(雪)으로 양털로 양을 감싸 안듯이 손쉽게 땅을 덮으신다. 또한 그분은 서리를 재처럼 흩으신다.

"우박"과 "추위"와 같은 자연 현상도 하나님이 자유자재로 주관하신다(17절). 하나님은 우박을 빵 부스러기처럼 던지신다. 눈과 서리, 우박과 추위는 주로 겨울과 관련된 기후 현상이다. 하나님은 말씀을 통해 얼어붙었던 것들을 녹이시고 바람을 일으켜 물이 흐르게 하신다(18절). 이것은 봄과 관련된 자연 현상이다. 하나님은 말씀을 통해 그분의 뜻을 성취하시고 창조세계에 관여하신다.

19-20절은 이스라엘 백성에게만 주어진 하나님의 말씀의 특권에 대해 진술한다. 하나님은 "말씀"(דָּבָר, 다바르)을 야곱에게, "율례들"(חֻקִּים, 후킴)과 "규례들"(מִשְׁפָּטִים, 미쉬파팀)을 이스라엘에게 전해주신다(19절).

그런데 하나님은 모든 이방 나라에게 "이렇게 하지 않으셨다(לֹא עָשָׂה כֵן, 로 아사 켄)"(20a절). 그래서 다른 나라들은 "하나님의 법도들(מִשְׁפָּטִים, 미쉬파팀; 규례들)"을 알지 못했다(20b절). 시인은 하나님의 말씀(율례들과 규례들)을 이스라엘과 다른 백성을 구별하는 특별한 선물로 여긴다(신 4:5-8; 행 14:16). 하나님의 백성임을 드러내는 표시는 말씀의 주어짐이다(롬 3:2). 하나님의 백성은 야웨의 의지가 계시된 말씀의 유일한 수령자다. 따라서 이 점이 바로 찬양의 내용이자 이유가 된다. 그러나 특권에는 특별한 책무도 따른다. 하나님의 말씀을 맡은 자는 그 말씀을 먼저 신실하게 살아내면서 이를 열방에 전하는 증인이 되고(사 49:6) 축복의 통로가 되어야 한다(창 12:3). 선민(選民)은 만민(萬民)을 위한 하나님의 도구가 될 때 그 존재 의미를 갖는다(암 3:2). 이 시는 할렐루야로 시작하여 할렐루야로 끝나는 수미상관을 이룬다.

4. 메시지

이 시는 사실상 1절의 "우리 하나님을 찬양하는 일이 선하고 아름답고 마땅하도다"라는 시인의 깊은 성찰이 확장된 것이다. 시인은 시 전체를 통틀어 하나님을 찬양하는 것이 왜 선하고 아름다우며 마땅한 일인지를 설명한다. 하나님은 우주(4절), 자연(8-9절, 16-18절), 인간 세계(3절, 13-14절) 등을 포함한 우주 만물을 창조하시고 모든 피조물을 지속적으로 통치하고 계신다. 시인은 이런 사실들을 찬양의 이유로 고백한다.

하나님은 모든 것의 창조주이자 통치자로서 높고 먼 곳에 계시지만 그곳에만 머물러 계시지 않고 인간의 삶에 깊이 개입하신다. 특히 상처를 입고 뿔뿔이 흩어져 상심에 빠진 사람들을 모아 고치고 싸매고 일으켜 세워주신다. 또한 놀랍게도 하나님은 바람과 비를 관장하실 뿐만 아니라 미미한 피조물까지 돌보신다. 우리 하나님은 우는 까마귀 새끼를 친히 찾아가셔서 먹이를 주시는 분이다. 예수님도 이에 관해 언급하신 적이 있다. "까마귀를 생각하라.…너희는 새보다 얼마나 더 귀하냐?"(눅 12:24)

148편

우주적 하모니의 완성:

"하늘에서 여호와를 찬양하며"

1. 양식

시편 148편은 "찬양시"(a psalm of praise)로 분류된다. 이 시는 시편 전체에 대한 "축도" 역할을 하는 다섯 개의 할렐루야 시편들("최종 할렐 시편" 혹은 "작은 할렐 시편", 시 146-150편: 할렐루야로 시작하여 할렐루야로 끝남) 중세 번째 시편이다. 시인은 모든 피조물을 향해 주를 찬양하라고 초청한다.

2. 구조

    1) 1-6절: 하늘에서의 찬양 요청과 찬양의 이유
    2) 7-13절: 땅에서의 찬양 요청과 찬양의 이유
    3) 14절: 이스라엘의 찬양

3. 내용

1) 하늘에서의 찬양 요청과 찬양의 이유(1-6절)

  1 할렐루야.
  하늘에서 여호와를 찬양하며
  높은 데서 그를 찬양할지어다.
  2 그의 모든 천사여, 찬양하며
  모든 군대여, 그를 찬양할지어다.

³ 해와 달아, 그를 찬양하며

밝은 별들아, 다 그를 찬양할지어다.

⁴ 하늘의 하늘도 그를 찬양하며

하늘 위에 있는 물들도 그를 찬양할지어다.

⁵ 그것들이 여호와의 이름을 찬양함은

그가 명령하시므로 지음을 받았음이로다.

⁶ 그가 또 그것들을 영원히 세우시고

폐하지 못할 명령을 정하셨도다.

1-6절은 하늘에서의 찬양 요청과 찬양의 이유를 서술한다. 우선 하늘에 있는 것들이 찬양을 요청받는다(1절). "하늘"과 "높은 데"는 세상의 가장 높은 곳이다. 야웨는 세상의 가장 높은 곳에서도 찬양을 받기에 합당하신 분이다.

2절에서는 야웨의 보좌를 둘러싼 모든 천사와 모든 군대가 찬양에 초대된다(시 103:20-21).

3절에서는 가시적인 하늘 곧 하늘의 궁창에서 움직이는 해와 달과 별들이 야웨를 찬양하는 장소로 초대된다. 이들은 살아 있는 존재가 아니며 신적인 존재는 더더욱 아니다(창 1:14-18; 시 136:7-9). 본래 고대 근동에서 이런 천체들은 신으로 숭배되었다.

또 그리하여 네가 하늘을 향하여 눈을 들어 **해와 달**과 **별들**, 하늘 위의 **모든 천체** 곧 너희의 하나님 여호와께서 천하 만민을 위하여 배정하신 것을 보고 미혹하여 그것에 경배하며 섬기지 말라(신 4:19; 참조. 왕하 23:5, 11).

여기서 해와 달과 별들은 모두 야웨를 찬송하는 찬양대원에 불과하다.

4a절의 "하늘들의 하늘들"(הַשָּׁמַיִם שְׁמֵי, 쉐메 하샤마임)은 최상급 표현으로 "하늘 바다 위에 있는 하늘"을 말한다(신 10:14; 왕상 8:27). 이는 모든 하늘의 존재가 창조주 야웨의 통치 아래 있음을 선포하는 것이다. 4b절의 "하늘 위에 있는 물들"은 하늘 창궁(蒼穹) 위에 있는 물 곧 궁창(穹蒼) 위에 있는 "하늘 바다"를 가리킨다(창 1:7; 시 104:3).

5a절은 그것들(하늘과 거기 있는 존재들)이 야웨의 이름을 찬양해야 한다고 말한다. 5b절은 "왜냐하면"(כִּי, 키: 개역개정에는 생략됨)으로 시작하여, 6절까지 야웨가 찬양을 받으셔야 할 이유를 제시한다. 5b절에서는 하나님의 창조 명령(צִוָּה, 차바: "그가 명령하시므로")과 그 성취(נִבְרָאוּ, 바라: "지음을 받았음이라", "그러자 그것들이 창조되었다")를 언급한다(창 1:3, 6, 9; 시 33:9). 모든 하늘의 존재들은 하나님의 명령에 의해 창조되었기 때문에 창조주이신 하나님을 찬양하는 것은 지극히 당연한 일이다.

하나님은 그것들을 영원토록 견고하게 하시고 존속하도록 지키셨다(6a절). 하나님은 하늘의 존재들이 어길 수 없는 명령을 내리셨다(6b절). "명령"(חֹק, 호크)은 그의 피조물에게 부가된 "규례" 혹은 "법칙"을 의미한다. 이를 통해 창조주는 지속적으로 그분의 창조물들을 조정하고 관리하신다(창 8:22; 욥 28:26-27; 38:33; 렘 31:35-36; 33:25). 모든 하늘의 존재들은 창조주가 그들을 영원히 지속하게 하시고 거스를 수 없는 창조 질서의 법칙을 주셨으므로 그분을 찬양해야 마땅하다.

2) 땅에서의 찬양 요청과 찬양의 이유(7-13절)

7 너희 용들과 바다여,

땅에서 여호와를 찬양하라.

8 불과 우박과 눈과 안개와

그의 말씀을 따르는 광풍이며

9 산들과 모든 작은 산과

과수와 모든 백향목이며

10 짐승과 모든 가축과

기는 것과 나는 새며

11 세상의 왕들과 모든 백성들과

고관들과 땅의 모든 재판관들이며

12 총각과 처녀와

노인과 아이들아,

13 여호와의 이름을 찬양할지어다.

그의 이름이 홀로 높으시며

그의 영광이 땅과 하늘 위에 뛰어나심이로다.

7-13절은 땅에서의 찬양 요청과 찬양의 이유를 진술한다. 이 단락에서는 하늘을 제외한 땅에 있는 모든 것들이 야훼를 찬양할 것을 요청받는다. 땅에서의 찬양은 오직 인간의 목소리에 국한되지 않는다. 우선 땅아래에 있는 용들과 바다가 야훼를 찬양할 것을 요구받는다(7절). "용들"(תַּנִּינִים, 타니님)은 바다에 사는 리워야단 같이 몸집이 큰 괴물들을 상징

한다(창 1:2, 21; 시 104:26). 바다 괴물과 "깊은 바다"(תְּהֹמוֹת, 테호모트)는 고대 근동에서 신화적인 혼돈의 세력으로 간주되었다. 하지만 여기서는 이들도 하나님의 찬양대로 초청된다.

8절은 땅 위에서 발생하는 기상학적 현상을 다루고 있다. 불(번개), 우박, 눈, 안개, 광풍도 야웨를 찬양하는 찬양대원으로 초대받는다. "광풍"은 "하나님의 말씀을 따르는"이라는 형용사 용법 역할을 하는 분사 구문의 사용으로 인해 창조주이자 통치자이신 야웨의 권능을 강조하는 역할을 한다. 바다에 있는 존재들과 자연 현상도 모두 야웨를 찬양해야 한다.

9-10절은 식물과 동물의 주거지인 땅으로 시선을 옮긴다. 9a절의 "산들과 모든 작은 산들"에서 "산들"(הֶהָרִים, 하림)은 가파르고 높이 솟아오른 "산맥"을, "작은 산들"(גְּבָעוֹת, 게바오트)은 낮고 완만한 "언덕"을 가리킨다. 여기서는 산맥과 언덕이 서로 대조된다. 9b절의 "과수와 모든 백향목"에서 "과수"(עֵץ פְּרִי, 에츠 페리)는 전통적인 3대 유실수인 올리브나무, 무화과나무, 포도나무를 일컫는다. "백향목"은 고대 근동에서 하나님의 나무 또는 왕의 나무로 간주되었다(시 104:16; 겔 17:3, 22). 여기서 백향목은 과수처럼 경작되지 않고 야생에서 자라난 나무와 식물을 대표한다. 또한 이 시에서는 재배 식물과 야생 식물이 서로 대비된다.

10a절의 "짐승과 모든 가축"에서 "짐승"(חַיָּה, 하야)은 "들짐승"을, "가축"(בְּהֵמָה, 베헤마)은 "집짐승"(가축)을 의미한다. 여기서도 들짐승과 집짐승이 대조된다. 10b절의 "기는 것과 나는 새"는 땅에 있는 모든 동물 세계를 총칭한다. 이 단락은 대조적인 쌍들을 언급함으로써 전체성을 표현한다. 모든 식물들뿐만 아니라 모든 동물들도 야웨를 찬양해야 한다.

11-12절은 인류에게 눈을 돌린다. 11a절의 "세상의 왕들과 모든 백성들(민족들)"은 국제 정치적인 차원을 말한다. 또한 11b절의 "고관들과 땅의 모든 재판관들"은 국내 정치적인 차원(행정과 사법)을 의미한다.

그리고 12a절의 "총각과 처녀"는 모든 성(性) 즉 남녀 모두를 가리킨다. 12b절의 "노인과 아이들"은 모든 세대 즉 모든 연령을 아우른다. 이 세상의 모든 인간들 역시 야웨를 찬양해야 한다. 한마디로 모든 피조물이 찬양의 자리로 초대된다.

13절의 "여호와의 이름을 찬양할지어다"라는 표현 다음에는 "왜냐하면"(כִּי, 키)이라는 표현이 이어짐으로써 찬양의 이유를 이끈다. 야웨의 이름과 영광만이 땅과 하늘 위에서 지극히 높으시기 때문에 당연히 그분을 찬양해야 한다. 이 구절은 찬양의 이유로 모든 것들을 능가하시는 야웨의 우월성을 부각한다. 시인은 온 세계를 노래하는 우주로 이해한다.

3) 이스라엘의 찬양(14절)

¹⁴ 그가 그의 백성의 뿔을 높이셨으니

그는 모든 성도

곧 그를 가까이하는 백성 이스라엘 자손의 찬양받을 이시로다.

할렐루야.

14절은 이스라엘의 찬양을 묘사한다. 하나님을 찬양하라는 요청은 "하늘"(1-6절)에서 출발하여 "땅"(7-10절)으로 내려가서 "인류"(11-13절)에게로 방향을 바꾼 후, 최종적으로 "하나님의 백성"(14절)을 향한다. 하나님은 그의 백성의 뿔을 높이셨다. 여기서 "뿔"(קֶרֶן, 케렌)은 "명망", "위엄", "명예"를 가리킨다(시 112:9). 따라서 "그의 백성의 뿔을 높이셨으니"는 이스라엘의 정치적, 군사적인 능력이 아닌 명예와 위엄을 높이셨다는 의미다(신 33:17; 시 92:10). 하나님이 이스라엘의 위엄을 높이셨다는 사실은 "그의 모든 성도" 곧 "그를 가까이 하는 백성"(신 4:7), "이스라엘 자손"이 그분을 찬양해야 하는 이유가 된다.

4. 메시지

하나님을 찬양하는 일은 인간뿐만 아니라 모든 피조물의 일이기도 하다. 이 시에 따르면 찬양은 우주에 존재하는 모든 것들의 주된 용무(centered business)다. 현대인들은 오직 이성적인 피조물들만 하나님께 찬양(예배)을 드린다고 생각하는 경향이 다분하다. 하지만 이 시인은 찬양(예배)이 우주(세계)의 구조에 내재되어 있는 보편적 현상이라고 본다.

1 하늘이 하나님의 영광을 선포하고

궁창이 그의 손으로 하신 일을 나타내는도다.

2 날은 날에게 말하고

밤은 밤에게 지식을 전하니

3 언어도 없고

말씀도 없으며

들리는 소리도 없으나

⁴ 그의 소리가 온 땅에 통하고

그의 말씀이 세상 끝까지 이르도다.

하나님이 해를 위하여 하늘에 장막을 베푸셨도다(시 19:1-4).

인간 존재가 예배(찬양)하기로 결단하기도 전에, 세계는 이미 하나님을 예배(찬양)하는 일에 모두 참여하고 있었다.

이 시는 생태학적 영성을 보여주는 좋은 텍스트다. 찬양은 인류와 다른 모든 피조물을 하나로 묶어준다. 온 우주는 각자의 파트를 담당한 찬양대원이다. 하나님의 창조 질서에 따라 자연은 자연계의 순환 질서를 지키는 역할을 맡음으로써, 인간은 서로의 존엄성을 인정하며 평등하게 살아감으로써 함께 하나님을 찬양한다. 즉 인간이 자기중심주의에서 탈피하여 자연의 질서와 생명을 존중하며 창조 질서 안에서 평화롭게 공존하는 것이야말로 궁극적으로 창조주이신 하나님을 인정하고 찬양하는 것이다.

자연 찬양대원은 절대로 자기의 음역을 이탈하지 않는다. 반면 인간 찬양대원은 수시로 자신의 음역을 벗어난다. 온 인류가 자연과 더불어 웅장한 우주적 하모니를 완성하는 그날이 바로 창조주의 의도가 온전히 성취되는 날일 것이다.

149편

찬양의 칼:
"이런 영광은 그의 모든 성도에게 있도다"

1. 양식

시편 149편은 "찬양시"(a psalm of praise)로 분류된다. 이 시는 시편 전체에 대한 "축도" 역할을 하는 다섯 개의 할렐루야 시편들("최종 할렐 시편" 혹은 "작은 할렐 시편", 시 146-150편: 할렐루야로 시작하여 할렐루야로 끝남) 중네 번째 시편이다. 이 시의 시인은 야웨의 왕권을 찬양하면서 열방의 최종적인 패망을 함께 노래한다.

2. 구조

  1) 1-4절: 하나님의 구원하심에 대한 찬양
  2) 5-9절: 하나님의 보복하심에 대한 찬양

3. 내용

1) 하나님의 구원하심에 대한 찬양(1-4절)

  1 할렐루야.

  새 노래로 여호와께 노래하며

  성도의 모임 가운데에서 찬양할지어다.

  2 이스라엘은 자기를 지으신 이로 말미암아 즐거워하며

  시온의 주민은 그들의 왕으로 말미암아 즐거워할지어다.

  3 춤추며 그의 이름을 찬양하며

소고와 수금으로 그를 찬양할지어다.

4 여호와께서는 자기 백성을 기뻐하시며

겸손한 자를 구원으로 아름답게 하심이로다.

1-4절은 하나님의 구원하심에 대한 찬양이다. 1-3절은 찬양을 요청하고 4절은 찬양의 이유를 제시한다. 1a절의 "새 노래"는 새로운 기쁨과 소망의 신선한 경험을 축하하는 노래를 의미한다(시 33:3; 40:3; 96:1). 1b절의 "성도의 모임"(סֹחִים לִהְקַל, 케할 하시딤)은 신실하게 예배하는 공동체를 가리킨다. 시인은 예배의 자리에서 "성도들"(경건한 자들)에게 새 노래로 야웨께 노래하라고 요청한다.

　2절에서는 찬양 요청의 대상이 "성도들"에서 "이스라엘"과 "시온의 주민"으로 확대된다. "이스라엘"은 그들을 지으신 야웨로 인하여 즐거워해야 한다. 여기서 "지으신"(עֹשֵׂהוּ, 아사)이라는 동사는 분사형으로 나온다. 이는 하나님이 그들을 지으신 이후에도 그 지으심이 지속된다는 사실을 암시한다(계속적인 창조: *creatio continua*). "즐거워하다"(שָׂמַח, 사마흐)는 마음(시 104:15)과 영혼(시 86:4) 등 인격 전체가 온전히 기뻐하는 것을 의미한다. "시온의 주민"(בְנֵי־צִיּוֹן, 베네-치온: "시온의 자손들")은 하나님이 이스라엘을 부르는 애칭 용어다.

　　순금에 비할 만큼 보배로운 **시온의 아들들**(בְנֵי־צִיּוֹן, 베네-치온)이

　　어찌 그리 토기장이가 만든 질항아리같이 여김이 되었는고?(애 4:2)

하나님이 사랑하시는 시온의 주민들은 야웨가 자신들의 왕이심을 기뻐

해야 한다. 야웨는 왕으로서 그분의 백성과 가까이 계시면서 그들을 억압과 탄압으로부터 구원하시고 자유롭고 안정된 삶으로 이끄신다.

3절에서 시인은 춤추며 소고와 수금으로 그분을 찬양하라고 명령한다. 거룩한 입술의 찬양만으로는 부족하다. 찬양은 마음의 감사를 가시적이며 청각적으로 드러내는 것이어야 한다. 또한 몸짓과 타악기(소고)와 현악기(수금)의 가락으로 증폭되어야 한다. 자신의 백성을 향한 야웨의 크나큰 은총과 보호에 대한 감사를 표현하는 응답의 행위로서 이런 찬양의 총체성이 반드시 필요하다.

4절은 "왜냐하면"(כִּי, 키: 개역개정에는 생략됨)으로 시작한다. 이 구절은 1-3절의 찬양 요청에 대한 이유를 제시한다. 야웨가 자기 백성을 기뻐하시고 겸손한 자를 구원으로 아름답게 하시기 때문이다(시 35:10; 68:10). "기뻐하시며"(רֹצֶה, 라차)라는 동사는 분사형이다. 이는 백성을 향한 야웨의 기뻐하심이 지속적임을 암시한다. "겸손한 자들"(עֲנָוִים, 아나빔)은 본디 "가난한 자", "고통받는 자", "비천한 자"를 지칭하며, 여기서는 강대국에게 억압받는 이스라엘의 비참한 상황을 묘사하는 표현이다. 야웨는 억압받는 당신의 백성을 구원하시고 아름답게 하시기 때문에 마땅히 찬양받으셔야 한다. "아름답게 하다"(פאר, 파아르)는 "영화롭게 하다"라는 의미다.

> 내게 이르시되 "너는 나의 종이요
> 내 **영광**(פאר, 파아르)을 네 속에 나타낼 이스라엘이라" 하셨느니라(사 49:3).

> 보라. 네가 알지 못하는 나라를 네가 부를 것이며

너를 알지 못하는 나라가 네게로 달려올 것은

여호와 네 하나님 곧 이스라엘의 거룩하신 이로 말미암음이니라.

이는 그가 너를 **영화롭게 하였느니라**(פאר, 파아르)(사 55:5).

즉 "아름답게 하다"는 "명예와 존귀를 수여하다"라는 뜻이다.

2) 하나님의 보복하심에 대한 찬양(5-9절)

> 5 성도들은 영광 중에 즐거워하며
>
> 그들의 침상에서 기쁨으로 노래할지어다.
>
> 6 그들의 입에는 하나님에 대한 찬양이 있고
>
> 그들의 손에는 두 날 가진 칼이 있도다.
>
> 7 이것으로 뭇 나라에 보수하며
>
> 민족들을 벌하며
>
> 8 그들의 왕들은 사슬로,
>
> 그들의 귀인은 철고랑으로 결박하고
>
> 9 기록한 판결대로 그들에게 시행할지로다.
>
> 이런 영광은 그의 모든 성도에게 있도다.
>
> 할렐루야.

5-9절은 친히 보복하시는 하나님에 대한 찬양이다. 5-6절은 찬양을 요청하고 7-9절은 찬양의 이유를 제시한다. 5절에서 시인은 성도들에게 영광 중에 기뻐 뛰며 그들의 침상들 위에서 기뻐 외치라고 한다. 이 맥

락에서 "영광"(כָבוֹד, 카보드)은 이스라엘의 자기 영광(예찬)이 아닌 "하나님의 영광"을 가리킨다. 성도들은 하나님의 영광 가운데서 즐거워해야 한다. "침상에서"라는 표현은 밤 시간을 의미한다.

> 네 자녀에게 부지런히 가르치며 집에 앉았을 때에든지 길을 갈 때에든지 **누워 있을 때에든지** 일어날 때에든지 이 말씀을 강론할 것이며(신 6:7).

성도들은 밤에도 야웨를 찬양해야 한다(시 119:62). 이는 결국 밤낮으로 끊임없이 계속해서 하나님을 찬양하라는 의미다.

6절은 5절과 연계되어 찬양을 요청하는 내용으로서, 찬양의 능력을 자세하게 설명한다. 이 구절은 명사 문장이다. 이를 문자적으로 직역하면 다음과 같다.

> 하나님 찬양 그들의 목(목구멍)에,
> 그리고 양날의 칼 그의 손에.

따라서 6절의 명사 문장은 5절의 동사 문장에 종속되어 있는 것으로 보아야 한다. 이 구절은 더 이상의 행동을 요구하지 않고 찬양의 능력을 비유로 표현한다. "목(목구멍)의 찬양"은 깊은 곳에서 솟구치는 기쁨의 찬양을 뜻한다. 목이나 목구멍이 입보다 큰 소리를 내기 때문이다. 또한 하나님을 찬양하는 것은 칼과 같은 강력한 힘을 손에 지니는 것이다. 성경에는 "말씀이 칼과 같다"는 표상이 자주 언급된다(시 52:2; 55:21; 57:4; 59:7; 렘 49:2; 히 4:12; 계 1:16; 2:12). 찬양이 이처럼 강력한 무기가 될 수 있기 때문에 성도들은 하나님을 날마다 찬양해야 한다.

> **21** 백성과 더불어 의논하고 노래하는 자들을 택하여 거룩한 예복을 입히고 군대 앞에서 행진하며 여호와를 찬송하여 이르기를 "여호와께 감사하세. 그의 인자하심이 영원하도다" 하게 하였더니 **22 그 노래와 찬송이 시작될 때에 여호와께서 복병을 두어 유다를 치러 온 암몬 자손과 모압과 세일 산 주민들을 치게 하시므로 그들이 패하였으니**(대하 20:21-22).

5-6절이 명령형으로 성도들을 찬양으로 초대한다면, 7-9절은 "전치사 (ל, 레)+부정사 연계형"의 형태로 찬양의 목적을 묘사한다. 이 단락에서 특히 주목해야 할 것은 여기에 쓰인 전치사구의 주어가 사람이 아닌 야 웨라는 점이다. 이 단락은 야웨의 법질서가 달성되는 과정과 그 목적을 묘사한다. 그 주체는 사람이 아니라 오직 야웨 한 분이시다.

7a절의 "보복"(נְקָמָה, 네카마)은 불합리한 복수나 앙갚음이 아닌 불의한 행동에 대한 정당한 처벌을 의미한다. "보복"은 창조세계의 기본 질서와 균형을 깨뜨리는 자들에게 가해지는 하나님의 복수를 말할 때 주로 사용된다(시 18:47; 94:1; 렘 11:20; 20:12; 46:10; 50:15, 28; 51:6, 11, 36; 겔 25:14, 17 등). 따라서 "보복"이나 "복수"는 철저히 하나님만이 하실 수 있는 일이다(신 32:35; 잠 20:22; 롬 12:19; 히 10:30). 시편 모음집 그 어디에도 경건한 자들이 직접 심판의 집행에 참여한 적은 없다. 이런 심판은 오직 야웨 홀로 행하시는 것이다.

7b절의 "벌하다"(תּוֹכֵחָה, 토케하)도 완전한 처벌이나 섬멸(殲滅)이라기 보다는 교정하기 위한 질책(叱責)이나 책벌(責罰)을 뜻한다.

그들이 이사야에게 이르되 "히스기야의 말씀이 오늘은 환난과 **징벌**(תוֹכֵחָה,
토케하)과 모욕의 날이라. 아이를 낳을 때가 되었으나 해산할 힘이 없도다"(왕
하 19:3).

그들이 이사야에게 이르되 히스기야의 말씀에 오늘은 환난과 **책벌**(תוֹכֵחָה, 토
케하)과 능욕의 날이라. 아이를 낳으려 하나 해산할 힘이 없음 같도다(사 37:3).

벌(תוֹכֵחָה, 토케하)하는 날에
에브라임이 황폐할 것이라.
내가 이스라엘 지파 중에서 반드시 있을 일을 보였노라(호 5:9).

시인은 하나님이 이방 나라들을 정의로 보복하시고 그 민족들을 징계하
시므로 그분을 찬양하라고 한다.

8절의 내용은 일반적으로 설명하는 개선 행렬의 모델과는 무관
하다. 이 모델에 따르면 승전국은 적국인 이방 나라의 왕들과 고관들을
사슬로 결박하고 공개적으로 처형한다. 그러나 여기서 "왕과 귀인들의
결박"은 고대 근동과 이집트에서 종종 발견되는 모티프와 연결된다. 이
들을 결박하는 것은 배신한 봉신국을 종주국의 권력 체계 안으로 편입
시키는 행위다. 시인은 하나님이 당신을 대적하는 자들을 결박하여 처
형하시지 않고 본래의 자리로 편입시키시기 때문에 그분을 찬양하라고
한다.

9a절의 "기록한 판결대로 그들에게 시행할지로다"는 야웨에 의해
규정된 법규를 집행한다는 의미다. 9b절의 "이런 영광은 그의 모든 성도

에게 있도다"는 문자적으로 번역하면 "영광 그(혹은 그것)는 그의 모든 성도에게"가 된다. 여기서 "그"(אַה, 후)라는 대명사는 7-9a절에 묘사된 열방에 대한 징계로 볼 수 있다. 즉 "열방에 대한 하나님의 징계가 그의 모든 성도들의 영광(הָדָר, 하다르)"이라는 뜻이다.

시인은 야웨가 구원의 승리로 성도들을 존귀하게 해주시는 것을 찬양하라고 선언한다. 최후 승리는 하나님의 사랑받는 백성에게 가장 찬란한 영광이 될 것이다. 그는 하나님이 기록한 판결대로(계획한 대로) 열방과 민족들에게 집행하시고 이런 영광이 모든 성도의 몫으로 돌아오기 때문에 그분을 찬양하라고 요청한다.

4. 메시지

이 시의 중심에는 성도들(חֲסִידִים, 하시딤: 경건한 자들)이 있다. 성도들이 순차적으로 처음(1절), 가운데(5절), 마지막(9절)에 언급된다. 시인은 이런 성도들을 향해 찬양을 요청한다. 그는 모인 성도들에게 자기 백성을 구원하시는 야웨를 찬양하라고 격려하면서, 궁극적으로 야웨가 이웃 나라를 핍박하는 열방들을 심판하셔서 억압받는 백성을 영광스럽게 하실 것을 기대하며 찬양하라고 요청한다. 시인은 하나님이 과거에 자신의 백성을 고통에서 구원해주셨음을 기뻐한다. 그리고 더 나아가 하나님이 미래에 폭력적인 열방을 기필코 응징해주실 것을 고대한다.

과거에 경험했던 승리는 앞으로 다가올 승리의 표징이다. 이 승리는 하나님이 자신의 백성을 위해 보복하시려고 직접 개입하셔서 악인들을 심판하심으로써 이루어진다. 성도들의 손에는 "보복의 칼"이 아닌 "찬양

의 칼"이 주어진다. 정의의 심판은 인간의 손에 주어지지 않는다. 정의의
보복은 오직 야웨의 판단을 통해 그분의 손으로 하실 수 있는 일이다.

> 그들이 실족할 그때에 **내가 보복하리라.**
> 그들의 환난 날이 가까우니
> 그들에게 닥칠 그 일이 속히 오리로다(신 32:35).

> 너는 "악을 갚겠다" 말하지 말고
> 여호와를 기다리라.
> **그가 너를 구원하시리라**(잠 20:22).

> 내 사랑하는 자들아, 너희가 친히 원수를 갚지 말고 하나님의 진노하심에
> 맡기라. 기록되었으되 **"원수 갚는 것이 내게 있으니 내가 갚으리라"**고 주
> 께서 말씀하시니라(롬 12:19).

> **"원수 갚는 것이 내게 있으니**
> **내가 갚으리라" 하시고**
> 또다시 "주께서 그의 백성을 심판하리라"
> 말씀하신 것을 우리가 아노니(히 10:30).

성도는 보복의 칼을 내려놓고 찬양의 칼을 굳게 믿으며, 최후 승리를 위
해 환희의 송가를 목이 터져라 부르는 자들이다. 최후 승리는 성도들의
것이다. 따라서 성도들의 손에 찬양의 칼이 놓여 있다.

150편

마지막 호흡도 주님 찬양으로:
"호흡이 있는 자마다 여호와를 찬양할지어다"

1. 양식

시편 150편은 "찬양시"(a psalm of praise)로 분류된다. 이 시는 시편 전체에 대한 "축도" 역할을 하는 다섯 개의 할렐루야 시편들("최종 할렐 시편" 혹은 "작은 할렐 시편", 시 146-150편: 할렐루야로 시작하여 할렐루야로 끝남) 중 마지막 시편이다. 이 시에는 "찬양하라"(הלל, 할랄)는 동사가 무려 13번 언급되고 있다. 시인은 살아 있는 모두에게 주를 찬양하라고 적극적으로 권한다. 이 시는 시편 모음집 전체를 종결짓는 찬양이다.

2. 구조

> 1) 1절: 찬양의 장소(where)
>
> 2) 2절: 찬양의 이유(why)
>
> 3) 3-5절: 찬양의 방법(how)
>
> 4) 6절: 찬양의 주체(who)

3. 내용

1) 1절: 찬양의 장소(where)(1절)

1 할렐루야.
그의 성소에서 하나님을 찬양하며
그의 권능의 궁창에서 그를 찬양할지어다.

1절은 찬양의 장소(where)를 묘사한다. 이 시는 "할렐루야"(הַלְלוּ יָהּ)로 시작한다. 이어서 "할렐루-엘"(הַלְלוּ־אֵל: "하나님을 찬양하라")과 "할렐루후"(הַלְלוּהוּ: "그를 찬양하라")로 이어진다. 그리고 2-5절까지 각 절마다 두 번씩 "할렐루후"(הַלְלוּהוּ)라는 표현으로 시작한다. 이 시에서 "할렐루후"(הַלְלוּהוּ)는 총 9번 반복된다. 시인은 "성소"와 "권능의 궁창"에서 하나님을 찬양하라고 촉구한다. "성소"는 땅 위의 예루살렘 성전을 지칭한다.

> **성소**에서 너를 도와주시고
> **시온**에서 너를 붙드시며(시 20:2).

> ¹ 보라. 밤에 **여호와의 성전**에 서 있는 여호와의 모든 종들아,
> 여호와를 송축하라.
> ² **성소**를 향하여 너희 손을 들고
> 여호와를 송축하라(시 134:1-2).

"궁창"은 하늘의 둥근 천장 아래에 있는 거대한 공간을 일컫는다.

> 하나님이 **궁창**을 만드사 궁창 아래의 물과 궁창 위의 물로 나뉘게 하시니
> 그대로 되니라(창 1:7).

하나님을 찬양하는 장소는 특정한 도시의 한 작은 건물로 제한될 수 없다. 하나님의 위엄은 우주의 원형 경기장에서도 찬양되어야 한다. 시

인은 땅의 성소와 하늘의 성소에서, 즉 땅과 하늘에 있는 모든 존재에게 야웨를 찬양하라고 요청한다.

2) 찬양의 이유(why)(2절)

> 2 그의 능하신 행동을 찬양하며
> 그의 지극히 위대하심을 따라 찬양할지어다.

2절은 찬양의 이유(why)와 내용을 말한다. 찬양시는 일반적으로 "왜냐 하면"(כִּי, 키)으로 시작하는데, 이 시는 그렇지 않다. 그러나 이 구절은 문 맥의 흐름을 볼 때 찬양의 내용이나 이유에 해당된다. "그의 능하신 행 동"과 "그의 지극히 위대하심"은 다른 시편에서 자세하게 묘사한 하나 님의 위대한 일들을 요약한다(시 145:3-4). 여기에는 하나님의 창조 행 위와 역사 행위가 모두 포함된다.

3) 찬양의 방법(how)(3-5절)

> 3 나팔 소리로 찬양하며
> 비파와 수금으로 찬양할지어다.
> 4 소고 치며 춤추어 찬양하며
> 현악과 퉁소로 찬양할지어다.
> 5 큰 소리 나는 제금으로 찬양하며
> 높은 소리 나는 제금으로 찬양할지어다.

3-5절은 찬양의 방법(how)에 대해 말한다. 이 단락은 시편 모음집 전체에서 음악 도구가 가장 많이 언급된 본문이다. 여기에는 예배 때 사용될 수 있는 모든 악기가 총동원된 것으로 보인다(시 98:5-6).

3a절의 "나팔"(שׁוֹפָר, 쇼파르)은 관악기인 "뿔 나팔"을 말한다. 이는 성경에서 가장 빈번하게 언급된 악기로서 부는 기술로 연주된다. 즉 "멜로디 악기"가 아니라 숨을 불어넣으면서 장음을 내거나 혹은 리듬의 음렬(音列)을 통해 신호를 전달하는 일명 "신호 악기"인 셈이다. 이 악기는 전쟁이나 축제나 예배에서 주로 "개시(開始)의 신호"로 사용되었다.

> 제사장 일곱은 **일곱 양각 나팔**을 잡고 언약궤 앞에서 나아갈 것이요, 일곱째 날에는 그 성을 일곱 번 돌며 그 제사장들은 나팔을 불 것이며(수 6:4).

> **27** 히스기야가 명령하여 번제를 제단에 드릴새 번제 드리기를 시작하는 동시에 여호와의 시로 노래하고 **나팔을 불며** 이스라엘 왕 다윗의 악기를 울리고 **28** 온 회중이 경배하며 노래하는 자들은 노래하고 나팔 부는 자들은 나팔을 불어 번제를 마치기까지 이르니라(대하 29:27-28).

특히 시내산 이야기에서 나팔을 부는 것은 하나님의 오심과 임재하심을 의미한다(출 19:16, 19-20). 여기서도 나팔 소리는 하나님의 현현을 알리는 청각적인 신호가 된다. 나팔 소리를 시작으로 야웨 하나님의 강림하심과 임재하심을 드러내고 이런 일을 불러일으킨다. 예배의 자리에서 나팔은 제사장들이 담당하였다(대하 5:12; 29:26).

3b절의 "비파"(נֵבֶל, 네벨)는 열 개의 현으로 만들어진 "손"으로 연주

하는 현악기다(시 33:20). 또한 "수금"(רֹּנִכּ, 키노르)은 네 개 혹은 여덟 개의 현으로 구성되어 있으며 "채"로 연주하는 현악기다. 이 현악기를 연주하는 일은 레위인들이 직접 담당하였다(대상 15:16; 16:5; 25:6). 이처럼 제사장의 나팔 소리와 레위인의 악기 소리는 하나님의 현존을 불러들이는 역할을 한다.

> **12 노래하는 레위 사람** 아삽과 헤만과 여두둔과 그의 아들들과 형제들이 다 세마포를 입고 제단 동쪽에 서서 **제금**과 **비파**와 **수금**을 잡고 또 **나팔 부는 제사장** 백이십 명이 함께 서 있다가 **13** 나팔 부는 자와 노래하는 자들이 일제히 소리를 내어 여호와를 찬송하며 감사하는데 나팔 불고 제금 치고 모든 악기를 울리며 소리를 높여 여호와를 찬송하여 이르되 "선하시도다. 그의 자비하심이 영원히 있도다" 하매 그때에 여호와의 전에 구름이 가득한지라. **14** 제사장들이 그 구름으로 말미암아 능히 서서 섬기지 못하였으니 이는 여호와의 영광이 하나님의 전에 가득함이었더라(대하 5:12-14).

4a절의 "소고"(ףֹּת, 토프)는 탬버린이나 손으로 치는 드럼을 말한다. 이는 두드리는 타악기로 승리와 구원을 기념하는 축제에서 주로 여인들이 들고 손으로 치면서 연주하는 악기였다(출 15:20; 삿 11:34; 삼상 18:6; 시 149:3). 이 구절은 성전의 마당을 가득 채운 사람들이 손에 소고를 치며 원무(圓舞)와 집단무(集團舞)를 추는 장면을 연상케 한다.

> 노래하는 자와 뛰어노는 자들이 말하기를
> "나의 모든 근원이 네게 있다" 하리로다(시 87:7).

여기서 춤은 세속적이거나 육감적인 동작이 아니라 자연스럽고 즉흥적으로 야웨를 온몸으로 찬양하는 모습을 가리킨다.

> 여호와의 궤가 다윗 성으로 들어올 때에 사울의 딸 미갈이 창으로 내다보다가 다윗 왕이 여호와 앞에서 뛰놀며 춤추는 것을 보고 심중에 그를 업신여기니라(삼하 6:16).

춤은 열정적인 예배에서 피할 수 없는 일상적인 행위였다. 예배의 자리는 하나님 앞에서 진정으로 기뻐하는 곳이기 때문이다.

4b절의 "현악"(מִנִּים, 미님)은 음악적으로 정확히 어떤 형태의 악기를 가리키는지 알 수 없다. 아마도 줄로 된 현악기를 통칭하는 것으로 보인다. "통소"(עוּגָב, 우가브)도 분명하지는 않지만 입으로 불어서 소리를 내는 관악기로 보인다. 이 구절은 예배의 현장에서 타악기(소고)와 현악기(현악) 및 관악기(통소)를 총동원하여 연주하면서 집단적으로 춤을 추는 장면을 그려내고 있다. 이 세 악기가 성소에서 드리는 예배와 관련되어 언급되는 것은 성경에서 이 구절이 유일하다.

5절의 "제금"(צֶלְצְלִים, 첼첼림)은 오늘날의 심벌즈와 유사한 악기로 추정된다. 이 낱말의 어근이 되는 동사인 "찰랄"(צלל)은 귀를 울리는 날카로운 소리를 흉내 낸 의성어다(삼상 3:11; 왕하 21:12; 렘 19:3). 이는 구리나 동으로 만들어진 타악기로서 역대기에는 자주 등장하지만, 시편에서는 오직 여기서만 언급된다. 오늘날 오케스트라에서 서로 마주쳐 소리를 내는 심벌즈의 포르티시모(fortissimo)는 오케스트라 전체의 소리를 압도하고 합주의 마지막을 예비한다.

"큰 소리 나는 제금"과 "높은 소리 내는 제금"은 동의적 평행법으로 보인다. 아마도 전자는 명확한 소리를 내는 "작은 제금"인 반면, 후자는 깊고 더 큰 소리를 내는 보다 "큰 제금"일 것이다. 이는 이 악기가 매우 큰 소리를 낸다는 사실을 강조한다. 나팔 소리로 야웨 하나님의 예배가 시작되었고(3절), 제금의 포르티시모로 예배의 절정에 이른다. 그러나 예배는 여기서 끝나지 않는다. 아직 마지막이 남아 있다.

4) 찬양의 주체(who)(6절)

> 6 호흡이 있는 자마다
> 여호와를 찬양할지어다.
> 할렐루야.

6절은 찬양의 주체(who)를 말한다. 즉 누가 찬양을 해야 하는지를 명시한다. 이 구절은 시편 150편뿐만 아니라 시편 전체의 결론이 된다. 시인은 "호흡이 있는 자는 찬양을 해야 한다"고 권고한다. "호흡이 있는 자"(כֹּל הַנְּשָׁמָה, 콜 하네샤마)는 문자적으로 "모든 호흡"이다. 즉 "호흡이 있는 모든 이들은 여호와를 찬양하라"는 것이다. "호흡"은 본디 하나님이 주신 것이다.

> 여호와 하나님이 땅의 흙으로 사람을 지으시고 **생기**(נְשָׁמָה, 네샤마)를 그 코에 불어넣으시니 사람이 생령이 되니라(창 2:7).

호흡은 살아 있음의 표지이며, 호흡의 끊어짐은 죽음의 표지가 된다(욥 34:14-15; 참조. 시 104:29; 146:4). 하지만 시인은 호흡을 "언어 능력의 호흡"으로 이해한다. 인간의 호흡이 갖는 언어 능력은 이런 호흡을 주신 하나님을 찬양함으로써 그 의도를 성취한다. 인간은 그분에게 호흡의 빚을 지고 있다. 인간은 호흡을 할 수 있다는 이유 하나만으로도 그분을 찬양해야 한다. 하나님이 주신 호흡은 하나님을 찬양할 때 가장 적절하게 사용된다. 찬양은 가능한 자들, 즉 생명이 있는, 다시 말해 호흡이 있는 모든 자의 의무다. 호흡하는 모든 생명체는 창조주를 찬양함으로써 인생 최고의 목적을 성취하게 된다. 이 시는 할렐루야로 끝을 맺음으로써 1절의 할렐루야와 수미상관을 이룬다.

4. 메시지

이 시는 누구에게, 어디에서, 왜, 어떤 수단으로, 누가 찬양을 해야 하는가를 분명하게 말한다. 호흡이 있는 모든 생명은 성소에서 모든 수단을 총동원하여 야웨 하나님을 찬양해야 한다. 왜냐하면 모든 피조물을 향한 그분의 위대하심이 지극하기 때문이다. 호흡이 있는 모든 이들이 하나님을 찬양해야 한다고 말하는 이 시의 주제는 시편 전체의 결론이기도 하다. 시편 전체는 의로운 삶의 길이 되는 주님의 토라를 칭송하면서 시작하고(시 1편), 의로운 삶의 목적이 되시는 주님을 찬양하라고 초청하며 끝을 맺는다.

시편 1편과 150편은 서로를 연결하는 웅장한 아치(arch)를 형성한다. 토라(Tora)에서 테힐라(Tehilla)로, 즉 율법에서 찬양으로 이어진다.

주님을 찬양하는 행위만큼 호흡을 옳고 제대로 사용하는 방법은 없다. 또한 그 어떤 소리도 찬양만큼 생명에 대한 감사를 잘 표현할 수 없다. 그래서 이 시의 시인은 모든 인류를 향해 생명이 있으면 찬양하라고 권면한다.

제5권의 마지막 대목(시 146-149편)의 처음과 나중에는 "할렐루야"가 반복된다. 시편 전체의 송영인 시편 150편까지 합치면 모두 열 번 "할렐루야"가 반복된다. "10"은 충만함을 상징하는 숫자다. 하나님은 세상을 창조하실 때 열 번 말씀하셨다(창 1장). 하나님은 이스라엘과 언약을 맺을 때 십계명을 주셨다(출 20장). 시편 제5권은 그 "창조의 충만함"과 "언약의 충만함"에 열 번의 할렐루야로 화답한다. 이를 통해 하나님의 창조와 구원에 찬양으로 화답하는 것이 하나님의 백성의 도리라고 말한다.

하나님의 백성이 이 땅을 떠나는 마지막 순간에 내뱉는 호흡이 찬양으로 쓰인다면 그 인생은 가장 복된 삶이라고 할 수 있다. 한평생 주님이 주신 호흡으로 주님을 찬양하며 살다가 마지막 호흡까지도 주님을 찬양하는 데 사용할 수 있기를 바라는 것, 이것이 바로 하나님의 자녀인 우리 모두의 궁극적인 기도다.

참고문헌

김이곤. 『시편(1): 1-60편』. 대한기독교서회 창립 100주년 기념 성서주석; 서울: 대
    한기독교서회, 2007.

김정우. 『시편주석(1)』. 서울: 총신대학교출판부, 2005(개정판).

김정우. 『시편주석(2)』. 서울: 총신대학교출판부, 2005.

김정우. 『시편주석(3)』. 서울: 총신대학교출판부, 2010.

김태경. 『시편(3): 90-150편』. 대한기독교서회 창립 100주년 기념 성서주석; 서울:
    대한기독교서회, 2011.

데이비스, 엘런 F. 『하나님의 진심: 구약성경, 천천히 다시 읽기』. 양혜원 역. 서울: 복
    있는사람, 2017.

드클레세-왈포드, 낸시/롤프 제이콥슨/베스 라닐 태너. 『NICOT 시편』. 강대이 역.
    서울: 부흥과개혁사, 2019.

로스, 앨런. 『예배와 영성: 앨런 로스의 시편 강해를 위한 주석 I (1-41편)』. 정옥배
    역. 서울: 디모데, 2015.

로스, 앨런. 『예배와 영성: 앨런 로스의 시편 강해를 위한 주석 II (42-89편)』 김수영
    역. 서울: 디모데, 2016.

로스, 앨런. 『예배와 영성: 앨런 로스의 시편 강해를 위한 주석 III (90-150편)』 김수영
    역. 서울: 디모데, 2018.

루이스, C. S. 『시편사색』. 이종태 역. 서울: 홍성사, 2019.

메이스, 제임스 L. 『시편』. 신정균 역. 현대성서주석; 서울: 한국장로교출판사, 2002.

바이저, A. 『시편(1)』. 김이곤 역. 국제성서주석; 서울: 한국신학연구소, 1992.

바이저, A.『시편(2)』. 김이곤 역. 국제성서주석; 서울: 한국신학연구소, 1992.

본회퍼, 디트리히.『본회퍼의 시편 이해: 기도의 책』. 최진경 역. 서울: 홍성사, 2019.

브루그만, 월터.『브루그만의 시편사색』. 조호진 역. 서울: 솔로몬, 2007.

송병현.『시편(1): 1-41편』. 엑스포지멘터리; 서울: 도서출판이엠, 2018.

송병현.『시편(2): 42-89편』. 엑스포지멘터리; 서울: 도서출판이엠, 2019.

송병현.『시편(3): 90-150편』. 엑스포지멘터리; 서울: 도서출판이엠, 2019.

안소근.『시편: 이스라엘의 찬양 위에 좌정하신 분』. 서울: 생활성서사, 2011.

알렌, C. 레슬리.『시편 101-150』. 손석태 역. WBC 성경주석; 서울: 솔로몬, 2001.

오경웅.『시편사색』. 송대선 옮김·해설. 의왕: 꽃자리, 2019.

유선명.『유목사의 시편묵상』. 서울: 대서, 2019.

이환진.『시편(2): 61-89편』. 대한기독교서회 창립 100주년 기념 성서주석; 서울: 대
　　한기독교서회, 2010.

전봉순.『시편 1-41편』. 거룩한 독서를 위한 구약성경 주해; 서울: 바오로딸, 2015.

전봉순.『시편 42-89편』. 거룩한 독서를 위한 구약성경 주해; 서울: 바오로딸, 2016.

전봉순.『시편 90-150편』. 거룩한 독서를 위한 구약성경 주해; 서울: 바오로딸,
　　2022.

천사무엘(외).『구약학자들의 시편 설교』. 서울: 한들출판사, 2018.

크레이기, 피터.『시편 1-50』. 손석태 역. WBC 성경주석; 서울: 솔로몬, 2000.

테이트, 마빈 E.『시편 51-100)』. 손석태 역. WBC 성경주석; 서울: 솔로몬, 2002.

하우어워스, 스탠리/윌리엄 윌리몬.『주여, 기도를 가르쳐 주소서』. 이종태 역. 서울:
　　복있는사람, 2006.

Anderson, A. A. *The Book of Psalms* Ⅰ (1-72). The New Century Bible
　　Commentary; Grand Rapids; Eerdmans, 1972.

Anderson, A. A. *The Book of Psalms* Ⅱ (73-150). The New Century Bible
　　Commentary; Grand Rapids; Eerdmans, 1972.

Brueggemann, W. "Psalms and the Life of Faith: A Suggested Typology of Function." JSOT 17(1980), 3-32.

Brueggemann, W./W. H. Bellinger, Jr. *Psalms*. New Cambridge Bible Commentary; New York: Cambridge University Press, 2014.

Clifford, R. J. *Psams 1-72*. Abingdon Old Testament Commentaries; Nashville: Abingdon Press, 2002.

Clifford, R. J. *Psams 73-150*. Abingdon Old Testament Commentaries; Nashville: Abingdon Press, 2003.

Davidson, R. *The Vitality of Worship*: A Commentary on the Book of Psalms. Grand Rapids: Eerdmans, 1998.

Deissler, A. *Die Psalmen*. Düsseldorf: Patmos Verlag, 1993.

Estes, D. J. *Psalms 73-150*. The New American Commentary; Nashville: B&H Publishing Group, 2019.

Fohrer, G. *Psalmen*. Berlin: Walter de Gruyter, 1993.

Gerstenberger, E. S. *Psalms part 1 with an Introduction to Cultic Poetry*. FOTL; Grand Rapids, Michigan: Eerdmans, 1988.

Gerstenberger, E. S. *Psalms Part 2 and Lamentations*. FOTL; Grand Rapids, Michigan: Eerdmans, 2001.

Goldingay, J. *Psalms Volume 1: Psalms 1-41*. Baker Commentary on the Old Testament Wisdom and Psalms; Grand Rapids: Baker Academic, 2006.

Goldingay, J. *Psalms Volume 1: Psalms 1-41*. Baker Commentary on the Old Testament Wisdom and Psalms; Grand Rapids: Baker Academic, 2007.

Goldingay, J. *Psalms Volume 1: Psalms 1-41*. Baker Commentary on the Old Testament Wisdom and Psalms; Grand Rapids: Baker Academic, 2008.

Hossfeld, F.-J./E. Zenger, *Die Psalmen: Psalm 1-50*. Die Neue Echter Bibel; Würzburg: Echter Verlag, 1993.

Hossfeld, F.-J./E. Zenger. *Die Psalmen: Psalm 51-100*. Die Neue Echter Bibel;
Würzburg: Echter Verlag, 2002.

Hossfeld, F.-J./E. Zenger. *Die Psalmen: Psalm 101-150*. Die Neue Echter Bibel;
Würzburg: Echter Verlag, 2012.

Kraus, H.-J. *Psalmen 1. Teilband Psalmen 1-59*. Biblischer Kommentar Altes
Testament; Neukirchen-Vluyn: Neukirchener Verlag, ⁶1989.

Kraus, H.-J. *Psalmen 2. Teilband Psalmen 60-150*. Biblischer Kommentar Altes
Testament; Neukirchen-Vluyn: Neukirchener Verlag, ⁶1989.

Limburg, J. *Psalms*. Westminster Bible Companion; Louisiville, Kentucky:
Westminster John Knox Press, 2000.

Oeming, M. *Das Buch der Psalmen: Psalm 1-41*. Neuer Stuttgarter Kommentar
Altes Testament; Stuttgart: Verlag Katholische Bibelwerk, 2000.

Oeming M./J. Vette. *Das Buch der Psalmen: Psalm 42-89*. Neuer Stuttgarter
Kommentar Altes Testament; Stuttgart: Verlag Katholische Bibelwerk, 2010.

Oeming M./J. Vette. *Das Buch der Psalmen: Psalm 90-151*. Neuer Stuttgarter
Kommentar Altes Testament; Stuttgart: Verlag Katholische Bibelwerk, 2016.

Schaefer, K. *Psalms*. Berit Olam: Studies in Hebrew Narrative & Poetry.
Collegeville, Minnesota: The Liturgical Press, 2001.

Seybold, K. *Die Psalmen*. Handbuch zum Alten Testament; Tübingen: Mohr
Siebeck, 1996.

Terrien, S. *The Psalms*: Strophic Structure and Theological Commentary. The
Eerdmans Critical Commentary; Grand Rapids, Michigan: Eerdmans,
2003.

Weber, B. *Werkbuch Psalmen* Ⅰ : Die Psalmen 1 bis 72. Stuttgart: Kohlhammer,
2001.

Weber, B. *Werkbuch Psalmen* Ⅱ : Die Psalmen 73 bis 150. Stuttgart: Kohlhammer,
2003.

시인의 영성3: 시편 101-150편 해설과 묵상

Copyright ⓒ 차준희 2023

1쇄 발행 2023년 9월 21일

지은이 차준희
펴낸이 김요한
펴낸곳 새물결플러스

편 집 왕희광 정인철 노재현 이형일 나유영 노동래
디자인 황진주 김은경
마케팅 박성민
총 무 김명화 이성순
영 상 최정호 곽상원
아카데미 차상희

홈페이지 www.holywaveplus.com
이메일 hwpbooks@hwpbooks.com
출판등록 2008년 8월 21일 제2008-24호
주 소 (우) 04114 서울시 마포구 신촌로28가길 29
전 화 02) 2652-3161
팩 스 02) 2652-3191

ISBN 979-11-6129-262-5 93230

책값은 뒤표지에 있습니다.